巴蜀文化通史

百〇四歲叟馬識途

《巴蜀文化通史》学术委员会

章玉钧　隗瀛涛　李绍明　林　向　胡昭曦　贾大泉
谭继和　万本根　陈玉屏　罗　鸣　沈伯俊　彭邦本

主　编
章玉钧　谭继和

副主编
罗　鸣　彭邦本

编辑部
主　任　侯水平　向宝云
副主任　万本根　李　庆

"十二五"国家重点图书出版规划项目
四川建设西部文化强省重点项目

章玉钧　谭继和　主编

巴蜀文化通史
建筑文化 卷

庄裕光　著

四川人民出版社

编者的话

巴蜀文化通史

编者的话

《巴蜀文化通史》编撰工程是中共四川省委批准、省委宣传部直接组织和领导，由四川省繁荣发展哲学社会科学协调小组立项、四川省社会科学院牵头的四川省西部文化强省建设重点支持项目，也是"十二五"国家重点图书出版物出版专项规划及国家出版基金（2016年度）资助项目。一直关心四川文化传承创新的省老领导杨超、杨析综、何郝炬、冯元蔚、廖伯康、聂荣贵、李永寿等同志率先向省委、省政府倡议启动编撰工作。在编撰研究过程中，得到了陶武先、柯尊平、王少雄、甘霖等历届省领导的大力支持和亲切指导，我们谨致衷心的敬意和感谢。

本书编撰委员会于2006年设立，编撰工作由此启动，至2020年全面完稿，历时十五年。编撰委员会名誉主任陶武先，主任王少雄、柯尊平，副主任殷建中、贾松青、侯水平、隗瀛涛、李绍明；顾问蔡美彪、李学勤、张海鹏；编委会成员有章玉钧、林向、胡昭曦、贾大泉、谭继和、万本根、陈玉屏、罗鸣、沈伯俊、彭邦本、向宝云、王素、舒大刚、邓经武、赵振铎、龙晦、龙显昭、刘平斋、吴野、钱来忠、曹顺庆、陈德述、任新建、李明泉、张忠仁、王毅、王庭科、冉光荣、杜肯堂、李学明、孙锦泉、陈廷湘、刘复生、佘正松、李健、李刚、李诚、江玉祥、江章华、蒋维明、季富政、高大伦、段志洪、侯德础、谢元鲁、甘绍成、张明富、张凤琦等。编委中，有些作为学术委员会成员，自始至终参与本书研讨和审定；有的承担了分卷的撰著；有的在本书酝酿和编撰的相关会议上提供了不少宝贵意见；有的应邀对有关书稿审阅并提出有益的建议。总而言之，编委们都为本书编撰出版做出了各自的贡献。另还专门请宗性（中国佛学院）审读了《宗教文化卷》。

编撰工作具体依托四川省社会科学院进行，院历届领导贾松青、侯水平、李后强、向宝云、高中伟等都给予大力支持、督促和帮助，多次召开院党委或院办公会议，听取编辑部汇报，决定有关事项并检查落实。编辑部成员张彦、彭东焕、印国玲在具体组织协调、制订规范规则、联系作者、学术讨论记录（含录音）、编写简报等方面做了大量工作。

《巴蜀文化通史》是集思聚智的学术成果，撰著参与者及分工情况详见于各卷后记。以下谨按卷次列出主要撰著者名单，共同见证这部著作的出版：

《通论卷》　　　　　　谭继和著
《农业与水利文化卷》　彭邦本编著
《工商文化卷》　　　　张学君著
《城市文化卷》　　　　何一民等著
《建筑文化卷》　　　　庄裕光著
《交通文化卷》　　　　蓝勇等著
《民族文化卷》　　　　赵心愚、杨铭等著
《宗族与会社卷》　　　张力著
《移民文化卷》　　　　陈世松著
《方言卷》　　　　　　李国太、黄尚军、袁雪梅、曾为志著
《民俗文化卷》　　　　徐学书、喇明英、况红玲等著
《哲学思想卷》　　　　蔡方鹿、刘俊哲、金生杨著
《史学卷》　　　　　　粟品孝、周鼎、李晓宇著
《宗教文化卷》　　　　李远国、向世山等著
《教育卷》　　　　　　徐辉、徐仲林等著
《文学卷》　　　　　　邓经武著
《艺术卷》　　　　　　苏宁、沈博、幸晓峰著
《科技文化卷》　　　　查有梁、王迎川、周世祥等著

《传播文化卷》　　　　　　赵志立著
《文献要览卷》　　　　　　舒大刚、李冬梅等著
《巴蜀文化大事记》　　　　张彦、陈德言、王林、彭东焕编著
《巴蜀文化研究论著索引》　李敬洵编

由于多领域的地域文化通史尚属首创，不同门类各有其文脉演变、内在逻辑与历史进程，故未对各卷涉及本领域涵盖的时间起止及个别体例做统一的要求。编著者虽务求如清人顾炎武所说"庶几采山之铜"，而力避"买旧钱""废铜以充铸"，但因见闻学识所限，书中疏漏不足之处，尚祈望读者正之。

最后要说的是，全书从编撰到出版来之不易，还得益于四川人民出版社历任社长罗韵希、解伟、黄立新，副社长骆晓平，总编辑刘周远的关心和支持。特别是谢雪编审从中协调、统筹以及众多编辑"为他人作嫁衣裳"的辛勤付出。巴蜀文化界学术界的领军人物、尊敬的马识途先生在2018年一百零四岁时为本通史题写书名。在此，我们表示深深的谢意。

章玉钧　谭继和　罗鸣　彭邦本
2021年11月

总 序

◎ 章玉钧

呈献在读者面前的这部多卷本《巴蜀文化通史》，是国家重点图书出版物出版专项规划项目、国家出版基金资助项目和四川省西部文化强省建设重点支持项目的学术成果。这个项目由中共四川省委宣传部直接组织和领导，四川省社会科学院牵头，川渝合作，组织和邀约四川省、重庆市七十多位巴蜀文化研究专家参加，得到四川省委、重庆市委和国家有关部门的重视和支持，获得国家和省文化产业经费的资助。全书二十二卷二十八册，约一千六百万字。编撰出版工作历时十五年终告完成。参加本书编修的专家学者们团结协同、切磋琢磨、集思聚智、甘苦备尝，贡献了创造性的劳动。四川人民出版社和各卷责任编辑认真敬业，严谨审慎，做出了辛勤奉献。在此，谨就编撰《巴蜀文化通史》的缘起与旨归、定位与特色、架构与方法、集成与出新，作一概括的介绍，以助读者对全书先有个总体的了解。

缘起与旨归

编修《巴蜀文化通史》之议，酝酿已久。20世纪80年代至90年代，巴蜀文化和蜀学研究在四川逐步升温，在选编出版徐中舒、蒙文通、顾颉刚、任乃强、邓少琴、冯汉骥等大师关于巴蜀文化的论著[①]后，陆续编写出版了《巴蜀文化图典》[②]《巴蜀文化研究丛书》[③]《巴蜀文化系列丛书》[④]。大家既为"地域文化热"的兴起而振奋，又在同地域文化研究先行地区的比较中，看到我们的差距，深感传承、整合和弘扬巴蜀文化，要抓牵头的东西，抓具有基础性、全局性和带动性的项目。2001年，一直关注文化的四川省老领导杨超、杨析综率先提出编撰《巴蜀文化通史》的倡议，杨超还构想系统整理自古以来的巴蜀文献，编成《巴蜀全书》。他们登高一呼，高屋建瓴，对学界有很大的启发和鼓舞。经过反复酝酿，省里八位老同志[⑤]于2005年10月联名致信四川省委、省政府，建议启动《巴蜀文化通史》的编撰工程。在组织四川高校和研究机构数十位专家学者进行论证，并征得重庆市有关领导和专家学者的赞同后，省委批准立项，审定了全书的框架设计。2006年7月，《巴蜀文化通史》多卷本编撰工程正式开展。

大家渴望编撰《巴蜀文化通史》并积极付诸行动，是基于这样的共识：民族文化是一个民族的根、脉、魂，是民族精神的载体，是支撑民族生存和发展的脊梁。全球文明古国各具优长，唯有中华文明几千年来一脉贯通地连续发展至今，重要原因是有由甲骨文、金文发展而来的形、音、义相结合的汉字为重要载体和文化纽带，用其写成的文史典籍代代承传，从未间断，起到全民族凝心聚力的巨大作用，激励中华民族历经磨难而不衰，直至迎来民族走向伟大复兴的盛世。巴蜀文化是多源汇成一脉、多元聚为一体的中华文

---

① 徐中舒《论巴蜀文化》、蒙文通《巴蜀古史论述》、顾颉刚《论巴蜀与中原的关系》、任乃强《四川上古史新探》、邓少琴《巴蜀史迹探索》，均由四川巴蜀史研究会编辑，由四川人民出版社于20世纪80年代出版。此后还有《冯汉骥考古学论文集》1985年由文物出版社出版，另有《缪钺全集》2004年由河北教育出版社出版。
② 该图典由川渝合作编成，刘茂才、滕久明任编委会主任，万本根、俞荣根任主编，四川人民出版社1999年出版。
③ 该丛书由杨超、杨析综任编委会主任，首批六册。李绍明《巴蜀民族史论集》、隗瀛涛《巴蜀近代史论集》、林向《巴蜀考古论集》、胡昭曦《宋代蜀学论集》、谭继和《巴蜀文化辨思集》、徐南洲《古巴蜀与〈山海经〉》，均由四川人民出版社2004年出版。
④ 该丛书由杨超、杨析综任编委会主任，谭洛非、邓星盈、万本根任主编，共十册，四川人民出版社2001年出版。
⑤ 八位老同志是杨超、杨析综、何郝炬、冯元蔚、廖伯康、聂荣贵、李永寿、章玉钧。

化中一个重要的区域文化，是博大精深的中华文明的一枝奇葩，在中华民族文化谱系中占有独特的地位。她绚丽多彩、大器包容，在与兄弟地域文化交流互益、吞吐融会中发展繁荣，形成并展示出独特的神韵和魅力，使哺育她的中华文化更添灿烂辉光。对于川渝地区各族同胞而言，巴蜀文化就是我们世代生存之根、承传之脉、发展之魂。

巴蜀大地钟灵毓秀、文脉悠长，堪称多种人类遗产荟萃的聚宝盆。巴蜀文化有许多独具的特色和亮点，足以令我们为先辈的创造感恩并自豪。茂县营盘山、成都平原从宝墩到三星堆、金沙以及长江三峡、宣汉罗家坝等处文化遗址的多次惊世发现，结合古文献资料，无可辩驳地证实了巴蜀作为长江上游的上古文明中心，丰富了中华文明的基因，显示出古蜀古巴文化永恒的魅力。周秦以来，中华思想文化素以儒学、道学为主干；佛学西来后，更以儒释道交融互补为特色。蜀地仙道发源很早，成为天师道的创教地；儒学从西汉起就在此代代传承，文翁石室、周公礼殿、孟蜀石经彪炳千秋；在佛教中国化的进程中，巴蜀出了许多大德高僧，尤其是禅学大师，成为中国禅学中心之一。作为中国重要地域学术文化的蜀学，富有哲思传统和文史之长，"易学在蜀""史学莫隆于蜀""文宗自古出巴蜀""自古诗人例到蜀"等赞语，无不彰显历代巴蜀学术文化的璀璨夺目，成就非凡。巴蜀的音乐、舞蹈、碑刻、石窟、书法、绘画、诗词歌赋、戏剧、织锦、酿酒、制茶、肴馔等享有盛誉，非物质文化遗存丰赡多彩。巴蜀悠久的农耕文化与繁盛的工商文化相得益彰，并曾在水利开发、天然气开采、钻井术、天文、数学、医药等科技领域独占鳌头，纸币"交子"首发领先全球。巴蜀是中国历史上一个典型的移民区域，又长期是汉族和许多少数民族相聚和融合的地区，开拓了对外交往的条条蜀道，形成了连通中亚、南亚的南方丝绸之路和藏羌彝民族走廊。移民文化与原生文化、汉文化与少数民族文化、本土文化与外来文化在这里交融互动，使巴蜀文化具有很强的开放性、包容性、创新性和辐射性，这些特性被学者喻为"水库效应"。巴蜀儿女自古敢为天下先，尤其是百余年来向现代化转型时期，巴蜀文化哺育和造就了众多的杰出人物和文化精英，红色文化光耀史册，三线建设举国之重，"改革之乡"①闻名遐迩。在2008年"5·12"汶川特大地震等自然灾害的救援和重建过程中，四川人民表现出的英勇、睿智、大爱、感恩，也都凝聚着巴蜀文化浴火重生的精神。

当今中国正处于世界百年未有之大变局，建设社会主义文化强国，着力提升文化软实力，关系到"两个一百年"奋斗目标和中华民族伟大复兴中国梦的实现。身为当代学人，要在马克思主义指导下，树立高度的文化自觉和自信，十分珍视本土优秀的传统文化，处理好传统文化与现代化、本土文化与外来文化的关系，立大志愿，开大视野，用大手笔来发掘和系统梳理传统文化资源，传承、整合、弘扬巴蜀文化，致力于培根铸魂、固本延脉，使我们优秀的文化基因永续传承，与当代社会相协调，让富有恒久魅力、具有当代价值的巴蜀文化在提高全民精神素质，推进文化强省强国，铸牢中华民族共同体意识和助推构建人类命运共同体的进程中发挥应有的作用。

编撰多卷本的《巴蜀文化通史》，具有深远宏大的文化价值、学术价值和应用价值。一是对巴蜀文化几千年的发展轨迹及其创造、积累的宝贵文化财富，作出系统梳理和规律性总结，可以回应巴蜀民众了解"我是谁""我从哪里来"的文化寻根需求，丰富人们的精神世界，尤其是在道德规范和价值取向上得到涵养和化育。二是可以较全面地展示巴蜀文化的神韵和亮点，系统阐扬蜀史、蜀学、蜀文、蜀艺，构筑宽阔的学术研究平台，为巴蜀人文社会科学走向繁荣，促进传统文化的创造性转化和创新性发展，发挥立其大本、凝聚人心、导向助推的作用。三是同兄弟地域文化的研究成果相互呼应、相得益彰，有助于深入了解中华文化，传承中华文脉，为我们的母亲文化增光添彩，一起来展示她的独特魅力，进而与世界多元文化中不同民族文化平等交流互鉴，为建设新时代中国特色社会主义文化，增强我国的文化竞争力和软实力添砖垒瓦。四是更进一步促进川渝文化合作，可以为繁荣、丰富当代巴蜀先进文化建设，尤其是推进文化创意产业和康乐旅游产业，发掘深层次的文化内涵，提供坚实的学术依据，从而开启思路、激发灵感，以文塑旅，以旅彰文，把潜在文化资源（包括物质文化遗产和非物质文化遗产）

---

① 邓小平1982年对家乡四川的深情赞语。

转化为现实的生产力和文化软实力。五是有助于改变四川高校和研究机构在巴蜀文化和蜀学研究上各自为政、力量分散的状况，使之汇聚并形成有较高水平的老中青结合的研究队伍。与《巴蜀文化通史》珠联璧合的《巴蜀全书》，作为四川有史以来最大规模的古籍文献整理工程，经由四川大学古籍整理研究所提出并担纲，在四川省社会科学院和兄弟高等院校协力下，2012年以来，已出版阶段性成果两百余种，就是蜀学研究正在形成合力的又一明证。

定位与特色

为了实现前述宗旨，参与编撰的同仁都力求使《巴蜀文化通史》既是文化集成，又是学术创新，努力做到观点有一定创新性，知识含量丰富，资料翔实，文笔流畅，总体上进入巴蜀文化研究的学术前沿，在科学性、系统性、创新性、前瞻性、可读性等方面力争成为当代巴蜀学人可以"预流"——预于时代学术潮流的成果，成为在巴蜀文化研究上服务于现实并可继往开来的学术著作。但我们悬鹄虽高而未必力所能逮，故难免"取法乎上，仅得乎中"之憾。

这部书的研究对象是巴蜀文化，性质是通中寓专、通专结合的文化通史，角度是把地域史学与文化学及相关学科契合起来，贯穿全书的编撰理念是"三通"，即纵通、横通与会通。这里就分别说一说本书的"文化"本位、"巴蜀"立位和"三通"定位。

（一）"文化"本位

世界上对"文化"的定义已经有好几百种。我们以唯物史观为指导，本着天人合一、以人为本的中华人文精神[①]来解读文化。"惟天地万物父母，

[①] 天人合一、以人为本，打破天道与性命的隔阂，既避免把天人合一引向神学化，也避免陷入人类中心主义，而把敬畏、顺应自然与发挥人的主体能动性相统一，蕴含天人相依相待、互动互益的张力。

惟人万物之灵。"①人作为自然演化的产儿，受惠于天地万物，在群体劳动实践中成为地球上的万物灵长，既能创制工具，又能用语言交流，进而创制文字，由此有了文化及其积累、传承，于是便创造了"人化的自然界"。同时，在法天、法地、法万物的进程中，人也改变和提升着自身。汉字的"文"，原意是文身、文饰、纹理，以文来显示，以文来变化，讲规矩、礼貌，与禽兽区别开来。这是外在的，更是内在的。文的外化于行与内化于心，开物成务与锻塑成人，乃是人类与自然进行精神与物质相互变换中联袂互动的双重效应。自然力所为乃造化，人类心力所创是文化。文化从何而来？由人化文；文化落脚何方？以文化人。荀子讲"化性起伪"，"伪"就是人为的东西。要改变自身才能更好地改变世界。文化就是这样"人化"与"化人"（或曰"人为"与"为人"、人性的外化与内化）相统一，在双向建构中螺旋式上升，推动着人居世界的演进。人，既是创造文化的能动主体，又是文化所创造的价值主体。这与古语"人文化成"②的解读可以相通，也跟西方"文化"一词兼容"耕作、栽培"（外化）和"养育、教化"（内化）的语义相衔接。《中庸》讲至诚尽性，内外交修："惟天下至诚，为能尽其性。能尽其性，则能尽人之性；能尽人之性，则能尽物之性；能尽物之性，则可以赞天地之化育；可以赞天地之化育，则可以与天地参矣。"③这段话，恰可理解作为内化与外化相统一的文化的功能。

这样的广义文化，它对外与天地万物相成相济，内结构则包含着精神文化、语文符号、规范体系（行为习俗和法律）、社会制度和社会组织、物质产品等要素。④这些文化要素，大体可划分为相互联结、相互渗透的三个层面：外层是作为基础的物态文化，即经过人的劳动形成的"人化"自然或器物层面，体现人与自然的互动关系及其物质成果；中层是语文符号、制度文化和行为习俗文化等，可称为"交往文化"，体现出人与人的互动关系即社会关系，也是精神文化的外在表现；内层则是以价值观为核心的精神文化，

---

① 《尚书·周书·泰誓上》，《十三经注疏》上册，中华书局1979年影印本，第180页。
② 《易·贲卦·彖辞》："观乎天文以察时变，观乎人文以化成天下。"
③ 《礼记·中庸》，《十三经注疏》下册，中华书局1979年影印本，第1632页。
④ 《中国大百科全书·社会学卷》，中国大百科全书出版社1991年版，第409页。

体现出人的心灵世界在真、善、美、圣（科学、道德、艺术、哲学、宗教）诸多领域与境界的创造。清代龚自珍说过："圣人之道，本天人之际，胪幽明之序，始乎饮食，中乎制作，终乎闻性与天道。"①文化的上述三个层面，既如血脉相通，总体上联动互进，在变迁时序上又往往呈现有速有缓、或前或后的不平衡发展状态。这种总体性与异步性的统一，是在研究和描述文化史时需要仔细琢磨和体现的。

综上所述，文化是在天人相合相分、互动互益进程中人的生命存在及其取得的全部成果，或简单地说，文化就是人类独有的生存方式。人们总是生活在世代传承而又不断积累、不断丰富的文化之中。这文化如水，滋润万物；若风，吹拂人间；又好比血液，灌注循环于特定民族或地区人群的心灵深处，产生凝聚力和认同感，积淀、凝结为人们稳定的生存方式。因此，人类的文化既有共通性，又有民族性、地域性和时代性，是多元的、多样的，而不是单一的、无差别的。不同民族、不同地域、不同时代产生的文化模式，形成的文化精神各有不同。伴随着时代的风云变幻，当不同文化相遇、相会时，从价值观念、思维方式、生活样态到社会习俗，就会产生交流、交融、交锋，出现文化选择和互融，进而导致文化的转型。通观世界历史，文化转型曾有过各种不同的类型。中华文化的现代转型是守正创新，把马克思主义基本原理同中华优秀传统文化相结合的自主式；而不是聚合多种移民文化、喧宾夺主的复合式；更不是那种特定场合下原有文化解体，被另一文化取代的断崖式。

"文化"和"文明"是两个意义相近又有区别的概念。文化侧重于文的功能，文明侧重于文的成就。人猿揖别，就出现文化；到告别蒙昧、野蛮，才进入文明时代。文明是个褒义词，囊括人类创造的积极成果之总和，用以指称人类社会的进步程度和开化状态。②当今多以文化标示民族性差异和地域性特色，而以文明标示人类的普遍行为和多元成就。文明因交流而互鉴，因互鉴而发展。在经济和科技全球化进程中，许多物态文化和一部分行为习

---

① 《五经大义终始论》，《龚自珍全集》，上海人民出版社1975年版，第41页。
② 《易·乾·文言》："见龙在田，天下文明。"《尚书·舜典》："睿哲文明。"孔疏："经天纬地曰文，照临四方曰明。"

俗文化在逐步趋于同质化，而具有不同基因的制度文化、语言文字，特别是精神文化，则终会呈现和保持多样化。这一部地域文化通史，本着文化的多元性和相通性来立论，各卷都力图写出浓郁的地域文化味，体现出"人化"与"化人"的统一。

（二）"巴蜀"立位

广袤的中华大地因地壳碰撞形成了自西向东、由高到低三个落差很大的阶梯，巴蜀处于高阶到中阶的内陆腹地，连通祖国的南北西东。巴蜀西部为青藏高原东南缘及横断山区北段，东部为群山环抱的四川盆地，总体地势西高东低，地形地貌独特丰富，集雄、奇、险、秀于一体，自然禀赋得天独厚，是万物生灵的洞天福地。巴和蜀是上古以来巴人、蜀人及其他族群先民活动的地域，二者相连乃至交错，文化复合共生，自成一个地域文化区系。在中华文明满天星斗式的起源中，这里是相对独立肇兴的长江上游文明起源中心，有巫山人、资阳人为代表的文化根系，有万年以上的文明起步，上古巴蜀地域文明形成和发展中的不少谜团还有待地下发掘来破解。三千多年前巴蜀文明就与中原文明血脉交融，与吴越、荆楚等文明紧密互动，也与南亚、中亚文明交流互鉴。公元前316年，秦并巴蜀后则更紧密全面地融入中华文明共同体，成为它重要的组成部分之一，东汉时即享有"天府之国"的美誉。巴与蜀同源同围，文化具有同质性和内聚力，而自然人文环境又同中有异，形成了刚柔相济的复合型文化共同体。蜀人慕文好乐，精敏健雄，浪漫诙谐；巴人质直尚勇，豁达豪爽，吃苦耐劳。所谓"巴出将、蜀入相"，大致道出了两者文化性格的差异。巴蜀的地域范围历代有涨有缩，行政区划迭有变迁（包括1997年以后川渝分治），而长期历史形成的巴蜀文化区虽没有截然划定的边界，却是相对稳定的整体，并未因行政区划变动而忽合忽分。巴蜀文化区的范围是涵盖今四川省和重庆市地域，兼及周边风俗略同地区的民族文化共同体。它以史源悠久、流传有绪的巴文化、蜀文化为主轴，既包括四川盆地以汉族为主体、辐射四周的文化，也包括盆地周边各以藏、彝、羌、苗和土家等世居少数民族为主体、各民族和谐共融的文化，是这一地区从古至今多民族地域文化的总汇。这部书论述的地域以今四川省和重庆市为主，对不同历史时期曾纳入巴蜀行政区划或与其文化关联密切的地域也有涉及。

巴蜀虽地处祖国内陆，不靠边、不濒海，却衔接南北，连通西东。在编撰这部书时，我们力求处理好巴蜀文化与其母文化——中华文化的关系，重视巴蜀文化与兄弟地域文化之间的交集和互动，着眼于巴蜀文化的特性、个性，寓共性于个性之中，寓统一性于多样性之中。我们也重视巴蜀文化与域外文化之间的交集和互动，注意巴蜀文化在中外文化交流中所起的作用。在巴蜀文化内部，我们力求处理好蜀文化与巴文化相互之间的关系，巴蜀汉民族文化与各世居少数民族文化的关系，尽可能都给以充分的关注，反映它们之间的共性与个性、互联与互动，力避顾此失彼，详略失当。为涵盖并展示少数民族文化多姿多彩的众多领域和方面，这部书除单独设置《民族文化卷》外，各有关专题卷都力图把相关领域的少数民族特色文化摆在重要位置进行阐述和概括。

（三）"三通"定位

"三通"是贯穿全书的重要编撰理念。史著价值在于信，通史灵气在于通。司马迁"究天人之际，通古今之变，成一家之言"[①]是我们心向往之、孜孜以求的目标。史学前辈范文澜等曾提出"三通"（"直通""旁通""会通"），我们根据编撰《巴蜀文化通史》的要求，把历时态的"纵通"、共时态的"横通"与跨文化、跨学科的"会通"，合在一起作一些新的阐释。世界是通的，大历史是通的，大文化是通的。文化史的发展，本来就涵盖着纵向的全过程、横向的多层面、跨文化的多领域。通向历史本真，揭示历史本体，是"三通"追求的目标。尤其是作为通中寓专、通专结合的多卷本地域文化通史，无论承担通论或专题卷的学者，都力求在"三通"上下功夫。

一曰纵通，指历时态全过程的贯通。"观水有术，必观其澜。"这部书贯穿古今，上溯于远古巴蜀先民之蒙昧初开，下迄21世纪初年川渝之文明新

---

① 《史记》卷一三〇《太史公自序》。

貌，原始察终，系统梳理这个既有内在连续性，又呈现不同时代阶段性的曲折过程中巴蜀文化层积而兴的脉络，由此分析其在各个历史时期的盛衰流变，此起彼伏的高峰低谷，展示巴蜀文化的特色和贡献，进而探究其发展的逻辑进程，尤其是传统巴蜀文化向现代化转型的路径，论证巴蜀文化的当代价值和意义，揭示巴蜀文化的发展趋势和前景，做到鉴古察今、述往知来。这是全书贯穿始终的主线。这条主线还可以从实践与认识的角度一分为二：一是巴蜀文化的实践史、发展史；二是在实践基础上对巴蜀文化的认识史、研究史。二者结合方能从实践与认识的循环往复中，深入把握"外化与内化相统一"的文化真髓。

二曰横通，指共时态全方位的互通。"事不孤起，必有其邻。"从全书立卷到各卷章节的设置，都力图以时间为经，以反映文化的不同层面及专题为纬，纵横交织，立体成像。历史运动是有结构的，它是过程与结构的统一，广义文化中各层面的共生、交叉、互动就体现着这种结构性。这部文化通史不仅要剖析巴蜀文化发展的过程，同时要展现巴蜀文化的层次与结构。本书多数专题卷，虽然在物态文化、交往文化、精神文化几个层面中各有其侧重点，但都是从有血有肉的文化肌体中抽出来的，不能孤立求索和描述。研究时不仅不能把经济基础与其上层建筑割裂开来，还要努力展示文化各层面的横通，展示各专题内部各个相关领域的横通。这样做是为了尽量体现地域文化生成的内在机理，使读者把握到神完气足、血肉丰满、生机勃勃的整个巴蜀文化。

三曰会通，着重指跨文化、跨学科的多元共融，全景式打通。《易·系辞上》说："圣人有以见天下之动，而观其会通。"①南宋郑樵《通志》特别强调"会通"。②要从天下事物阴阳变动不居的状况，观察领悟其会合变通的卯窍。人类文化从来是多元并存，在相互比较、碰撞、渗透、融合中发展的。研究地域文化，必须有开放式的大视野，具备跨文化、跨学科的眼界

---

① 李鼎祚《周易集解》注文中引用汉代干宝："观日月而要其会通，观文明而化成天下。"
② 郑樵《通志·总序》："百川异趋，必会于海，然后九州无浸淫之患。万国殊途，必通诸夏，然后八荒无壅滞之忧。会通之义，大矣哉！"又其《夹漈遗稿》卷三《上宰相书》："天下之理，不可以不会，古今之道，不可以不通，会通之义，大矣哉！"

和通识，能够在充分尊重和了解各种文化事象的前提下，不停留于对现象的描述，而要触类旁通、探赜索隐、择精合妙、汇聚通宜，真正实现圆融贯通。纵通为经，横通为纬，须擅会通，方呈现三维立体的全息图景，做到究始终、观全体、明是非得失之故。就是说，文化史研究要通过分析和综合，具备文化反思和阐释张力，会归通衢，由"方以智"进到"圆而神"，抵达藏往知来之境。

我们时时提醒自己：研究巴蜀文化不仅要钻得进去，还要跳得出来，站到更高处，具有开放的胸襟和跨文化比较的视野，把巴蜀文化放到多元一体的中华文化和全球多元文化的大背景下加以审视，察异观同，和合会通。巴蜀文化从来不是与世隔绝、孤立自足地成长起来的，而是在同周围的兄弟地域文化相互影响下发育繁衍，并在同远近的异质文化间接或直接的交流互动中汲取营养的。我们正处在不同文化交流空前深入、碰撞空前激烈的时代，为了追寻全球文化的多元和谐，助推构建人类命运共同体，一定要本着"各美其美，美人之美，美美与共，天下大同"的文化会通观，祛除近代以来因受西方强势文化轻视、压抑而形成的文化自卑和盲从心态，提高对中华文化地位、作用的认识，坚定文化自信，珍爱并拓展、弘扬本土文化的精华。要在马克思主义指导下，具备通识通才，对中外文化精神析同辨异，折冲樽俎，在会通中实现对优秀传统文化的继承和超越，对外来文化精华的吸纳和转化，促进新时代中国特色社会主义文化繁荣发展，不断开拓文化巴蜀、文化中国转型复兴之路。

架构与方法

20世纪初叶，随着新史学的兴起，文化史在历史学中的地位得到重视和加强。刘师培曾计划研究文化专门史，含十六种，以西方学术的科目，析先秦诸学学术思想之长短得失。①胡适设想，中国文化史要包括民族史、语言文字史、经济史、政治史、国际交通史、思想学术史、宗教史、文艺史、风俗史、制度史等科目。②梁启超专就文化史的做法讲课，认为需要对政教典章、社会生活、学术文化等方面，做分门别类的文化专史。最好是把人生的活动事项纵剖，依其性质，分类叙述。在狭义的文化专史中，他举出语言史、文字史、神话史、民俗史、宗教史、道术史（哲学史）、史学史、自然科学史、社会科学史、文学史、美术史等。③不过，20世纪30年代初问世的几部中国文化史（如杨东莼1931年、柳诒徵1932年、陈登原1935年），仍多系综合体裁，对各文化门类往往语焉不详。

在前辈学者探索的启发下，我们反复思量，决定突破所见的国内现有地域文化史侧重综合、纵通的体裁，而按"纵述史实，横排门类"的编撰原则，采用"通论+专题卷+大事记"这样一种体现纵通、横通、会通的创新结构，几经斟酌，全书共二十二卷，排序如下：置全书之首的《通论卷》，阐释了巴蜀文化的基本概念与学术体系，生态环境背景，巴蜀文化的研究史和认识史，由古及今的文化发展轨迹、基本性质及基本特征，在多元一体、博大精深的中华文化中的定位及其特殊贡献，薪火传承与现代化转型创新及前景趋势，力求起到提纲挈领、纲举目张的作用。其后大体按文化的不同层次，分别为巴蜀文化具有特色的领域、学科列专题卷。先是侧重物态文化并由此探及相关交往文化、精神文化层面的，有《农业与水利文化卷》《工商文化卷》《城市文化卷》《建筑文化卷》《交通文化卷》；接下来的《民族文化卷》从中华民族共同体的多民族视角强调综合性；《宗族与会社卷》《移民文化卷》《方言卷》《民俗文化卷》大体属于制度文化、语言文字、行为交往文化层面（鉴于政制、职官、法律等制度，全国大体统一，故不设专卷）。继后精神文化层面的部分，卷数较多，设有《哲学思想卷》《史学卷》《宗教文化卷》《教育卷》《文学卷》《艺术卷》《科技文化卷》《传

---

① 刘师培：《周末学术史序》，1905年作，《刘师培儒学论集》，四川大学出版社2010年版，第36～78页。
② 胡适：《〈国学季刊〉发刊宣言》，《胡适文存》二集，黄山书社1996年版。
③ 梁启超：《中国历史研究法（补编）》，《中国历史研究法》（外二种），河北教育出版社2000年版。

播文化卷》。为便于了解巴蜀历史文献,尤其是蜀学文献,特设有文献目录学专题《文献要览卷》。专题卷之后的《巴蜀文化大事记》,对先秦至当代巴蜀文化重大事件以编年方式扼要记载,便于读者对巴蜀文化全程有鸟瞰式、综合性的把握;《巴蜀文化研究论著索引》,则供研究者作为检索工具使用。以上就是全书的架构。

各专题卷均前置导言,末设结语。其篇章框架则因事制宜而有所不同。有的是以时期分章,大体按不同门类分节,在纵通中含横通(如《教育卷》);有的主要按专题并结合时序来分章节,在横通中含纵通(如《科技文化卷》);有的先理出历史线索,再突出一些重点专题,先纵后横,纵横结合(如《城市文化卷》);还有的卷内分两编,分述相关内容(如《农业与水利文化卷》)。

《巴蜀文化通史》作为多卷本的学术著作,主要供大专以上程度的读者阅读,以及文化馆、图书馆等购备。它既不是曲高和寡的"阳春白雪",也不是能够直接普惠民间的通俗普及读本。为了让巴蜀文化走进千家万户,还有待开发科普读物和图文,使之逐步大众化,在应用和传播上做创新文章。

编撰《巴蜀文化通史》,涉及学科门类甚广,涵盖时间很长,创新要求颇高,总字数超过千万。这样的文化工程,绝非率尔操觚、短促突击所能成功。近人刘承幹[①]《明史例案》提出过八条准则,就是"搜采欲博,考证欲精,职任欲分,义例欲一,秉笔欲直,持论欲平,岁月欲宽,卷帙欲简",我们在编撰过程中借作参照,同时根据在新时代撰写地域文化通史的新要求,不断从实践中探索,大体形成了以下一些做法:

(一)多学科的专家学者分工合作,协同攻关

梁启超主张,广义的文化专史,涉及面特别广,在专史中最为重要,也最为困难。这不单是史学家的责任,更是研究某种专门学问的人对于该种学问的责任,要尽量用内行的专门家去做。若能以终身力量做出一种文化专

[①] 刘承幹(1881~1963):著名藏书家、刻书家、史学家。

来，于史学界便有不朽的价值。①本书的编撰设置了编撰委员会、学术委员会及编辑部，确定由正副主编主持编撰，编辑部依托省社科院开展编务工作。各专题卷的著者采取定向邀标办法聘请，多为对该学科领域研究有素的专门家，分别采取由个人承担，或二三人合著，或一人主撰、团队协力完成等方式进行。为保证学术质量，使全书有机统一，在实行主编负责制的同时，由资深专家组成学术委员会，全程参与从项目规划到成书的学术攻关和学术把关。

2006年以来，先后开了四次分卷著者会议，八十多次书稿审读会议。第一阶段，先由学术委员会同分卷著者反复讨论各卷著者拟出的由粗到细的提纲，并明确全书编纂理念②，统一规范体例，然后与分卷著者签订编撰合同，落实工作责任。第二阶段，学术委员会同分卷著者研讨各卷写出的一两章样稿，这是"摸着石头过河"的试错与磨合过程。有些卷的思路和写法曾有大的调整和改变。第三阶段，各卷著者潜心研究，奋力写作。初稿先后写出后，大都经过学术委员会仔细研读，写出审读意见，同著者一起讨论，从结构、体例到观点、材料都认真交换意见，对著者遇到的各种史料、概念及话语体系、文脉梳理、文化基因挖掘等问题，出点子，提思路。待著者修订后又进行讨论，有的书稿研讨了四个回合。当某一分卷初稿趋于成熟时，即请出版社责任编辑提前介入审编，参加讨论，以便撰写工作与第四阶段的编辑出版工作紧凑衔接，不出空当。因各卷皆分头撰写，结构和文字风格有所不同，对同一文化事象的见识裁断有别也在所难免。在统改书稿过程中，既充分尊重分卷著者的学术个性和创见，同时为了各卷在总体上规范统一，基本观点相互协调而不相抵牾，尊重主编的统改权，而在个案判断上各卷则有自由度。注意把握各卷边界，相互照应避让，以免大的重复，做到详略互见，各得其宜。

在这部文化通史编撰期间，本书学术委员会大多数成员在辛勤共事中度过了古稀以至耄耋之年。我至今还清楚地记得在每次研讨会、审稿会上专家

---

① 梁启超：《中国历史研究法（补编）》，《中国历史研究法》（外二种），河北教育出版社2000年版。
② 章玉钧：《关于编纂〈巴蜀文化通史〉的思考》，《中华文化论坛》2007年第4期，第5～10页。

们无私地贡献个人的真知灼见，自由发表不同见解乃至相反的主张，体现出的那种学术为公的争鸣探索精神。尤其令我们刻骨铭心的是：隗瀛涛、李绍明、贾大泉、沈伯俊、万本根、胡昭曦、林向七位先生为学术工作长期呕心沥血，先后因病辞世。对诸位先生的高见卓识、学者风范尤其是为编撰本书所做的贡献，我们将永志不忘。

（二）采取多重证据法和综合研究法，在搜集和鉴别史料上下大功夫

古人所称"文献"，原本指书面文字记载与贤人口头传闻[①]，徐中舒先生拓展他的老师王国维的古史二重证据法为多重证据法，注重传世文献、出土文物和现代民族学、民俗学的活态文献等结合互证，将区域文化史研究提高到崭新的学术境地。本书编撰中，继承和弘扬王、徐等前贤视野广阔的史料观，搜罗史料力求竭泽而渔，鉴别史料着意披沙拣金，通过综合比勘，相互参证，追根溯源，从而正误辨伪，务寻真史。各专题卷著者都是先汇辑基本史料并掌握学界已有研究状况，汲取前人取得的成果，才进入写作阶段。有好几卷的著者更是"读万卷书、行万里路"，带领研究生经年累月搞田野考察，获得不少真知灼见，从而在学术上有了新的拓展。

（三）坚持文化学的视角，采取多学科交叉和比较文化学的研究方法，力求写足文化味

文化既然是人的生存方式，归结为"人化"和"化人"，每卷文化史就要见物更见人，既写出"由人化文"的胜境，更揭示"以文化人"的妙谛。有关精神文化的各专题卷，既系统梳理巴蜀精神文化尤其是蜀学发展繁荣的脉络，突出展示巴风蜀韵孕育出的文宗巨子和文化精英的成就，也记载众多无名工匠、艺人等留下的民族民间文化、市井文化的瑰宝。侧重物质文化的各专题卷，不停留在物态层面的描绘，而尽力深入到制度层面、精神层面。如《农业与水利文化卷》《科技文化卷》等，对举世无双、造福人类

[①] 朱熹："文，典籍也；献，贤也。"引自《四书章句·论语集注》卷二《八佾第三》，中华书局2012年版，第63页。

二千二百七十多年的都江堰水利工程，就不仅从物质、科技、生态层面介绍其巧夺天工、可持续发展的奥秘，而且从制度文化层面总结其堰官、岁修、劳役、配水、轮灌、收费等管理制度，更深入精神文化层面阐释其"上善若水"的哲理和人文精华。

（四）掌握焦点，抓住重点，发挥特点，突破难点

饶宗颐先生在揭橥华学趋向时，曾提出"三条"："一是纵的时间方面，探讨历史上重要的突出事件，寻求它的产生、衔接的先后层次，加以疏通整理。二是横的空间方面，注意不同地区的文化单元，考察其交流、传播、互相挹注的历史事实。三是在事物的交叉错综方面，找寻出它们的条理——因果关系。"又说："我一向采用的史学方法，是重视'三点'，即掌握焦点，抓紧重点，发挥特点，尤其要特别用力于关联性一层。"[①]我们体会，"三通"的理念与上述"三条""三点"是一致的，而方法上特别重视关联性，就要纵通找焦点，横通抓重点，会通求特点。编撰中，我们注意咀嚼梁启超的卓见：文化的发展史，各个时代、各个领域是不平衡的，重要性是不一样的，要分主系、闰系和旁系。不要平讲直叙，分不出浓淡高低。须用鸟瞰的眼光，看出哪个时代最主要，发达到最高潮，便用全力赴之。[②]各书大都采用了这种大处着眼、抓住重点、突破难点、提炼观点、不平均使用力量的方法。

集成与出新

前面提到，编撰这部书时，我们力求做到既是文化集成，更是学术创新。无论文化发展、学术探索，都是慧命相续、推故致新的过程，需要不断传承积累，继往开来，久久为功。"譬如积薪，后来居上。"用冯友兰先生

---

① 饶宗颐：《〈华学〉发刊词》（1995年），《选堂序跋集》，中华书局2006年版。
② 梁启超：《中国历史研究法（补编）》，《中国历史研究法》（外二种），河北教育出版社2000年版。

的话，这是从"照着讲"到"接着讲"的进程。每门文化史的研究，都需要对已有的各种史料，广搜博采，集纳钩沉；对前贤成果循波讨源，含英咀华；只有在对文化遗产守正传承的基础上，才有可能站到前人肩膀上，回应新的时代需求，匠心独运，开拓新境；才有可能焕然出彩，奉献出在某些方面超越前贤的成果。朱熹诗云："旧学商量加邃密，新知培养转深沉。"①集成是出新必需的基础和前提，出新则是集成企求的目标和价值增值的成就。二者同体异面，缺一不可，是衡量学术成果质量相互关联的两个维度。

（一）从集成的维度看

首先，《巴蜀文化通史》可以说是"巴蜀文化"概念提出八十多年来首次大的学术集成。"西蜀文化"（郭沫若1934年）、"巴蜀文化"（卫聚贤1941年）提出之初，主要是就巴蜀考古文化而言，后来渐次扩大到广义的巴蜀文化，有关论著已上千册，有关文章达数万篇（《巴蜀文化研究论著索引》多有著录），形成了分别以史学文献考据、文物考古、民族民俗田野调查为主的三种研究方向，近年又发展出综合诸家的会通型研究方向。各条路径的学者在不同领域、从不同角度艰辛探索，均取得了丰硕的成果。本书各卷编修中，都努力加以搜集、消化和吸取，并以借鉴、发挥这些观念、方法为前提，力求形成对巴蜀文化研究具总汇性的成果。如《通论卷》从总体上就巴蜀文化生态背景、内涵性质、发展历程及基本规律、特征等问题，会通诸说，取精用宏，做了言之成理的统体性总述，成为具有集成性的一家之说。《民族文化卷》不仅就民族理论的疑难问题深入研究，还在搜集分析历史文献材料、文物考古材料，特别是对国家组织的多次民族调查材料下了很大功夫，从而描绘出巴蜀世居各少数民族立体生动的文化图景。

其次，古往今来的巴蜀文化长河浩荡壮丽，魅力无穷。《巴蜀文化通史》对清点总结长时段、宽领域、多层面的巴蜀文化来讲也是一次学术集成。巴蜀的历史文化名人，如大禹、李冰、落下闳、文翁、司马相如、扬

---

① 《鹅湖寺和陆子寿》，（宋）朱熹著，郭齐、尹波点校：《朱熹集》卷一，四川教育出版社1996年版，第185页。

雄、诸葛亮、陈寿、常璩、陈子昂、武则天、李白、杜甫、薛涛、苏轼、格萨尔、张栻、秦九韶、杨慎、李调元等，都在相关卷帙中重点推介，娓娓道来；巴蜀历史上突出的物质文化成就和非物质文化成就，蜀学、蜀文、蜀艺、蜀籍的精华也都提要钩玄，荟萃于此。如《文献要览卷》就搜选论列了近五百种巴蜀文化重要典籍，可一览巴蜀文献精华，为学者指点津梁。又如智慧幽默的四川方言是巴蜀历史文化凝结的珠宝，《方言卷》挖掘、串起一颗颗珍珠，并生动剖析其蕴含的丰富文化信息，令人齿颊留香。

再者，不少专题卷的著者既具文化通识，又对该学术领域长期耕耘，研究有素，此次写作起到了阶段性总结的学术集成作用。例如：《城市文化卷》著者三十多年来由跟从名师到带领团队，一直深耕于近现代中国城市与城市文化研究领域；《移民文化卷》著者是国内知名的移民文化、客家文化研究专家；《交通文化卷》著者多年致力于西南历史地理尤其是交通文化的调研；《哲学思想卷》和《史学卷》著者长期潜心研究巴蜀哲学、巴蜀史学；《建筑文化卷》著者是卓有成就的古建筑研究专家、高级建筑师。他们都在各自领域完成了多项国家课题，此次承担专题卷，更是辛勤研讨，旁搜远绍，厚积薄发，突出亮点，倾力奉献了后出转精之作。

（二）从出新的维度看

本书围绕前述长时段、宽领域、多层次的巴蜀文化来创新体例结构，成为首部纵横贯通、覆盖面广、体量超大的巴蜀文化史，在全国已出的各种区域文化通史中，当属编撰体例新、时间跨度长、内容浩繁的一部。学术体系上的集成性，本身就是从文化观念、编撰理念到架构体例的出新，在地域文化通史领域作了开创性的探索。这是其一。

本书各卷着眼于发展新时代文化，明道求真，以史经世，着力写出巴蜀文化的特色和韵味，在内容上有较多突破和出新。过去关于农业与水利、工商、交通、建筑、城市等的论著，容易停留于物态层面，罕有从文化学角度和宏观视野对其全过程深入探讨之作；这次研究标明以"农业与水利文化""工商文化""交通文化""建筑文化""城市文化"为对象，注重深入文化层面进行阐释，且着意探讨长时段历史中这些物质文化变动与制度文化、精神文化演进的关系及产生的影响，这些往往是以前研究论著较少触及的。有关巴蜀学术文化的几卷，着力显示蜀学长于思辨、多元会通、创新超迈、沟通理欲、注重事功等特色，有助于发扬当今的时代精神。有关交往文化的几卷，注重聚焦于民间大众，关注各色人等的日常生活，运用了许多文化人类学、社会学、民族学的方法，见解新颖，地域文化味很浓。这是其二。

更值得珍视的是，各卷在编撰中深汲传统的源头活水，发现其烛照现实和未来的原创亮点，尤其是优越秀冠的巴蜀文化在传承创新中焕发异彩之所在。许多卷发掘出大量翔实的资料，匠心独运，以史鉴今，提炼出有创新性的学术观点，或举出有新颖性的论据，活用巴蜀首创的学术话语，采用别出心裁的叙事方式，力争获得创新、独见、卓识的学术成果。具体的创新点如同"诗眼""文眼"分布闪烁在卷帙之中，细心披阅，当会时有"山阴道上，应接不暇"之乐，这里无法一一细析。

鉴于多卷本地域文化通史尚属初创，不同文化门类各有其学理脉络、发展轨迹和演进特色，编撰难度往往超出预期，主编和各卷著者虽迎难而上，勉力为之，但仍难免有纰漏丛脞之处。尤其是古蜀文明还有不少千古待解之谜，我们受限于已获的资料和研究水平，多只能守阙存疑。对成稿后的许多惊世发现，巴蜀文化日新月异的面貌和新的研究成果亦未能更多纳入。当把多卷本《巴蜀文化通史》奉献到读者面前时，我们既同大家分享喜悦，又有颇为忐忑的心情。这部书，以至其中每一卷，究竟应获怎样的评价，最终还要接受时间的检验。衷心期望巴蜀文化研究慧命相续，薪火相传，探索和构建起自身完整的学科体系、学术体系和话语体系。但愿此番的初创能为后续俊彦们开拓新境起到抛砖引玉的作用。

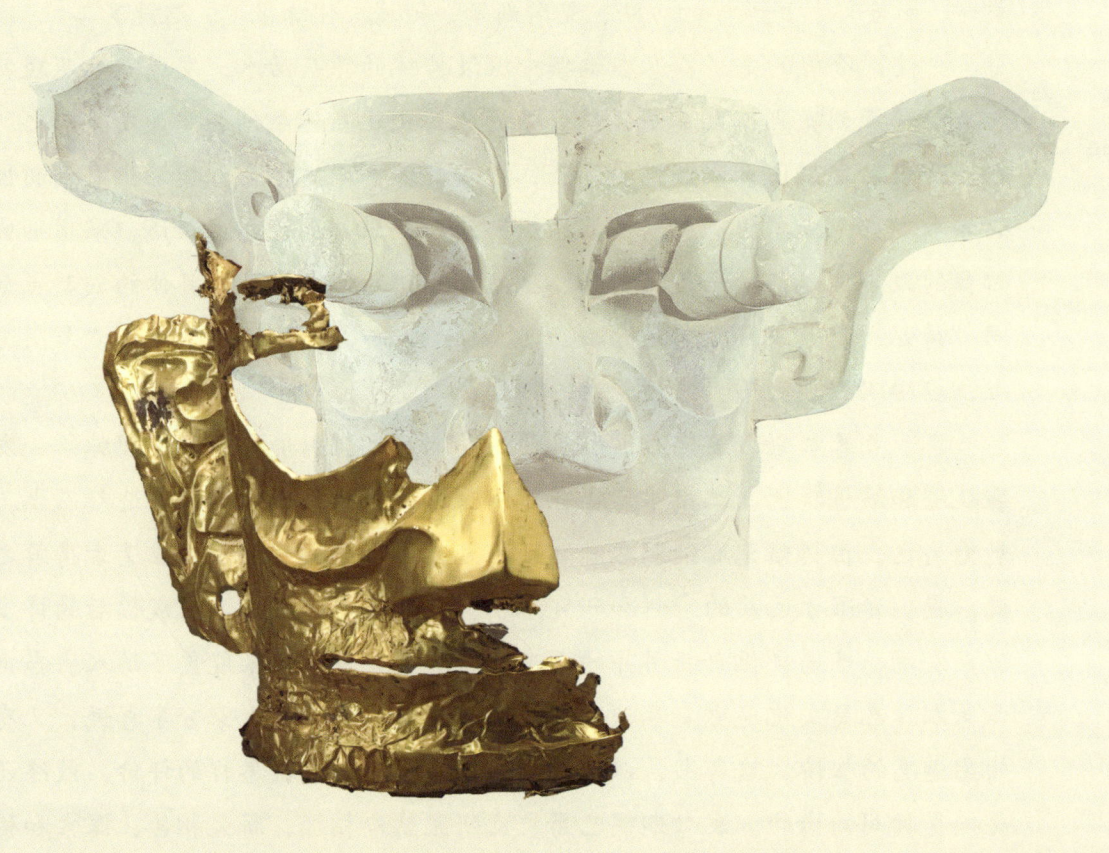

目 录

导 言 / 1

    一、人居环境 / 1

    二、发展历程 / 7

    三、建筑类型与特色 / 31

    四、研究现状评述 / 53

第一章　古巴蜀时期建筑 / 59

    第一节　考古揭示的建筑遗址 / 63

        一、成都北郊羊子山祭祀台 / 63

        二、广汉三星堆遗址 / 64

        三、成都金沙遗址 / 65

        四、成都十二桥商周建筑遗址 / 67

        五、成都商业街古蜀墓（船棺）葬群 / 68

    第二节　文献中所反映的古巴蜀时期建筑 / 69

第二章　秦汉至南北朝时期建筑 / 73

    第一节　秦汉至南北朝时期的代表性建筑遗产 / 76

        一、雅安高颐阙 / 76

        二、芦山樊敏阙 / 78

        三、乐山麻浩崖墓 / 79

四、彭山江口崖墓 / 81

五、三台郪江崖墓 / 82

六、考古发掘的严道古城 / 84

第二节 秦汉至南北朝时期文献中的建筑遗产 / 84

一、宫室名制 / 85

二、营造法式 / 85

三、祠庙 / 85

四、城池 / 86

五、宫殿 / 87

六、楼阁 / 87

七、道观 / 88

八、佛寺 / 88

九、道、桥 / 89

十、其他 / 90

第三节 明器和画像砖反映的秦汉至南北朝时期建筑 / 90

第三章　隋唐至两宋时期建筑 / 93

第一节　隋唐至两宋时期的代表性建筑遗产 / 97

一、王建墓——中国唯一的地面帝王陵 / 97

二、孟知祥墓 / 98

三、窦圌山云岩寺转轮藏 / 100

四、丹棱白塔——四川境内最古老的砖塔 / 102

五、新都宝光寺舍利塔 / 103

六、乐山灵宝塔 / 105

七、北宋第一塔——南充白塔 / 105

八、邛崃石塔寺石塔 / 107

九、宜宾旧州塔 / 108

十、大足石窟及龛、窟建筑中的技术成就 / 110

十一、合川钓鱼城 / 112

第二节　摩崖石刻上的唐宋建筑 / 114

第三节　文献中的前、后蜀御苑——摩诃池（宣华苑）/ 116

第四章　元明时期建筑 / 119

第一节　元明时期的代表性建筑遗产 / 122

一、德阳延祚寺砖塔 / 122

二、芦山姜庆楼 / 124

三、峨眉山万年寺砖殿 / 125

四、宜宾旋螺殿 / 126

五、宜宾真武山玄祖殿 / 128

六、梓潼七曲山大庙 / 130

七、平武报恩寺 / 131

八、新津观音寺 / 133

九、三台云台观 / 134

十、明蜀王及王妃陵 / 137

十一、明蜀王府太监墓群 / 138

十二、泸县龙脑桥 / 140

第二节　已消失的明蜀王府（皇城）/ 142

第五章　清代建筑 / 145

第一节　名人纪念祠宇 / 148

一、都江堰二王庙与伏龙观 / 148

二、成都武侯祠 / 150

三、成都杜甫草堂 / 152

四、郫都望丛祠 / 154

五、眉山三苏祠 / 155

六、崇州陆游祠 / 157

七、阆中桓侯祠 / 158

八、江油太白祠 / 160

九、广元皇泽寺 / 162

十、叙永春秋祠 / 163

十一、奉节白帝城 / 165

十二、云阳张飞庙 / 166

第二节　宗祠、会馆 / 167

一、自贡西秦会馆 / 167

二、成都洛带会馆群 / 170

三、重庆八省会馆群 / 173

第三节　文庙、武庙、书院、考棚 / 175

一、资中文庙 / 175

二、资中武庙 / 176

三、德阳文庙 / 178

四、崇州文庙 / 179

五、犍为文庙 / 181

六、富顺文庙 / 182

七、巴中云屏书院 / 185

八、城厢绣川书院 / 185

九、阆中考棚 / 187

第四节　王府、府第 / 188

一、清代贡院 / 188

二、崇州宫保府 / 190

第五节　寺庙、宫观 / 192

一、成都文殊院 / 192

二、成都大慈寺 / 194

三、成都昭觉寺 / 195

四、崇州光严禅院 / 197

五、新都宝光寺 / 199

六、新繁龙藏寺 / 201

七、乐山乌尤寺 / 202

八、乐山大佛寺 / 204

九、峨眉山佛教建筑群 / 205

十、重庆华岩寺 / 208

十一、梁平双桂堂 / 209

　　十二、荣县大佛寺 / 210

　　十三、成都青羊宫 / 212

　　十四、青城山道教宫观群 / 214

　　十五、丰都名山天子殿 / 216

　　十六、阆中巴巴寺 / 217

　　十七、成都鼓楼清真寺 / 219

第六节　古镇、民居　/ 220

　　一、阆中古城 / 220

　　二、犍为罗城镇 / 223

　　三、双流黄龙溪镇 / 225

　　四、龙泉驿洛带镇 / 227

　　五、合江福宝镇 / 229

　　六、广安肖溪场 / 231

　　七、资中铁佛镇 / 232

　　八、资中罗泉镇 / 234

　　九、自贡仙市镇 / 236

　　十、宜宾李庄镇 / 239

　　十一、雅安上里镇 / 241

　　十二、洪雅柳江镇 / 243

　　十三、重庆磁器口 / 245

　　十四、武隆江口镇 / 247

　　十五、巫山大昌镇 / 248

　　十六、自贡双牌坊李宅 / 250

　　十七、威远严家坝郭宅 / 251

　　十八、广汉营口路张宅 / 252

　　十九、江安夕佳山民居 / 254

　　二十、成都文殊坊民居保护区 / 256

　　二十一、成都宽窄巷子民居保护区 / 258

　　二十二、晚清成都李公馆 / 260

　　二十三、川西平原的林盘人居 / 262

第七节　楼阁、堡寨 / 263
　　一、成都望江楼 / 263
　　二、宜宾大观楼 / 265
　　三、阆中华光楼 / 266
　　四、武胜宝箴寨 / 267
　　五、忠县石宝寨 / 269

第八节　牌坊、桥梁 / 270
　　一、隆昌牌坊群 / 270
　　二、雅安上里石牌坊 / 272
　　三、都江堰安澜索桥 / 274

第九节　园林建筑 / 275
　　一、新繁东湖 / 275
　　二、广汉房湖 / 278
　　三、成都望江楼薛涛园 / 279
　　四、崇州罨画池 / 281
　　五、新都桂湖 / 282
　　六、重庆鹅岭公园 / 284
　　七、成都少城公园 / 285

第六章　近现代建筑 / 287

第一节　文教、医卫建筑 / 290
　　一、四川大学 / 290
　　二、华西协合大学 / 292
　　三、成都石室中学 / 294
　　四、重庆大学 / 296
　　五、重庆南开中学 / 297
　　六、华西口腔医院 / 299

第二节　商业、金融、邮政建筑 / 300
　　一、成都劝业场和悦来茶园 / 300
　　二、成都春熙路商业街 / 302

三、成都川康藏邮政管理局大楼 / 303
　　四、成都励志社 / 304
　　五、成都锦江饭店 / 305
　　六、九寨沟宾馆 / 306
　　七、重庆四川商业银行大楼 / 307
第三节　纪念、博览及观演建筑 / 308
　　一、成都辛亥秋保路死事纪念碑 / 308
　　二、重庆抗战胜利纪功碑 / 309
　　三、刘湘墓园 / 311
　　四、西南军政大礼堂 / 313
　　五、成都锦江大礼堂 / 314
　　六、自贡恐龙博物馆 / 315
　　七、三星堆博物馆 / 317
　　八、金沙遗址博物馆 / 319
第四节　天主教、耶稣教教堂 / 320
　　一、成都平安桥天主堂 / 320
　　二、成都张家巷天主堂 / 322
　　三、成都四圣祠福音堂 / 323
　　四、成都陕西街福音堂 / 324
　　五、重庆仁爱堂 / 325
第五节　中西合璧的新型住宅 / 326
　　一、成都旧军人公馆 / 326
　　二、重庆孙科住宅——圆庐 / 329
　　三、抗战时期重庆的名人住宅 / 330
　　四、大邑安仁刘氏庄园公馆群 / 335
　　五、乐山五通桥的盐商住宅 / 336
　　六、乐山沙湾郭沫若故居 / 338
　　七、南充张澜故居与旧居 / 339
　　八、成都尹昌衡故居 / 339
　　九、成都李劼人故居——菱窠 / 341

第七章　少数民族建筑 / 343

第一节　彝族建筑 / 347
一、凉山大石墓群 / 349
二、马边靖氛碉 / 350
三、喜德登相营古驿站 / 350

第二节　藏族建筑 / 351
一、德格印经院 / 352
二、新龙嘎绒寺 / 353
三、壤塘棒托寺 / 354
四、甘孜白利寺 / 354
五、马尔康卓克基土司官寨 / 355

第三节　羌族建筑 / 356
一、直波碉楼 / 358
二、茂县叠溪古城遗址 / 359

第四节　土家族建筑 / 360
一、酉阳龚滩古镇 / 363
二、酉阳龙潭古镇 / 363
三、石柱西沱古镇 / 364

第五节　盐源泸沽湖摩梭人建筑 / 365

第六节　德昌傈僳族建筑 / 367

结　语 / 369

一、巴蜀建筑的主要成就 / 369
二、城乡建设中应加强对历史建筑的保护 / 370
三、多元并存必须保持地域特色 / 371

附录一　巴蜀建筑诗文集萃 / 373

附录二　建筑术语选释 / 400

主要参考文献 / 417

后　记 / 422

导 言

一、人居环境

（一）巴蜀建筑文化区域的界定

巴蜀乃先秦时期的两个古国名及其影响下的地域。秦灭巴、蜀，改置巴郡、蜀郡，巴蜀从此变为地域的代称。

《华阳国志·蜀志》云[①]：

蜀之为国，肇于人皇，与巴同囿。至黄帝，为其子昌意娶蜀山氏之女，生子高阳，是为帝喾。封其支庶于蜀，世为侯伯。历夏、商、周。武王伐纣，蜀与焉。其地东接于巴，南接于越，北与秦分，西奄峨嶓。地称天府，原曰华阳。

《华阳国志·巴志》又云[②]：

《洛书》[③]曰："人皇始出，继地皇之后，兄弟九人，分理九州，为九囿。人皇居中州，制八辅。"华阳之壤，梁岷之域，是其一囿；囿中之国，则巴蜀矣。

[①] （晋）常璩撰，刘琳校注：《华阳国志·蜀志》，巴蜀书社1985年版，第175页。
[②] （晋）常璩撰，刘琳校注：《华阳国志·巴志》，巴蜀书社1985年版，第20页。
[③] 《洛书》，《辞海》释为"河图洛书之简称"，《辞源》释为"即洪范九畴"，书已不存。

由上述两段文献可知，远在东晋以前，史家已将巴蜀归为一囿，究其因，应与其自然风貌和人文情愫相近有关。

隋唐以降，巴蜀地域内，府、道一级行政区的命名，多与"川"字相关。大周武则天时，陈子昂上疏表章中，已有"蜀川"之说。宋真宗咸平四年（1001），设益、梓、利、夔四州路，治所分别为今成都、三台、汉中和奉节，一般称之为"川峡四路"。宋代李心传《建炎以来系年要录》与《建炎以来朝野杂记》二书中，已有"四川""两川""西川"和"蜀"等称呼。这里所说的"四川"，是"川峡四路"的简称。"两川"是唐代"剑南东川道"和"剑南西川道"的合称。"蜀"则不单指秦汉时的蜀郡，而是巴蜀地域的统称。宋代政和元年五月的诏书中，正式使用了"四川"一词："诏四川羡余钱物归左藏库"，这是官方正式文件使用"四川"之始。宋代设有"四川宣抚使""四川制置使"等官职，是朝廷派驻川峡四路的官员。从元代起，中央的部级管理机构，一律以"省"命名，地方的管理机构，则以"行省"为名，正式出现了"四川行省"的名称，一般简称为"四川省"[①]。明、清，直至民国，四川都是作为一个省级行政区建制独立行使职权，只有短暂的时期，四川西南的局部地区建立过西康省。1949年10月1日中华人民共和国成立。新中国成立初期，将四川省划分为川东、川南、川西、川北四个行政公署，秦、汉时之巴郡（现今重庆市所辖地域），基本属川东行署管理。1954年撤销四个行署，恢复四川省称号。1997年，中央宣布重庆为直辖市，管辖区域主要为史家所说的"巴渝文化区"。重庆作为行政区域虽然成为直辖市，但习惯以川东为称谓的重庆人，仍视自己为巴蜀文化的一部分，保留以"四川"为名的冠名权。如四川外语学院和四川美术学院，虽地处重庆市区，仍沿袭历史，保留"四川"称号。由此可见，巴蜀文化为不可分割的整体，已深深地映入人心。成渝两地虽然行政上分治，但在生活习俗、经济、文化等方面，有着许多相同之处。

巴蜀文化区的地域，历史上多有变动，四川是其腹心地带。从文化的影响面来看，它不可能仅仅限于一个行政区的地界。谭继和先生在《巴蜀文脉》中说："巴蜀文化区位于中国西南部，是以四川盆地为中心，兼及周边地区而风俗略同的稳定的地域共同体。它的腹心地区，大致与今日四川省和重庆市的

[①] 四川百科全书编纂委员会编：《四川百科全书·沿革地理》，四川辞书出版社1997年版，第1062页。

区域相当。不过，在古代，巴蜀文化区的地域范围要广泛得多，还包括汉中盆地、黔涪高原、鄂西南和湘西山地等与巴蜀同俗的区域。[①]就巴蜀文化的中心区域而言，它以龙门山—大凉山为界，东部是四川盆地，西部是川西山地和高原，地处东经97度21分至110度12分、北纬26度03分至34度19分之间，属于长江上游流域的内陆腹心地区，只有极西北的若尔盖草地一小部分，属于黄河上游。它的西北与青海相接，北部与甘肃、陕西为邻，东连湖北、湖南，南邻贵州、云南，西倚西藏，面积达57万平方公里。"[②]

鉴于上述原因，本卷论述的地域范围，即以此巴蜀文化区为准，而不仅限于重庆市被国务院宣布为直辖市之前的四川省。

（二）巴蜀地形、地貌及气候特征

巴蜀地域的中心为四川盆地，海拔在1000米以下，地貌以丘陵和低山为主，有一定的冲积平原。水系结构呈树枝状，由盆地边缘山区辐射盆地，最后汇入长江。境内河流大都具有航运、灌溉功能。金沙江从宜宾以下称长江，故宜宾有"万里长江第一城"的美誉。长江从四川东部经过三峡，连接江汉平原；发源于贵州东部的沅江，则经过湘西沟通了肥沃的洞庭湖平原。这就使石器时代西部高原的畜牧或半农半牧的民族与平原农耕民族联系起来。这两种不同传统的文化汇合，更加丰富了本地区史前文化的内容。长江北岸的主要河流自西而东有岷江、沱江、嘉陵江及其支流涪江、渠江、大宁河等，南岸则有长宁河、永宁河、赤水河以及乌江等河流。——东西走向的河流加强了巴蜀文化、夜郎文化与楚文化的共融，使得巴蜀文化具有楚文化的某些特征，但又自成系统，各具特色。因地缘紧邻，巴蜀地域北与陕甘接壤、东与荆湘交错，必然形成民风民俗相互渗透，故史书多有"川西近秦俗，川东有楚风"之说。

巴蜀地域的气候特征，呈现亚热带、温带、亚寒带三个气候区。全区雨量充沛，气候温和，除重庆川江峡谷地带素有"火炉"之称，凉山、阿坝高寒山区春秋短严冬期漫长（一年长达八个月）外，区内其余地区，是"夏无酷暑、冬无严寒"的温带地区。东部盆地无霜期多达280～330天。西北山区和高原干

---

① 谭继和：《巴蜀文脉》，巴蜀书社2006年版，第1页。
② 四川百科全书编纂委员会编：《四川百科全书·地理区位》，四川辞书出版社1997年版，第329页。

燥多风，日照充足，是使用太阳能和风能的良好地区。西南部气候四季分明，全年均宜于建筑施工，因此，是人口密集、建筑稠密的区域。

巴蜀文化区四周环山，冬季寒潮不易入侵，夏季焚风显著，与同纬度长江中下游相比，热量偏高，气候特征表现为冬暖、夏热、春早、无霜期长。按现代气候分区标准，属"夏热冬冷"区，但区域内也有差异。风小、湿度大、云雾多、日照少，是外地人对巴蜀地域气候的共同印象。"蜀犬吠日""巴山夜雨"，古籍文字也不乏对巴蜀气候的记载。

巴蜀盆地属亚热带地区，年平均气温16～18摄氏度，以长江流域河谷地带气温最高，年平均气温都超过18摄氏度，0摄氏度以下的气温，极为少见。最热月（7～9月）平均气温25～29摄氏度，沿江河谷地带的最高气温可达38～40摄氏度。据资料记载，重庆的极端气温，曾达到44摄氏度。盆地内热量资源极为丰富，长年宜于农作物生长。

盆地内降雨量较大，一般年降雨量在900～1200毫米，与长江中下游地区相当。总的来看，盆地边缘的降雨量大于中部。盆地内降水日由南向北逐步减少，南部150～175天、北部125～150天、雅安地区降雨日数多达200天以上，民间有"西蜀天漏""雅无三日晴"之说。

盆地内的日照，是全国日照最少的地区之一。大部分地区全年的日照时数只有1100～1500小时，占可照时数30%左右。盆地西部和西南边缘，全年日照时数更少，只有800～1100小时，仅为可照时数的20%左右。

由于区域内降雨量大，日照时间短，加之区内河网纵横、河谷地带多，客观上巴蜀地区的空气湿度远大于同纬度的长江中下游地区。年平均相对湿度达70%～85%。湿度大，是造成该区域内云雾多的主要原因。重庆地区全年有雾日达50天以上，故有"雾都"之别称。由于盆地四周有高山阻隔，盆地内风速较小，平均风速仅每秒2米左右。全年主导风向多为北风和东北风，局部有南风。康定附近因山峦起伏，风速加剧，有"风城"之说。

唐代岑参是著名的文学家，他的作品涉及山川风貌、人文景观。他的一篇《招北客文》，对巴蜀地区的气候，有着精彩的描述："二江双注，群山回蔽，其地卑湿，其风胜脆，蛮貊杂处，滇僰为邻。地偏而两仪不正，寒薄而四气不均，花叶再荣，秋冬如春，暮夜多雨，朝旦为云，阳景罕开，阴气恒昏；以暑以湿，为瘵为疠，气泡热以中人，吾知虚腽之疾兮，将婴尔身。"日照少、雨水多、湿度大、风速小，是巴蜀中心地区气候的主要特征。建筑如何适应这种特征，为居民创造舒适的居住空间，我们的先辈付出过艰辛的劳动和智慧。

（三）巴蜀地域宜于建房的建筑材料

巴蜀地区的腹心地带为中国四大盆地之一的四川盆地，大致可以用广元、雅安、叙永、奉节四地连线和周围的山地为界，面积约17万平方公里。盆底的中心是川西平原及其周边丘陵。盆地四周为高山峻岭，东北是大巴山脉，正东是巫山山脉，东南是武陵山脉及娄山山脉，西及西南是大凉山和大雪山，西北则是岷山山脉。山脉的高度，大约是1000~4500米。它西面康藏高原的海拔，一般为3000米左右，贡嘎山的顶峰，海拔7500多米，被藏族同胞奉为神山。盆地内的海拔，大多为300~700米，地势平坦，农产丰富，沉积了深厚的侏罗纪、白垩纪紫红色砂页岩，是宜于种植农作物和制造建筑材料的好地方。

盆地内又可以龙泉山、华蓥山为界，分为川西平原、川中丘陵和川东平行谷地三个部分。川西北高原、川西南山地，是另外的地理单元。川西的腹心是成都平原，它是全国较少的平原之一，地貌极其平坦，四周为连绵起伏的丘陵，多为浅丘，易于建房。土质多为砂岩和风化页岩，丘陵和平原交界处，多黏土，是制砖和作夯土墙的优质原料。由于土壤多呈红色，故成都城最早，有"赤里"之称。

盆地内质地坚硬的石材不是很多，因此，在城镇内全用石材建造的房屋很少。比较可用的石材，有金堂和北碚的峡石，简阳、荥经一带的花岗石，西充一带的砂石，中江等处的青石，灌县、黔江的石灰石。川黔交界地区多片石，因强度不高，一般都用作不承重的墙板和屋面板。

巴蜀边远山区，多产不规则的石头，俗称"溜子石"或"狗头石"，是山区建房的主要材料。经藏、羌等民族工匠的创造，石材构筑成为巴蜀山区民族建筑的主要风貌。

该区域木材品种众多，宜于做建材的松、柏、杉、楠产量丰富。历史上许多重要工程所用木材，大多来自蜀地。"蜀山兀，阿房出。"秦王朝为修建弥山跨谷、绵延三百里的阿房宫，蜀郡郁郁葱葱的山林都被砍伐成秃顶了。建造明故宫和明朝皇陵享殿的木材，也大都取自四川。著名的长陵祾恩殿，殿内60根10多米高的楠木柱，直径1.17米，至今香气袭人，完整无朽。据说这些木材就是取自建昌（现四川西昌）。古谚语有"生在云南，死在四川"之说，因旧时人死皆土葬，四川有优质木材，可做上等棺木，让入土之人，能获得较长时期的安宁。建造明十三陵的木材不惜跨越千山万水到四川采伐，可能也与此有关。

巴蜀地区建房多用木材，不仅是因为木材品种丰富，易于加工，还因为巴蜀居民热爱自然，追求返璞归真，认为木材和人一样具有生命，人的皮肤接触木材，会有温馨的感觉，加之巴蜀地区的穿斗房屋用材都比较小，几年就可成材。这就是穿斗木结构建筑在巴蜀地区长久流传的主要原因。

巴蜀境内，有岷、沱、嘉陵、黔、涪及长江等河流流经人口聚居区，中小河网纵横，气候较潮湿，宜于竹子生长。竹篾板墙、竹编夹壁墙、竹篾草顶房，成为农村和集镇建房使用较多的乡土材料。竹子外韧内空、节节向上的特性，成了巴蜀人坚韧不拔的性格象征。竹被文学家谓为"四君子"（梅、兰、竹、菊）之一。苏东坡有诗云："宁可食无肉，不可居无竹。无肉使人瘦，无竹令人俗。"栽竹不仅体现居住者的品位，同时还有一定的经济价值，农业生产用的小农具，大都是用竹子制作。因此农村居住组团的林盘，主要树种是竹子，这就为农村建房储备了大量的建筑材料，农民建房基本是就地取材，因而成本较低。

（四）巴蜀地域的居住习性

巴蜀地域是一个多民族聚居区域，据不完全统计，主要有汉、藏、羌、彝、回、苗、瑶、纳西、布衣等民族[①]。

区内汉族人口最多，主要居住在平原和浅丘陵地区。建筑多为院落式，外封闭、内开敞的三合院、四合院形式，符合宗法礼教尊卑有序的居住要求，长挑檐、宽阶沿为居住者提供了"烈日可遮阳，雨天不湿鞋"可走遍全院的方便，因而成为人们最喜爱的居住形式。藏族、羌族主要居住在川西高原与西藏、青海、甘肃和云南等省（区）接壤的地区。藏族中的"康巴汉子"，以英勇彪悍闻名于世。羌族是华夏最古老的民族之一，据汶川县桃坪羌寨的民间传说，早在汉代以前，他们的祖先已生活在这个地区。不少羌民家保存的陶制生活用品，都显现出与"三星堆文化"青铜面具相似的痕迹。巴蜀地区的藏族，有嘉绒和安多之分。就其建筑风貌而论，嘉绒多木构，装饰较细致；安多则以石构为主，建筑外观较为粗犷。羌族、藏族多住碉楼（古称"邛笼"），此习

---

① 四川百科全书编纂委员会编：《四川百科全书·民族地理》，辞书出版社1997年版，第618页。

俗迄今犹存。彝族是境内人口较多的少数民族，据史家考证，是一支历史悠久的华夏民族，他们主要居住在与云南、贵州交界的川西山地，因为山区气候寒冷，冬季较长，因而彝族过去的生活习惯是以火塘为中心。彝族的房屋以木构为主，檐口下的撑弓特色独具。与云南交界的泸沽湖地区，还有一支摩梭人，他们保留着最古老的母系社会传统和走婚习俗，被史学界认为是母系社会婚俗的活化石。由于走婚的需要，他们的住宅建造有专用的花房，是住宅建筑的一个特例。川东酉阳、秀山、黔江、石柱等地，有一支自称为"毕兹卡"（意为本地人）的民族，国务院公布为土家族。他们有自己的语言，但大多数人使用汉语，通用汉文。在其族源上，系古老的巴人与当地土著居民的结合。春秋战国时代，该地区为古巴国的领地，秦灭巴后，一部分人东迁，大部分人留下继续从事农作和渔猎，故有"土家族为巴人后裔"之说。土家人建房，多喜依山傍水，坐北朝南，讲究风水。每户住房多以三间为基数，殷实人家，则视其财富多寡有五间、七间、九间不等①。

因巴蜀地域地形复杂、民族众多，因此区域内建筑形态丰富。汉族地区建筑色彩朴素、淡雅，少数民族地区建筑像他们的头冠和服饰一样，造型丰富、色彩艳丽，是中华民族建筑文化宝库中的一组奇葩。

二、发展历程

《礼记·礼运》云"昔者先王未有宫室，冬则居营窟，夏则居橧巢"，连管理庶民的"先王"，夏天都是在树上搭棚居住，冬天则在土质干燥的地方挖窑洞居住。《韩非子·五蠹》云："上古之世，人民少而禽兽众。人民不胜禽兽虫蛇，有圣人作，构木为巢，以避群害。"从在树上简单搭棚遮风避雨，到建成巢居，最后定型为下部架空，上面供人居住的干栏式建筑，巴蜀先民经历了数千年的探索。巴蜀多山地，像北京山顶洞人一样，利用天然山洞栖身，天

---

① 参见四川百科全书编纂委员会编：《四川百科全书》，四川辞书出版社1997年版。详参该书《龙门口》《瓦板房》《叉叉房》《冬房》《碉房》《吊脚楼》等相关内容。四川省勘察设计协会编：《四川民居》，四川人民出版社1996年版，第17页、第205~233页。四川省建设委员会主编：《四川古建筑》，四川科学技术出版社1992年版，第322~324页。刘致平著，王其明增补：《中国住宅建筑简史·四川住宅建筑》，中国建筑工业出版社1990年版，第129~134页。

然山洞应是巴蜀先民最初的居住空间。

（一）雏形期——古蜀时期的巢居、干栏和邛笼

1. 山居——选择天然山洞栖身

利用自然地貌形成的洞穴栖身，以躲避洪水、猛兽的袭击，维护自己的生命，是早期人类共同的选择，非洲如此，美洲如此，四大文明古国的埃及、巴比伦、印度和中国亦不例外。《易·系辞》云："上古穴居而野处。"四川南部山区，利用天然洞穴居住的习俗，世代不绝。直至20世纪初，在泸州市所辖的福宝镇，仍有一些居民利用山坳洞穴作居室。与早期先民不同之处，是他们利用略为加工的石材，垒砌墙体分隔空间，既可防风避雨，又能长幼分室，还残留着早期龙山文化的痕迹。生活在川南地区的僰人，是一支能征善战的古老民族，据说在"武王伐纣"的战争中，僰人组成的军队战功显赫。这一民族，在距今400多年的明代，竟突然消逝了，除了存放死者尸骨的悬棺，其他竟一无所存。从殡葬学的一般规律可知，坟墓的形制，往往和生前的生活习俗相关，将棺材悬放在山洞口，表示死者生前对阳光、空气的渴望，这也是建筑房屋的基本要求。说明当年择洞而居者，都是选择向阳、面水之处作居室。

已被现代生活改造的岩居

川南僰人悬棺

2. 穴居——接近西北黄土高原地区的居民，凿土穴做居室

《孟子·滕文公下》云"下者为巢，上者为营窟"，说的是古代先民的住房分为两大类：生活在地势低洼潮湿地区的人多在树上搭巢；生活在地势高朗、土质坚硬地区的先民，则可挖窑洞栖身。

川西北与陕西、甘肃接壤的地区，地势高亢，土质紧密，气候干燥。当地居民喜利用黄土台地，凿洞为室，形成西北地区特有的居住形态——窑洞，建筑分类学称其为穴居。穴居是古代先民在谋求保护自身安全过程中的一种创造。

老子在《道德经》第十一章中，对凿窑洞为室的原理，用哲学的语言予以论述："凿户牖以为室，当其无，有室之用。故有之以为利，无之以为用。"人类挖土为穴的历史久远，世界不少国家的先民，大都经历过这一过程。靠山坡的可以水平挖穴，无山坡的地方，只好凿地为穴。由于当时的技术水平低下，凿地为穴无法克服穴壁倒塌，因此深入地表的空间很小，人在其中只能弓身生活，很不舒服，上下也极不方便，还经常受大雨或洪水的威胁。为了安全和改善进出环境，人类在不断的探索中，从深穴居到浅穴居再到半穴居，直到半坡文化时期，才建造出西安半坡村那样的从地面下挖数十厘米，然后在浅穴周边立树桩、编荆条涂泥为墙，屋顶仿树形在房屋中间立树干，斜搭树枝，上铺树叶或茅草，用以遮风避雨。随着地面排水和建造技术的改进，在地面凿地为穴供人居住的现象逐渐退出历史舞台，但在四川农村，凿地穴（四川叫地窖）储藏农产品（红苕、土豆、水果等），至今仍为农民采用。这也算是古代直立式穴居功能的退化或变异吧。民间称依土台横向凿土为穴供人居住的空间为"窑洞"，延续数千年，至今仍为生活在黄土高原的居民乐意采用。由于建造窑洞是就地取材，施工技术要求不高，建设过程不会留下影响环境的建筑垃圾，建成后室内空间具有冬暖夏凉的特点，因此受到环保主义者的推崇。特别是在提倡低碳、节能、绿色、环保和可持续发展的今天，凿土为穴或垒土为房的建筑，被建筑界赋予新的名称叫"生土建筑"或"生态建筑"，因为建造它的材料不用高温煅烧，节约能源，不会向大气排放二氧化碳，建成后可不用或少用取暖、降温设施，符合"节能、减排"的国际潮流。因此，联合国教科文组织，竭力向各国推荐这种建筑形式。

3. 巢居——搭建在树上的住屋

《韩非子·五蠹》《孟子·滕文公下》《礼记·礼运》等典籍所载巢居之史料，已见于前。

《庄子·盗跖》载："且吾闻之，古者禽兽多而人民少，于是民皆巢居以避之。"

《方舆胜览·成都府路·茂州》云："夷俗耐饥寒，叠石为巢。"①

《贵州通志·土民志一》谓，花苗"架木如鸟巢寝处"，等等。

由上述文献可见，人们建"巢居"主要是为了躲避"禽兽"的侵袭和"瘴气"的危害。随着生产技能的提高，这种原始的"巢居"逐渐被有一定设施的"树屋"代替。在川东地区，考古发现有一桴，上面铸有"象依树构屋以居之形"的巴族象形图案文字，此图系在两棵大树之树杈上悬空建造"人"字形屋脊状的住宅，壁上还有圆形窗孔。这一考古发现，表明在古代巴族地区曾有过这种建筑。另外，在云南佤族地区的沧源崖画中有房屋建筑图。其形状近似长方形，屋顶微拱，底部除树干外，另有六根左右的树枝或柱子作为支撑；此外，还有一根长木自地面斜搭于树屋，作为上下之用的简易木梯。

远古时代因巴蜀地域周边多为高地，属地势低下之区，滔滔洪水和猛兽虫蛇时时侵犯先民。因此，"构木为巢以避群害"是地势低下地区先民的必然选择。带领先民构木为巢的"圣人"是谁呢？有许多的文献都认为是圣人"有巢氏"，和教人用火的"燧人氏"、教人种植的"神农氏"一样，都是智慧的化身，并非专指某一个人。当然，不少学者认为"神农氏"即炎帝，他和黄帝一起被尊为华夏始祖。

著名历史学家谭继和教授经多年的调查研究，熟知巴蜀大地的山山水水和人文环境，对"有巢氏"的传说，独有见解。他认为："巢居文化"的三大发源地中，以古江源和巴蜀地域的巢居文化最有特色。一是源远流长，绵亘长达数千年之久。二是发展序列清晰，既有干栏——楼居系统，又有邛笼——石碉系统，这两个系统都有各自从低级到高级形式发展的序列，发育齐全，脉络清晰，这是巴蜀巢居文化优于其他地区的独有的特色。三是地域广大，它以古"江源"流域为中心，从西蜀扩及三巴，进而影响滇黔，传播至越南、缅甸和东南亚。所谓江源，即指岷江流域，属于岷山地域，也就是今天四川的西部。在清代以前，古人一直把岷江视为长江的源头，故称为江源，实则为长江的上

---

① "叠石为巢"之"巢"为"石"旁，但《新唐书·南蛮下·附国》中之"巢"，却无"石"旁，故从之。

游流域①。传说从西蜀直到云南的西洱河流域是"有巢氏"的故乡。《路史》云:"有巢氏居于堥。"注云:"堥属益部。"清人张澍认为:"罗泌所言弥,或即昆弥也,否则即弥牟镇也。"

既然古"江源"是"巢居文化的发源地",四川西部,古称益州,益州首府为成都,由此推断"弥属益部"这个"弥",有可能就是成都北面川陕大道上的弥牟镇②(俗名唐家寺)。

巢居文化在巴蜀源远流长,西晋左思在《魏都赋》中就有巢居的论述:"攡惟庸蜀与鸲鹊同棨,句吴与鼋同穴。一自以为禽鸟,一自以为鱼鳖。"左思的意思是:庸(巴的代称)蜀的巢居习俗就同鸟雀一样,而吴越人的水居也同鱼鳖差不多。中原人对这种巢居习俗甚为奇怪,因为中原地区的房屋,以"营窟"居多。直到唐代,诗人杜甫从剑阁入蜀时,还看到中原人认为怪异的巢居。他在诗中写道:"仰凌栈道细","野人半巢居"。在夔州,他说僚人"殊俗状巢居,层台俯风渚"。经过三峡时,他写道:"峡人鸟兽居,其室附层颠。"由此可见,杜甫从川西到川东,沿途都看见了巢居。诗人李白可能与蜀地有缘,他对巢居习俗,不仅不感奇异,反而对它情有独钟。他与东严子学道于岷山之阳时,就把自己的隐居之处称为"巢居"。他说:"巢居数年,不及城市,养奇禽千计,呼皆就掌取食,广汉太守闻而异之。"广汉距成都仅40公里,直到唐代中叶,成都附近还保留有巢居的习俗。

《水经注》云:林邑国(今越南中部、南部)"秦余徙民,染同夷化,日南旧风,变易俱尽,巢栖树宿,负郭接山……非生人所安。"据《交州外城记》载:秦惠文王灭蜀,蜀人被迫南迁,蜀王子安阳王在交趾骆越之地建国。其后裔世代居此。从这段文字可知,秦余徙民,就是被秦王灭掉的开明蜀王的子民。这些蜀人把"巢栖树宿"的方式带到了交趾,世代相传,便成为当地的习俗。据旅游杂志资料,在马来亚丛林中,至今尚有依树搭巢居住的习惯,欧洲有些居住在城市的居民,不堪忍受城市恶劣的气候,纷纷逃离城市。为求回归自然,居然有人模仿古人在树上搭巢,过着现代的巢居生活。

4. 干栏(干阑)

巢居是利用较大的大树树干为支撑,在树杈间搭建窝棚供人居住,空间比

---

① 谭继和:《巴蜀文化辨思集》,四川人民出版社2004年版,第124页。
② 谭继和:《巴蜀文化辨思集》,四川人民出版社2004年版,第117页。

较狭小，容人的数量有限。即使把几棵树组成一体，也会上下不很方便，先民们在实践中力求改进。伴随着治水的成效逐步显现，人们不用攀上高树躲避洪水猛兽，只需离地数尺，即可安身。于是，经过若干世纪的探索和实践，一种底层架空，楼面供人居住的"干栏"式建筑应时而生[①]。

据资料考证，干栏建筑的运用，主要是在地势低下、地面潮湿并有瘴气的地区，长江流域和云南边疆的傣族地区，以及具有热带雨林气候特色的地区，大都选用了这种建筑形式。就目前的资料可知，最早的干栏建筑，出现在现浙江省余姚河姆渡地区，采用碳14测定，系距今约六七千年前所建。该遗址发掘出部分长约30米，进深约7米的木构架建筑。遗物中有用木材制作的梁、枋、板等建筑构件，在不少构件上，发现了多种类型的榫卯、榫头，榫头形式有方榫、圆榫、双头榫；卯眼有方有圆，做工还比较工整。据考古学者推测，这是一座体量较大、下层架空、上层铺木板供人居住的干栏式建筑。

"干栏"是"巢居"的发展，从远古到现代，它仍受炎热潮湿地区的人们所喜爱，云南边疆和缅甸、泰国、越南等接壤的东南亚国家的郊野住宅，至今仍在采用这种形式。笔者在越南和泰国访问时，发现一些公共建筑也采用干栏形式建造。越南首都河内市中心有一座"一柱寺"，神殿建在由一根柱子支撑的平台上，下面为宽阔的水池，既有宗教内涵，又可算是对先民从巢居到干栏式建筑的继承。

在巴蜀地域，从巢居发展成干栏，可分为如下的几种形式：

（1）楼居

楼居的主要特征是底层架空，楼层做主要的生活空间。它的做法是：用坚固的竹、木桩架空底层，根据地面潮湿情况和当地人民的生活习俗，在距地面几尺或十多尺的高度架梁和支撑楼板的格栅（有的地方叫地袱或龙骨），然后再在上面铺楼板。巴蜀地域内出土的"明器"（亦称冥器，是后人给墓葬主人的陪葬品，和近代墓葬习俗烧纸房子的意义相似）就有多种形式的干栏式建筑。成都牧马山东汉墓出土的干栏式陶屋，表现的是楼面仅比自然地面抬高几十厘米，其作用仅仅是为了防潮，符合成都地面潮湿的特点。芦山和乐山出土的干栏式陶屋，底层大都架空至楼层高度的一半以上，显然是为了利用底层圈

[①] 刘致平著，王其明增补：《中国住宅建筑简史·四川住宅建筑》，中国建筑工业出版社1990年版，第130页。

养禽畜。《华阳国志·蜀志》云：秦灭巴蜀，派张仪、张若筑成都城时，"造作下仓，上皆有屋面置楼观射栏"。讲的虽然是修造栅栏城墙，但明显地反映出当时成都城内，干栏式建筑仍然广泛存在这一事实。

1980年以来，在成都市区范围内，因建设需要发掘了方池街、指挥街、岷山饭店、抚琴小区、青羊小区等早期蜀遗址，发现汉井及建筑遗址多处，其中在十二桥发掘的商周时期大型木结构建筑群遗址尤为罕见[①]。十二桥遗址与金沙遗址相距约1公里。由于它规模宏大，有可能是古蜀开明王朝宫殿建筑的一部分。在1000多平方米的范围内，发现原地倾塌埋藏的木质屋架、柱、栿、梁、枋、地板、编竹墙壁、茅茨屋顶，乃至于构件上锯刨砍凿、捆绑榫卯等加工痕迹都保存得如此完好，令人惊异。可复原成10平方米的单间小房、100多平方米的长条形房屋，还有采用10余米长枋木做成的地梁，显系大型宫殿建筑的基址。按照原物恢复，这是一座典型的干栏式建筑，对研究古代蜀国中心都邑的迁移、巴蜀古建筑都有重要的意义。

干栏式建筑对于空气湿度大、地面泛潮的地区，有很大的吸引力。被尊为世界四位建筑大师之一的法国建筑师勒·柯布西埃，他的成名之作马赛公寓和萨伏依别墅，都是采用底层架空的建筑造型，获得了居者和社会各界的好评。随着城市化进程的加速，不少城市的中心区建筑密集，人流、车流都不顺畅。一些社会学家、城市规划师、建筑师和交通专家，都主张市中心交通流量大的地段，大型公共建筑的基地面积应该归还城市，这样既可疏散人流，又可加强通风。欧美不少城市已开始规划，计划逐步实施。位于香港闹市区中环的汇丰银行，其占地是几条街道的交汇点，车流如潮，行人摩肩接踵。改建新楼前，这里和其他银行一样，都是实行封闭管理，行人只好绕道而行。改建新楼时，建筑师不仅采用了最为先进的预制装配技术，全部构配件都在英国加工，然后到现场装配，据说上万个构件丝丝入扣分毫不差，创造了建筑安装史上的奇迹。更令人敬佩的是建筑师借鉴干栏式建筑的原理，将底层全部架空，作为人行通道，从而改善了附近的交通。凡是到过该地的人，都会有深切的体会。

我国南方地区，大部分城市从4月开始直到9月，都是潮湿闷热的季节。华东和华南的一些城市，还深受"梅雨季节"地面泛潮、墙壁淌水之苦。因此，

[①] 李昭和、翁善良、张肖马、江章华、刘钊、周科华：《成都十二桥商代建筑遗址第一期发掘简报》，《文物》1987年第12期。

多层住宅的底层在销售时，除地板适当架空，并"赠送"花园外，很少有人问津。但是，如果继承干栏式建筑的传统，将底层架空规划为公共活动空间，情况就大为改观。据资料显示，把底层面积的造价，分摊到楼上的单价中，开发商并未减少收益，住户的环境却得到改善，也就是说借鉴民族的优秀传统，达到了双方都满意的结果。这应该是巴蜀先民对后世的贡献。

（2）吊脚楼

巴蜀地域除川西平原以外，绝大部分为丘陵和山地。即使在平原地区，因河网纵横，沿江边建造房屋也必须利用河滩以扩大使用空间。于是一边靠岩，一边外挑，或一边在陆地，一边悬挑于河滩的吊脚楼，在巴蜀地域内随处可见。吊脚楼全国各地皆有，尤以长江中游的湖北、湖南、江西、安徽、浙江等省的沿江和山区运用更为广泛。吊脚楼实际上是干栏式建筑在特殊地形条件下的发展，是巴蜀先民因地制宜的再创造。重庆临江门嘉陵江边的吊脚楼，以直径10多厘米的楠竹做柱、梁，以木板做楼面，竹篾笆做维护结构，木材做门窗，构件之间全用竹篾捆绑。在房间内走动时，楼面会发出吱吱的响动声。由于建造者善于利用地形分层入口，有的吊脚楼从江面仰望，高达十层左右，甚为壮观。刮大风时，竹编吊脚楼可随风产生轻微摆动，并发出竹编构件相互摩擦的响声。结构专家们说，正是这样的轻微摆动，消解了因风产生的横向力，如果不摇，反而会在应力集中时构件出现断裂。捆绑吊脚楼的科技含量不是很高，但它是巴蜀先民智慧的结晶。由于吊脚楼的应用范围很广，宜于在任何地段建造房屋，因此，南方各省都十分重视对它的研究和推广，特别是在提倡绿色建筑、少占良田好土的当今[1]。

（3）湖居（水居）

湖居或水居，是吊脚楼临水建造的一种特殊形式，它的入口在陆地，建筑的大部分建于水面之上。在河网纵横的古蜀时代，从事渔猎的居民，大都临水而居，于是创造出各式各样的湖居。江州（今江津）人曾"结舫水居，五百余家"[2]，是水居方式之一。建造湖居的最大难度是在水中立柱，它比在陆地立柱打桩要困难得多。

---

[1] 重庆市城乡建设管理委员会等编：《重庆建筑志》，重庆大学出版社1997年版，第131～132页。四川省勘察设计协会编：《四川民居》，四川人民出版社1996年版，第234页。
[2] （晋）常璩撰，刘琳校注：《华阳国志·巴志·总叙》，巴蜀书社1985年版，第49页。

鉴于古蜀时期洪水尚未得到很好的治理，从古蜀氏族领袖的名称鱼凫、柏灌、鳖灵，可以看出，古蜀的历史就是和洪水抗争的历史。治水英雄大禹生于今北川一带，说明古蜀时期治水之艰巨。正因为如此，锻炼了古蜀人治水的能力，在治水过程中，又摸索出一些适于防水的施工方案和防水建筑材料。如都江堰水利工程以青冈木做"马叉（槎）"来固定盛满卵石的竹篓（竹笼），为增加防水能力，还在木材表面涂刷桐油。另外，黏土也是很好的防水材料，黏度越高，防水能力越强，在需要防水的地下建筑周边用黏土填充，是非常有效的防水措施。它们对在水边建造房屋起了延长使用寿命的作用。据成都考古资料，万里桥的桥基，就是由密排的树桩构成，越千年而未腐，证明巴蜀地域的工匠掌握了水下做桩基的施工技术。

湖居这种建房形式，在巴蜀大地以至整个华夏大地，一直在延续使用并有所发展，江河湖畔到处都有它的身影。瑞士日内瓦是国际公认的旅游胜地，为了彰显日内瓦湖周边的特色，当地旅游部门把居住在湖边的湖居，视为高规格的享受。于是让人产生一个错觉，好像湖居是日内瓦的专利。也许欧洲的先民，有过临水而居的类似创造，但其历史不会比从洪荒中诞生的古蜀国更早，这应该可以肯定。

干栏式水居

巴蜀大地的湖居至今仍在使用和发展。这是因为巴蜀园林多以自然山水为蓝本，贯穿"智者乐水，仁者爱山"的理念，临水修建舫居或水榭就成为必然。舫居和水榭乃湖居建筑的发展，这是毋庸置疑的。湖居这种建筑形式是人类的共同财富，各国都可使用。它的原生态形象，至今还可在西昌邛海边和泸沽湖畔找到踪迹。

5. 邛笼（碉楼）

"邛笼"，这种奇特的建筑形式，史料多有记载。《后汉书·西南夷列传》云：众"皆依山居止，累石为室，高者至十余丈，为邛笼"。唐代李贤注：邛笼，"案今彼土夷人呼为雕也"①。《旧唐书·西戎传》云："氐人皆依山居，上垒石为屋，高十余丈，谓之邛笼。"又有清人陆次云《峒溪纤志》

邛笼（碉楼）

载："松潘，古冉駹地，积雪凝寒，盛夏不解。人居累石为室，高者十余丈，名曰雕房。"《章古屯志略》云："石碉，形制有二：或如方几，或似菱花，下宽上锐，自五六丈至十数丈不等，悉以乱石砌成，碉底六七丈，中栈以木，下卧畜牲，中置锅桩，上数层贮粮糗什物，远望耸如束笋，高出云霄"，"峰峦之上，高碉凌云，寨落町畦，不啻身游图中"，等等。邛笼或碉还有个名称叫巢，见于《隋书·附国》和《新唐书·附国》。附国即四川打箭炉地区，这里不是干栏系统："无城栅，居川谷，傍山险。"建房采用的是石碉体系："垒石为巢而居，以避其害，其巢高至十余丈，下至五六丈。"②

以上文献记载的大多为岷江上游氐羌民族的居住建筑式样。岷江上游走廊以松潘县与南坪县（今九寨沟县）交界的弓杠岭岷江发源地为起点，贯穿松潘、茂县、汶川三县，长约340公里。自战国以来，该走廊大抵为南下的羌人占据。由于该地区比较集中分布了羌族的碉房建筑，尤其是坐落山顶达十余丈

---

① 《后汉书·西南夷列传》，中华书局1965年版，第2858页。
② 《新唐书·南蛮下·附国》，中华书局1975年版，第6328页。

的高碉，所以很容易引起人们的注意。然而仔细考察横断山脉区其他的两条通道，即西部的金沙江与雅砻江走廊和中部的大渡河走廊，就会发现"凡川西诸土司直至西藏，人民所居皆同此制"。同时，有学者认为"庄房与邛笼形式相似，康藏青海金川等地，大致相同"。

  碉房也有一个因地制宜、就地取材的发展过程。在金沙江畔干热河谷地带，由于当地少石多土，石碉则衍变为土碉。如白玉县山岩地区的藏族，以父系家族"戈巴"为单位，一个戈巴共居于一群土碉中。当地民工筑碉技术高超，有的土碉高到二十余米，甚为壮观。关于碉房的内部空间，顾炎武在《天下郡国利病书》卷六六中有较为准确的论述："威、茂、古冉駹地，垒石为巢以居，如浮屠数重，门内以楺木上下，货藏于上，人居其中，畜圈于下。高二三丈者为鸡笼，十余丈者谓之碉。"

  土碉的修建方式是将地基夯实以后，用木板制成夯筑土墙的木盒子（根据墙体厚度可以调整），然后装进经过筛选的细土，分层用夯棰夯实。如果土壤中沙子太多，黏结性差，则应适当添加黏土和石灰，以增加墙体的承载力。石碉的墙体主要是采用不规则的乱石（藏族地区称溜子石或狗头石），当地工匠砌筑工艺高超，不用盒子板，仅凭吊线就能把墙体砌筑得水平光整。石块之间一般都用黏土粘接，只在特殊部位掺入少量石灰。民族地区的门窗洞口都比较小，洞口上部用树干或木板即可充当过梁。羌族地区的碉楼形式多样，其平面以四方、六角、八角居多，少数碉楼的平面多达13角。按照力学分析，角数越多，垂直刚度越好，因此，较高的碉楼，一般都采用多角平面。碉楼一般5~7层，高的可达13~14层。下粗上细，逐层收分，既符合力学稳定的原则，又让造型显得挺拔，直插蓝天。碉顶一般为平台，可做晾晒粮食之用。墙面四周都砌有观察孔和枪眼，为的是防止强盗或异族的袭击。理县桃坪羌寨由10余座碉房组成，地面有通道相连，地下有水道沟通。遇敌人袭击时，各个碉楼可相互支援，由于水道相通，也不惧怕敌人围困。羌族同胞这种平战结合、团结互助的建筑模式，值得学习与借鉴。

  6. 台（堂）

  古蜀地区十分重视祭祀活动，出于对自然的崇拜、对天的敬仰，因此建高台之风比较盛行，从而积累了丰富的筑台经验。成都北郊羊子山土台，是迄今国内发现规模最大的土台之一。中原地区盛行高台建筑之风，始于战国时期，当时的贵族为显示自己是"受命于天"，与天接近，都想把建筑往高处修。但

羊子山土台

是限于当时尚未掌握修建高楼的技术，于是只好底部筑土台，然后在台上建房，比那些无力建高台的建筑显得庄严雄伟。春秋时期，建台的规模有严格的限制，不准僭越。《墨子·佚文》记有"尧堂高三尺，土阶三等"。《礼记·礼器》记有"有以高为贵者，天子之堂九尺，诸侯七尺，大夫五尺，士三尺"。《考工记》谓："夏后氏世室，堂修二七。"按当时的礼制，平民是不准筑台建房的，只有天子、诸侯、贵族、士大夫可以筑台建房，以彰显其地位。据目前所知，战国时期高台建筑的规模不是很大，秦咸阳一号宫殿的遗址，长宽都不超过70米，但相当于西周时期建造的成都羊子山土台，底边残长超过100米，残高也超过10米。以墨子所述"尧堂高三尺"，《礼记·礼器》规定的"天子之堂九尺"来衡量，羊子山土台的高度，比中原地区天子的高台还要高（即便以现在1市尺约0.3米计，天子"九尺"也只相当于现在的2.7米）。更为重要的是，羊子山土台是采用土坯砖做挡墙进行施工的，这种制作和施工技术，在同期的其他地方尚未发现，因此它具有领先水平。

（二）定型期——秦汉时期木构架建筑

公元前316年，秦灭巴蜀改设巴郡、蜀郡以后，由于要巩固西南边陲，还要为统一六国筹集物资，于是引秦人万家入蜀，带来了中原地区先进的生产方式和生产技术，使巴蜀地域的科技、经济、文化都有了巨大的发展。西汉文翁兴学使"蜀学不居齐鲁后"。砖瓦技术的引进，使巴蜀建筑改变了"茅茨土阶"的原始状态。盐、铁业的发展，锦官城和车官城的建立，表明古老的成都，已进入工商业繁荣的城市行列。正如汉代扬雄在《将作大匠箴》中所言："侃侃将作，经构宫室。墙以御风，宇以蔽日。寒暑攸除，鼯鼠攸去。王有宫殿，民有宅居。昔在帝世，茅茨土阶。"从春秋战国开始，由于有以公输般（鲁班）为代表的建筑工匠的努力，使建筑技术不断地有所发展。经过煅烧的砖、瓦的推广运用，建造房屋逐渐形成为一个专业行道。流传至今的《鲁班经》，对宫室民居的修建方式，已有了完整的法则，对各类建筑的尺度，也有了参考数据，甚至对房屋的选点，都提出了要求。就全国来说，战国时期，由于工具的改善，为建筑构件的大量加工创造了条件，因而，战国时期齐、楚、燕、韩、赵、魏、秦等强国，都有自己宏丽的宫室。

诸侯贵族积聚的财富越来越多，追求宫室华丽之风渐起，促使建筑技术的不断发展。《论语》上有"山节藻棁"——意为在斗拱雏形的坐斗上画山的形象；在立于梁上的短柱上画卷草纹样。《左传》上记载有鲁庄公"丹楹刻桷"，即将宫殿入口的楹柱涂为红色，在屋檐的椽头雕刻象征吉祥如意的图案。秦灭六国后，集六国精英于秦都咸阳，不仅建造了巍峨的宫殿，还建造了"弥山跨谷，绵延三百里"的阿房宫。"蜀山兀，阿房出"，为修阿房，把蜀郡的森林都伐成秃山了。

秦灭古蜀后为巩固西南，先后筑成都、郫、临邛三城。据《华阳国志·蜀志》载："惠王二十七年，仪与若城成都，周回十二里，高七丈。上皆有屋而置楼观射栏。""并修整里阓，市张列肆，与咸阳同制。"秦昭襄王后期（前276），李冰任蜀守时，在灌县修了都江堰，大大促进了巴蜀地区的经济繁荣。

汉武帝元鼎二年（前115），成都大城立九门，少城亦立九门，故有"十八郭"之称。当时巴蜀手工业和商业都极其发达，张骞出使西域，在境外已见到蜀地产品。汉代文翁做蜀守时，大力倡教，开办了中国第一所官办学校——石室。《寰宇记》云："石室，司马相如教授于此，从者数千人。"由于蜀中人才辈出，由司马相如等蜀中名士创作的赋体文，在全国影响极大。《蜀事补亡》云："君不见西汉文翁为蜀守，蜀学不居齐鲁后。诸生竞欲保翁名，石室镌磨贵难朽。"经济文化的共同繁荣，使成都名列全国"五大都会"之一，与中原名城洛阳、邯郸、临淄齐名。西汉末，公孙述在成都称帝，造十层赤楼，后称张仪楼。《元和郡县图志》卷三一载："成都西南楼百尺有余，名张仪楼，临山瞰江。"西汉时一尺约0.23米，无疑这是当时巴蜀地区最高的建筑。这说明，成都工匠已掌握了修建大规模街坊建筑和营造楼层建筑的设计和施工技术。

三国时期的蜀汉政权建都于益州（即成都），刘备受禅于武担山，皇宫建造在武担山之南的向阳之地（大致在今成都军区招待所到政府街一片地域）。

蜀汉政权时期，由于连年征战，没有留下大规模建设的记载，兼之诸葛亮治国主张简朴，因此，不仅没有建设豪华宫室苑囿的记录，就连达官府邸的建造记录也没有。堂堂丞相府，也仅是种满桑麻的农庄。蜀汉时期，政府提倡节俭，禁止私家造酒，违者受罚，这也是倡导节俭的旁证。蜀汉的战事主要都在边界进行，益州本土基本安定，汉代建成的城郭市井，没有受到大的破坏，因此西晋左思《蜀都赋》，还为我们留下了瑰丽的建筑景观：

廓灵关以为门，包玉垒而为宇。带二江之双流，抗峨眉之重阻。水陆所凑，兼六合而交会焉；丰蔚所盛，茂八区而庵蔼焉。于是乎金城石郭，兼匝中区。既崇且丽，实号成都。

明确为三国建筑遗迹的，只有蜀汉皇帝刘备的陵墓——位于成都南郊武侯祠西侧的惠陵。对此陵的真实性，曾有人质疑，但考古界专家认定刘备和他的两位夫人的遗体，确实就葬在惠陵之内。因此，惠陵作为三国时期的建筑遗构，毋庸置疑。惠陵的墓室是如何构造的？因国家未批准发掘，故不得而知。但20世纪六七十年代在郫县望丛祠附近发现的一座汉墓，其墓室可供参考。砖砌拱形墓室，空间宏伟，青砖质地优良，砌筑规整，与关中地区出土的汉墓形制相近。只不过当初担心影响望、丛二帝陵墓，故很快回填，没有留下详细测绘资料。两晋时期的建筑遗迹，只有成都南郊垣侯巷的成汉墓。该墓建造于李特执政的成汉王朝时期。墓室形制简陋，并非王公陵墓，可能还被盗过，因此，它不具代表性。

文献帮我们打开思路，但实物才是正确评价历史的依据。从现存的汉阙、崖墓和考古发掘出的画像砖和明器上，我们可以看出，秦汉时期巴蜀建筑已有如下的特征：

第一，中国古典建筑的三段式（屋顶、墙身、台基）已基本形成（参见高颐阙）；

第二，屋顶形式已有悬山、歇山和攒尖，陶土瓦已经在建筑上使用（参见出土明器）；

第三，挑枋、简易斗拱和院落式住宅建筑已经为殷实人家广泛使用（参见庭园画像砖）；

第四，厚葬之风引进巴蜀，东汉崖墓的墓室中有前室、后室、侧厅的布局，斗拱在墓室中出现，木装修墙板和平顶也以仿木雕的形式在崖墓中找到痕迹（参见三台郪江崖墓）；

第五，文翁石室和张仪楼的建成，表明巴蜀地域已掌握建造大型石建筑的施工技术。关于文翁石室，文献记载颇丰，但涉及建筑实体的文字却十分鲜见。唯《汉周公礼殿记》留有只言片语：

> 今成都府学有汉时所建旧屋，柱皆方正，上狭下阔。此记在柱上刻之，灵帝初平五年立，距今盖千年矣，而字画完好可读。记有云：甲午年故府梓潼文君增造吏舍二百余间。

公元前316年秦惠文王灭巴、蜀设蜀郡、巴郡时，成都的城墙还是木栅，建筑还多系木壁草顶。仅仅百余年的工夫，成都的城市地位，就名列全国大城市的前茅。这些辉煌成就的取得，当然首先是汉初文治武功的辉煌成就，但城市面貌的改变，不能不归功于巴蜀能工巧匠的努力。正是无数无名匠师的辛勤劳动，才换来"既崇且丽，实号成都"的高度评价，历史将永远怀念他们为建设"金城石郭"所做的贡献。

（三）发展期——隋唐至两宋城市建筑的繁荣

隋唐至两宋，是我国历史上经济、文化最为发达的时期。成都由于工商业繁荣，经济建设成就显著，和沿海城市扬州同时名列前茅，当时就有"扬一益二"（就城市经济发达程度评价，扬州居全国第一，益州即成都居全国第二）之说。隋代修建之散花楼，唐时犹存。李白《登散花楼》诗云：

> 日照锦城头，朝光散花楼。
> 金窗夹绣户，珠箔悬琼钩。
> 飞梯绿云中，极目散我忧。
> 暮雨向三峡，春江绕双流。
> 今来一登望，如上九天游。

这段时期北方时有战乱，就是在人们所说的盛唐时期，唐王朝也先后经历过"安史之乱"和"黄巢农民起义"两次战乱，迫使两代皇帝逃到蜀中避难。

事物总是一分为二，两代皇帝避难蜀中，对唐王朝来说是灾难。但是随着唐王朝政治中心短暂南移成都，却促进了成都经济文化的发展，成都担负了战时陪都的职能，因而获得"南京"的别称。"九天开出一成都，万户千门入画图。草树云山如锦绣，秦川得及此间无。"（《上皇西巡南京歌十首》其二）成都城市的美丽，在诗仙李白的眼中，远远超过京都长安。

唐朝君主都崇奉宗教，不仅佛教、道教遍布全国，在西安碑林中，还有景教发展的记录。成都及川陕沿线的许多大型寺院，都有始建于隋唐的记录。新都宝光寺相传始建于东汉，隋代名大石寺。唐僖宗避黄巢之乱逃难入川时，曾住在这里。他为了报答"佛恩"，命重修寺宇，并改名宝光寺。明代寺院废毁，清代重修，至今还保存着唐代雕刻精美的柱础。宝光寺中轴线上的方形密檐塔，据古建筑专家罗哲文先生考证："从整个塔的形制上看，虽经多次维修，局部已有改动，但还具有唐代密檐塔风格。"（摘自金东瑞编著《中国古塔》，第264页）唐代尊老子为"李氏始祖"，令天下诸州皆置道观，诸路各设"玄元皇帝"（唐朝给老子的封号）庙，并塑老子像，于是成都建紫极宫（见《封氏闻见录》）。僖宗入蜀，改玄中观为青羊宫，大兴土木，极为壮观。至两宋，青羊宫仍是郁郁葱葱的城市山林，为巴蜀著名旅游胜地。陆游诗云："当年走马锦城西，曾为梅花醉似泥。二十里中香不断，青羊宫到浣花溪。"成都大慈寺因系皇帝敕修，故规模宏伟，史称占地千亩，有院堂九十六院、房屋八千余间。寺内壁画之多，享誉全国。唐代高僧玄奘曾在大慈寺研修，大慈寺藏有玄奘头骨舍利（此舍利现存于文殊院珍宝室）。

晚唐五代时期，护驾唐僖宗逃难入川的将军名王建，当叛乱平息后，他深感李唐王朝气数已尽难以回天，决定留居蜀地，伺机而动。公元907年唐亡，是年9月，王建称帝于成都，国号蜀，史称前蜀。王建执政期间，社会稳定，群众安居乐业，是蜀地的一段繁荣时期。据《十国春秋》记载：王建的宫殿，最初只是些"堂宇厅舍"。随着经济情况的好转，王建便下令大兴土木。王建在位11年，传位于儿子王衍，死后葬于成都城区西部，号永陵。永陵的建造者不因袭北方工匠建造陵墓的传统，而是针对成都地区地下水位高，"掘土三尺见水"这一特点，确定将停放棺椁的墓室，置于自然地面之上，从而防止了棺木及其陪葬品被水浸泡。这是巴蜀工匠"因地制宜"、不生搬北方帝王陵墓形制的一种创造。

前蜀后期大兴土木，据《蜀梼杌》等资料记载：王建之子王衍即位之日，立即治理宣华苑。乾德三年，苑成，延袤十里，有重光、太清、延昌、会真之殿，清和、迎仙之宫，降真、蓬莱、丹霞之亭，土木之功，穷极奢巧。

公元927年，后蜀皇帝孟知祥在大城外加筑一道外围防线——羊马城。城高一丈七尺，陴四尺；上宽一丈七尺，基阔二丈二尺；凿濠一重；城的周围扩大到四十二里。孟知祥子孟昶继位后，偏爱芙蓉，传谕在城墙上遍植芙蓉花。《成都记》云："孟后主成都城上遍种芙蓉，每至秋，四十里如锦绣，高下相照。"成都因此又增加了一个雅号——芙蓉城，简称蓉城。后蜀花蕊夫人是历史上有名的女诗人，著有宫词百篇，其中一些涉及建筑与园林，如："五云楼阁凤城间，花木长新日月闲。三十六宫连内苑，太平天子住昆山。""龙池九曲院相通，杨柳千丝两岸风。长似江南好风景，画船来往碧波中。""安排诸院接行廊，木槛周回十里强。青锦地衣红线毯，尽铺兰麝郁金香。"下面一段文字更为生动，20世纪美国建筑大师弗兰克·劳埃德·赖特的惊世之作"流水别墅"的设计手法，在成都早有实践："水车踏水上宫城，寝殿檐头滴滴鸣。助得圣人高枕兴，夜深长作远滩声。"

宋代范成大任四川制置使时，首次在成都城内用石板铺大街，总长3360丈，改变了以往"夏秋霖潦，人行泥淖中，如履胶漆；既晴，则蹄道辙迹，隐然纵横"的景象，使交通便利、市容整洁。2009年，成都市考古研究院在锦江区金玉街至大慈寺一线发掘出一段宋代修建的街道，路面用钉石嵌入，路边有排水沟，其构造做法与欧洲古城近似。此前，在春熙东段曾挖出大型地下水道，高约2米，人可直立行走，据考系唐代遗构。在法国电影中，我们经常可以看到人们在下水道通行的画面，那是18世纪奥斯曼改造巴黎的产物，它比成都出土的大型地下水道要晚1000年左右。巴蜀工匠的技艺，在当时应属世界领先。

这段历史时期，虽地面建筑无存，但摩崖、壁画、雕刻上多有建筑形象的描绘，唯一呈现建筑实体的实物，是江油窦圌山云岩寺中留下的宋代转轮经藏（本书第三章另有专门介绍）。这是一座保存经书的木制阁楼，用硬木精雕，可以转动，上部表现的是天宫楼阁，中部是藏身（其内为藏经空间），下部为基座，是一座大规模楼阁建筑的"微缩景观"。该阁楼有宋代建筑遗风，屋顶形式、檐部斗拱和细部装修都可看到宋王朝颁布的《营造法式》痕迹，关于该转轮藏的年代判定，相当一段时期难以定论，因为它和平武报恩寺华严殿中的转轮藏极其相似。报恩寺建造的确切年代是明代正统年间，该寺内转轮藏的建造年代也被认为不会早于明代。后来维修时，在转轮藏腹内藏经室里，发现了宋代钱币，而据云崖寺历史记载，转轮藏自建成后还未开启过，既然在藏经室内发现宋代钱币，很可能是建造时有意存放的，据此判断，云岩寺转轮藏的建造年代定为宋代是正确的。不过，不论是摩崖石刻，还是壁画、雕刻，所反映的多系北方建筑敦厚、朴实的形象，屋面坡度平缓，出檐较短，檐下多用斗拱，四川地区屋面出檐深远，以撑弓、挑枋支撑挑檐的构造形式尚未形成。

两宋时期，宋王朝和北方少数民族政权的战争不断；南宋偏安东南，建都临安（今杭州），区域经济繁荣，但和金人的抗争不止，还时常遭受沿海倭寇的骚扰。相对而言，巴蜀地域较为安定，特别是成都，市场繁荣，经济活跃。为减少购物者身背金银之苦，全国第一张纸币"交子"在成都诞生，这是经济领域划时代的创造。这段时期巴蜀人才辈出，文风鼎盛，出现过三次兴学高潮。官办学校和书院蓬勃兴起，为适应书院发展，木版印刷在巴蜀地区取得了很大的成就，成都已有全国闻名的书市。石雕技术有了显著的提高。继乐山大佛之后，又出现了大足、荣县、潼南、阆中等大佛。石窟造像遍布全川，广元、大足、安岳、巴中、夹江、资阳、剑阁、梓潼、蒲江等二十余县，都有石窟造像。特别是大足石刻，始于唐而盛于宋，计佛、儒、道造像5万余尊，不仅是雕刻艺术之瑰宝，在建筑艺术和通风采光、工程力学和排水方面，都反映出巴蜀匠师的创造才能。

巴蜀地域内保存宋塔不少。屹立在嘉陵江畔的南充白塔，建于北宋建隆年间（960～963），正是北宋开国之初，故有"北宋第一塔"之说。由于两宋时期巴蜀地区城乡经济繁荣，为建设提供了物质基础，不仅成都建成为西南大都会，水利得到治理，集市场镇也有巨大的发展。场镇星罗棋布，大场镇相距二三十里，小场镇十里可达，北宋张择端所描绘的《清明上河图》景象，成都锦江沿岸，也同样可见。据元丰初年统计，四川的场镇多达688个。因此，史书上有关唐宋时期的建造记录，屡见不鲜。

（四）稳定期——明清两代建筑基本形制的统一

南宋末年四川军民抗元激烈，先后有泸州神臂城、金堂云顶山和合川钓鱼城等抗元基地取得巨大胜利。由于四川军民在抗元斗争中杀死了元朝的一个可汗，更加深了元军对四川军民的仇恨。元兵攻破城池后大肆掠杀，尸横遍野，血流成河，整个城市变成废墟。元兵走一路杀一路，全国城乡都受到不同程度的摧残。

元朝建立后，由于连年征战，财力物力匮乏，无力进行大规模的城市建设。因此，史载元代除在大都（今北京地区）有大规模的建设外，其他地区的大型工程较少。为适应建筑材料缺乏的现实，当时的工匠探索出"减柱法"和檐下不施斗拱的"小式建筑"。这是元代时期建筑的重要特征。巴蜀地域以挑枋、撑弓、吊瓜替代形制复杂的斗拱，同样可将屋檐挑出很远，不能不归功于元代工匠的创造。

撑弓、吊瓜

明代末年张献忠领导的农民起义席卷全川，并在成都建立"大西"政权（1644~1646），张献忠自称"大西皇帝"，改明蜀王府为皇宫，现天府广场地区被称为"皇城坝"，始于此时。大西政权仅是昙花一现，张献忠逃离成都时，部下烧杀抢掠，使整个成都变成废墟。清初，四川的行政中心，不得不暂迁阆中。由于张献忠的兵燹和灾害，四川人口大减，"田园荒芜，百里无人烟"。清康熙年间，朝廷发布诏书，组织湖广（湖南、湖北、江西、广东、广西和闽南部分地区）百姓到四川拓荒。因为是朝廷的有组织行动，且移居条件优越，致使湖广地区的群众全家或全村的亲朋好友同行，入川后又成群成片居住，于是在成都近郊形成了保留原住地语言和生活习俗的"土广东客家村"。由于四川境内移民的大量增加，他们从家乡带来的文化传统、生活习俗以及房屋的建造方式，相互融合，成为巴蜀地域文化的重要组成部分。仅就建筑文化而言，各省移民因留念故土和祭祀地域尊神而建造的地区会馆、学馆书院或行业公所，既丰富了巴蜀地域的文化，又增添了巴蜀城镇的建筑景观。广东人修建的"广东会馆""南华宫"，江西人建造的"江西会馆""天元宫""万寿宫"，福建人修建的"福建会馆""闽馆""天后宫""妈祖庙"，湖北、湖南人修建的"湘鄂会馆""黄州会馆"，陕西、山西、甘肃人修建的"陕西会馆""山西会馆""陕甘会馆""关帝庙""盐业会馆"，等等，是目前由各级政府公布的"历史文化名城（名镇、名村）"的重要组成部分。由于清初以来的"湖广填四川"，使各省建筑工匠带来的建筑技术，丰富了巴蜀地域的建筑文化。清代会馆遍布城乡，规模宏伟、造型精湛者有自贡西秦会馆、叙永春秋祠、重庆湖广会馆等八大会馆①和成都陕西会馆等，都极负盛名。明清以来，地方和朝廷都重视倡导文风，建造文庙、奎星阁、书院、考棚极多，大多数府、州都建有书院。科举最盛之时，各州县都建立了考棚，阆中考棚还肩负了四届全省乡试的任务。巴蜀工匠向来有建造高楼的技巧，忠县石宝寨、乐山奎阁和成都崇丽阁都是驰名全国的高层楼阁。文庙各县均有，在文物部门组织的文物普查中，甚至在乡镇一级的场镇也发现了文庙。德阳、富顺、资中、犍为等地的文庙，规模宏伟，形制完整，迄今保护良好，其中德阳、富顺文庙已于1999年被国务院列为第五批全国重点文物保护单位。

清代康熙时期，各地都开始维修城墙，且大都用特制的城墙砖包砌。重庆是一座沿江附崖的石头城。它始建于宋，格局确定于明，清代维修完善了十七道城门，据说是应九宫八卦之象而筑，以示"金城汤池"之意。十七道城门中，有九道是供居民取水的水城门。由于城内火灾频繁，官方认为这是"水门洞开不能制火"之故，于是下令封闭面临长江的翠微门、望龙门、人和门、凤凰门、金汤门和面临嘉陵江的定远门、洪崖门、西水门。开启的九道城门是：东北角的朝天门，正东的东水门，东南角的太平门，正南的储奇门、金紫门、南纪门，向北的临江门，临嘉陵江的千厮门，西向通陆路的通远门。嘉陵江北的江北古城，与重庆老城隔江遥望，在军事上有重要意义。江北古城有十道城门：最初仅岷江、嘉陵、问津和镇安四门，清道光十三年（1833），同知福珠朗阿重新修筑城池，老城增建至八门，分别是西南的金沙门、南面的保定门、东南的觐阳门、东面的汇川门、东北的东川门和问津门、北面的文星门、西面的镇安门，在以后的江北城扩建时，又增建了永平和嘉陵两道门。

成都的城墙是当时四川总督福安康于1783年奏发币银六十万两，全部用大砖大石砌成。经过3年紧张施工，于1785年竣工。据《成都县志》载：竣工后的城墙，周长二十二里八分，计四千一百二十二丈六尺，垛口八千一百二十二垛。砖高八十一层，压脚石条三层，大锥房十二座，小锥房二十八座，八角楼四座，炮楼四座。四门城楼顶高五丈。1862年又在四角添筑小炮台四处。1781年修满城，周四里五分，计八百一十一丈七尺三寸，高一丈三尺八寸。门五座：御街小东门、羊市小东门、小北门、小南门、大城西门。城楼四，共

---

① 何智亚：《重庆湖广会馆——历史与修复研究》，重庆出版社2006年版，第73～93页。

十二间。每旗官街一条,披甲兵丁小胡同三条。八旗官街共八条,兵丁胡同共三十二条。继后,各州、县也先后实施砖石包砌城墙,这是巴蜀历史上的一项巨大工程①。

明清两朝,十分重视牌坊的修建,德政坊、贞节坊、烈女坊、忠孝坊、金马坊、碧鸡坊和重要地段出入口的牌坊(如贡院前的"为国求贤"坊,文庙前的"德配天地""道贯古今"坊等)遍及城乡。清光绪三十一年(1905)一位在四川高等学堂教日文的日本人山川早水写的《巴蜀》一书,多次提到沿途所见各类牌坊,并摄有照片为证。此书2005年由四川人民出版社出版,书名为《巴蜀旧影——一百年前一个日本人眼中的巴蜀风情》。如若书中所述的牌坊仍存在的话,巴蜀牌坊群的景观,一定不亚于徽州。

清代康乾以后,由于经济复苏,国库和民间财富增加,享受之风渐为人们所重视。历史的惯例是"国兴造园",因此,自康熙中叶开始,造园之风渐盛,衙署园、寺庙园、名人纪念园、会馆宗祠园、私家宅园等不断涌现。造园手法也百花竞妍,仅成都及周边州县,就汇聚各种风格的园林数以百计,成就显著②。

综上所述,明清两朝,特别是清代康熙中叶以后,巴蜀地域既延续了历史,又融合了外来移民的文化,巴蜀建筑被定型为人们共同认可的建筑形态,因此,我们认为这段时期是巴蜀地域传统建筑文化的融合期、定型期。

(五)近代——中西建筑文化的交融

反洋教的风潮,四川比京津地区要晚几十年。清同治二年(1863),重庆发生重庆民众与西洋教会冲突的"重庆教案"。同治四年(1865),发生了"酉阳教案"。光绪十六年(1890),发生"大足教案"。光绪二十一年(1895),成都发生了大规模的反洋教运动,接着,川西、川南和川北的部分县区,也先后发生了反洋教斗争。四川境内最大规模的反洋教运动发生在光绪二十四年(1898),四川人举起"扶清灭洋"的旗帜,反洋教、烧教堂。由于官府惧怕洋人,被迫向洋人赔偿,西方各国的教会,乘机大规模进入四川。

随着外国传教士的大量入川,教会为争取所在地民众的好感,同时也是为了发展教会的需要,基督教会开办了数以百计的医院和中小学校。为使西部各

---

① 王文才:《成都城坊考》,巴蜀书社1986年版,第13、14页。
② 成都市园林志编纂委员会编:《成都市园林志》,四川人民出版社1998年版,第9~68页。

省的学生不必远去沿海或国外留学，也能达到"以高等教育为手段，促进天国降临的目标"，外国传教士决定在成都联合创办一所西式大学。光绪三十三年（1907），美国人毕启（J.Beech）、加拿大人启尔德（O.L.Kilborn）、英国人陶维斯（R.T.Davidson）等，经过详细勘测后，选定成都城南一片河滨地为大学校址，创办华西联合大学。1910年3月11日，华西联合大学举行了简朴的开学典礼。由于它是由英国、美国、加拿大三个国家基督教会的五个差会共同开办的，所以时人称之为"五洋学堂"。

华西联合大学的总体规划和建筑造型，由英国建筑名家罗楚礼（F.Rowtree）主持设计。这位著名的英国建筑大师，其作品遍及英伦，伦敦的许多重要建筑，都是他的精心之作。民国元年（1912），罗氏兄弟接受联合大学邀请来华主持该校的规划设计工作。来川之前，罗氏兄弟先后到北京考察了中国的宫廷建筑和南方的传统建筑，对中国建筑的对称、庄重、色彩富丽表现出浓厚的兴趣。来到成都后，他们一边测量地形，一边考察川西建筑的特色，对青砖、小瓦间以木柱粉墙构成的朴素、淡雅韵味极有好感。因此，在进行具体设计时，他既没有移植英国的建筑模式，也没有模仿希腊神庙或哥特教堂。他采用了西方较为成熟的教学、办公建筑的布局，以青砖和砂石做承重墙柱的材料。由于采光的需要，加大了门窗洞口的面积，使用了拱廊和玻窗。有些建筑的剖面处理，如建于民国4年（1915）的事务所大楼，有文艺复兴时期"巴西利卡"的痕迹。在建筑的外观造型上，罗氏兄弟着力表现中国特色。屋顶基本沿用中国传统，分别采用了悬山、歇山、庑殿、攒尖等形式，不少地方还运用了重檐，高低错落，天际线起伏有致。屋脊上的装饰别具一格，正脊上的吻兽、中堆，戗脊上的仙人、走兽，其轮廓是中国式的，但细观其具体形象，却是西方人心目中的神兽、怪鸟。鳄鱼、蜗牛、爬虫、白狗和变形的鱼龙，成了屋顶装饰的主角，这是罗氏兄弟的创造，在国内其他地区的同类建筑中，还未发现有相同的处理。川西地区的建筑，一般称为"小式建筑"，檐下不施斗拱，只用挑枋和撑弓。由于罗氏兄弟来华的第一站就考察了北京，对宫廷建筑檐下的斗拱及其亮丽的色彩印象深刻，因而在华西联合大学的屋檐下，设计了他所理解的斗拱。而且色彩大红大绿，其强烈的对比，比北方官式建筑有过之而无不及。由于整体轮廓是中国式的，而具体的处理又有西方建筑师对中国建筑的理解和创造，因此，这是"中西合璧"的一次实践，它开创了巴蜀建筑发展的新篇章。

20世纪二三十年代，留学海外的建筑专业学子纷纷回国，其中一些人，如南京中山陵的设计者吕彦直、建筑教育家童寯、南京国民政府办公大楼的主要设计人杨廷宝和建筑史学家梁思成等，都成为享誉海内外的建筑大家。他们把西方建筑理论和中国建筑文化巧妙结合，创作了一批以砖石或钢筋混凝土为承重构件，继承传统建筑三段式为构图特征，装修细节惟妙惟肖的大型公共建筑，史学界称之为"保持固有形式"的新建筑。民国时期重庆陪都国民政府大楼、成都的刘湘墓园建筑，应算作这种流派的代表。

抗日战争时期，为躲避日本侵略者的迫害，大批知识分子包括建筑业的精英纷纷流亡入川。中央研究院、同济大学、中国营造学社等学术团体落脚宜宾李庄；燕京大学、金陵大学和杨廷宝先生主持的基泰工程公司（设计、监造事务所）等教学、设计机构落户成都。由于有高水平的设计机构和设计师的参与，成都建成了一批有代表性的建筑，如四川大学总平面规划和图书馆，以及接待盟军的招待所——励志社等大型建筑。这些建筑不仅为城市面貌增添了光彩，也显示了中国建筑师对民族文化的继承和爱护。

巴国的首府古名江都或江城，宋代定名为重庆。由于它扼守长江和嘉陵江的交汇处，是长江上游最大的工商业城市。清朝末年，已对外开埠，占航运之便，买办、洋行大都在此设办事机构。民国陪都时期，沿海城市的银行，随国民政府内迁，重庆朝天门码头地区，银行林立，西方建筑风格的大楼鳞次栉比。狭窄的街道和摩天大楼形成对比，被市民戏称为"重庆华尔街"。

就在这段时期，成渝两地的川军将领，纷纷在市区内修建住宅或在郊外修建别墅。这些标准很高的住宅，大都委托受过建筑专业教育的建筑师设计，其平面既有中国式的堂屋和卧室，又有西式的客厅和琴房，在受阳光照射较多的转角处，一般都布置满开窗户的阳光室，窗户上的玻璃大都是采用从海外进口的彩色玻璃，在阳光照射下，产生万花筒般的奇异景观，最为儿童所喜爱。这类住宅周边附有西式风格的庭院，不少还建有西式的亭廊、水池和雕像，在入口的门斗（俗称"龙门"）上，往往会增加一些巴洛克建筑风格的装饰。这种达官显贵人家的独院住宅，民间称之为"公馆"，重庆的"范庄"（范绍曾庄园）和成都的"肇第"（石肇武公馆）是其代表。这也算是本土建筑文化与海外建筑文化的合璧吧。

成都暑袜街的西川邮政局大楼和华新街的聚星城银行大楼，都是借鉴外国建筑模式设计的，体现了成都人对外来文化的包容。西康省首府雅安，是刘文辉的重要基地。刘氏对西方建筑有一定的偏好，所以他在各地的官邸，大都糅进了一些西方建筑的元素。从日本留学归国的胡德元先生，早期曾参与中国建筑教育的组织工作（建筑教育史有记载），后受西康省邀请被聘为工务局的中层官员。他主持设计的雅安电影院，借鉴欧洲巴洛克建筑手法，柱头和山花充满西洋建筑的各种装饰，被当地群众称为"洋房子"。由于该建筑体量较之一般店铺高大，入夜灯光辉煌，因此成为当时雅安城区最具人气的建筑。自重庆开埠以后，沿长江的重要港口宜宾、泸州、长寿、涪陵、忠县、万州等城市，也都效法长江中下游沿江城市，办起了洋行代理业务，修建了规模不等的办公建筑。这类建筑的外形，大都仿西洋建筑的柱式、拱券和山花，但造型简约、做工粗糙，墙面多为板条抹灰，装饰则为灰塑，时人称之为"殖民地建筑式样"。由此可见，西方建筑的外形，伴随重庆的开埠，已影响到巴蜀内地的若干城市。

（六）现代——多元建筑文化并存[①]

1949年10月1日，中华人民共和国在北京宣告成立。同年年底，重庆、成都相继解放，开始了历史的新篇章。鉴于当时特定的历史条件，以美英为首的资本主义集团和以苏联为首的社会主义阵营相互对立，前者对我国实施封锁，而后者不仅承认中华人民共和国的国际地位，还在建设方面提供技术援助，不少苏联规划师，应聘到我国重要城市参与城市规划工作。成都和重庆的城市规划，都有苏联专家参与。由于受斯大林所说的社会主义国家的建筑应该是"民族的形式、社会主义的内容"的影响，建筑界掀起了一股"复古主义"风潮。重庆的西南军政委员会大礼堂（现为重庆大会堂）和成都市人民南路广场建筑群，都是这种思潮的产物，不同的是重庆方面因西南军区贺龙司令员的支持建筑群得以坚持完工，成为划时代的历史纪念碑载入史册；而成都的人民南路广场建筑群，则因不敢违抗上级指示，将原设计修改得不伦不类、面目全非。由于梁思成等一批有影响力的建筑专家，在新中国成立初期提出"保留古都风貌""另建新北京"的建议与当时一些领导人的要求不符，在此后的政治运动中受到了严厉的批判。继后，在连续不断的政治运动中，留学欧美的建筑师被

[①] 四川省地方志编纂委员会编纂：《四川省志·建筑志》，四川科学技术出版社1996年版，第56~141页。成都市建筑志编纂委员会编：《成都市建筑志》，中国建筑工业出版社1994年版，第59~118页。重庆市城乡建设管理委员会等编：《重庆建筑志》，重庆大学出版社1997年版，第87~132页。

扣上"资本主义的孝子贤孙"等帽子，而留学苏联的学者，又被列入"修正主义的社会基础"或"苏修特务"遭受打击。

在1957年的反右运动和1959年的"反右倾、拔白旗"活动中，凡学历较高，特别是有海外学习经历的设计人员，大都被归为"走白专道路"而受到批判。建筑院校的师生不敢讨论建筑艺术，培养建筑师的建筑系，也只好更名为"营建系"。建设主管部门提的口号是："继承延安传统，发扬干打垒精神。"全国各地新建了一批不讲科学、安全隐患严重的危房，造成人力、物力的浪费（这些"大跃进"的产物，1975年以后相继被拆除）。

1962年，中央提出解决知识分子问题以后，建设部在上海召开了"建筑创作座谈会"，主题是鼓励建筑师消除顾虑、大胆创作。建筑师们的激情尚未得到发挥，全国就开始了"四清"运动，建设系统发起了"设计革命运动"。紧接着就进入史无前例的"文革"，大部分有创作能力的建筑师成了革命的对象。随着"四人帮"的覆灭，中央实施"拨乱反正"政策，平反了冤假错案，受迫害致死的建筑师得以昭雪，受诬陷的建筑师得到平反，建筑界感受到"建筑业春天"的到来。对外实行开放以后，外国建筑师和设计机构，纷纷进入中国，带来许多新的设计理念。大跨度、超高层（100米以上）的建筑，在成渝两地大量出现。"欧陆风""后现代""解构主义"和巴蜀地方风格的建筑，竞相争艳。应该说，中华人民共和国成立以来，这一时期是建筑界创作思想最活跃的时期。不过，业内人士和广大市民对一些既不实用又浪费钱财的建筑物也颇有微词。按建筑应符合"实用、经济、坚固、美观"四条标准来评价，这些建筑的得分都很低，不符合我们这个发展中国家的需要。近年来，学术界重提"建筑本体论"，重申建造房屋的主要目的是"为了使用"，把建筑单纯作为观赏艺术品来创造，忽视它的使用功能的做法是错误的。我们特别要反对外国建筑师把中国作为他们奇异构思的试验场。一些外国建筑师的怪异设计，在经济发达国家都寻找不到买主，而在本不富裕的中国却高价出手，难道不应引起人们的深思吗？建筑是用劳动者的血汗堆积出来的。

三、建筑类型与特色

明末清初的兵燹和天灾，使巴蜀地域的城镇大都遭到摧残，清康熙以后才逐渐开始恢复。因此，我们现在看到的古建筑，绝大部分是康熙时期开始逐步修复或重建的。从历史的角度看，清朝统治者也一如既往地同入主中原的少数民族一样表现出对汉文化（包括建筑文化）的尊重。为了统一建筑形制，清朝廷还颁布了《清·工部工程则例》，对各类建筑的形制、用材和基本构造都做了严格的规定，为中华民族留下了丰富的文化遗产，这是有目共睹的。建筑界将清代评为"封建主义最后的辉煌期"。清代留下的建筑品类极其丰富，主要有如下几个方面：

（一）城垣、里坊[①]

巴蜀地域内城垣，历史上多有变迁，经历明末清初的战乱兵燹，大都遭受巨大的破坏。县级以上的城墙，康熙中期逐步用砖砌体予以恢复。巴蜀多丘陵，即使在平原地区，也因河网纵横、土质疏松，城垣大都因势而筑，一般都不像北方城市那样，人为地把城垣平面建成方形或矩形。成都的古城垣，从先秦张仪、张若筑城开始，城垣平面就非方非圆而类似龟甲，因而成都在秦汉时期就有"龟城"的别称。巴国首府江城（今重庆），也是因山水之势而建，城垣平面不圆不方，浑然天成，说明巴蜀工匠善于因地制宜从事建造活动。

成都是一座具有4800年以上聚落史、2300多年建城史的历史名城。建城迄今城名不改，城址未移，世所罕见。从建城开始，就是大城、少城相套，体现行政与居住功能分开的规划构思。直至清代，主城区一直是"两江环抱、三城相叠"的格局。唐宋时期，为防止南诏入侵，曾筑有范围比主城大几倍的"罗城"。成都城在明末清初的战乱中彻底被毁，清朝康熙初年开始重修。据傅崇榘编著的《成都通览》载："成都城重修于皇朝康熙初年，高三丈，厚一丈八尺，周二十二里三分，四千一十四丈，女墙五千五百三十八，东西相距九里三分，南北相距七里七分。""四门之敌楼，早已朽蚀。光绪丁酉，奎制军重新之。"从这段文字可知，成都城的城墙和敌楼，都是清朝重修的。民国时期，只有拆除而没有修建的记录。1950年以后，伴随经济的发展，城市建设突飞猛进，古老的城垣，被某些人视为发展交通的绊脚石，从首都开始，掀牌楼、拆城墙之风蔓延全国，巴蜀地域的城墙大都变成残垣断壁，没有一座县城得到完整的保护。

[①] 四川省文史研究馆：《成都城坊古迹考》，成都时代出版社2006年版，第144～249页。重庆市城乡建设管理委员会等编：《重庆建筑志》，重庆大学出版社1997年版，第146页。

巴蜀先民崇尚自然，从三星堆到金沙，从秦汉到明清，人们建房时，一般都不喜正南正北朝向，而是将建筑呈北偏东25~30度的布置。代表城市南北主轴的北大街—南大街，也都呈北偏东25~30度的布置；东西横轴基本与南北主轴垂直，于是形成了东西横轴呈东偏南25~30度的格局。由此形成的街坊格局尽皆倾斜，构成老成都里坊布置的一大特色。直至近代测量气候的仪器诞生后，通过测量和分析，我们才知道成都平原的常年主导风向就是北偏东，住宅采用北偏东布置，不仅冬纳阳光、夏避烈日，高湿的夏天，北面还能享受到一个小时以上的日照。古蜀人建房选址的神秘智慧，终于在现代测量学里找到了答案。

重庆为古巴国的政治中心，城池依山而建，道路依山就势呈树枝状布置，独具特色，充分展示了巴渝工匠因地制宜的智慧。重庆被誉为世界上最雄伟、壮观的山城之一。

（二）城乡民居[①]

中国最早的四合院诞生于西周时期的陕西岐山凤雏村。从汉代画像砖可见，巴蜀地域的居民一般都喜爱院落式的住宅。秦灭巴蜀"移秦民万人入蜀"后，落户巴蜀的移民，结合巴蜀的气候特征和人们的生活习性，逐步将中原地区院落式建筑，发展成"外封闭、内开敞、长挑檐、宽台阶、主次分明、内外有别"的巴蜀合院式民居建筑。

四川地域辽阔，地貌和气候也有差异，而建筑形式和地形地貌、气候、人群的生活习性相关，故四川建筑因所处地理位置不同，而有川东、川南、川西、川北之分，重庆及长江沿岸，习惯称为川东地区。特别是民居建筑，显示了较大的差异。

一户民居因人口的多少和经济水平的高低而采用不同的平面布置，常见形式有拐尺形、门字形和口字形。拐尺形适于两代人居住，上房为堂屋和卧室，侧屋做厨房、餐厅及杂物间。门字形民间称为三合头房子，适于三代同堂或有社交活动的人家使用。一般上房为堂屋和主卧室，供长辈和当家人居住，厢房则布置为子女卧室、书房、客房和杂物间。崇尚道家和养生的住户，往往把门字形平面的开口部分面向东方，寓意"朝迎晨曦，紫气东来"。人丁兴

[①] 四川省勘察设计协会编：《四川民居》，四川人民出版社1996年版，第17~28、205~233页。赖武、喻磊：《四川古镇》，四川人民出版社2010年版，第14~223页。

旺，家底殷实之家，多喜修建口字形平面布置（即民间称为四合头或四合院）的住宅，此种平面布置，因四面围合，私密性强，真正实现了"外封闭、内开敞"的特点，容易造成深宅大院的氛围，故为有一定社会地位的士绅或富商所采用。四合院围合的坝子称"天井"，有些大家庭不仅四代或五代同堂，还同宗共居，甚至祠堂也建在住宅院落之内，因而形成了以族长居住的院落为主轴线，依分支左右发展，按辈分纵向扩充的多天井连片院落。在川南地区，此风尤甚。一般在群众眼里，往往以天井数量的多少，衡量一家的实力。据民间传说，荥经县曾经有过九十几个天井的大院。成都郊区龙泉山的"钟家大瓦房"，是客家人的聚居区，虽没有形成连续的天井院落，但反映出四川人有聚族而居的习俗。江安县"夕佳山民居"、大邑县"安仁刘氏庄园"，是省内保存较好的民居院落，已被国务院公布为全国重点文物保护单位。

院落式、木穿斗、小青瓦、夹壁墙是四川民居的共同特色。但是，四川地域辽阔，比整个欧洲的陆地面积还大。地形、气候、建筑材料、施工工艺和居民的生活习惯也略有差异。川西地势平坦，气候潮湿多雨，因此屋顶多采用悬山，屋檐挑出较长。为保护山墙，在山墙上还加披檐，以保护山墙不被雨水冲刷。由于地形平缓，因此街道平直、院落规整，与西安的格局相似。川东多沿江建设城市，吊脚楼较多且因街道多平行江面发展，店面鳞次栉比。为防止火灾蔓延，多仿效湖北、湖南、安徽、江西等沿江市镇的建筑，修建马头墙防火。故民间谚语称："川西近秦俗，川东有楚风。"

川南属炎热多雨区，房屋的挑檐往往比川西的还长，檐下不加柱而用多层出挑使屋檐挑出两米以上的民居屡见不鲜。西昌地区学习彝族民居的挑檐技术，甚至可将檐口挑出3米左右。川南为解决夏季闷热多雨，不少人家建房时尽量把天井缩小，然后把天井加上屋盖，这部分的屋盖比周边建筑高出1米以上，既可防晒，又能避雨，是夏天休息纳凉的好地方，人称"凉亭四合院"，是川南居民的创造。川北地区雨水相对较少，故屋檐挑出长度较短，靠近陕甘边界，不少民居采用硬山屋顶，还有一些居民甚至保持住窑洞的习俗。由于建窑洞就地取材，不耗费能源且冬暖夏凉，被称为"绿色建筑"，因而有被推广的趋势。

城镇民居多为前店后宅或下店上宅。还有些手工业作坊，临街做商店，后院当作坊，形成多进院落的前店后坊的住宅，这种布局民间称为"竹筒式住房"。前店后坊或前店后宅的建筑，一般都有宽敞的檐廊，作为居民休息或做家务劳动的场所。由于城镇土地珍贵，沿街店面都左右连续修建，因此左右墙壁无法开窗，全靠在进深方向开小天井解决通风和采光。川南和川东的场镇，由于夏季骄阳，秋季多雨，赶场天商贩多喜在檐廊下摆摊营业，于是犍为县罗城镇、广安肖溪场的檐廊，宽度达5米左右，赶场天檐廊下出售各类产品的货摊连续不断，形成交易繁忙的商业街。由于它不受阴晴雨雪的限制，笔者形容它是一座"全天候的超级市场"。罗城位于一座小山之顶，由于地形的原因，城镇总平面呈一船形，宽阔的檐廊首尾相接，下雨天人们走遍全镇，不打伞也不会湿衣湿鞋。在镇中部檐廊距离较宽处，建有一座戏台，节假日经常有文艺表演。由于戏台类似木船的指挥舱，因此人们称它为"山顶一只船"。据史家考证，罗城镇已有500年以上的历史，因其造型奇特，受到海内外建筑和规划界的关注。澳大利亚商家本想把罗城的形态移植到该国做超市，但因修建工艺不到位，未能达到预期的效果。

（三）宫观、庙堂[①]

宫观，是道教修道、祀神的祠宇，为道宫和道观的合称。古代帝王居处叫"宫"，城堞可供眺望之处称"观"，因此古代祀神之所，也称宫观。道教宫观的建筑布局，按道教法规有基本定制。一般是前有山门、华表或经幢，山门内中轴线上大多祀王灵官、玉皇大帝、四御、三清。正殿两侧为配殿，祀一般道教尊神，或设十方、云水客堂及执事房。道教的日常宗教功课为做道场、开坛传戒、庆贺神仙诞辰等庙会活动，多于宫观内进行。[②]

道教发源于本土，四川大邑鹤鸣山被道家视为祖庭。道教早期传道的据点称"治"，全国共分二十四治，位于四川彭县海窝子的阳平观到太平寺一带，为二十四治之首，称阳平治。张天师世代相传的法印，就以阳平命名，篆刻"阳平治都功印"。道教的活动场所就其规模和地位有"十大洞天，三十六小洞天，七十二福地"之说。驰名世界的峨眉山，早期曾是道教洞天，后来才成为普贤道场，被列为佛教四大名山之一。青城山是道教第五洞天，因蕴含深厚的道教文化，和都江堰水利工程一起被联合国教科文组织公布为"世界自然与文化遗产"。青羊宫位于成都西郊青羊肆，古名玄中观，在唐代已闻名遐迩。

[①] 四川省地方志编纂委员会编纂：《四川省志·建筑志》，四川科学技术出版社1996年版，第31～42页。

[②] 参见黄海德、李刚编著：《简明道教辞典》，四川大学出版社1991年版。

道家传说，2000多年前道学创始人老子在函谷关为关令尹喜讲解《道德经》五千言后，临行曰："子行道千日后，于成都青羊肆寻吾。"因此，成都青羊宫被道家视为圣地。唐玄宗因安史之乱到蜀，曾下榻于此。唐中和元年（881）唐僖宗到成都避乱时，以它为行宫。中和三年（883）进行扩建，正式命名为青羊宫。历代都有维修或重建记录，但基本格局未变。现存殿宇建于清代康熙七年（1668），主要殿宇有灵官殿、混元殿、八卦台、三清殿、斗姆殿、唐王殿等。青羊宫为全真教十大丛林宫观之一，川西片区的道士多在此受戒。道教重视登高观天、凌空承露，主张上善若水、返璞归真。道教建筑和道士着装一样，朴素淡雅，色彩以黑、白、灰、赭红为主，与周边民居浑然天成，对成都城市主色调的形成，有较大的影响。

青城天下幽，自古为蜀中名胜。它背依岷山，有三十六峰、七十二洞、一百零八处胜景，峰峦叠翠，诸峰环绕，遥望形如城郭，故名"青城"。山上有宫观数十处，著名的有建福宫、天师洞、祖师殿、上清宫、玉清宫等。宫观内外和沿山道上留有不胜枚举的金石碑刻。在天师洞悬崖处有一副对联："事在人为，休道万般皆是命；境由心造，退后一步自然宽。"借观景抒发人生哲理，使不少心灰游子，对未来充满信心。山道上有许多用天然树干做柱，藤蔓荆条当梁架，树皮茅草盖屋顶的休息亭廊，这些小品建筑，就地取材，与环境浑然天成，真有从地里长出，与山石融为一体的感觉，参观者无不为之叫绝。

佛教寺院多称寺、院、庵、堂，如新都宝光寺、成都文殊院、梁平双桂堂等。由比丘尼（尼姑）主持的中小型佛寺称庵。"庵"字本为小草屋，把庙堂称之为"庵"，表示出家人远离红尘，皈依佛门的决心。有的佛寺已具相当规模，但仍用"庵"的称谓，就有自谦之意。

佛教源于印度。东汉明帝时，迎印度高僧迦叶摩腾和竺法兰来洛阳，暂住鸿胪寺（接待外国使节和贵宾的官署）。由于鸿胪寺不便久住，朝廷拨款在洛阳西门外另修了一院建筑，供两位高僧供佛研经，并以为他们驮运经卷来中国的白马命名，叫作"白马寺"。这是我国建立的第一座佛寺。从此以后，"寺"成为中国佛教寺院的专用名称。中国佛教的大发展，始于南北朝。由于战乱连年，兵荒马乱，民不聊生。一些富裕人家，把宅第捐给寺院，自己躲进山林避难，"舍宅为寺"成一时风尚，从此，院落式住宅的平面格局，与佛寺结下不解之缘。随着佛教的广泛传播，佛教寺院的平面布置也形成了一定的规制。常见的寺院布置是：从山门开始，有一条贯穿全院的主轴，每隔一定距离布置一座殿堂，四周用廊庑或围墙将整座寺院围合成一个整体，号称"丛林"或"古刹"，以示隔绝红尘的清净世界。殿堂的多少，视其规模而定，基本的格局是：山门—天王殿—大雄殿—法堂或藏经楼。大一点的寺院会有毗卢阁、观音殿、华严殿，更大一点的寺院会另设罗汉堂。新都宝光寺和什邡慧剑寺的五百罗汉堂，形制完整、造型精美，有极高的历史价值和艺术价值。平武报恩寺的大雄宝殿正中，在释迦牟尼佛像前，立有一个有金龙环绕的神位牌，正中镌刻"当今皇帝万万岁"的金字闪闪发光。此佛寺建于明代正德年间，据说是当地土官请来修建过皇宫的工匠，仿北京紫禁城私造的宫殿，并且在梁柱装饰了几百条龙，明显地僭越了封建礼制。后被朝廷发觉，本应处"僭越"之罪，土官王玺匆忙上书朝廷，谎称是为感谢朝廷的恩典，建的是"报恩寺"。朝廷为安抚民族地区，正德皇帝下了一道口谕："既是土官，下不为例，准他这遭。"此碑立于万佛楼前的碑亭，可谓是修建寺院的特例。

四川境内各类庙宇遍布城乡，全省究竟有多少寺庙，没有确切的统计。双流黄龙溪和宜宾李庄都号称有"九宫十八庙"。自贡、资中等地方更是除儒、释、道的常规庙宇外，还多了些火神庙、盐神庙、王爷庙等民俗信仰祈求保生产、保平安的庙宇。清宣统元年傅崇榘编的《成都通览》对成都府所辖成都、华阳两县的寺庙有一个比较确切的统计：府城城内，有佛、道寺庙155处，清真寺9所；府河附近寺庙86处；华阳县乡下各类寺庙117处。饱经百年沧桑，这些寺院、宫观，大都不存。国家现行的宗教政策是原则上不新建寺院，已不存的寺院除特殊情况一般不再复修。因此，目前尚存的寺庙宫观，只有清代后期的二成左右。

（四）文庙、书院①

文庙祀孔子，武庙祀关云长，文庙、武庙是中国寺庙中较为宏伟的祭祀性建筑，修建范围也最广。四川境内，县城一般都建有文庙，以倡文风。武庙不一定每县都建，多为商会或地方会馆专建，名称则常用"关帝庙"或"武圣宫"。由于唐玄宗二十七年（739）孔子被尊为"文宣王"，关云长被封为"关

---

① 四川省地方志编纂委员会编纂：《四川省志·建筑志》，四川科学技术出版社1996年版，第29、30页。范小平：《中国孔庙》，四川文艺出版社2004年版，第1～33、47、61、91、92、148、150页。

圣帝君",因此祭祀他们的神殿,可享受"帝王宫殿"的待遇,允许使用庑殿屋顶和采用黄色琉璃瓦。由于封建时代重文轻武,因此,文庙大成殿屋顶全用黄色琉璃瓦,而武庙的关圣殿,一般只能用黄色琉璃瓦"剪边"——只在檐口部分镶嵌黄色琉璃瓦,其余部分使用绿色琉璃瓦。

文庙的格局有比较严格的规定,中轴坐北朝南,主入口设于两侧,西为仪门,东为礼门。中轴线上由南向北依次为万仞宫墙、棂星门、泮池、戟门(亦称大成门)、大成殿、崇圣殿。两侧厢房多为名贤祠、乡宦祠、节孝祠和明伦堂等礼制建筑。大型的文庙,在大成殿东西配殿,供奉孔子弟子中杰出学者或陈列论语碑刻。四川境内最早的文庙,是祭祀周公的"周公礼殿"。汉代"独尊儒术"后改祀孔子,成为最早的文庙。四川资中文庙始建于北宋雍熙年间(984~988),现建筑为清道光九年(1829)重建,较完整地反映了宋代文庙的形制。文庙的布局,反映了儒家"尊师""重孝""敬乡亲"等思想,这在资中文庙的布局中表现尤为明显。

尊师——孔子曾拜资中人长弘为师学习音律,因此,资中文庙的孔子塑像和其他地区的文庙不同,孔子塑像是站立的(其他文庙孔子多系正襟危坐)。据说这是表示孔子对老师的尊重。

重孝——孔子是儒学创始人,是大学问家,但孔子时时不忘父母之恩,因此在文庙中,北边最尊贵的位置是供奉孔子父母的崇圣殿。

敬乡亲——孔子在治学方面,善于总结别人的长处,他的"三人行必有我师"的论点,表明他治学的谦虚和尊重他人的意见。在文庙的厢房,大都布置有"乡贤祠"和"名宦祠",表明儒学的发展,是与各地方学者("乡贤")和支持儒学发展的官员("名宦")分不开的。

祭孔礼仪,从宋代开始,历代不衰。清王朝建立后,统治者对儒学先贤表现了特别的敬重。以资中文庙为例,在大成殿的梁架上,挂有清代八位皇帝书赠的匾额。成都城中心的明代蜀王府,清代也被改为考试儒生的贡院,"为国求贤"牌坊更是表明清代对儒学的尊重。现存文庙,基本上都是清代重建的。五四运动提出"打倒孔家店"的口号,文庙中的塑像大都被捣毁,文庙建筑未被毁损的,大部分变成了学校。成都石室中学和各县立名校,大都有过这样的经历。

书院之名始于唐代,当时仅是修书、校书和藏书的场所,多为乡绅或地方官员所建。书院的重要功能是讲学,远在距今2000多年的西汉时期,蜀郡太守文翁在成都城南修建了学宫，宫内建了一座石室，后世称为"文翁石室"。这是中国最早的公办学堂，同时又是祭祀周公的殿堂，史称"周公礼殿"，后改祀孔子，成为早期的文庙。从元代起，四川各路州府皆设书院，受官方控制较严，书院开始官学化。明清时期，书院有较大的发展，但大多数书院成为举行科举的场所。光绪二十七年，清政府正式颁诏：各省所有书院，于省城改设大学堂，各府及直隶州改设中学堂，各州县改设小学堂。清末设于贡院内的尊经书院，就成了四川大学的前身，而锦江书院则变成了石室中学。笔者的父亲生活在新都，初在文庙内就读私塾，后来成为新都小学堂的首批学生。书院见证了清末从科举考试到新学兴起的衍变。

明末清初的战乱，成都城基本不存。清康熙四年（1665）巡抚张德地请就明蜀王府旧基建贡院，课堂、号舍均备。大约在康熙九年（1670），乡试考场由阆中迁回成都。可能当初经费欠缺，施工质量较差，至咸丰末年，贡院建筑多处倒塌。同治元年（1862）开始筹款重修，至同治三年七月竣工。建成楼、堂、院、所共500余间，主要建筑有：明远楼、致公堂、清白堂、衡文堂、文昌殿等主要殿堂，主考、监临、提调、监视、内帘官住院等考场人员的工作用房，还有弥封所、誊录房、受卷所、劝科所等试卷管理机构用房20余间，其规模居全国乡试考场的前列。

四川因山川秀丽、文化底蕴深厚，对文人极具吸引力，故有"自古诗人例到蜀"之说。清中后期，文风盛，书院遍及城乡，但至今无确切统计数字。四川大学胡昭曦教授所著《四川书院史》，对书院的学术思想和组织情况进行了全面论述，是一部学术价值极高的学术著作，但本书主要是从建筑史的角度研究书院，还得另求解答。人们说"一叶知秋""一滴水见世界"，既然全省情况难觅，笔者就找一处资料较详的地域来分析，借此可推知全川概况。

现青白江区城厢镇，旧时为金堂县县治所在地，城厢镇历史悠久，古城格局犹在，文庙、武庙、书院和县衙遗迹尚存，因此，它是较早被四川省政府公布为"省级历史文化名城"的县城之一。据清同治四年（1865）《金堂县志》记载，当年金堂县内有绣川、濂溪、和成、大成、纪云、同文、龙威、凤仪、集成、安怀等10所书院。县城内的绣川书院设山长一人，主持校务兼讲学，另设斋长二人，协助山长管理。其余乡镇书院只设斋长。书院以儒家经典或宋明理学为主要课程，兼习书画。至清末，金堂县的十所书院，只绣川和濂溪尚存，按朝廷诏书，改为县立高等小学堂。

据文献记载，绣川书院占地5085平方米，建筑面积1969平方米，总平面呈矩形，坐北朝南。建筑平面为四进四合院，四面为青砖围墙环抱，形成一个肃穆、清幽的读书环境。从南向入口，第一、二进院落为管理用房，第三进院落是一个开敞的坝子，青砖墁地，为露天讲学之处，是上大课或开展学术辩论的广场，书院称为外讲堂。从外讲堂进入第四进院落，要通过一条很窄的甬道，然后才进入第四进院落，这种先抑后扬的布置手法，是为了暗示最后一座院落的重要。第四进院落为典型的四合院，除北面正中堂屋作接待、会议之用外，其余房间均系教室，书院称为内讲堂。另据考证，道光十年（1830）时任金堂县令的吕伟嵊派人修建了考棚，东临城墙，西抵明教寺围墙，南与绣川书院毗连，成为绣川书院的一部分。考棚几经兴废，至民国时期被拆除，其位置大概就在城乡中学的大操场附近。科举考试终止，考棚也完成了它的历史使命。四川全省现仅存考棚两处，一处在阆中，另一处在屏山。

（五）宗祠、陵墓[①]

宗祠是祭祀祖先的庙堂，只有皇帝的宗祠，才能称为"太庙"，民间的宗祠又称祠堂或影堂。建立宗庙之制大约始于商代中后期。敬畏自然、天人合一是中华民族的生存之道。从汉代起，逐渐形成了对五岳、五镇、四海、四渎的祭祀。从祭天地、祭社稷、祭山川、祭祖先，再发展到为圣贤、名人建祠堂，反映出中华民族敬畏天地、慎终追远的情操。

巴蜀地域在先秦时期就开始立庙坛，"九世开明帝始立宗庙"。据考古发掘，广汉三星堆和成都的金沙遗址，虽然无文字记载，但从发掘的遗物分析，有可能就是当年祭祀天地的庙坛。成都北郊的羊子山土台，建于西周，平面为正方形，底边残长超过100米，残高约10米，是目前已知的全国最大的土台。据推断，它是古蜀国祭天的祭坛或各族领袖盟会的坛台。

四川早期的民间祠庙很多，大致可分为两类：第一类是感激大自然的恩赐，如五岳宫、江渎祠、土地庙等。第二类是为圣贤、名人立的祠，如大禹、周公、杜宇、鳖灵、孔子、老子、李冰、扬雄、诸葛亮、李白、杜甫、黄庭

[①] 四川省地方志编纂委员会编纂：《四川省志·建筑志》，四川科学技术出版社1996年版，第24~26页。四川省地方志编纂委员会编纂：《四川省志·建筑志》，四川科学技术出版社1996年版，第17~20页。

坚、苏东坡、陆游、孙思邈、杨升庵等。这些祠庙，大部为群众集资捐建或将家族祠堂扩建为社会祠庙（绵阳子云亭、江油太白堂、眉山三苏祠和新都升庵祠都属此类）。三国时期四川为蜀地，蜀国名将在四川多有祠庙，如德阳庞统祠、阆中桓侯祠、云阳张飞庙、成都三义庙和黄忠祠、大邑子龙庙、新都马超墓、庐山姜维祠（平襄楼）以及遍布城乡的关帝庙、桓侯庙、诸葛祠等，不胜枚举。

家族祠堂宋代以前不多见。自南宋朱熹著《家礼》、立祠堂以后，民间祠堂发展很快。四川的移民很多，特别是明末清初的"湖广填四川"移民总数几百万。移民为避免与原住民冲突，大都聚族而居。因此，属于宗族的私家祠堂，遍布城乡。祠堂建筑规模比一般的居住空间要大，大多采用合院式平面。常见的布局是：前为大门，中间有宽阔的庭园，上房为祖堂，供先祖画像。显赫的家族，还在祖堂前设拜殿，供祭祀时族内长者行礼之用。祖堂后为寝堂，用以安放列祖列宗之牌位。厢房为议事厅、管理用房和客房。财力雄厚的家族，祠堂可沿中轴发展为几重院落，温江陈家桅杆、乐山宋家祠堂就是多重院落的大型祠堂。人口众多的宗祠，皆在正对祖堂的对面设戏楼，戏台下部即为祠堂的大门和过厅。家族实力雄厚的祠堂，经常邀请地方名士、乡绅品茶看戏，以显示实力，扩大影响。成都是一座移民城市，清宣统元年出版的《成都通览》载，仅城区内就有各姓祠堂83处，近郊祠堂12处。目前保存比较完好的，仅龙王庙正街的邱家祠1处。

陵墓为古代帝王陵寝的专称，一般人的坟墓只能称墓园、墓冢。在清代以前的四川，能称得上陵墓的，只有位于郫县境内的古蜀望帝（杜宇）陵和丛帝（鳖灵）陵、三国时成都南郊的"惠陵"（刘备墓）、唐五代时前蜀皇帝王建的"永陵"和后蜀皇帝孟知祥的"和陵"。成都东郊石灵镇的明代蜀王陵，从严格意义来讲，只能称为"明代蜀王、郡王及王妃墓"，因为陕西唐代的"永泰公主墓"和"章怀太子墓"都未称陵，明代藩王的墓反而称陵，似乎有违当时礼制。望丛祠是古蜀望、丛二帝的祠堂和陵墓。望帝杜宇的时代，距今约3000年。杜宇重视农业，倡导"不误农时"，在民间留下"杜鹃啼血"的佳话。鳖灵是杜宇执政时期的首相，因治水有功，受杜宇禅让而成为蜀王，是开明王朝的第一代君主。都江堰治水工程，鳖灵是开创者。"开明肇其端，李冰集大成"为后世的公允评论。望、丛二帝的陵墓，是东汉时邑人根据《蜀王本纪》和民间传说在此修建的纪念陵，目的是寄托后人的哀思。清代孙琪《岷阳二帝后志》载,曾有人进墓穴,盗出蝌蚪文汉砖,有识者辨认为:"堕玉垒,乔华阳,九峰丽,笏拱其堂,千秋万代弓剑藏。"这应是东汉修陵墓时的赞语。"弓剑藏"三字,说明建墓的地点有可能是古蜀国的武器库。20世纪60年代,郫县文管部门在望丛祠内发现了一座汉墓,青砖发券,空间开阔,与中原地区发掘的汉墓近似。由此可以推论,从汉代开始,中原汉墓的形制和做法已传入巴蜀。据陈寿《三国志》和常璩《华阳国志》记载,蜀汉章武三年(223)四月,刘备死于永安宫(今重庆奉节县白帝城);五月,梓宫运回成都;八月葬惠陵,甘、吴二位夫人也先后合葬在墓内。由此推断惠陵建成至今,已有1780多年。惠陵初建时的情况,现已无从考证。现陵墓系清乾隆时期重修,墓前石碑中央镌书"汉昭烈皇帝之陵",落款"乾隆五十三年",迄今已度过220多个春秋。墓冢封土现高12米,环绕幕墙180米,但缺少帝王陵墓前应有的神道(或墓道)。享殿和配殿都系后世添建,其使用功能,似乎与惠陵无关。惠陵现为全国文物保护单位,国务院没有批准发掘,因此对它的内部结构,不得而知。

在巴蜀地区,最具特色的陵墓是埋葬前蜀皇帝王建(907~918年在位)的陵墓——"永陵",它是全国唯一一座建于地面上的帝王陵墓。这反映出巴蜀工匠不硬搬帝王棺椁必须深埋的传统,而是根据成都地下水位高,将存放棺椁的棺床置于地下水位之上,企望棺椁能长存不朽。正是巴蜀匠师因地制宜的智慧,当相距千年后的公元1940年成都因修防空洞而偶然发现永陵时,墓内棺椁和彩画,仍保留有鲜艳的色彩。经历千年漫长岁月,永陵的主体结构基本完好,这应归功于拱制作优良的青砖和科学合理的构造。北方陵墓,多用筒形砖拱,一处损坏影响面宽。永陵的主体结构用的是肋拱,而且拱顶采用的是二心圆(人称火焰拱),抗压抗震能力都比单圆心拱要好。永陵的另一个突出成就是它精美的雕刻,棺床上的二十四乐伎,展现了前蜀时期国富民丰、歌舞升平的社会景象。更难得的是墓内陈列有一座王建真容雕像,仪容与文献记录相符,这是帝王陵中的孤例。永陵在建筑技术和艺术方面的成就,受到国内外建筑界和艺术界的高度评价,已载入史册。

"永陵"是前蜀第二代皇帝王衍给父皇陵墓的封号。据说当初陵园的范围很广,北至现在西大街,南到如今枣子巷都是它的中轴线,从南到北布置有陵园大门、数十对神兽、文武翁仲的石雕像,陵墓前设有享殿、配殿,墓北有大片郁郁葱葱的园林。宋以后,陵园渐次荒废,至清代,只留下一个土堆,还被误传为"司马相如抚琴台"。直到1940年,才开始弄清它的真面目,原来它就是前蜀皇帝王建的陵墓，一时引起国际考古界的关注。当时中国最著名的考古学家和史学家，在交通极其困难的条件下纷纷赶到现场考察。人类学权威冯汉骥教授和史学权威吴金鼎教授分别主持了第一期和第二期考古发掘。郭沫若得知此事后，提笔写道："永陵的发掘，在中国的学术界必将有极伟大的贡献。这件事体，如是在和平时代，如是在欧美，想必早已轰动全世界了。"新中国建立后，政府十分重视对永陵的保护与维修，但由于交通的发展，在永陵的南面新规划了一条永陵路，道路从东南到西北，切断了永陵的主轴，致使从现在的永陵大门到墓室入口距离不足百米。因距离太短，无法修建明堂（陵墓的祭殿），从大街上就可看到地宫入口，不仅对墓室中的文物保护不利，对陵墓极高的历史科学文化艺术价值也是缺少尊重。

现存格局较为完整的陵园是毗邻刘备惠陵的刘湘墓园。抗日战争时期，刘湘带领川军北上抗日，病死武汉，被国民政府追认为一级上将，并准予修建墓园。刘氏自认与刘备同宗，决定将墓园建于惠陵西侧，延请全国著名的基泰工程公司杨廷宝建筑师主持该墓园的设计。1938年动工，1942年完成。轴线长400余米，仿清制陵园布置，从南到北依次由石桥、牌坊、陵门、碑亭、荐馨亭、东西配殿、祭堂和墓冢组成，是继中山陵后，现代大型墓园之一。

（六）会馆、驿站[①]

四川土地肥沃，气候温和，凡遇灾年，邻省百姓都会越境到四川求生。历史上四川有过多次移民活动，其中影响面最大的应是明末清初由朝廷颁诏的"湖广填四川"，移民总数有200万以上。各地乡音杂陈，故民间有"四川一百零八县，县县有土音"之说。由此可知，外来移民已遍布四川城乡。

清人魏源在《古微堂外集》中对这段历史有精辟的论述：明朝末年，张献忠"屠蜀民殆尽，楚次之，而江西少受其害。事定之后，江西人入楚，楚人入蜀，故当时有江西填湖广，湖广填四川之谣"。这些西移之民，大都同宗、同乡集体落户，为利于外来民的团结和在异地相互关照，大都按原籍建立会馆或会所。会馆多由同乡集资共建，房产由出资人推选的管委会负责管理，是同乡聚会或从事商务活动的场所。同乡宦游经商，可享受免费或优惠食宿的待遇，

[①] 国家文物局编：《中国文物地图集》（四川分册），文物出版社2009年版，中册第350页、下册第1147页。

因此，它具有现代招待所或行业会馆的职能。由于外来移民多，四川境内会馆之多全国罕见。据清末统计[①]，仅成都城内，就有各省会馆16家、会所18家。

会馆建筑中的大殿，一般都供奉原籍的"地方神"，如福建人供奉天后（即妈祖），广东人供奉南华祖师（六祖慧能），湖广人供奉大禹，湖北人多祀帝王，陕西、山西多供奉关羽，江西多为万寿宫。李冰治水有功，使川西"水旱从人，不知饥馑，百姓享其利"。因此，川人尊李冰为川主，建庙祭祀往往也是本省同乡的会馆，如川北会馆、川东会所等。由于各会馆所祭尊神不同，所以庙会日都相互错开，因此庙会活动十分丰富。随着经济发展，不少行业建立起同业公会，以协调行业内的纠纷。各个行业又有自己的祭祀对象，如建筑业祭鲁班，中医祭华佗或孙思邈，丝织业祭嫘祖，鞋帽业祭刘备，屠宰行祭张飞等。

由于会馆是公共活动场所，大殿又要供奉神像，因此会馆建筑一般比民居建造得雄伟、富丽。有的会馆为展示财力，不惜耗费人力物力，聘请能工巧匠，把会馆建得像宫殿一样的豪华。据资料记载，成都城内最堂皇的会馆首推位于总府街的福建会馆和三道会馆街的浙江会馆，但都因管理不善而毁于火灾。重庆朝天门附近的"八省会馆"，规模宏大，装修精美，有戏台多座，庙会期人员摩肩接踵热闹异常。经联合国派专家协助维修，现已是全国最大的会馆建筑群。成都市区内，现在还保留着的会馆仅两处，一是位于陕西街的陕西会馆，另一个是位于糠市街的广东会馆。本来移民聚居的客家乡镇大都有同乡会馆，但是，除洛带镇较为集中地保留了广东会馆、江西会馆、湖广会馆和从成都卧龙桥迁来的川北会馆外，其他地方的会馆大都名存而物非了。

驿站，古代为转送公文的差人中途换马或休息、住宿的地方，它的功能就是出公差人员的客栈或食宿点。在古代，根据路况的好坏，相隔五十至一百里设一个驿站。从成都出发，如走东大路去重庆，龙泉镇就是第一个驿站，因此，地图上至今仍标注为"龙泉驿"。在以骑马传送文书的时代，马路边的驿站有严密的组织，由衙门专管。大的驿站都设有不同规格的客房，有的是多进四合院。邻路边是出售茶水、饭食的商店，第二进为普通客商旅店，第三进为接待官员的上房，倒座间为停放官轿的轿厅。侧面下风方向一般建有马厩，供马匹进食和休息之用。现代高速公路边的休息站，应视为古代驿站的发展。

[①] 傅崇榘：《成都通览》，成都时代出版社2006年版，第22页。

（七）古塔、阁楼[①]

古塔源于古印度的"窣堵坡"，它是置放佛教僧人遗骨的墓冢。佛教传入中国后，中国匠师将墓冢顶端的"刹"，移植到中国楼阁之上，逐步形成中国式的塔。早期的塔为砖石结构，仍然是保存高僧灵骨所用，如少林寺内的塔林。塔在东汉和三国时期称"浮屠"或"浮图"。大概从南北朝时期开始，出现了"塔"字。中国古建筑专家罗哲文先生说，"塔"这个字造得很好，它采用了梵文"布达"的音韵，较旧译"浮图""佛图"更为接近。加上"土"做偏旁，以表示土冢之义，也就是埋佛的土冢，这就十分切合实际的内容了。[②]

中国式的高塔，其地宫保留了原来窣堵坡埋藏高僧灵骨的功能，顶端移植的"刹"寓意高僧的灵魂已飞向天国，而层层升起的阁楼，满足了人们登高远眺、迎风望气的心理需求。从唐代起，登高舒展心怀之风盛行。登雁塔极目抒怀、刻金石"雁塔题名"的活动，被文人学士视为一件荣誉。随着历史的推进，塔的功能在中国出现了很大的变化。它不再是单纯为佛教使用的佛塔，它可以是战争时瞭望敌人动态的"料敌塔"，也可以是激励地方文风的"文笔塔"、地域分界的"标志塔"、山梁水口的"风水塔"、镇妖辟邪的"雷峰塔"、一览众山小的"览胜塔"、重要人物或重要历史事件的纪念塔等。

塔的分类方法很多，以形制分有密檐塔和阁楼式塔；以材料分有砖塔、石塔、木塔或两种甚至三种材料组成的混合塔；以结构形式分，可以是实心筒体塔（不上游人）、仿阁楼式砖石塔（可上少量游人）和供游人登高览胜的木阁楼塔等。

四川境内最早的塔是新都宝光寺的十三层密檐塔。相传该寺始建于东汉，隋代名大石寺。唐代黄巢起义军于广明元年（881）攻占长安时，唐僖宗逃难到四川，曾住在这里。为报答"佛恩"，便命悟达国师重修庙宇，并命名宝光寺。明代寺院废毁，清康熙九年（1670）重修，形成目前这样的一塔、五殿、十六院的建筑格局。密檐塔虽经维修，但仍保留了唐代时期的基本风貌。据专家分析，宝光寺保持的以塔为中心的早期佛教寺院格局全国少见。四川境内现

---

① 四川省地方志编纂委员会编纂：《四川省志·建筑志》，四川科学技术出版社1996年版，第42~43、48~49页。
② 罗哲文编著：《中国古塔》，中国青年出版社1985年版，第3页。

存古塔大部分建于两宋时期，位于南充嘉陵江畔的方形平面仿阁楼式砖塔，建于北宋建隆元年（960），被称为"宋代第一塔"，至今保存尚好。灌县（今都江堰市）奎光塔修建年代较晚，据查建于清道光十一年（1831），是一座为振兴文风和点缀风景名胜而建造的文峰塔。此塔为六角形平面，十七层，总高五50余米，是目前我国层数最多的古塔。此塔20世纪90年代曾经维修过，至今巍然屹立。

阁楼的平面特点是开间和进深的尺寸相等或近似，因此屋顶多为攒尖或十字屋脊。成都望江楼崇丽阁、广安奎阁、南充安汉阁、都江堰老君阁、阆中华光楼和锦屏山上的魁星阁都属此种建筑。建筑界有单层建筑称堂、两层建筑称楼、三层以上称阁的说法。就现状分析，阁楼和塔不同，塔的层数一般取单数，如"救人一命胜造七级浮屠"，佛塔以七、九、十一层居多。阁楼常取双数，成都崇丽阁为四层，都江堰老君阁为六层。这可能与道家认为"天一生水，地六从之"有关。重庆忠县石宝寨，依山附壁，远观十二层巍巍雄姿直插云霄，展现了巴蜀匠师巧夺天工的精湛技艺。这十二层阁楼，实际是由两部分组成，其下是九层附崖建筑，面阔递次收缩，进深逐层后退，紧紧嵌固于崖壁之上。山顶再接建三层亭台，冲破山顶石沿，直插青空。上上下下一气呵成，真可谓层累接云。清人有诗赞曰："子子玉印山，屹立江水东。天作百丈台，秀削疑人工。"成都望江楼崇丽阁建于清光绪年间，是为振兴华阳文风而建，上下四层，总高三十余米。上两层为八边，下两层为四方，绚丽之中透着纤巧，暗寓天圆地方。下有翠竹浓荫，上有碧蓝天穹，使崇丽阁更加华丽生辉。崇丽阁之名，取自左思《蜀都赋》中"既崇且丽，实号成都"。崇丽阁长联，超过昆明大观楼九十九字长联，为全国楹联之最。上联写景，下联抒情，是展示巴蜀自然景观和人文景观的优美诗篇：

几层楼，独撑东面峰，统近水遥山，供张画谱：聚葱岭雪，散白河烟，烘丹景霞，染青衣雾。时而诗人吊古，时而猛士筹边。最可怜：花蕊飘零，早埋了春闺宝镜；枇杷寂寞，空留着绿野香坟。对此茫茫，百感交集。笑憨蝴蝶，总贪迷醉梦乡中。试从绝顶高呼：问问问，这半江月谁家之物？

千年事，屡换西川局，尽鸿篇巨制，装演英雄：跃岗上龙，殒坡前凤，卧关下虎，鸣井底蛙。忽然铁马金戈，忽然银笙玉笛。倒不若：长歌短赋，抛撒些绮恨闲愁；曲槛回廊，消受得清风好雨。嗟予蠢蠢，四海无归。跳死猢狲，终落在乾坤套里。且向危楼附首：看看看，哪一块云是我的天？

（八）建筑园林①

四川最早的造园活动，可以追溯到公元前4世纪秦灭巴蜀开始筑城那段时期。"仪筑成都以效咸阳"，规模宏伟，但筑城过程中"累筑累塌"，无法把城垣筑造成咸阳那样方方正正，只能根据地势随弯就弯，最后完成的城垣平面非方非圆近似龟形，因此成都早期有"龟城"的别称。成都平原缺土，当时仅靠挖护城河那点土远远满足不了垒城墙的需要，于是又在城内取土，形成了城北的万寿池、城东的千秋池和城西的柳池。起初，这些都仅仅是取土的坑，随着雨水积聚，慢慢变成池塘并长出水草，经喜好者沿岸整治种树栽花，渐成市民喜爱游览的园林区。殷商时期，中原的诸侯国已有造园活动，"园、囿"等用围墙围合后在围墙内种植和建房的象形字已在甲骨文中出现。四川境内的巴蜀图语在秦国统一文字后不再流行，因此，古蜀的历史出现考古文物很丰富但缺乏文字记载的"谜"，至今难以解答。应该说，巴蜀地区山川秀丽，气候温润，是宜于造园的环境，但现在能够确切表明私家造园活动的，是汉代的画像砖。四川出土的画像砖，内容十分丰富，从锄地插秧、纺纱织布、捕鱼狩猎、建房造园、博弈杂耍，直至社日在园林中嬉戏，应有尽有。它是那个时代生活的"浮世绘"，是后世研究秦汉时期社会现象的形象资料。

西汉时，临邛卓王孙家的宅园，已有"池柳依稀、亭台楼榭"的记载。隋朝统一后，杨坚封杨秀为蜀王。隋王朝看重成都在巩固西南边疆中的地位，决定扩大城垣范围，史称"子城"。筑城取土只好在蜀王府内拓宽原有水塘，使水塘面积达500亩。有胡僧见之惊呼"摩诃宫毗卢"（梵语摩诃为大宫，毗卢为龙），意摩诃池宏大而藏龙。时"蜀宫泛舟入此池，曲折十余里"，已成为蜀中名胜。杜甫在《晚秋陪严郑公摩诃池泛舟得溪字》诗中云："湍驶风醒酒，船回雾起堤。高城秋自落，杂树晚相迷。坐触鸳鸯起，巢倾翡翠低。莫教惊白鹭，为伴宿清溪。"高骈《残春浅兴》诗云："画舸轻桡柳色新，摩诃池上醉青春。不辞不为青春醉，只恐莺花也怪人。"后蜀孟昶有《避暑摩诃池玉春楼》诗云："冰肌玉骨清无汗，水殿风来暗香满。"说明这里是文人喜爱的充

---

① 成都市园林志编纂委员会编：《成都市园林志》，四川人民出版社1998年版，第1~15页。

满诗情画意的园林,因其环境清幽,又是帝王纳凉的地方。南宋时,摩诃池渐衰,陆游《摩诃池》诗叹曰:"摩诃古池苑,一过一销魂。春水生新涨,烟芜没旧痕。年光走车毂,人事转萍根。"几代名园日渐荒凉,这是后话。

唐朝中期,为阻止南诏入侵,李德裕奉命筹边。李德裕是一位文学艺术造诣颇深的唐代名相,他不仅文学作品很多,也喜欢用文人的观点造园。他在洛阳伊阙所建之平泉庄(郊外别墅),是迄今已知最早的唐代园林。李德裕西南筹边时,常住新繁,在衙署东面亲手种植柏树,开始造园,取名"东湖"。曲池回廊,古柏苍苍,亭台楼榭,错落有致,和日本建于中国唐代时期的凤凰堂有些相似之处,故园林界称它有唐风遗韵。唐代西川节度使韦皋在成都锦江与府河交汇处建合江园,园内有合江亭、苏华楼等建筑,周边遍植美卉异竹,被誉为当时"成都园亭胜迹之最"。合江园对岸之赵园,也被时人称之为"景致幽雅之园"。唐朝宰相房琯至德二年(756)因讨伐安禄山失利罢相,上元元年(760)被贬往汉州(四川广汉)任刺史。在汉州,房琯凿二湖,一为西湖(史称房公西湖),一为城湖(后称房湖)。房湖占地6万多平方米,水面约六分之一。房湖距今1200多年,园林古朴自然,既有川派园林神韵,又有江南园林的清秀雅致。五代时,前蜀皇帝王建、王衍父子在隋蜀王府宫苑内改摩诃池为龙跃池、宣华池,在皇宫内扩建宣化苑,在合江园旧址建芳华园,在百花潭上建梅园。后蜀皇帝孟知祥在成都北郊天回镇建御花园,孟昶在成都城墙上遍植芙蓉,花开时节,四十里高下相照,成都因此获得"芙蓉城"的雅号。北宋以后,四川的经济繁荣,造园活动也较为活跃。北宋三苏宅园、南宋罨画池、明代的升庵桂湖、清代的望江楼和重修的杜甫草堂、武侯祠等,都是名震华夏的川派名园。

巴蜀地域研究园林的学者很多。重庆建筑工程学院的赵长庚教授1980年发表的《西蜀名人园林》(四川科学技术出版社出版)首开先河。继后赵光辉先生发表了《寺庙园林》(北京出版社出版)。1989年,庄裕光在曼谷召开的世界华人建筑师大会上发表《唐代园林——李卫公东湖》的演讲,引起国际建筑界对四川园林的关注。1990年四川省建委王绍增执笔撰写的《四川古典园林风格初探》在《四川园林》(内部期刊)发表后,促进了四川省园林学会的成立。1992年,《四川古建筑》出版(四川科学技术出版社出版),张先进先生负责园林篇的文字撰写。2001年,冯修齐、李义让编著的《新繁东湖》出版(四川人民出版社出版)。2006年张渝新著《桂湖园林鉴赏》出版(巴蜀书社出版)。2000年,以杨玉培教授为首的写作组完成了《成都园林志》的编写,由建筑工业出版社出版。2009年，由陈其兵、杨玉培主编的《西蜀园林》出版（中国林业出版社出版）。众多学者的研究成果，表明巴蜀园林有着深厚的文化底蕴，值得学术界不断的探索和研究。巴蜀园林界人才辈出，有着雄厚的实力，相信会有更多高水平的作品问世。

（九）民族建筑①

巴蜀地区是我国多民族聚居区，除汉族外，主要还有彝、藏、土家、苗、羌、回、蒙古、傈僳、满、纳西、布依、白、傣、壮等14个少数民族；此外，还有侗、朝鲜、水、高山、仡佬、瑶、布朗、土、哈尼、黎、锡伯、哈萨克、么佬、普米等民族成分。少数民族人口总数约占全区总人口的4%，但分布地区却占全区土地的60%。少数民族大多聚族而居，藏族大部分居住在甘孜、阿坝两州，其北部草原地区的藏民，以牧业为主，兼营狩猎、森林采伐和藏药原材料的采伐，其余地区的藏民，主要从事种植业或半农、半牧。羌族集中居住在茂县、北川、汶川等县，是我国唯一的羌族聚居区，也是一个地震灾害的多发区，羌族人民具有顽强的抗灾精神并积累了宝贵的抗灾经验。土家族分布在石柱、秀山、酉阳、黔江、彭水等县，苗族则分布在上述五县和筠连、珙县、叙永、古蔺、綦江等县。彝族是巴蜀地域中人口最多的少数民族，自称"诺苏"，是一个有自己的语言、文字的古老民族。彝族多居住在凉山地区，用牛角形撑弓挑出长长的屋檐，是其建筑特色。巴蜀地域的藏族有嘉绒和安多之分，嘉绒建筑多木构且装修精美，而安多则多用石材建碉房，与羌族碉楼有些相似之处，牛头窗和羊角，是他们使用最多的装饰元素。平面呈多角形，高度达数十米的羌族碉楼和藏族碉楼，受到联合国教科文组织的高度重视，已被列入"世界文化遗产"的后备名单。少数民族的建筑与他们的服装和头饰一样，异彩纷呈，是我国多民族建筑文化中的朵朵奇葩。

（十）小品建筑②

小品，是一种文体的名称，凡属随笔、杂感、散文一类的小文章，都称

---

① 四川省地方志编纂委员会编纂：《四川省志·建筑志》，四川科学技术出版社1996年版，第93~101页。四川勘察设计协会编：《四川民居》，四川人民出版社1996年版，第158~204、221~233页。

② 庄裕光：《古建春秋》，百花文艺出版社2007年版，第37、38、134、153~156页。

为小品。戏剧表演也有小品，对短小精悍的戏剧，称为戏剧小品，它已成为时下说唱类节目的主角。"小品"一词原出宗教读物，东晋十六国时期，高僧鸠摩罗什翻译《般若经》分两种译本，较详细的称为"大品般若"，较简略的称"小品般若"。由此可知，小品和大品是相对而言，是指表示规模较小、内容单一的东西。

建筑小品系指和大型建筑脱开而独立存在的小型建筑，如牌楼（小的称牌坊）、华表、石幢、照壁、石人、石兽、鼎、香炉、阙、碑碣等。在成都地图上，目前还可看到红照壁和红牌楼的名字，它叙述着历史古都的遗韵。华表本是帝王宫殿前的标志，它是由原始社会时期的"诽谤木"发展而来的。崔豹《古今注》云："尧设诽谤之木，何也？答曰：今之华表木也，以横木交柱头，状如华也，形似桔槔。"在北宋张择端的《清明上河图》里，还可看到木质华表。天安门的前后各有一对汉白玉雕刻的华表，顶上各有一只石犼，门前的一对石犼的面朝南，门后一对石犼的面朝北即向内。传说向内的石犼面对紫禁城，希望皇帝不要久居皇宫不出门，应时时倾听百姓的呼声，所以这对石犼叫"望君出"；门前向外的石犼面朝宫外，盼望君王办完事应早归，所以又称"盼君归"。除了皇宫和皇陵，民间很难见到华表。10多年前，平武报恩寺的宣传材料上写道："山门前广场上有华表一对。"笔者当时感到疑惑，去到现场考察，方知是一对经幢而非华表。四川境内倒是有一对华表，在都江堰灵岩山上。

石幢，是一根柱子一样的独立体，高5米左右，柱身直径40~50厘米，一般柱顶成塔顶一样的屋盖，也有少数将幢身上部仿密檐塔造型，中段镌刻经文，下面扩大为基座。古老一点的寺庙，都有经幢，经幢上除刊刻经文外，还会留下修建或维修寺院过程的文字，开工和竣工的年月等历史信息，是我们研究历史的宝贵资料。

石狮，在重要建筑门前可见，左雄右雌，已成定律。狮子非本土所生，而是西汉时安息国（今伊朗）送给汉帝的礼物。传说佛祖出生时，有五百只狮子从白雪中走来，侍列门前，恭候佛祖诞生。后来佛祖说法，也是坐在狮子座上。再后，狮子成为文殊菩萨的坐骑，狮子成为人们心中的神兽。人们以为有神兽镇守大门，定会把一切邪恶拒之门外，于是争相效法。在陵墓前的墓道两侧立神兽（不仅有狮，还有麒麟、大象、骏马等）、翁仲（文武官员和侍卫武士），是为了显示帝王的威严。可惜四川境内现存的两座帝王陵（蜀汉皇帝刘备的惠陵和前蜀皇帝王建的永陵），都因墓冢前神道太短，所立神兽、翁仲太少，显示不出帝王陵的肃穆、威严。

鼎，是国家权力的象征。在古代，只有国家建立，才能铸鼎表示"鼎立"。此礼仪在巴蜀地域，表现不明显，因为至今无实物例证。成都汉昭烈庙刘备殿前那个铸铁三脚炉，也只能是香炉而非铁鼎。在成都杜甫草堂前的诗歌大道起点立有一尊大鼎，而且还用架子放在高空，寓意什么令人费解。

阙，是重要建筑或陵墓入口的标志，汉代盛行，汉以降渐消退。全国现存汉阙30余座，其中绝大部分在巴蜀地域，雅安的高颐阙和芦山的樊敏阙，被视为保存最完好的两座。汉代以后虽然不再建阙，但是把阙视为帝王宫殿神圣大门的寓意仍在。南宋爱国英雄岳飞用血泪写成的《满江红》，最后一句就是"待从头收拾旧山河，朝天阙"。唐代皇宫麟德殿的入口是门阙合一，现已不存。北京明清故宫紫禁城的主入口——午门，明显地展示了"门阙合一"的形象，说明阙在中国建筑发展历史上的重要性。1980年，成都拟依托武侯祠和刘湘墓园及其相邻的园林，建造"三国蜀汉城"，城未建，先立阙，这对阙至今还屹立在武侯大街的南段。在一些现代建筑群的入口处，我们还会隐约感受到阙的影子。

碑碣，是中华文化发展的重要见证。西安碑林是一部中华文明史的金石档案。四川保留的碑碣很多，芦山的樊敏碑，新都宝光寺保存的梁代千佛碑，成都大慈寺内的北周文王碑、武侯祠内的"三绝碑"，平武报恩寺内的"正德皇帝口谕碑"，杜甫草堂内果亲王撰写的"杜陵草堂"碑和重庆朝天门附近保留的清康熙时期关于移民的诏书碑等，都是巴蜀历史进程的重要篇章。这些碑碣得以保存，是和另一种小品建筑——亭子的功劳分不开的。在巴蜀地域，亭、廊、水榭、孤石假山等，应是应用最广、数量最多的小品建筑。青城山因有枯枝、树干、藤条、茅草搭成的呼云亭、廊桥、水榭，使游人与天地浑然一体，只有此时，你才会感受到"回归自然""返璞归真"的奥妙。

亭，"停也"。古人建亭，是叫人停步静观，这里是欣赏美景的最佳位置，是为观景者服务的，造园人称之为"观景点"。还有一种叫"景观亭"，它是因构图的需要而建造的。我们在欣赏中国山水画时，经常会看到画面上半山有亭，临水有榭，跨谷有廊桥。如果你用纸片把这些小品建筑遮掉，照样画成山水形象的图形，你会感到这仅是一堆山石，而不能称为风景。由此可知，小品建筑在造园点景方面，与观景点的设置有异曲同工之妙。

（十一）建筑装修[①]

巴蜀地区的建筑多为木结构，究其结构形式划分，有抬梁式、穿斗式和井干式。抬梁式因室内柱子少，可用空间大，材料要求高，因此，只有大型寺庙、衙署等才采用。穿斗式是由直径较小（15厘米左右）的木柱和穿枋构成排架承受屋顶荷载，檩条的直径也比较小（梢径14厘米），因此，房屋的开间一般只能做到3米多，多用于住宅或公共建筑的辅助建筑。井干式是指用天然圆木做墙壁，转角处砍成缺口相互嵌入成为整体，从顶上看，像个汉字的"井"字，故称井干式。此种形式林区多用，由于太费材料，除住地接近林区的群众，一般都不采用。

抬梁式结构又分大式（亦称官式，用斗拱出挑屋檐）和小式（用挑枋加撑弓出挑屋檐）。

巴蜀地区的建筑，以小式建筑为主，仅用断面较小的挑枋（8×20厘米），呈"七"字形地层层出挑，或在挑枋下加撑弓，就可将出檐挑到3米左右，满足巴蜀居民喜爱长挑檐的要求。由于利用挑枋可分层出挑的特性，使得城镇建筑的沿街立面高低错落、进退自如，显得十分丰富，再配上照面枋、垂柱吊瓜、小雀替或花牙子等木雕构件，加之各地匠师的手法又不尽相同，因此异彩纷呈，特色独具。巴蜀地域斗拱用得不多，但匠师们悉心创造，造型丰富多彩。平武报恩寺斗拱形象上百，有"斗拱博物馆"之誉。

屋顶飘逸，是巴蜀建筑的重要特色。由于气候温和，除重庆被称为"长江三大火炉之一"外，境内其余地区夏少酷暑、冬少严寒，因此屋顶一般都不作保温，屋顶轻盈如鸟翼，故建筑大师徐尚志先生称它"飘逸"。站在高处俯瞰，错落有致的青瓦屋顶，如栩栩如生的飞燕展翅欲飞。巴山蜀水多秋雨，为保护墙壁少受雨水冲刷，因而屋顶多采用悬山式，悬山有挑长的屋檐，以利于保护墙壁和为居住者提供室外活动空间。有民谚曰"青瓦出檐长，穿斗白粉墙。悬崖伸吊脚，外挑跑马廊"，道出了巴蜀民居的技术特色。巴蜀建筑全用砖的不多，一般都只在容易飘雨和防止火灾蔓延的封火墙处用砖。既然用得少，就应做得精。川派的封火墙，不像徽派建筑那样无处不在，但其磨砖对缝、石雕灰塑，以及墙头"龙背"（封火墙墙顶曲线），却显得更为优美和谐，自然天成。

[①] 梁思成：《清式营造则例》，中国建筑工业出版社1981年版，第15页。

撑弓、吊瓜是巴蜀建筑的重要特色。撑弓有柱状、板式和实心角撑多种形式。有的柱状撑弓，一个撑可以表现一出戏。人物做成圆雕，花鸟栩栩如生。成都望江公园濯锦楼的撑弓，选用龙头为主题（寓意防火），雕工精湛，展示神龙欲飞之动态，观之令人惊叹。吊瓜多为植物瓜果，形态万千，既反映巴蜀人的生活习俗，又表示巴蜀人热爱自然。有的吊瓜玲珑剔透，像多宝球一样可以转动，展示出木工的高超技艺。室内细木作重视人文道德，重视生态环境，是巴蜀建筑室内装饰的主题。在隔扇、挂落、落地罩、窗心、门窗肚板上作雕刻，大都表现古典戏剧中英雄人物的忠孝节义故事；或借物抒情，如梅、兰、竹、菊寓意"四君子"，松、竹、梅为"岁寒三友"，激励朋友之间的忠贞和意志。四川是道教发源地，道教主张"道法自然""返璞归真"，道教建筑朴素淡雅、色彩艳丽。因此，道教宫观以黑、白、灰为主调，梁枋不施彩画，檐柱不着重彩，即使在最高规格的三清殿，也只在重要部位略点金粉，显得神圣、典雅。

匾额、楹联、中堂、斗方是书画家的术语，它和中国建筑结下了不解之缘，它往往是房主品德和生活意趣的写照。特别是那些名人纪念园，它会为参观者提供对纪念主体更深层次的解读。书房门口"室雅何须大，花香不在多"十字门联，表达了主人求真务实不讲排场的生活作风。武侯祠孔明殿前"能攻心则反侧自消从古知兵非好战；不审势即宽严皆误后来治蜀要深思"三十字的一副楹联，道出了诸葛亮治国、治军的智慧，观者会对诸葛亮"鞠躬尽瘁死而后已"的人格魅力更加崇敬。

四、研究现状评述

（一）巴蜀建筑研究概况[①]

把建筑作为一种文化现象来研究的专著，首推抗日战争时期梁思成先生

[①] 国家文物局编：《中国文物地图集》（四川分册），文物出版社2009年版，上册第1~23页、102~132页。四川省地方志编纂委员会编纂：《四川省志·建筑志》，四川科学技术出版社1996年版，第1~8页。四川省建设委员会主编：《四川古建筑·四川古建筑概述》，四川科学技术出版社1992年版。四川省勘察设计协会编：《四川民居》，四川人民出版社1996年版，第205~210页。

1943年在宜宾李庄写的《中国建筑史》，但梁先生是概述全国建筑历史，对巴蜀地域的建筑研究着墨不多。该书初稿直到1954年才用蜡纸油印出版作为教材用。20世纪60年代，因教学需要，南京工学院建筑系接受教育部委托编写教材《中国建筑史》，编写的方式与梁先生有些不同，但对四川的建筑论述仍然很少。1985年建筑史学家、东南大学教授刘致平先生的遗作《中国居住建筑简史》（附《四川住宅建筑》）由中国建工出版社出版发行，附录中发表了刘致平先生抗战时期在宜宾和成都附近的调查情况。刘先生的调查，多系对当时的描述，而文章中所述的建筑，大都不存或面目全非，难以作为文史借鉴。1992年出版的《四川古建筑》，是以图版为主，文字仅是图片的说明。继后出版的《四川民居》，也多系对现状的记录，缺少与人文历史相关的分析。本书是第一次把建筑纳入同期的文化背景下进行分析的尝试，但愿读者读到的不仅是建筑实体的长、宽、高，还能感受到与其共生的那个时代的文化脉搏。

截至2005年，正式出版的与川渝地区建筑文化有关的书籍有：

庄裕光《古建春秋》，四川科学技术出版社1985年出版。

叶启燊《四川藏族住宅》，四川民族出版社1992年出版。

季富政《中国羌族建筑》，西南交通大学出版社2000年出版。

庄裕光《风格与流派》，中国建筑工业出版社1992年出版。

四川省建委主编《四川古建筑》，主要执笔徐尚志、庄裕光、雍朝勉、张先进等，四川科学技术出版社1992年出版。

四川省建委主编《四川民居》，主要执笔徐尚志、叶启燊、庄裕光、蒋国权、潘充启、雍朝勉、彭建生等，四川人民出版社1996年出版。

龙斌《西南地区民族建筑》，湖南教育出版社出版。

上述书籍的编写要点各有侧重，对本书的撰写都有启示，借此机会对诸位作者、编者致以衷心的感谢。新的一代学者正在成长，重庆建筑大学李先逵教授的《四川民居》已出版。毛刚先生的博士论文《生态视野——西南高海拔山区聚落与建筑》已由东南大学出版社出版。由华润雪花啤酒（中国）有限公司和清华大学建筑学院策划的《西南民居》已正式出版。随着社会对传统文化的重视，必将有更多研究成果问世。

（二）巴蜀建筑研究发展趋势与存在问题

1. 继承传统文化研究的人才匮乏

高等院校建筑学专业的录取分数线比一般工科院校的要高得多，录取人数相对较少。毕业后，从事现代建筑设计的人比从事传统建筑研究和设计的人的收入要高得多。因此，传统建筑领域，除热爱传统文化，不计名利的少数学者外，继任者愈来愈少。

2. 市场经济与文化保护的矛盾日益加剧

城市建设新与旧的矛盾，从新中国成立初期北京市的城市规划即已暴露出来。梁思成先生等呼吁"保护古都风貌"，建议在老北京东边另建新城。但当时的要求是站在天安门上应看到烟囱林立的繁荣景象。由于梁先生的主张不合时宜，因而多次挨批。尽管在梁先生逝世后的追悼会上有不少溢美之词，但古都风貌仍继续遭受蹂躏。一些所谓城市地标性建筑纷纷矗立，与千百年来的古城风貌继续发生着严重冲突。在四川，一些有历史文化价值的建筑被拆除，毫无地域特色的"国际式"玻璃体建筑不断蔓延（建设部多次下文禁止）。成都是国务院首批公布的"国家级历史文化名城"，由于市场经济的冲击，决策者对"国际接轨"的偏好，名城的格局和古城风貌已被慢慢地消损。热爱民族文化的人们，无不为此揪心。

3. 应该建立符合中国国情的保护法规

建筑既是社会经济和科技水平的反映，同时也是文化的载体。俄国作家果戈理说：建筑是历史的纪念碑，当书籍不存时，建筑还会述说它所存在的那段历史。国际建筑师协会和联合国教科文组织之所以倡导建立"世界文化遗产"，就是要促使各个国家重视对历史文化遗产的保护。中国古建筑，特别是巴蜀地域的建筑，大都是以木穿斗结构为主，木构件断面小，加之地区气候潮湿，因而木结构建筑的寿命短，一般建筑的寿命也不过二三十年。日本的重要木建筑，由国家确定了"替造"制度，每隔25年就要采用相同材料、相同工艺重建一次，使其物质和文化信息得以延续。我国政府也规定，木结构建筑的使用年限为25年，因此对木建筑定期进行维修甚至重建就不可避免。欧美国家的古建筑以砖石结构为主，倡导的是"原真性保护"，对确定为保护对象的古建筑，必须原物保护，不得随意维修，即使出于安全原因必须加固，也只能采用现代建筑材料，明确显示现代人所做的维修与原有建筑的差异。欧美国家的这种保护原则，出自他们共同签署的《威尼斯宪章》。由于该宪章强调"原真性保护"和"最少干预的保护原则"，因此，在意大利的罗马老城区，到处可见用警示栏围起的残垣颓壁和用型钢支撑起的断墙、立柱。石柱、砖墙，即使暴露在大气中，存在一二百年，也不会腐朽，反而会给人以历史沧桑感。但是，如果把中国古建筑的木柱、泥壁不加保护地长期置于露天，最多两年，可能就坍塌成一堆泥饼木渣了。由于文化背景和建造房屋的技术各异，对古建筑的保护不可能采用同一个标准，因此由欧洲人起草的《威尼斯宪章》，中国、日本等以木结构为主要建筑材料的国家没在最后通过的文件上签字。

经过几十年的摸索，中国人在古建筑的保护方面，继承历史传统，坚持采用"原材料、原工艺、原规模、原色彩"的维修方式，积累了丰富的经验。北京天安门和西藏布达拉宫维修完成后，国际遗产委员会的专家参加验收，给予很高的评价。结语是：经过维修后的北京天安门和西藏布达拉宫，仍然是"世界文化遗产"。2005年10月底，中国文物学会古建园林专业委员会邀请全国建设系统的教育、规划、设计、施工等方面的专家、教授五十余名，汇聚在孔子诞生地山东曲阜，总结中国的文物建筑保护方针原则和措施。与会专家肯定了"采用与原有建筑相同的材料；采用传统工艺进行维修；维修时必须保持建筑原有的规模、形制和色彩"，是行之有效的保护措施，并且一致认为，按上述原则和措施修复的古建筑，是恢复了古建筑的健康，不能称为"假古董"。经过热烈讨论，与会专家签署了《曲阜宣言》，作为中国文物古建筑保护维修的纲领性文件。但是，这个宣言仅是专家学者的倡议，并非官方文件，也没有国际建筑师参与，因此，有些本来就不喜欢传统文化的人，就以"不搞假古董"为借口，疯狂地拆除历史街区修建高楼。

4. 对城市化进程缺乏全面理解

中国是全世界人口最多的国家，巴蜀是全国农业大区，据1994年统计，总人口为1.11亿，其中农业人口占总人数的93.6%。2008年，成都、重庆两市同时被国务院公布为城乡统筹的试点城市。查阅近代历史可知，随着农业生产方式的改变，农民会进城务工，导致城市人口的增多，城市化的进程加快，这是世界各国发展的必然趋势。但是，不能把农村人口集中居住，就理解为加快了城市化的进程。城市的形成与规模应有它必备的条件：市政交通通畅、水电气设施完备、中小学进街区、幼托进街坊、医疗床位按人口配置、蔬菜副食品市场就近布点、文化娱乐设施合理布置、公安消防机构的设置，等等，都是有规范可循的。对城市历史文物的保护、历史街区的保护，也是有规章约束的。可是，有不少地区只是把农民的土地集中，把农民集中到城郊接合部居住，把原有的房屋、桥梁、陵墓等遗迹推平，把集中的土地用作他用就算完成了城市化进程，这是对"城市化"的曲解。城市化必须在保护不可移动文物和有价值的历史村镇的前提下进行，希望领导部门用科学的态度慎重决策，杜绝隐患。

（三）本书编写特色

以往的建筑书籍，大都注重建筑实体的描述，记录它的体积，它各部尺寸，它使用的材质等。特别是以志书名义编辑出版的著作，一般都采用提纲的形式，力求项目最多，而记述不求详尽。由文物管理部门组织编写的文物普查资料，重点是记录修建年代、维修时间、构造特征和现状评价。撰写少数民族地区或山区建筑特征的著作，因题材界定的范围局限，而不可能展现巴蜀地域的整体特色。

本书是《巴蜀文化通史》专题卷之一，将建筑纳入文化通史的专题统一编著，全国尚无先例。既然列入文化通史系列，就不能只描述建筑的可见和可触摸的实体，还应探究它修建时代的历史背景和文化氛围，建成以后有多少历史事件在此上演，有哪些历史名人为它讴歌，它的历史价值和艺术价值表现在哪些地方，社会对它有何评价。总之，它和以往的编写方式不同，它不单纯是工程记录，我们力求让读者从文学、艺术和历史的角度，全方位地了解该建筑的特点和历史价值。巴蜀地域文化底蕴丰厚，是全国公认的文化大区，仅国家级历史文化名城就有成都、重庆、阆中、都江堰、自贡、宜宾、乐山和泸州，省级历史文化名城（镇）69座，县级及县级以上文物保护单位数百个。我们不是编纂地方志，不可能全部列入，只能选择其中文化内涵丰富、社会认可度高的项目（一般应为"省级文物保护单位"及其以上文保单位），重点解读它的文化背景，节录与其相关的文学作品，让读者看到的是一座座有环境、有温度、有感情的建筑，犹如置身画中，可以和建筑对话。

工程师强调建筑是科学技术，文学家笔下的建筑是诗词歌赋，史学家看到的建筑是历史脚步的文化地标，音乐家看到的建筑是凝固的音乐。我们是站在工程师的立场，学习史学家观察历史遗存的方法，借助文学家的灵感、史学家的审慎和音乐家的韵律来解读建筑，这是本书力求达到的目的。工程列入文化史范畴进行论述，笔者诚惶诚恐。谬误难免，祈望读者指正。

第一章

古巴蜀时期建筑

唐代诗人李白《蜀道难》诗曰："蚕丛及鱼凫，开国何茫然。"这句名诗说明，由于古代历史记载的缺乏和疏略，使得历史悠久的巴蜀文化在人们的心中茫然。这种茫然状况，已经度过了约4000年的历史，直到当代由于考古文化的迅速发展并取得突破进展时，光辉灿烂的巴蜀文化才真正地显露出来[①]。

巴蜀历史的黎明时期，旧石器时代的文化发现有资阳人遗址、铜梁文化、攀枝花洞穴遗址、巫山人遗址、高家镇遗址、富林文化。距今上万年的人类遗迹是很稀罕的，有关当时的"土木"建筑更是无遗迹可考。引述这些遗址的名称，旨在说明巴蜀地区早就是我们祖先活动地域之一。动物有窝巢，原始人自然也应有"住处"，只是今天无法描述而已。

新石器时代，距今约4000~8000年，在巴蜀地区的文化遗址迄今已发现300余处。其空间分布广阔，在成都地区、广汉、广元、绵阳、南充、阆中、巴中、雅安、天全、汉源、汶川、理县、西昌、丹巴、巫山、巫溪、忠县、万县、云阳、奉节等地，都进行了试掘和挖掘。

史前遗址有6处，分布于成都市新津、都江堰、崇州、温江、郫县，总面积约171万平方米[②]。

宝墩城址，位于新津龙马乡宝墩村西北300米，城址处于西河西南、铁溪河东北的台地上。平面呈长方形，面积约60万平方米。地面有明显的土墙，南北城墙各长约600米，东西城墙各长约1000米，城墙周长约3200米，存高5米，最宽处30米，城内发现有房址、夯土墙、卵石铺垫遗迹。陶器分夹砂和泥质两类。石器有磨制斧、石奔、凿。该遗址为成都平原史前城址群中的典型遗址，

---

① 四川百科全书编纂委员会编：《四川百科全书》，四川辞书出版社1997年版，第1001页。四川省建设委员会主编：《四川古建筑·四川古建筑概述》，四川科学技术出版社1992年版。刘致平著，王其明增补：《四川住宅建筑简史·四川住宅建筑》，中国建筑工业出版社1990年版，第124~128页。
② 国家文物局编：《中国文物地图集》（四川分册），文物出版社2009年版，上册第1~6页，中册第55、70、93、127、159页。向林文：《试析宝墩文化古城址群》，《成都文物》2001年第4期。

于1996年发掘,已命名为"宝墩文化"。

芒城城址,位于都江堰青城镇芒城村南500米,地处青城山支脉药王山东2.4公里,泊江河西岸1.4公里。城址形状呈较规则的长方形,东西宽约300米,南北长约350米,面积约10万平方米。分内外两圈,间距20米。内圈较外圈保存好。内圈南北长约300米,东西宽约240米,夯土垣宽约5～20米,残高约1～2.2米,面积7万余平方米。外圈外夯土垣宽7～15米,残高1～2.5米。1996年对该遗址进行了三次发掘,发掘面积共2950平方米。文化层厚约1米,有护城、壕沟、灰坑、灰沟和房址等遗迹。出土有陶器和石器。

双河遗址,原名"芒城子"。位于崇州上元乡芒城村,地处下芒城泊江河与味江交汇的台地上。平面呈长方形,南北长约480米,东西宽约230米,面积约11万平方米。城墙用夯土筑成,断面呈梯形,城墙分内外两城,相距10米左右。内城现存东城墙长450米,宽6米,高2米;南城墙长180米,宽10米,高5米;北城墙长200米,宽10米,高2米。外城现存东城墙长350米,宽16～20米;北城墙长200米,宽12米,高0.6～1.8米。1997年试掘,文化层厚0.83米,发现有灰坑、房基、卵石建筑等遗迹。

紫竹城址,原名天王寺城址,位于崇州燎原乡紫竹村,地处前罗二洞西岸的台地上。平面呈长方形,南北长约498米,东西宽约412米,面积约20万平方米。城墙用夯土筑成,断面呈梯形。现存东、西、南、北城墙。东城墙长352米,宽10～15米,存高0.5～3米;南城墙长448米,宽10～15米,存高0.7～1.5米;北城墙长300米,宽10～20米,存高1～2米;西城墙残长430米,宽20～25米,存高0.5～1.5米。2000年试掘,文化层厚0.5～1米,发现有灰坑、房基、卵石建筑等遗迹。陶器以泥质灰陶为主,夹砂灰陶、褐陶次之,纹饰有弦纹、细绳纹等,器形有花边口罐、宽沿平底尊、喇叭口高领罐。

鱼凫城址,位于温江万春镇鱼凫村、直属村、报恩村。鱼凫城址据有关文献记载,古鱼凫王都于此,故当地习称"鱼凫城"。考古勘探和发掘探明,该城址土垣遗迹平面呈不规则多边形,面积约40万平方米。城墙系夯土构筑,以西北墙和南墙保存较好,分别长370米和480米。残存土墙一般高出地表约2米,宽约15～20米。遗迹有灰坑、祭祀坑、房址、窑址、墓葬、灰沟等。出土陶器、石器、竹片等。城址对研究成都平原诸文化内涵及其发展序列至关重要。

古城遗址,又名三道堰遗址,位于郫县清水河南、柏条河北的台地上。城址平面呈长方形,面积约30万平方米。南北长约620米,东西宽约490米。城墙宽8～40米，现存高度0.8～5米。东墙北存有一缺口，宽12余米。城中心有长方形礼仪性建筑1座，面积约550平方米，内有方形卵石台基5座，边长2～2.5米。城内有居住遗址。陶器以夹砂灰陶和褐陶为主。石器一般形体较小。

上述古城遗址的发现，对认定成都平原史前考古学文化面貌和发展演变过程有重要价值，表明成都平原新石器时代考古学又有了进一步的提高，并证实了成都平原是长江上游地区古代文明的源头之一，是中华古代文明的重要组成部分。

商周时期的巴蜀古城、古国、古文化遗址，如新繁的水观音遗址、彭州竹瓦街铜器窖藏、成都羊子山土台遗址的发现和发掘，从20世纪80年代以来都有所突破。又如三星堆二至四期文化遗存、成都十二桥遗址、成都抚琴小区遗址、雅安沙溪遗址、新都桂林遗址等的发现和发掘，在巴蜀古代文化史上都有重要的意义。特别是2001年以来发现和发掘的金沙遗址，不仅传承了三星堆文化精华，而且有进一步发展。

第一节 考古揭示的建筑遗址

一、成都北郊羊子山祭祀台

位于成都市北郊驷马桥北1公里处的大羊子山土丘遗址内。祭坛是一座商周时代古蜀国王朝兴盛时期用于祭祀、宴饮、观望的建筑[①]。

祭台是用人工夯筑的三级四方形大型土台。土台高10米，最高一层长宽各31.6米，第二层长宽各67.6米，第三层长宽各103.6米。土台分三层，

羊子山土台与周边遗址的关系

逐层收进，上台顶平面高出地面10米以上，土台方向为北偏东55度。第一级占地面积10733平方米，总体积在7万立方米以上。由于土台体量太大，并要求边

---

① 四川省地方志编纂委员会编纂：《四川省志·建筑志》，四川科学技术出版社1996年版，第15页。

羊子山土台想象复原图

沿整齐，难以采用版筑法，遂采用土坯砌筑边墙以挡土，以土墙代替筑墙板。墙厚6米，墙内填土分层夯筑，边墙土坯砖每10匹收分12厘米，错缝砌筑，并用灰白色细泥浆黏结，虽历经数千年风雨，在清理该遗址现场时，边墙依然整齐完好。土坯墙技术在川西地区民居建筑中，源远流长，经久不衰。

土台下出土打制石器5件、灰黑陶片。器形有小平底罐、高圈足豆、浅腹盆、石璧等，纹饰有鸟纹、绳纹、圆圈纹等。由于土台发现太晚，且经发掘后不久即被砖厂取土夷为平地，所以小量的出土器物和1956年第一次清理报告就成为确定始建、废弃、使用年代的重要资料①。

二、广汉三星堆遗址

三星堆遗址位于广汉市南中兴镇北鸭子河南岸。此处原有马牧河古河道，其北岸地形似月牙，叫月亮湾；南岸有三个大土堆，因以"三星伴月"而名为"三星堆"。这是四川面积最大、文化遗存堆积丰厚、延续时间很长的蜀文化遗址——三星堆遗址②。

1929年春天，当地农民燕道诚祖孙三人在清理水沟时意外地挖出了一坑玉器，经三四年后传到了社会，引起古董商和考古界的注意。尔后经1933年、1958年、1980年、1986年的多次考古发掘，获得了玉器、象牙、青铜器等珍贵文物千余件和房屋遗址27座、人工夯筑土城墙三段、大型祭祀坑两个、各类用途的灰坑104个，以及大量精美的酒器、炊器、礼器等。经碳-14测定，该遗址的最早时期距今约4500年，经历了新石器时代晚期及夏、商、西周四个时期，延续近2000年。

遗址内夯筑城墙体遗迹规模宏大。其三段墙总长3400米：东段1000米，南

---

① 孙华文：《羊子山土台考》，《四川文物》1993年第1期。
② 四川省文物管理委员会等编：《广汉三星堆遗址》《考古学报》1987年第2期。四川省文物管理委员会等编：《广汉三星堆遗址》《一号祭祀坑发掘简报》《文物》1987年第10期。

段1800米，西段600米。从墙体剖面可看到，有清晰的夯层、护坡和2.8米深的堑壕。形状成梯形，中心墙体宽10米左右，两层黏土夯打成护坡。坡底总宽40余米，墙顶有垒砌的隔墙。夯墙所围区域内，分布着密集的居民区，有木构建筑房址、玉石器作坊、陶窑、祭坛、祭坑等。第一期文化层的房址平面为圆形和方形，第二期文化层的房址平面为矩形，四周墙基挖沟槽，在沟槽中掘洞立柱，用竹片和树条编缀成墙，两面涂抹拌泥成为竹骨泥墙。有的墙体经过了火烧，增加了墙体的耐久性。房屋亦用竹木构缀，覆盖茅草，与川西平原传统的茅屋相似。像发现许多令人惊奇的金玉器一样，所发现的建筑遗迹，也是四川地区发现最早的建筑遗址，其建筑技术、建筑材料等方面都是具有开创性的[①]。

该遗址的发现、发掘与研究，证明了在4000多年前，此处已存在一支古老的土著文化，即蜀文化。它既不同于中原文化，也有别于西北的仰韶文化。当时的蜀文化区，已经有了发达的农业、畜牧业、建筑业、手工业，玉石的加工和青铜的冶炼、铸造技艺都已达到了华夏文明的先进水平。从祭坑、礼器看，此地曾为古蜀国都城，证明由蚕丛、柏灌、鱼凫等开创的古蜀国不仅存在，而且实力雄厚，这一创造并衍生于西蜀的地域文化也是华夏文化的十分重要的不可分割的一部分，是古蜀文化的博物馆。1988年被国务院列为第三批全国重点文物保护单位。

三、成都金沙遗址

金沙遗址位于成都市青羊大道227号。初步确定遗址的分布范围约5平方公里以上。发现大型建筑遗址、祭祀活动场所、一般居止址、墓地等重要遗迹。出土上万件金、铜、玉、石、陶、漆器，陶窑上100座，墓葬2000多座，玉器2000多件，大量工具等。严整的建筑布局、规整的丧葬墓地、精美的生产工具、精湛的手工业制品，为我们展示出一幅绚烂夺目的古蜀社会画卷[②]。

金沙遗址的房址，在坐落位置上基本都是西北—东西朝向，推测可能与古代蜀人的方向感有关，由此可知古蜀先民在进行建筑时曾有一定的规则。金沙遗址滨河而居的建筑群，与十二桥遗址属于同一地区同一文化类型，很可能也

---

① 四川省地方志编纂委员会编纂：《四川省志·建筑志》，四川科学技术出版社1996年版，第14、15页。
② 黄剑华：《金沙遗址与古蜀都邑探析》，《成都文物》2004年第2期。

金沙遗址发掘现场

金沙遗址建筑想象复原图

是干栏式建筑，后来毁弃湮没也同样有遭遇洪水方面的原因。

考古发掘揭示，商周时期古蜀先民的建筑业很发达，金沙遗址就发现有多处房址遗址。在金沙遗址范围内的"兰苑"和黄忠村"三合花园"发掘揭示的房址群，均为富于古蜀特色的木（竹）骨泥墙式建筑。这些建筑有大型和小型之分，大型建筑面积宽敞，规模宏大，可能为古蜀先民中的王公贵族所拥有；小型房舍面积较小，可能是平民阶层的住所。如黄忠村"三合花园"房址群中有5座房址均为大型房屋建筑，长度在20米以上，最大的一座宽近8米，长度在54.8米以上。这5座房址的布局也很有规律，可能为一组建筑，反映了较高的使用等级。在建筑方式上，这些大型建筑和小型房舍均挖有基槽，并有密集的小柱洞，大型建筑每隔一定距离（1米左右）还有一大柱洞，是当时修筑时采用大型立柱留下的痕迹。特别是木骨泥墙式大排房建筑，不仅规模宏大，特色鲜明，而且考古发掘揭示有叠压打破关系，这对我们了解当时的建筑水平及功能都提供了难得的实物资料。

考古揭示，大约在春秋中期（前600），金沙王国已渐趋衰微，其中心位置或已转移。随着成都商业街大型船棺葬、新都马家大墓等一批战国墓葬的发掘，人们见证了古蜀国的辉煌，犹可想见当年繁华的碎鳞片羽。金沙王国盛于公元前1200年左右，恰与三星堆的衰落接踵。可以说金沙秉承了三星堆精髓，并在其基础上有了进一步发展。

金沙遗址是根植于本地文化传统发展而来的古蜀文明，是21世纪中国第一个考古大发现，它揭开了古蜀王国的神秘面纱，是中国文物保护的重大成果之一。

四、成都十二桥商周建筑遗址

位于成都市十二桥18号。十二桥商代建筑遗存，系十二桥古遗址的组成部分之一。遗址年代相当于三星堆遗址后半段的殷商时期。于1985年开始发掘，现已揭露的面积约1300平方米。文化层厚达4米以上，可分为13层。该遗址建筑遗存，主要发现在第13层，已揭露的面积1200平方米[①]。已发现的木结构建筑，其建筑部件有桩基、地梁、墙体、梁架、屋顶等。其所使用的材料，主要系圆木、方木、木板、竹篾、圆竹及茅草等。

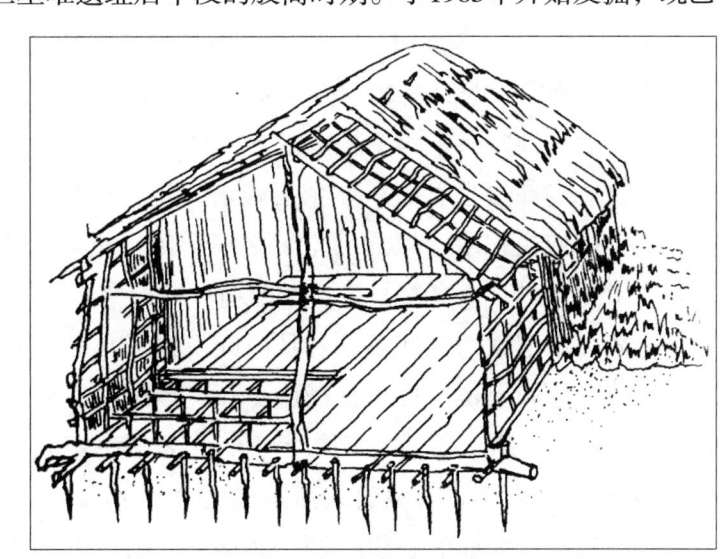

十二桥商周干栏式建筑复原图

基础部分，主要采用地梁和桩基两种形式。

地梁基础，用于大型建筑。如1区25号探坑，发现五根地梁，皆为砍凿整齐、加工精细的长方木。其中有四根呈南北向平行排列，每根相距约1米，另一根为东西向，与这四根垂直。在1号和3号地梁上，各凿有3个圆孔，四个近似方形的卵圆孔，其位置和间距大致相等且圆孔对圆孔、方孔对方孔，相互对应，看来此二梁有特殊的对应关系。有的孔内还存在立柱残痕。由此可知圆孔是架梁立柱用的，与现代的基顶圈梁相似。值得注意的是圆孔大者直径达40厘米，

---

① 四川省地方志编纂委员会编纂：《四川省志·建筑志》，四川科学技术出版社1996年版，第15页。国家文物局编：《中国文物地图集》（四川分册），文物出版社2009年版，中册第5页。

方孔长者达71厘米、宽32厘米。据此可见,地上建筑用材宏大。3000多年前,有如此巨大的地梁,当系当时宫殿建筑。其1号、3号地梁相距两米多,孔孔相对,平行放置,当为廊庑地基梁。

桩基,用于小型建筑。先立桩,桩上铺龙骨,龙骨上铺板作居住面,形成干栏式建筑。其墙类似今竹编墙。房顶为两坡,使用榫卯和绑扎相结合的方法,固定檩、椽,上覆茅草,绑以竹篾,当是一般的民间房舍。

该遗址濒临古河道旁。出土构件,纵横交错,层层叠压,堆积甚厚。众多构件,不见火烧痕迹,且所用茅草均保存较好。多见洪水冲刷痕迹,地层亦可见明显的冲刷层次,看来建筑的倒塌和废弃,与洪水泛滥有关。

该遗址所出土建筑构件和材料均出自第13文化层。据碳-14对该层所出小圆木的年代测定,距今3520±80~3680±80年,故知其为商代早期文化遗存。

干栏是一种以树干为主构成的木阁楼,史籍所载,多见于西南地区的少数民族建筑。《新唐书》载:"俗喜楼居,谓为干栏"①,又名"干阑"。《北史》载:"依树积木,以居其上,名曰干阑。干阑大小,随其家口之数"②,又名"干兰"③。《魏书》载:"依树积木,名曰干兰。"该遗址的发现,填补了上述史籍记载的某些不足。从时间上说,自北魏到商初,记载后于实物近2000年;从地域上说,史书记载为少数民族地区,而实物遗迹的发现为平原地区;从建筑形制看,综合史籍与考古,它是史书记载以前早就存在的分布地区很广的建筑。所以十二桥建筑遗址的发现,不仅丰富了中国古代建筑史的内容,而且对古代蜀地的建筑形制、风格和营造技术等方面的研究,提供了重要的实物资料;对古蜀都的迁徙、建置和沿革等问题的探讨,也提供了重要线索。该遗存的发掘,无疑是考古学、史学、建筑学以及科技史方面的重大发现。该遗址是一项珍贵的历史文化遗产,2001年被国务院列为第五批全国重点文物保护单位。

五、成都商业街古蜀墓(船棺)葬群

位于成都市商业街45号。2000年省委机关修建食堂时发现。工地面积约1600平

---

① 《新唐书·南蛮下·陀洹传》,中华书局1975年版,第6303页。
② 《北史·獠传》,中华书局1974年版,第3154页。
③ 《魏书·獠传》,中华书局1974年版,第2248页。

方米，发掘面积约1500平方米。

墓地为一座大型多棺合葬的长方形土坑竖墓穴。墓坐东北向西南。墓坑长30.5米、宽20.3米，坑口距地表深3.8~4.5米，占地约620平方米。发现船棺、独木棺葬具17具，均为桢楠树，由棺盖和棺身两部分组成。墓坑周围发现地栿、柱础等建筑遗迹。9具为船棺，其中4具为大型、5具为小型。最大的长18.8米，直径1.5米，高1.12米；小的长4.4~4.85米，直径0.8~1米，高约0.7~0.8米。8具为独木棺，棺身与子母榫相加，长方形棺长3.3~3.8米、宽0.77~0.95米、高约0.6米。为仰身直肢葬，属二次葬。

墓葬中出土陶、铜、漆、竹木器等。其中陶器103件，泥质灰陶，有篮纹、乳钉纹。器形有双耳瓮、豆、平底罐、釜、尖底盏、器盖（器盖上有彩绘符号）。铜器20件，有矛、戈、钺、斤、削刀、带钩、巴蜀符号印章等。漆、木器153件，有耳环、盒、盘篋、案、几、器座、梳子、箆子及大量构件等。

古蜀船棺葬地面建筑想象图

古蜀巨型船棺

据考古推测，墓地应是古蜀国开明王朝王族或蜀王本人的家族墓地[①]，2001年被国务院列为第五批全国重点文物保护单位。

第二节 文献中所反映的古巴蜀时期建筑

本节所指的时期为秦以前与夏、商、周对应的古巴蜀时期。

---

① 国家文物局编：《中国文物地图集》（四川分册），文物出版社2009年版，中册第8页。

这一时期有关建筑的记载，今天所能见到的文献主要是源自中原地区的儒家经典①和诸子文化②，这些文献所阐述的内容，涉及区域的文字较少，有关巴蜀区域的建筑则更少。因此，本文所举文献不局限于上述文献之内，而是适当引用秦汉以后的文献。同时，所解读的建筑和引用的文献也难能全面和系统。

《华阳国志》云：大禹"三过其门而不入室，务在救时。今江州涂山是也，帝禹之庙铭存焉"③。门、室、庙，是三种建筑类型。铭，属金石类。禹是夏朝的第一个皇帝，因治水有功，虞舜让位于他。大禹治水，初奠山川④。《孟子》曰："禹八年于外，三过其门而不入。"⑤后代称为大禹、神禹、圣禹，各地立庙纪念，立碑铭记功业。《华阳国志》《水经注》等都记载了此事。

庙，奉祀先圣、先贤、先祖的处所。奉祀夏禹的庙叫禹庙，禹是帝王，故又叫禹王庙。奉祀祖宗的庙叫宗庙。《释名》云："庙，貌也，先祖形貌所在也。"人死之后，精神容貌不可再见，于是陈衣冠等遗物、神主、塑像、画像、碑铭等于庙中，因称庙宇、神像之类为庙貌。

门，即建筑之出入口。出门为外，入门为内。门有门扇，关上即如墙一样可以防护，开则可以交通内外。门可分为建筑物的门，即在堂房为户；区域的门，是建筑类型，交通区域内外，如坊门、里门等。《释名》云："门，扪也，在外为人所扪摸也。""户，护也，所以谨户闭塞也。"前者言门的位置，后者言门的作用。

室，即宫室、房屋。《尔雅》云："宫谓之室，室谓之宫。"《注》云："皆所以通古今之异语，明同实而两名。"先秦宫室无贵贱之别，秦后贵贱有别。《尔雅义疏》云："古者贵贱同称宫，秦汉以来，惟王者所居称宫焉。"前述夏禹"三过其门而不入室"，因当时宫室无别，故曰"入室"，不称"入宫"。

城，是古代建筑的一个很重要的类型，所以在古文献中出现的频率很高。如《春秋左传》记242年的鲁史，记"城二十有九"。在巴蜀史籍中，记城之处

---

① 《十三经》，详见《十三经注疏》，（清）阮元校刻，全二册，中华书局1980年影印版。
② 《百子全书》，全二册，据扫叶山房1919年版缩印，浙江古籍出版社1998年版。
③ （晋）常璩撰，刘琳校注：《华阳国志·巴志》，巴蜀书社1985年版，第21页。
④ 《史记·夏本纪》，裴骃集解，司马贞索引，张守节正义，中华书局1973年版，第51页。
⑤ 孟子：《孟子·滕文公上》，朱熹注，上海古籍出版社1987年版，第39页。

自然也是很多的。如《华阳国志》云："周之季世，巴国有乱，将军有蔓子请师于楚，许以三城……用城何为？"①此段文字仅83字，却用了6个"城"字。

城的含义一是指城墙、城池、城隍、城市之类，作名词用；二是指城城、城江州之类，作动词用。《释名》云："城，盛也，盛受国都也。"又云："郭，廓也，廓落在城外也。"廓，即外城，廓中的城即内城。外城大，叫大城；内城小，叫小城。为了出入，则有城门。为壮观，为守望，则有城楼、城门楼。为了防御，城上有女墙（矮墙）、睥睨。

墓冢，为阴宅，先秦文献常见之。《华阳国志》云："蜀王哀之，乃遣五丁之武都担土为妃作冢……其亲埋作冢者，皆立方石以志其墓。"②这是当时的坟墓制度，上面作坟堆，坟上以石作标志，以表其墓。在孔子以前，墓而不坟。此时起坟，反映了时代的风尚。

阙，有两大类意义，一是指建筑物即城阙、宫阙、墓阙、庙阙、观阙、象魏之类；二是指缺、空、过失之类的意思。作为建筑物，源溯先秦。如《左传》庄公二十一年记有"郑伯享王于阙西辟"。至汉，《三辅黄图》等多有记载③。东汉墓阙有实物存留至今。《华阳国志》云：李冰能知天文地理，谓汶山为天彭门，"乃至湔氐县，见两山对如阙，因号天彭阙"。④天彭山的山峰对峙，好像阙一样，两边高，中间有缺口。这里用天然的山来比拟人工的建筑阙。

碉、邛笼，西南少数民族之居处。《方舆胜览》记汶山云："夷俗耐饥寒，叠石为巢以居，如浮图""高二三丈者谓之笼鸡，《后汉书》谓之邛笼。十余丈者谓之碉"。⑤《后汉书·西南夷列传·冉駹夷》云："皆依山居止，累石为室，高者至十余丈，为邛笼。"⑥冉駹为汶山郡王⑦。今当地人称邛笼为"雕"。

碉、邛笼都是高原寒地的建筑，穹庐则是草原寒地的居处。雕与碉同，前

---

① （晋）常璩撰，刘琳校注：《华阳国志·巴志》，巴蜀书社1985年版，第32页。
② （晋）常璩撰，刘琳校注：《华阳国志·蜀志》，巴蜀书社1985年版，第188、189页。
③ （汉）佚名：《三辅黄图·汉官》，浮梁邓傅安校，《汉魏丛书九十六种》，上海大通书局发行，第4、5页。
④ （晋）常璩撰，刘琳校注：《华阳国志·蜀志》，巴蜀书社1985年版，第201页。
⑤ （宋）祝穆编，祝洙补订：《方舆胜览·茂州》，上海古籍出版社1991年版，第485页。
⑥ 《后汉书·西南夷列传·冉駹夷传》，中华书局1965年版，第2857页。
⑦ 《史记·西南夷列传》，中华书局1973年版，第2991、2997页。

者只借音，后者加意符石，表示石制。穹庐为毡帐，蒙古包之类。鸟窝叫巢，蚁窝叫穴。人居架空，也叫巢居，有巢氏构木为巢即是。人居地下，也叫穴居，野处穴居是也。前述巢加石旁，表示巢用石制，不是木构。《集韵》载："附国之民，累石为巢而居曰礳。"①

寺、观、亭等作为建筑词汇的含义在西汉后有所扩大。《华阳国志》中《附录一·佚文》云："乃雕饰城墙，华画府寺及诸门。"其中的"寺"是指官署。《大同志》云："地名观坂，自上观下，反上之象，其征不吉。"其中的"观"是指观望、观看。这里说的"寺"是指治事处、府寺之类，无佛寺之义；观即观看、观望、观台、观楼、观阙之类，不具道观之义。因为佛寺和道观的出现都是西汉以后的事。"亭"多作地名用，《华阳国志》中《蜀志》云："小亭有好稻田。"《大同志》云："前军宿石亭。""亭"作为园林建筑，也是汉后逐渐出现的。

园、囿等多次出现在《华阳国志》中，如《蜀志》有"园囿瓜""园囿因之"等描述。一方面有种植、畜养之用，另一方面也有游乐之用。在此之前的《诗经·灵台》中已有"王在灵囿"的记载。

---

① （宋）丁度等撰：《集韵·平声三》，见《小学名著六种》之三，中华书局1998年据1936年版本缩印出版，第46页。

第二章 秦汉至南北朝时期建筑

由于年代久远，秦汉至南北朝时期，地面的宫室、民居、园池、苑囿、道路、桥梁等，能保留到现在的已是稀罕之物。因此，对当时建筑遗迹的研究，主要依赖考古发掘①。

荥经汉严道古城，是至今发现唯一留存至今的秦汉古城遗存，本章另有专述。

船棺葬是巴蜀地区在春秋战国时期的主要墓葬形式。20世纪50年代在巴县冬笋沟和广元昭化宝轮院发现了数十座土坑竖穴墓，都以船棺为葬具。其后在成都、什邡、彭县、广汉、蒲江、大邑、峨眉、犍为、荥经、芦山等地，也发现了大量的船棺葬。

秦汉时期，船棺葬几乎不再出现，盛行木椁和土坑墓。如绵阳永兴双包山1号、2号木椁墓。其中2号墓墓圹，残长24.2米、宽5.56~11.2米、深2.7~4.4米。分前后两室，形成前堂后寝的结构。前堂长11米、宽9.72米、深1.72米。中厢和东、西厢，各有门相通。出土文物1000件，其中有与经络学说有关的人体模型1尊，最为珍贵。又如广汉罗家包汉墓群，1996年发掘砖室墓7座，葬具有砖棺、陶棺两种。发现大量画像砖，其中有汉永元八年（96）纪年砖近千块。

东汉时期，主要盛行砖石墓和崖墓。砖石墓有成都羊子山东汉画像砖石墓、曾家包东汉画像砖石墓、新都青白乡东汉画像砖石墓、宝兴东汉砖石墓等。崖墓数量更多，如乐山有麻浩、柿子湾、萧坝、白岩山等东汉崖墓（或墓群）。乐山麻浩、彭山江口、三台郪江等处东汉崖墓，在本章第一节详述。

秦汉遗迹中的一项伟大工程为都江堰水利工程，不仅留存至今，而且使用至今，且其效益日见扩大。此外，还有乐山离堆，亦为秦孝文王时，蜀守李冰主持开凿的水利工程遗迹，至今尚存。

汉阙是巴蜀大地上留存至今的重要秦汉遗迹之一，而且数量可观，是其

---

① 国家文物局编：《中国文物地图集》（四川分册），文物出版社2009年版，上册第6~20页。刘致平著，王其明增补：《中国住宅建筑简史·四川住宅建筑》，中国建筑工业出版社1990年版，第129~132页。四川省建设委员会主编：《四川古建筑·四川古建筑概述》，四川科学技术出版社1992年版。四川省勘察设计协会编：《四川民居》，四川人民出版社1996年版，第17、27、205、206页。

重要特色。目前全国仍存的汉阙仅20余处，而巴蜀所存超过半数。巴蜀汉阙，均为东汉遗存，它们是雅安高颐阙，绵阳平阳府君阙，芦山樊敏阙，忠县丁房阙，夹江杨公阙，德阳上庸长阙，新都王稚子阙，梓潼李业阙、贾公阙、杨公阙和边孝先阙，渠县冯焕阙、沈府君阙、赵家坪东无名阙和西无名阙、王家坪无名阙、蒲家湾无名阙。这些都是东汉遗物，其中李业阙兴建于东汉建武十二年（36），是现存汉阙中年代最早的，比著名的河南登封太室阙还早80多年。渠县有汉阙6处，是全国汉阙最多的一个县。1983年2月，四川凉山彝族自治州昭觉又发现东汉石阙1处，有残石10块。

其中冯焕阙、沈府君阙、高颐阙、樊敏阙、平阳府君阙等已被国务院公布为全国重点文物保护单位。高颐阙、樊敏阙在本章第一节详述。

第一节　秦汉至南北朝时期的代表性建筑遗产

一、雅安高颐阙

雅安高颐阙测绘图

雅安高颐阙，汉益州太守高颐之墓阙，位于雅安市雨城区北郊镇姚桥乡汉碑村高颐墓前。建于东汉建安十四年（209）[1]。

高颐阙作为一个文物保护单位，包括墓、石兽、阙等建筑。墓、阙相距160余米。阙为母子式双阙。两阙相距13.2米，东阙破残，只剩阙座和阙身，阙顶为后世仿制；西阙完整。阙为仿木结构的石质建筑，由台基、阙身、阙顶三部分组成，像房屋一样作三段式划分。屋

---

[1] 四川省地方志编纂委员会编纂：《四川省志·建筑志》，四川科学技术出版社1996年版，第17页。蔡永华：《汉阙刍议》，《成都文物》1997年第1期。高文：《中国汉阙》，《成都文物》1998年第2期。

顶为重檐庑殿式，出檐较长，坡度平缓，屋脊较为厚重。檐下分两层，下层为石刻仿木斗拱，用仿木枋支撑上部雕刻精美的屋檐。条石砌筑阙身、阙座，加以各式雕饰。

母阙砌石13层，高6米、宽1.6米（含子阙）、厚0.9米，从楼部开始逐渐外伸，上部宽4.94米、下部宽3.81米、出檐0.6米，舒展自然，古朴大方。

阙座为大小两个矩形相连，长4.3米、宽1.65米、高0.45米。其中子阙阙座宽0.78米、长0.73米。

母阙阙身由四层条石砌成，即第二至第五层（第一层为台基）。各层部分南北面阴雕双凹槽，东面阴雕单凹槽。北面凹槽中阴刻铭文："汉故益州太守阴平都尉武阳令北府丞举孝廉高君字贯光。"成四行排列，每行6字，共24字，字距20厘米，行距10厘米，隶书体。

第五层刻车马出行图。南面为一乘二马，前有伍伯八人，分作两排，前人手中执盾。西面并列奔驰四马，四人行走，前为一乘二马车。北面前为两乘有盖軺车，前一乘后面有驺卒随从，后一乘之后为一骑，骑者执槊，道旁列树与观众。子阙第六层，北面軺车二乘，前导二人接主阙。东面为一乘一马盖軺车，前导二骑二马。南面为一乘二马华盖车，前奔二骑四马连主阙。此出行图，场面宏大壮阔，绕母子阙一匝，总长4米、高约0.4米，浩浩荡荡，豪华气派，其设计独具匠心。

第六层为楼阁部分，南北两面，各雕栌斗三个。转角斗巧分东西两面，各雕负重力士，蹲于斗上，手托纵横叠枋。平身斗上，各雕饕餮，一口衔鱼，一口衔蛇，各雕刻形象生动。

第七层为斗拱层。南北面各六朵，东西面各二朵，均为一斗二升。各斗

雅安高颐阙

拱间为高浮雕图案，南面为武士图，北面为雀食图，东面为行乐图，西面为圆冢——季札挂剑图，雕刻工细精美。

第八层为装饰窗，海雕花卉图案。

第九层为阙之主浮雕层。南面为牧禽生活图，北面为跪拜图。东西两面之马、虎、人物已模糊难辨。

第十层在24枋飞头上雕24字汉隶铭文，全同前述第四、第五层北面凹槽中的阴刻文字。

第十一、第十二层为重檐庑殿顶，瓦当纹样已模糊不清。

第十三层为屋脊，上雕一嘴衔组绶之雄鹰，面对墓葬。

子阙砌石7层，高3.39米、宽1.1米、厚0.5米。其形制与主阙基本一致，所不同的是：（1）阙身为一整石；（2）车马出行图与主阙上之图连成一气。（3）单檐屋顶。

据对现在尚可辨认的雕饰统计：人物63人，禽兽38只，花草树木和服饰器物20余种。画面广泛涉及历史故事、社会风俗等许多方面，内涵丰富深刻，特别是尺度数字，不知是偶然巧合，还是有所寓意，仍是谜团。如母阙为13层，恰与汉时13州符合；子阙7层，恰与墓阙距离700尺（汉尺）符合，等等。

高颐阙具有很高的历史、建筑、艺术价值，特别是自宋以来，备受金石、历史、建筑、文艺等多方面专家所珍视。如宋代王象之，明代杨升庵，清代刘善海、何绍基和现代梁思成、刘敦桢等，均有文字，或著于志，或刻于碑，或录于金石，或载于专著。1961年该阙被国务院公布为第一批全国重点文物保护单位。

二、芦山樊敏阙

樊敏阙位于芦山县沫东乡，距县城3公里处的雅安到芦山公路的右侧，紧靠路旁。于东汉建安十年（205），为纪念巴郡太守樊敏而建。因为年代久远，阙体已于宋代倒塌。

樊敏阙为扶壁式母子型双阙，全阙由阙座、阙壁、斗拱层、阙檐、阙顶等五部分组成，并有石碑、石兽等附属构筑物[①]。

[①] 四川省地方志编纂委员会编纂：《四川省志·建筑志》，四川科学技术出版社1996年版，第17页。蔡永华：《汉阙刍议》，《成都文物》1997年第1期。四川百科全书编纂委员会编：《四川百科全书》，四川辞书出版社1997年版，第362页。

现存实物为1957年修复的双阙之左阙。阙高5.1米、宽2.25米、厚0.92米，坐落于二层条石台基上。庑殿式阙顶，出檐深远，为汉代出檐式筒瓦屋面，檐口有无字瓦当。檐下作枋头，施一斗二升斗栱。斗栱层上有浅线浮雕"象戏"，其正面为云南古"哀牢夷"九隆氏"龙生十子"神话故事图案，四角刻力士举双臂做托扶负重状。母子阙身均作三柱二间式雕刻，顶脊正中刻雄鹰，口衔绶带。子阙斗栱前正中有西王母骑龙虎座图案，其余雕饰均同母阙。各种雕刻构图严整，形态逼真，刀法流畅，技艺娴熟，对于建筑、雕刻等具有重要研究价值，是一份珍贵的建筑、史学、艺术、文化遗产。

芦山樊敏阙

樊敏碑高2.93米、宽1.2米、厚0.26米。石雕赑屃碑座，圆圭形碑首。其正面铭刻"汉故领校巴郡太守樊府君碑"12个篆字，下刻碑文18行557字，为研究古代地方民族史的珍贵实物。

阙区内8尊石兽保存完好，体形高大，威武雄壮，栩栩如生，形象生动，近于写生。

现在阙区景观的平面布局是：由南向北呈梯级状分布，依次是山门、影壁、阙体、石兽（靠东边）、碑亭（靠西边）。碑亭即覆盖樊敏碑的亭子，由16根大朱柱支承歇山式屋顶，高约6.5米，面积40平方米，是为保护古碑而构筑的仿古建筑物。影壁为新建的砖石结构。山门亦是新建的砖木仿古建筑。整个阙区由宫墙环绕，加以保护。1988年该阙被国务院公布为第三批全国重点文物保护单位。

三、乐山麻浩崖墓

麻浩崖墓位于乐山市城东凌云山南坡的麻浩湾。这是一处大型的东汉崖墓群，从大地湾内至虎头湾东侧，绵延300余米。崖墓分层排列，高低错落，左

乐山麻浩崖墓

右毗连，密若蜂房。在分布最密集的虎头湾东侧地段，层叠多达九层。据乐山市文物部门1985年普查结果，总数为330座[①]。

从该墓群已暴露出来的100座崖墓看，其形制结构大体可分为单室、双室和多室三种类型。各类型墓一般都有墓道，其长短取决于崖面的陡峭与否，而与该墓的结构和规模无关。单室墓由一个主室及甬道、棺室、耳室构成，全长一般在10米以内。双墓室由两个主室、甬道、耳室、棺室构成，全长一般在10~20米之间。多墓室由一个前主室、两个以上的后主室、甬道、耳室、棺室构成，全长一般大于20米。双墓室和多墓室的平面布局均为前后室制，即所谓"前堂后穴"制。从平面布局看，多墓室可以看成是合并前室后室的多座双室墓。不管双室、多室，前室均为长方形，面宽大于进深。这种结构是乐山崖墓中一种很有区域特征的墓葬，它在四川崖墓分区分期研究中有着重要的意义。

该墓葬群中的葬具有瓦棺和崖棺，而有的棺室中不见葬具，应是木棺已腐烂之故。多种葬具同时并用，用崖棺的比例并不大。

该墓葬群中石刻极多，多墓室及部分单墓室中均可见到。其种类可分为：建筑雕刻、石刻画像、石刻题记三种。

建筑雕刻，主要刻于墓门、墓楣和前室，均为仿木结构的柱、枋、梁、椽、斗拱、瓦当、瓦沿、阙等。其中刻阙的数量较多，形制也较为完整，是麻浩和乐山崖墓中重要的建筑雕刻，仅麻浩一地已发现刻阙者就有9座。此9座墓中的刻阙，均刻在墓门两侧，其中8座为双阙，1座是单阙。各型阙均为单檐，无斗拱。只1座有顶，其他均无顶。按汉代规制，只有官阶到二千石以上者，墓门才可立阙。这种多阙现象，显然违制。或者说当地这种做法已不再是政治地位的象征，只是代表死者生前占有房产的地位而已。

[①] 四川百科全书编纂委员会编：《四川百科全书》，四川辞书出版社1997年版，第533页。四川省地方志编纂委员会编纂：《四川省志·建筑志》，四川科学技术出版社1996年版，第20页。

石刻画像，在麻浩崖墓中极多，已发现的总数有106幅，其中一墓多达35幅。石刻技法主要是浅浮雕和高浮雕，也有少量平面浅浮雕和阴线雕刻，与中原汉画像石技法相似，但表现出成熟期的风格特征。其题材以表现墓主生前财富、身份地位、生活状况、思想意识等内容为主。如表现财富的刻有住宅图形，表现身份的刻有门吏像，表现思想意识的刻有董永事父故事画等。

石刻题记，在麻浩崖墓中已发现11座。题记字数最多达40多字，最少者仅一个字。字体均为汉隶，有的草率，有的工整。依其内容和文例，可分为两类：一为题记墓主人姓名，如"王景冢""尹武孙墓"等；一为题记造墓时间，如"阳嘉三年""中平六年作□冢"等。还有一墓中出现两墓主的，更有多至十通题记的，均有待考证。

此外，在享堂门楣上还发现佛像，史学界由此推论，以成都为起点，南下经云南入缅甸的南方丝绸之路确实存在。麻浩崖墓的发现，对研究东汉时期的社会生活、文化艺术、建筑以及佛教的传入途径等，都具有珍贵的历史价值[①]。1988年被国务院公布为第三批全国重点文物保护单位。

四、彭山江口崖墓

江口东汉崖墓，分布于岷江东岸，墓区南北长10公里，东西宽1公里。据1987年统计，区内共有崖墓5003座，其中以梅花村居首，计2148座。崖墓与四川各地东汉崖墓大体相同，但也有其地方特色。[②]

竖井墓：梅花、双江均有发现。如梅花村将台山87号墓，系于缓坡上凿一长方形竖井，井后壁顶下2米处开墓门，门内为主室，内附三侧室。井前壁底右角，有陶制承插式排水管，穿过约3米的前崖。此种形式在其他墓中少见。

天井墓：梅花村最多。这种墓除墓道、墓门外，于墓室中部凿一天井，人在天井中可见蓝天白云。整个墓葬仿佛生人庭院。

套间式墓：此种墓由堂、厅、室和套间四部分组构而成。如双江村油房沟946号墓，于门内设享堂，后为横厅，中立一方柱。厅后为主室，其侧有一单间和一套间。套间门上刻枋和斗，内放壁橱、灶台，室右边开门进入里间，整个

---

① 周沙尘主编：《中国旅游分类词典》，重庆出版社1997年版，第1043页。
② 四川百科全书编纂委员会编：《四川百科全书》，四川辞书出版社1997年版，第489页。四川省地方志编纂委员会编纂：《四川省志·建筑志》，四川科学技术出版社1996年版，第20页。周沙尘主编：《中国旅游分类词典》，重庆出版社1997年版，第1043页。

墓葬宛如一座大院。

专设厨房的墓：如梅花村寨子山500号墓，前一横厅，中立一方柱。内为两间厨房，与主室间有10厘米厚隔墙，墙上镂空成直棂式石窗。一间有两火眼横灶，一间凿牛尾灶。

凿墓与砌砖相结合的墓：如双江村轮渡码头侧一墓，主室为崖墓，其左侧一室，则由楔形和条形花边砖券拱而成。用青色长方素砖铺地，边墙平砌15层砖后起券，每拱券用砖15块，起拱多层。砖室长2.85米，宽、高均为2.64米。

子母室墓：梅花村寨子山较多。此种系在大型墓额上凿3~11座子室，容积一般为1立方米。其子室可能为存放随葬品之用。

双翼式侧室带侧室墓：仅石龙村发现一例。其墓成H形，四周带9个侧室。

崖墓常见的墓具有陶棺、石棺、石函和石棺中砖椁、砖棺等，唯未见木棺。雕刻相当丰富，无论墓门、墓壁、葬具都有图案。其内容有仿木建筑部件，有反映生活题材内容、表现祥瑞和神话传说等画像。其技法有阴线雕、剔地浅雕、浅浮雕、高浮雕、镂空雕、半立雕和全立雕等。

崖墓实物纪年为东汉永平十三年（70）、建初二年（77）、永元十四年（102）等，于光绪二十四年（1898）发现，墓中文物多已无存。

现存文物所的随葬品：（1）铁铜器：有摇钱树、斧、铭文镜、鸟、带钩及两汉新莽钱币。（2）陶器：种类数量均多。

江口崖墓，墓室的特殊结构，丰富的雕刻内容，多样的雕刻技法，为研究东汉崖墓制度和雕刻艺术，提供了丰富的实物资料，是一份珍贵的文化遗产，难怪有观众留言称："地下明珠，万古流芳。"2001年该崖墓被国务院公布为第五批全国重点文物保护单位。

五、三台郪江崖墓

郪江崖墓，坐落在三台县城南45公里处郪江乡境内。墓藏分布于郪江下游两岸山峦间，鳞次栉比，密若蜂房，总数上万座，但均被盗掘，遗物无存。其中，以泉水坝、金钟山、鼓楼山、天台山、罗汉山、大英山几处较为集中[①]。

郪江崖墓结构，一般可分为墓道、墓门和前、中、后、侧室以及耳室部

---

① 四川百科全书编纂委员会编：《四川百科全书》，四川辞书出版社1997年版，第667页。国家文物局编：《中国文物地图集》（四川分册），文物出版社2009年版，中册第340页。

分。有的附有灶台、壁龛、排水沟、石柜、石棺、瓦棺、砖棺、石床等附属物。

墓的规模大小相差极大，约分三类：大型者长16米以上；中型者长6～15米；小型者则在5米以下。

依墓室多少，又可分四型若干式：

一型为单室墓，分三式：（1）长方形纵列；（2）有侧室、耳室，长方形纵列；（3）长方形横列。

二型为双室墓，分四式：（1）无侧室、耳室，两室纵列；（2）有侧室、耳室，两室纵列；（3）前室长方形、后室方形，两室纵列；（4）前室长方形纵列、后室长方形横列。

三型为三室墓，分二式：（1）三室为长方形纵列，均有侧室、耳室；（2）前二室为长方形纵列，后室为长方形横列。

四型为多室墓，仅发现1座。墓室内装饰丰富多样，可分雕刻、彩绘两类。雕刻多剔地线浮雕，少数为高浮雕和立雕。立雕多施于柱、隔墙。雕刻画像多施于室壁，幅面不大，内容为力士、舞人、舂米人、人头、面具、鸟、朱雀、玄武、凤阙、花卉、兵器等。特别值得注意的是：墓室内的雕刻大多有仿木结构建筑屋顶、天花、斗拱、立柱等构件和图像。泉水坝吴家湾

三台郪江崖墓内独立柱及斗拱

三台郪江崖墓内室通道

三台郪江崖墓石雕天棚

1号墓内，还有"叉柱造""斗心跳"和中心顶柱等图像，更是罕见的珍贵遗存。彩绘多剥落，施于室顶和壁外、棺外。墓室间有三四级台阶，房形石柜、石床等均为川地少见。三眼灶、覆斗形顶、室中三根八角立柱等，为东汉晚期特点。①

六、考古发掘的严道古城

严道古城位于荥经城西1.5公里的古城坪，地处中峻山下荥河南岸第三台地西部②。

古城由主城和子城组成，主城平面略呈正方形，东西长400米，南北宽375米。城垣系夯土版筑而成，夯土层厚度0.20～0.30米，夯土中含有汉代陶罐、瓮、钵、板瓦、筒瓦、砖等残片。现存南墙和东北角城墙较好，高2~3米、宽6~8米。中段发现有城门遗迹，曾出土有门斗石、砖瓦等物，可推知城门由两扇板门组成，其上建有门楼。子城建在主城西北第二阶地上，正面似正方形，东西长300米，南北宽200米，东墙残高1.2米、宽1.5米，其筑法与主城同，墙内亦含大量汉代遗物，可推之与主城同时建筑。古城规模虽不大，但设计合理、结构严谨、布局完整，处于平原与大山交汇地，是扼守"山崖阻峻、回曲九折"的邛崃山九折坡下的边塞重镇。

荥经县严道古城，为留存于地面的秦汉遗迹。它是秦汉时期严道县的县城，南方丝绸之路上的重镇③。2000多年的地面建筑遗存，具有重要的文化、历史、考古、建筑等方面的研究价值，现为全国重点文物保护单位。

第二节　秦汉至南北朝时期文献中的建筑遗产

秦汉至南北朝时期的，特别是两汉时期，是建筑业的发育时期，建筑业特别活跃，虽然留下来的实物不多，但典籍记载尚有可考者，现简略地分类举要如下：

---

① 孙华：《三台郪江崖墓所见汉代建筑形象述略》，《四川文物》1991年第5期。
② 四川省地方志编纂委员会编纂：《四川省志·文物志》，四川人民出版社1999年版，第157、158页。
③ 四川百科全书编纂委员会编：《四川百科全书》，四川辞书出版社1997年版，第1062页。

一、宫室名制

宫室名称、形制、类型等，汉代的典籍如《尔雅》①、《释名》②记载完备而详尽，皆为中华各民族所通用。同时，有西蜀扬雄著《方言》十三卷③。对于户钥、栿桱、甍甗、坟冢、培垅垄、丘墓等建筑方言，均以通语释之，可补前述通语典籍之不及。

二、营造法式

营造规范，当时尚不成熟，只有《周礼·冬官·考工记》④。西汉扬雄《将作大匠箴》、东汉李尤有关宫室的铭文，也是具有通用性的规范。

三、祠庙

古人对祠庙的建设很重视，常先于其他建筑。所谓"左祖右社"，宗庙为先。宗者尊也，庙者貌也，象先祖之尊貌也。缘生以事死，敬之若事存。如汉代古歌辞《王稚子歌》云："为君作祠，安阳亭西。欲令后代，莫不称传。"

西汉文翁，任蜀郡太守，在成都首创官学、立石室，振兴四川文教。"文翁终于蜀，吏民为立祠堂，岁时祭祀不绝。"⑤汉初平五年（194），仓龙甲戌，文翁石室中修筑周公礼殿。《礼殿柱记》云："应期凿度，开建泮宫。立堂布观，庙门相钩。"⑥

灌县有汉武帝祠，《水经注》云："江水又历都安（今灌县）。县有桃关，汉武帝祠。"

重庆江之北岸，有涂山，山南有大禹庙，《水经注》云：山南"有夏禹庙、涂君祠，庙铭存焉"⑦。

西陵峡有黄牛庙，诸葛亮过此，见庙貌废去，令人叹息，因作《黄牛庙

---

① （清）郝懿行撰：《尔雅义疏·释宫》，上海古籍出版社1983年版，第623~660页。
② （东汉）刘熙撰，任继昉纂：《释名汇校·释宫室》，齐鲁书社2006年版，第282~312页。
③ （汉）扬雄撰，（晋）郭朴注，（清）戴震疏证：《輶轩使者绝代语释别国方言》，即《方言》，《丛书初成》本，商务印书馆1937年版，第307、308页。
④ （清）阮元校刻：《十三经注疏》（全二册），中华书局1980年影印本，第905~937页。
⑤ （汉）班固：《汉书·文翁传》，中华书书局1962年版，第3625页。
⑥ （明）杨慎编，刘琳、王小波点校：《全蜀艺文志·记丙》，线装书局2003年版，第973页。
⑦ （北魏）郦道元撰，谭属春、陈爱平点校：《水经注·江水》，岳麓书社1998年版，第486、493页。

记》,详记沿革建制云:"仆复而兴之,再建其庙貌。"

临邛县有古石山,有石矿大如蒜子,火烧流铁,因建铁祖庙,故《华阳国志》云:"成流支铁,甚刚,因置铁官,有铁祖庙祠。"①

四、城池

邑、都、城、邦等都可用国字诠释。所谓国即在"囗"之内,但有尊卑大小之别。表示民众汇聚之处,外有界线,或筑城开池以为护卫。邦与国连称,曰邦国。皇帝所居曰国城、国都、皇都、帝都等。邑也释作国,如夏邑、商邑之类。它是众多郡县地名的部首,亦可说明它所含的城镇意义。

都邑即大小城镇。大城即都会,小城即县市、场镇。汉代扬雄作《蜀都赋》,晋代左思亦作《蜀都赋》,均为描写蜀都的作品②。

《蜀国弦》为古乐曲名,乐府《相和歌》的一部,所咏均为蜀中故事。有的作《蜀国弦歌》,有的作《蜀国弦吟》,本书统一作《蜀国弦》。该曲既咏故事,且多涉都邑建筑。

南朝梁简文帝有《蜀国弦》,所写多涉及蜀中环境、都邑城池。其诗云:"铜梁指斜谷,剑道望中区。通星上分野,作园下为都。"

隋代卢思道《蜀国弦》,多描写天府富饶、玉垒美景、锦城繁华、交通便利。其诗云:"西蜀称天府,由来擅沃饶。云浮玉垒夕,日映锦城朝。"

汉代佚名《先民谣》,以广汉为例,述说天府的富饶、无忧无虑。其歌云:"大旱不乱,蜀有广汉。"

天灾人祸、王朝更替、郡府县治的变更,往往引起城池废弃,或修理旧城,或建立新城。

关于蜀郡、州治,《华阳国志》言其城制云:"州治太城,郡治少城。"

成都太城,即府子城,秦张仪所筑,又称龟城。张仪初筑城,屡筑屡颓,忽有大龟出于江,仪异之,以问巫,巫曰:"随龟筑之。"功果就,故名。③

秦惠王二十七年(前311),秦使张仪筑成都城。《水经注》云:"仪筑成都以效咸阳。"

---

① (晋)常璩撰,刘琳校注:《华阳国志·蜀志》,巴蜀书社1985年版,第244页。
② (清)陈元龙:《历代赋汇》,凤凰出版社2004年版,第137页。
③ (宋)祝穆编,祝洙补订:《方舆览胜·成都府》,上海古籍出版社1991年版,第452页。

巫县为楚巫郡，即今巫山县，秦省郡立新城。《水经注》云："吴孙休分为建平郡，治巫城。"①

汉有僰道县，今属宜宾县境，僰人居，其邑成于汉初。《水经注》云："其邑，高后六年城之。"

今奉节县，三国时期称永安县，《水经注》描写其城云："其间平地可二十许里，江山迥阔，入峡所无。城周十余里。"

奉节有赤岬城，乃公孙述所造。《水经注》述其城曰："江水又东径赤岬城西，是公孙述所造。"

汉献帝兴平元年（194）分巴为二郡，以鱼复为固陵郡。塞胤诉刘璋，改为巴东郡，郡治白帝山。《水经注》述郡治云：城周回二百八十步，北缘马岭，接赤岬山，其间平处，"南北相距八十五丈，东西七十丈"。

五、宫殿

古者宫室无别，贵贱同称。从秦开始，宫殿专用于皇室和鬼神。堂者堂堂高显之貌，正堂而有堂基。殿者大堂也。后世宫殿并称，为尊贵者之居。故比其他类型建筑数量为少。

汉代王褒作《九怀》，为追怀屈原的哀愍之作。其一《匡机》中提到兰宫、芷闾、药房、菌阁、蕙楼、观道、堂等建筑。

汉鱼复县，三国永安县，今奉节县，其城郊有永安宫。《水经注》云："江水又东径南乡峡，东径永安宫南。"②

六、楼阁

楼为重屋，阁亦楼之类，故楼阁相属。

张仪楼，又叫白菟楼，即梁朝李膺《益州记》中之宣明楼，是西晋时成都少城西南角宣明门上的城楼。《方舆胜览》云："重阁复道，跨阳城门。"故西晋左思《蜀都赋》云："结阳城之延阁，飞观榭乎云中。"

张仪楼的寿命是很长的，到晋时还存在。晋朝张载，字孟阳，到成都来看到了它，并作《登成都白菟楼》诗，赞曰："重城结曲阿，飞宇起层楼。累栋

---

① （北魏）郦道元撰，谭属春、陈爱平点校：《水经注·江水》，岳麓书社1998年版，第498页。
② （北魏）郦道元撰，谭属春、陈爱平点校：《水经注·江水》，岳麓书社1998年版，第496页。

出云表，峣嶭临太虚。高轩启朱扉，回望畅八隅。"

隋朝时蜀王秀在成都建摩诃池，于池上建散花楼。唐朝李白有《登锦城散花楼》诗云："日照锦城头，朝光散花楼。""今来一登望，如上九天游。"

七、道观

道教修道、祀神之处，即道宫、道观，洞天福地之类。

峨眉山洞，三十六洞天之一。在晋有乾明观。《峨眉山志》云："中峰寺，一名集云，一名白岩，本晋乾明观。"[①]

青城山，为十大洞天之第五洞天。远望形状如城郭，故名青城，又叫青城都。有天师洞，原名延庆观，又名古常道观，始建于隋大业年间（605~618）。《方舆胜览》云："自会庆宫西行一二里，有观曰常道，乃古黄帝祠观，乃隋时建。"

青城山上有上清宫，始建于晋，为"天下第五名山"。《方舆胜览》云：上清宫"在高台山，丈人祠之侧，晋朝立宫于上"[②]。

鹤鸣山，位于大邑鹤鸣乡境内，东汉顺帝时（126~144）张道陵客四川，学道于此，创立五斗米道，该山成为道教圣地，其道宫在宋代曾重建。《方舆胜览》引李膺《益州记》："张道陵登仙之所，常有白鹤游其上。"[③]

道教有二十四治，是早期道教五斗米道的传道据点，即道教宫观的起源，主要分布于川西、川北一带。阳平治为二十四治的首治，位于彭县（今彭州市）新兴乡海窝子阳平观到太平寺一带。下述平都佛寺中的天师治，亦是其治所之一。

八、佛寺

佛教在东汉传入中国，随后佛寺、石窟寺、佛塔等佛教建筑相继修建，并风行于世。

汉平都县，今丰都县，其地早建佛寺，《水经注》云：平都县，"具有天师治，兼建佛寺，甚清灵"。

[①] 许止净辑：《峨眉山志·寺庵胜概》，苏州弘化社1934年初版，广陵古籍刻印社1997年重版，第178页。
[②] （宋）祝穆编、祝洙补订：《宋本方舆胜览·永康军》，上海古籍出版社1991年版，第489页。
[③] （宋）祝穆编、祝洙补订：《宋本方舆胜览·崇州府》，上海古籍出版社1991年版，第463页。

峨眉山为普贤道场，系佛教四大名山之一。民国时期许止净所辑《峨眉山志》中有关两汉至南北朝时期的佛寺建筑如下：

光相寺，在大峨峰顶，相传汉明帝时建，名普光殿，唐宋时期改名光相寺。

黑水寺，在对月峰，创自晋魏肇公，今称峨眉祖堂。

万年寺，即白水寺，昔蒲氏事佛旧址，寺创自晋时。

灵严寺，在大峨山下，南进高桥，为宝掌和尚结庐旧址。

九、道、桥

入巴蜀之道途艰难，自古有"蜀道难"之叹。然而巴蜀域内东西南北四面八方，都有道路之建筑，桥梁、栈道、驿站、码头之兴建，行旅交通，亦是方便。还有为近代学界所热议的南方丝绸之路和茶马古道，更是神奇的交通要道①。

南朝梁简文帝《蜀道难》诗云："巫山七百里，巴水三回曲。笛声下复高，猿啼断还续。"

南朝梁刘孝威《蜀道难》诗云："玉垒启无极，铜梁不可攀。""邓侯束马度，王生敛辔还。"

南朝梁阴铿《蜀道难》诗云："轮摧九星路，骑阻七星桥。蜀道难如此，功名讵可要！"

《华阳国志》蜀郡、州治云，西南两江有七桥：直西门郫江中曰冲治桥；西南石牛门曰市桥；城南曰江桥；南渡流曰万里桥；西上曰夷里桥，上亦曰笮桥；桥从冲治桥西出北折曰长升桥；郫江上有永平桥。"长老传言，李冰造七桥，上应七星"，城北十里有升仙桥，有送客观。"于是江上多作桥，故蜀立里，多以桥为名。"

阁道，即栈道。广元剑门蜀道遗址中，至今存在栈道遗迹。《三国志》云："率所领径先南归，所过烧绝阁道。"②

栈道，即在危绝之处傍山架木而成的道路。《战国策》云："又斩范中行之途，栈道千里于蜀汉，使天下皆畏秦，秦之欲得矣。"③

---

① （宋）祝穆编，祝洙补订：《宋本方舆胜览·成都府》，上海古籍出版社1991年版，第462页。
② （西晋）陈寿撰，（南朝）宋裴松之注：《三国志·蜀·魏延传》，中华书局1959年版，第1002页。
③ 《战国策·秦三》，《万有文库》本，商务印书馆1939年版，第48页。

十、其他

君平宅,即汉严君平故宅,在府城西。《方舆胜览》云:"今为严真观。一名君平宅肆。其后有井名通仙,相传君平所浚。"

写经台,为汉末建筑,位于成都新繁。《方舆胜览》云:"汉末苟居士于台上援笔书空白曰'吾为诸天写经,雨降则苔上不沾湿'。"

望乡台,位于成都,隋蜀王秀所筑。《方舆胜览》引杜甫诗云:"神交作赋客,力尽望乡台。"

相如琴台,在临邛(今邛崃);文君井,在临邛。《方舆胜览》均记入古迹,为汉时旧物。南朝梁简文帝有《登琴台》诗:"芜阶践昔径,复想鸣琴游。音容万春罢,高名千载留。"

第三节 明器和画像砖反映的秦汉至南北朝时期建筑

西川秦建都江堰,汉又辟南丝绸之路,成为有名的天府之国,社会经济文化发达,厚葬之风盛行。出土的明器、画像砖是当时社会生产、生活方式、艺术风格、风俗习尚的缩影,也是这一时期建筑技术和雕塑艺术兴旺的产物[1][2]。

明器即冥器、盟器,是随葬器物。古人崇尚"象生",多以竹、木、陶、石等制成器物为随葬品,新石器时代以来的墓葬中都有发现,宋后更为盛行,流行历史长,形制变化大。如战国以前用俑,孔子以为不仁,后来渐用器物。秦汉以来,除了仿制实用器物外,尚有房屋、庭院、井、仓储、构筑物和家具等模型[3]。

秦汉明器表明,当时建筑业已经相当发达,建筑制式日趋完善,"已备具后世所有之各部"。绵阳九龙山东汉崖墓群,1986年出土有陶房、池、塘、井等。房为平脊,左右各立角柱,各置一斗以承檐额。中立一柱,施一斗三升曲拱,柱外置栏,立一抚栏人。房长45厘米、宽12厘米、高37厘米。

秦汉明器内容十分丰富,崖墓、砖墓和石棺、木棺中都有发现。绵阳何家

---

[1] 袁曙光:《四川汉代画像砖的分区与分期》,《四川文物》2002年第4期。
[2] 魏学峰:《四川汉代画像砖的艺术价值论》,《四川文物》2002年第4期。
[3] 刘敦桢:《中国住宅概说》,百花文艺出版社2004年版,第29~31页。

山2号东汉崖墓，1990年出土陶器58件，其中房2件、灶1件、筒仓1件、筒瓦12件。遂宁东汉陶楼，二间双层，中间作斗拱，五脊顶。遂宁笔架山东汉崖群，在唯一的一座砖崖墓中，出土陶井、房、仓等。成都牧马山灌溉区东汉崖墓群，1957年出土陶谷仓、灶、井、炉等。成都青龙乡新莽砖室墓，1985年出土陶灶、房各1件。西昌礼州镇西汉新莽土坑墓群，1975年出土陶井、灶、塘等，其中井5件，形制有3种，如A式井为圆筒形，上有方形井栏，栏上有对称井架，井内有一汲水小罐，通高33厘米。

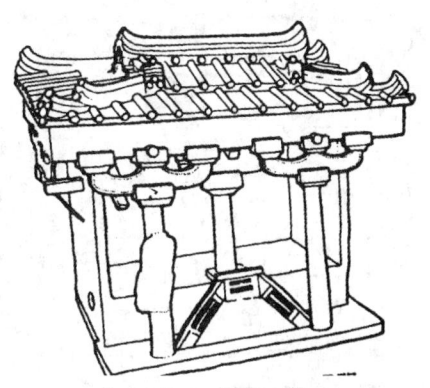

成都牧马山出土的明器

画像砖是古代墓室建筑的砖雕，是装饰性的建筑物件。其制起于战国晚期，盛于两汉，魏晋南北朝继续流行。因画像砖以两汉为盛，故习惯称为汉画像砖。全国画像砖出土数以万计，河南、巴蜀最多。巴蜀地区主要分布在成都平原一带，集中在成都、新都、广汉、什邡、德阳、彭州、新津、邛崃、彭山及宜宾等地，地理位置多处岷江、嘉陵江流域。据统计不同画面的砖共达50余种，库藏总数约1000匹，出土于20多个县的50多个地点。巴蜀汉画像砖大至分四种类型，即方形砖、条形砖、年号砖、花边砖。题材上如种桑、

东汉明器多层陶屋

制盐、酿造、春米、出行、宴乐、庖厨、收租、讲学等都与建筑有关，而门阙、市井、庭院、房屋、井、灶等则是建筑画像。

市井砖内容繁多，构图复杂。新繁东汉砖墓出土的市井砖，高39厘米、宽47厘米。图形东、西、北三面均有墙，唯南面无墙无市门，中心系四衢大道十字广场。图中有市楼、列肆、殿堂、院落、酒肆等，人物众多，有推车卖食、

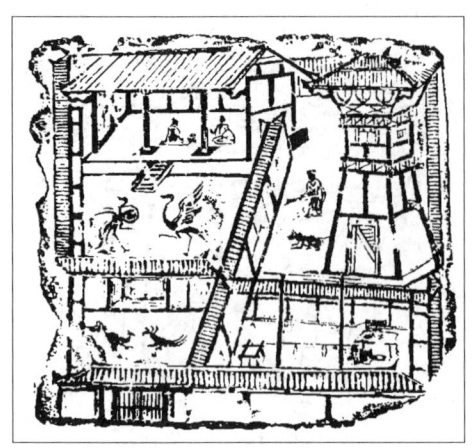

画像砖上的成都住宅及庭院

画像砖上的门阙形象

商客摊贩、席地交易、拄杖相问、着长裙短褂等。研究者认为是成都青羊肆的速写(《成都文物》1986年第4期)。广汉、彭州、成都市郊亦有出土。

房屋砖画面完整,形象生动。彭山凤鸡乡蔡山村1989年出土的39×32×45厘米博局画像砖,主图用凸线雕勾画出一重檐五脊式楼房,其上瓦棱分明,檐下椽木、窗户俨然。

阙砖品种齐全,数量较多。1975年在成都市金牛区曾家包发掘出土两座东汉画像砖石墓,其中一座石墓有画像砖20匹,有阙砖、凤阙砖,一匹为单阙,一匹为一对二出阙。成都羊子山一号砖石墓,1953年出土画像砖10匹,其中阙砖2匹,一匹为单出阙,另一匹为二出阙。新都区青白乡东汉画像砖石墓,1955年清理出画像砖54匹,并有单阙砖[①]。

庭院砖构图完整,形象逼真。邛崃羊安镇、牟礼镇等地,1985~1995年清理出汉画像砖,有阙砖、春米砖、庭院砖。庭院砖画面为46×41厘米,是一幅非常具体生动的家居庭院图,其中垣墙、梁柱、门楣、窗栏、檐沟、屋脊无不清晰,鸡犬、人物、天井、望楼无不生动。

此外,还有车马过桥砖、盐井井架砖等,富有科技内涵,成为珍贵文物。[②] 除画像砖外,尚有崖墓的画像石,亦多有建筑形象,如龙泉驿汤家河崖墓,出土了完整的干栏式建筑形象[③]。

---

① 张肖马:《四川汉代石阙与阙画像砖》,《成都文物》1988年第4期。
② 孙华:《三台郪江崖墓所见汉代建筑形象述略》,《四川文物》1991年第5期。
③ 薛登:《汤家河崖墓初识》,《成都文物》1989年第3期。

第三章 隋唐至两宋时期建筑

在国家分裂近300年之后,隋唐时期,重新建立起南北统一的大国,政治、经济、文化都得到了空前的发展,唐代成为当时亚洲乃至全球最先进的国家。唐王朝重视文治、强调谐和,儒、释、道三教都得到扶持,对外文化交流亦得以扩大和发展。巴蜀地区社会稳定,经济繁荣,三教建筑、生产作坊、商业场馆、城市建筑都有较大的发展①。

唐朝皇帝自认为是道教祖师李耳后裔,表示要先道后佛,实际上是道佛并重。武则天规定先佛后道,中宗诏令各州一寺一观,命曰"中兴"。武宗会昌五年(845)毁佛,成都大慈寺因为有玄宗敕题,幸免于难,新都宝光寺则未能幸免,至宣宗大中元年(847)又恢复寺院。玄宗、僖宗二帝入蜀,不少能工巧匠随驾,留下不少建筑遗迹,如除前述大慈、宝光二寺外,尚有长松寺、天回镇等。同时不少画师亦随驾入蜀,留下大量的优秀作品,如常重胤在僖宗回銮日,写御容于大慈寺;仅宋代黄休复《益州名画录》所记,画家多达58位。由上可见当时益州画家之多,画艺之高,壁画之盛。

唐代盛行凿岩建寺造像,巴蜀亦盛。如乐山大佛、安岳卧佛、夹江千佛崖等始凿于唐;广元千佛崖、皇泽寺,合川涞滩二佛寺等大扩展于唐。这些古代遗产不仅展现了当时雕塑家的高超技艺,亦显出建筑家的创造才华。

隋唐之际,渐以砖造佛塔。《四川古建筑》记"隋初西蜀有三大古塔",即成都福感寺塔、广汉宝兴寺塔等众寺塔。现存唐砖塔为蒲江羌塔、丹棱白塔。新都宝光寺砖塔、西昌白塔等亦始建于唐。

唐代重视祠庙建设,如培修各地庙宇。益州夫子庙,有王勃作碑文;新都先圣庙,有杨炯作碑文;成都武侯祠,有裴度、吕温作记;益州草堂寺,列画前长史十四人像,李德裕作记。

唐代的园林、别墅亦负盛名。始修于隋的成都摩诃池、新都桂湖,为唐盛

---

① 国家文物局编:《中国文物地图集》(四川分册),文物出版社2009年版,上册第10~21页。四川省建设委员会主编:《四川古建筑·四川古建筑概述》,四川科学技术出版社1992年版。四川省勘察设计协会编:《四川民居》,四川人民出版社1996年版,第207~208页。

游处；广汉房湖、新繁东湖皆唐名园；岑参南溪龙腾山有别墅；绵阳江楼、越王楼，宜宾东楼，新津北楼等均为宴饮处，杜甫曾往游留诗。

成都地区发现三座大型墓葬：王建墓、孟知祥墓、张虔钊墓。其形制有别，石刻内容各异。其丰富多彩的文物，具有很高的艺术水平，反映出唐代的盛世遗风。

宋朝农业、手工业、商业及对外贸易等都有很大发展。这一时期编创了《营造法式》，建筑业始有专业规范，建筑艺术趋于柔和绚丽。建筑业的这一大转变，对以后的建筑业发展影响深远。巴蜀水利工程成绩突出，陶瓷业发达，糖业作坊遍城乡，书院蓬勃兴起，集市场镇繁荣。元丰初年，场镇已达688个，此时的成都成了西南大都会。

石刻艺术继唐之后，进步明显，量大面广，遍及广元、大足、安县、潼南、巴中、乐山等20多个县市。如大足石刻始于唐而盛于宋，儒、释、道三教造像，多达5万余尊。这些石刻遗产不仅是艺术瑰宝，而且在力学、排水、采光、通风等各领域中，显现出创造性智慧。

建塔之风，唐后渐盛，多为密檐式塔和楼阁式塔，保留至今者，达10多座。较有名者有宜宾旧州塔、南充白塔、乐山灵宝塔、邛崃石塔寺石塔、江北塔平寺石塔、彭州佛塔和无量宝塔、简阳圣德寺塔、金堂瑞光塔、蓬溪鹫峰寺塔等。

南宋建造转轮经藏的风气盛行，如简阳白塔寺、洪雅月珠寺、合川净果寺等均有建造。江油云岩寺有道教飞天藏，今仍独存。又天宁寺有佛教转轮藏，见于政和元年（1111）吴拭《天宁寺转轮藏记》[①]。

宋代儒学盛行，理学成为儒学发展史上的一个高峰，书院、祠庙建筑亦盛于此时。邛州鹤山、涪州北岩、夹江同人、富顺柳沟、奉节竹林、泸州五峰、江安龙门、合川濂溪等著名书院遍布巴蜀，南宋仅成都一地就有盘古、江渎、蚕丛、望帝、周公、金马碧鸡、关张、蜀先主、武侯、张忠定、张文定等11座祠庙，《方舆胜览》中可见其盛况。

[①] （明）杨慎撰，刘琳、王晓波点校：《全蜀艺文志》，线装书局2003年版，第1178页。

第一节 隋唐至两宋时期的代表性建筑遗产

一、王建墓——中国唯一的地面帝王陵

王建墓，史称"永陵"，现为永陵博物馆，位于成都市三洞桥外永陵路。该墓系五代时期前蜀皇帝王建的陵墓。王建，许州（今河南许昌）舞阳人。天复三年（903），封蜀王。七年称帝，国号蜀，史称"前蜀"。在位12年卒。其陵约建于在位年间（907~918）[①]。

王建墓（永陵）墓道

陵墓建筑为五代时期的巨构之一。因为成都地下水位较高，故采用地面建筑。墓室采用平地起券，外封土为圆丘形，高约13.5米，直径75米，周长218.5米。陵丘下部砌石四层，地下一层，每层向内后缩10厘米左右，状若阶梯形。每层条石照面凿"衔口"，每隔3~4米或6~7米处，安砌"丁字石"一条。丁字石一端插土内，一端嵌入人工凿成的凹形条石内，以防墙体崩塌和位移。墓室用红砂岩券拱构筑，以14道券拱为骨架，支撑跨度较大的顶盖。上盖石板，面涂元青色。纵深30.8米，共分三室，前室与中室间，有踏步三级，设厚重木门分隔。朱漆大门上有鎏金兽面衔环铺

王建墓（永陵）内景

首，环下吊镂花新月形饰片。前室为过厅，中室为主墓室，长12.10米、宽6.05米、高6.40米。中置红砂石棺床，长4.45米、宽3.80米、高0.84米，下为须弥座。

---

① （宋）薛居正等：《旧五代史·王建传》，中华书局1976年版，第1815页。

后室为三道券拱构成，内置石床，似为仿王建生前御座或御床而造。王建石坐像、谥宝、谥册、玉册等御器，均置床上。

棺床上置棺椁，棺床两侧各有石质立神像6尊。棺床东、南、西三面，共刻伎乐像24人，发髻形状多达22种。各舞伎轻舒彩袖，翩翩起舞，展现唐代舞姿神韵。棺床东西另刻管弦、打击乐队，布局巧妙，编队严密。设计吸取了唐代坐式乐伎以琵琶为主的特点，融入了礼部乐伎多用大鼓的内容，为千余年前的一支交响乐队的实录，是研究唐末五代时期的音乐和乐队组织的一份宝贵的实物资料。棺床底部两侧有透雕健力士像12尊，刚劲有力，面向棺床，以示承托。该墓早年被盗，出土遗物多为银器，造型丰富，有盒、刀鞘、扣饰、头杖、搔手、碗等，还有铜镜、陶器等。对研究唐、五代社会、政治、经济、文化、艺术都有相当重要的价值①。

该墓在南宋时尚存，后不知何时被夷平。以后长期荒芜湮没，甚至被误认为前代抚琴台遗址。直至（1940）大成铁路局在挖防空洞时遇到"琴台基脚"，冯汉骥闻讯前往考察，断定为古墓葬。遂于（1942~1943）相继发掘清理，才证实为王建永陵。1954年始修竹篱围墙。1961年被国务院公布为第一批全国重点文物保护单位。1984年陵园扩大到47.85亩。现墓北建10.8亩的宣华苑，水池面积达8400平方米，并建有亭、廊、桥、室、馆等建筑，已建成为一座颇具特色的陵园博物馆。

二、孟知祥墓

孟知祥墓，史称"和陵"，为五代时期后蜀主孟知祥与其妻福庆长公主的陵墓，位于成都市北郊约7公里处的磨盘山南麓。孟知祥（874~934）字保胤，邢州龙冈（今河北邢台西南）人，于明德元年（934）在成都称帝，国号蜀，史称"后蜀"，在位1年②。

和陵坐北朝南，占地约5亩。墓冢封土，下部四周为青石砌石墙"宝城"，

---

① 四川百科全书编纂委员会编：《四川百科全书》，四川辞书出版社1997年版，第985页。四川省地方志编纂委员会编纂：《四川省志·建筑志》，四川科学技术出版社1996年版，第18页。四川省文史研究馆：《成都城坊古迹考》，成都时代出版社2006年版，第315、316页。
② （宋）薛居正等撰：《旧五代史·孟知祥传》，中华书局1976年版，第1822页。四川省地方志编纂委员会编纂：《四川省志·建筑志》，四川科学技术出版社1996年版，第19页。四川省文史研究馆：《成都城坊古迹考》，成都时代出版社2006年版，第315、316页。

周长77.4米，由墓道、墓门、甬道、墓室组成。墓道由青砖砌成的22级阶梯下到墓门，再经12.5米长石砌甬道抵达主墓室。

墓门为牌楼式仿木石结构，屋脊两端有兽吻，四柱彩枋，浮雕青龙、白虎，东西两侧柱间，各立守卫武士1人，高1.1米，手持剑斧，形象威武。墓门

孟知祥墓

扇为石闸门，高1.6米、宽2.65米、厚0.22米。进门为券拱甬道，甬道两侧，彩绘仕女宫人，形态生动。内设双扇石门，用尺余牛尾铁锁封固。门内有石槽水井，作排水之用。

墓室距地表4.98米，形制独特，分左、中、右三室并列，上覆3个并列式石券拱结构，形成连续三跨圆锥形穹隆顶盖。

主墓室内青石板地面，室高8.16米、直径6.5米。正中央置青石棺台，长5.1米、宽2.7米、高2.1米。棺台下为须弥座，四周绕以莲花浮雕，前后各立裸身卷发力士5人，四角各有身着甲胄浮雕武士1人，跪地扶棺，神态肃穆。上层四周刻有双龙戏珠图案。

主墓室左右为耳室，各有门与主室相通。耳室结构与主室相似而略小，高6.0米、直径3.4米，用以放置殉葬品。地面铺青石板，长1.7米、宽1米、厚约0.5米。石板上面刻有"西川""武信""资阳""金水"等字样，以记州县服役工匠上缴石料之产地。

该墓于1970年冬为农民在改土造田时所发现。1971年春，进行发掘。由于早年被盗，出土器物不多，仅存残哀册、谥册、福庆长公主墓志、玉花、青瓷碗、碟、铜镜等。

该墓用砖石构筑，设计别具一格，施工质量优良，至今墓体、地面均未变形。这一巨大工程，墓穴风格别致，为国内陵墓所少见，是研究古典砖石穹隆结构的宝贵实物资料，具有很高的史学、科学和艺术价值。2001年被国务院公布为第五批全国重点文物保护单位。

三、窦圌山云岩寺转轮藏

转轮藏，又称飞天藏，道教称星辰车，《营造法式》称转轮经藏，后人誉其美称飞轮宝藏。其位于江油市武都镇东北7.5公里处的窦圌山云岩寺大殿西配殿中，宋淳熙八年（1181）僧真明始创①。

窦圌安山云岩寺飞天藏殿

飞天藏，应包括其藏殿在内，统言飞天藏，藏殿匾额为"飞天藏"。又蓬溪金仙寺《飞轮宝藏碑》及其藏殿殿额，均作"飞轮宝藏"，是其例证。

云岩寺始建于唐，现有殿宇为清代建筑，唯其中飞天藏为宋代所建。据现代建筑家辜其一的考证与分析：藏殿建筑虽无记载，观其形制当为飞天藏而建，亦为同时之物。故飞天藏及藏殿根据实物及文献，当为南宋淳熙七年（1180）僧人真明创建，历时8年完成。此后元至正十七年（1357）重葺。明代缺乏记载，明末兵火，唯此幸存。清康熙五十八年（1719）、乾隆十九年（1754），均曾修补，所以藏殿屋面现为清式，但飞天藏天宫楼阁及藏殿上下檐斗拱大木，基本上仍属淳熙遗构。

藏殿平面近方形。面阔三间，心间面阔7.29米，两次间各阔4.69米，通面阔16.67米。进深三间带前廊，中进深7.36米，前后两间各4.69米，廊进深2.35米，通进深19.09米。重檐斗拱大式建筑，歇山屋顶。

飞天藏立于藏殿中心。下层藏座，分作四层，形成八角塔形，地面圆径为7.22米，圆心上置立轴，轴径50厘米。轴置圆形地坑中央，铁制"寿山福海"（轴承铁件）入地坑深0.7米。中层藏身承接下层，亦为八角形，每面阔2.76米、直径7.22米。藏身施腰檐平坐，副阶周匝，下为须弥座。上层天宫楼阁三

---

① （清）常明、杨芳灿等纂修：《四川通志·古迹》，巴蜀书社1989年影印版，第2017页。四川省地方志编纂委员会编纂：《四川省志·建筑志》，四川科学技术出版社1996年版，第35页。辜其一：《江油县窦圌山云岩寺飞天藏及藏殿勘查记略》，《四川文物》1986年第4期。

层，其第二层以下为太平座，其区隔又分隔为上下二层，下层每面立龟头殿，作重楼腰檐平坐，两边上下平廊与左右角楼相连接，其下为藏身之腰檐平坐，转通八面，成为天宫楼阁基座。最上为八角攒尖顶。自底至顶，总高10.86米。飞天藏建筑形制，特别是天宫楼阁，其布局与《营造法式·转轮经藏图》大体相同。其上有木雕人像200余尊，现存者未过半百，形态生动，表情深刻，与成都出土的宋代陶像极为近似。藏上未设经匣，每段放置经匣的地位，似非为藏经而设。

窦圌山云岩寺转轮藏

藏身腰檐密铺斗拱，斗拱可分为三种，又各有区别，再形成不同类型。频繁出挑，有多出至六挑者，尚属鲜见。每面有补间铺作五朵及七朵两种，非常密促。平坐斗拱，安在普柏枋上，除转角铺作外，中施补间铺作六朵，均为四抄，相当密集。龟头殿，上下檐斗拱均为三抄，无补间铺作。龟头殿平坐，设补间铺作一朵。最上八角攒尖顶，檐下施四柱，左右出斜拱七铺作，斗拱、结构与其下太平坐斗拱层次相同。

二层副阶往上施缠柱龙，柱头间施双层檐额，其下承以雕空花雀替，檐额间施嵌雕花板。副阶内藏八面板壁，每面两侧及下边均安雕花板。板壁上散置木雕人，有立于须弥座者，有游云朵山石者，长袍短褂，姿态各异。藏身平坐上置斗子、蜀柱、钩栏、望板，出头作斗子，中间仅横杆二道，形式较简单。龟头殿龟头正面作欢门，两挟中安格子门一扇，均为四抹，中做腰华板，平素无华。格棂纹样有棱纹、毯纹、龟纹、斜万字纹等。龟头太平坐亦安蜀柱、钩栏，其形制与下层钩栏相同。

整座经藏，屋檐、平坐、栏杆、梁柱、斗拱全系木制，是大小木作结合的典型，大木规范，小木精细。花卉禽兽、道教人物，雕刻精致，彩饰妍丽，各种雕刻实物和沥粉贴金彩画，都是珍贵实物资料。该经藏经过900多年的漫长岁月，历经风雨、地震、兵火而幸存至今，是一份不可多得的文化遗产，1988年被国务院公布为第三批全国重点文物保护单位。

四、丹棱白塔——四川境内最古老的砖塔

四川境内最古老的砖塔丹棱白塔，位于丹棱县城西约1公里白塔村境内。新建的白塔路220号，这是丹棱县行政学院等三单位所驻的小院落，在院落的东边，塔周围有一人高的砖墙。塔基紧邻东墙，墙外隔机耕道道边是民居；南、西、北三面均有约20平方米大小的院中院。院中院内荒草茂密，深可没人，塔脚边不易靠近。

白塔，原名白鹤寺塔。后来寺不存，大抵因塔色粉白而得名[①]。《中国文物地图集》引《四川通志》卷四三《舆地·东观》："白塔在丹棱县治西，旧名白鹤，唐大中末建。内有浮图，宋维修。苏轼为记。明永乐改今名。"[②]又《丹棱县志》云：该塔"建于隋仁寿年间。始创年代尚待研究"。[③]

又据前述图集记述，清代及近现代曾经维修。方形十四级密檐式砖塔[④]，底层施五铺作斗拱8朵，第二、三、四层塔心室均施石斗拱，塔内设蹬道，可盘旋至塔顶。四角

丹棱白塔

---

① 四川省地方志编纂委员会编纂：《四川省志·建筑志》，四川科学技术出版社1996年版，第43页。四川省建设委员会主编：《四川古建筑》，四川科学技术出版社1992年版，第210页。
② 国家文物局编：《中国文物地图集》（四川分册），文物出版社2009年版，中册第629页。
③ 《丹棱县志》编纂委员会编：《丹棱县志》，方志出版社2006年版，第554页。
④ 《中国文物地图集》载塔高十四级，查《四川古建筑》中的照片和查看现场实物也是十四级，但是《四川古建筑》的说明，却是十三级，何故？谨按《洛阳伽蓝记》等所载塔之法式，塔级一般为单数，故书十三级、十四级，定各有其因，特书之以待考。

攒尖顶。

塔坐北朝南，高27.5米。塔身第一层边长6.1米，层高8.0米，南面正中辟券拱门，两边作券拱小窗。自第七层起，明显地开始内收。各层叠涩出檐。层间每面辟三窗，中间窗洞为尖拱，两边窗洞为平拱。远看似是中间为门，两边为窗。塔顶长满杂草，远望过去，杂草丛中的刹座、刹身、刹顶仍模糊可辨。塔座用红砂石砌筑，南面设石阶。座顶外沿作红砂石扶栏。每边五间，六立柱五栏板。塔体自塔座以上，通身以石灰粉白，蓝天之下，显得格外质朴壮观。原来每层檐角均有风铃，清风徐来，叮当作响，故有"白塔钟声"之诗意，为古丹棱八景之一。

现在底层斗拱部位，已改成叠涩挑檐。每层挑出八砖，全塔上下一致，虽无斗拱痕迹，也显统一和谐。

白塔年代久远，经过多次修葺，但其基本形制尚在，具有较高的文物价值。绿树簇拥，清溪环绕，苍老而洁白的塔体，高耸蓝天，纯朴圣洁，雄伟壮观。

五、新都宝光寺舍利塔

宝光寺舍利塔，又称宝光塔、无垢净光宝塔，位于成都市新都区宝光寺内天王殿和七佛殿之间的塔院中。相传和宝光寺同时始建于东汉，其时名称尚待稽考，但据1996年寺内出土的唐代施衣功德碑看，唐玄宗开元二十九年（741）已有宝光寺、宝光塔之名[①]。

唐武宗会昌五年（845）法难之劫，寺塔具毁。大中元年（847），寺院恢复，而塔未修。广明元年（881）黄巢破长安，僖宗南下入蜀，中和元年（881）路经新都，驻跸宝光寺，在寺后修建行宫，并延高僧知玄（悟达国师）驾前随行。中和三年（883）春天某晚，僖宗夜久不眠，忽见旧塔废墟霞光迸射，惊慌失措，因问悟达。答曰："此乃舍利放光，为祥瑞之兆，今黄巢已平，陛下可回长安了。"于是乃命挖掘，从塔下地宫中得石函，函内藏佛舍利十三粒，晶莹剔透，光彩耀目。遂命悟达重修宝塔，扩建佛寺，命塔名为无垢净光宝塔，寺名仍旧名宝光。塔因宝光舍利而光复，故又名舍利塔。

---

① 四川省地方志编纂委员会编纂：《四川省志·建筑志》，四川科学技术出版社1996年版，第37~38页。冯修齐：《宝光寺》，四川人民出版社2004年版，第37~39页。四川百科全书编纂委员会编：《四川百科全书》，四川辞书出版社1997年版，第110页。

新都宝光寺舍利塔

上述记载见于清同治十一年（1872）《重修宝光寺浮图记》，亦见于一些地方志。据此知今日所见宝光塔当建于唐代中和三年（883）之后。宋、明、清各代都曾培修过，唐时建塔的刻字砖，至今还封砌于塔内。

宝光塔，平面呈方形，砖塔立于须弥座塔基上。塔身分十三层，成密檐式，形制略似西安小雁塔。每层四面均嵌佛像，四角都系铜铃。塔顶冠以鎏金铜宝鼎，艳阳照耀，金光闪闪。须弥座线脚简洁明快，形制古朴。四周绕以八角形砖石护栏，栏板上镌刻着释迦牟尼应化故事，形象生动，整座宝塔庄重雄伟。

由于宝光塔造型奇巧，每当晴日，人们站在寺外前景开阔的水渠旁，能见到水中的宝塔倒影，宛若一峰玉笔直指霄汉，这就是久负盛名的"玉笔点银河"。而当雨后斜阳映照着垩白丹红、略成弓形的塔身时，宝塔又像一道绚烂的彩虹，赢得清代诗人李德扬的赞赏："从天戏海倒垂虹，五色祥光霭碧空。"

宝塔的向西倾斜，还伴随一个美丽的神话故事：有一年，成都平原发生了大地震，宝塔左右摇摆，人们不顾垮塌危险和风雨雷电的袭击，搭起高架，保护宝塔。这一精神感动了天帝，于是派四位天神下凡，背抵塔身，宝塔安然无恙。可是东方的那一位天神用力过大，致使塔向西斜了。从此以后，被人们誉为"东方斜塔"，以"东方"二字区别于西方的比萨斜塔。

宝光塔立于寺中的中轴线上，前后有天王殿、七佛殿呼应，左右以钟鼓楼作对峙，形成一个完整的中心体系，这种布局在我国现有的寺院中是不可多得的。它印证了"寺塔一体，塔踞中心"的早期寺院的典型布局格式，是一份十分珍贵的佛寺建筑文化遗产，体现了古代寺院建筑的宏伟气势与中国建筑的创造精神和高超技艺。它是宝光寺中的一大胜迹，也是观赏价值极高的旅游景点，更是一项史学、科学价值极高的重要实物资源。2001年宝光塔被国务院公布为第五批全国重点文物保护单位。

六、乐山灵宝塔

灵宝塔，又名凌云塔、凌云寺塔、凌云宝塔、九峰塔、九顶塔、白塔，位于乐山市凌云山凌云寺侧，高踞于凌云山九峰之一的灵宝峰之巅。凌云山有九峰，昔人又称九峰山、九顶山，因而灵宝塔又有与之相关的名称。该塔建于北宋仁宗赵祯天圣年间（1023~1032），明、清曾经维修。从1989年开始对塔的维修中，陆续发现北宋纪年砖，再参考宋人诗作等文字资料综合考察，此塔确系北宋凌云寺住持的墓塔，并非唐塔而无疑义[①]。

灵宝塔坐东向西，平面呈方形。第一级高5.1米，边长7.7米，坐落于须弥座上。砖砌须弥座，边长11.2米、高2.8米，四周砌壸门，每边五樘。须弥座下为红条石台基，边长17.8米、高0.9米。系十三级密檐式砖塔，通高29.3米。内部作楼阁式塔室，其平面为方形或六边形，共五层。每层设佛室，立石刻佛像。壁内设95级石磴，沿内壁转折而上，直达塔顶。每层设有通光小窗，每面两个。一至三层每层每边中央设一门，下层四门，仅其中一门可出入。塔门和一至三层塔室，皆有仿木结构斗拱，斗拱作人字形拱和鸳鸯交首拱。

灵宝塔具有密檐式塔与楼阁式塔相结合的构造特征，其外形与西安荐福寺小雁塔很相似。基座较高，第一层特别高，第二层以上则为密檐，每层叠涩。从第六层开始，逐层收分，中部较缓，上部收刹很锐。塔体造型优美挺拔，颇具唐代砖塔风韵[②]。

灵宝塔立于山顶，高出众峰，成为乐山三江的航标，为乐山的胜景之一。入塔登顶，俯览嘉州景色，四野丹山碧水，城镇风光，尽收眼底。

七、北宋第一塔——南充白塔

白塔称建隆万寿塔，又名无量宝塔，位于南充市嘉陵江东岸的鹤鸣山上，与南充市城区隔江相望。白塔和白塔寺同建于北宋建隆年间（960~963）。据1929年版《新修南充县志》云："白塔晨钟在鹤鸣山，其塔为宋太祖时建。"

---

① 毛西旁：《乐山灵宝塔始建年代考》，《四川文物》1988年第2期。
② 杨渝泉：《四川地区的古塔楼阁》，《成都文物》2006年第2期。

南充白塔细部

又云：鹤鸣山"上建白塔寺，寺旁白塔凿'建隆万寿之塔'六字，为南充八景之一"。现塔身第十级东面的"建隆万寿之塔"六字模样，尚隐约可见[①]。

白塔为楼阁式四方形砖塔，共十三级，通高39.56米。塔基用方条石砌成，高1.74米，长、宽各8.45米。塔身系青砖叠砌，仿木斗拱建筑。每级四面为四柱三间，均砌出侧脚砖柱、阑额及斗拱。一至七级施柱头铺作、转角铺作斗栱，其中第一级每间加施补间铺作斗拱一朵，七级以上不施斗拱，第一级四面明间开券门，但仅正门可以出入，其余三面实墙为龛。第二至十一级每级四面明间及梢间设券拱辟小龛、门窗。第十一至十三级明间辟小龛。十三级橑檐枋上棱砌一层砖，其上再以砖叠涩五至六层，形成较厚的塔檐。塔的第一至四级，塔内设有实心砖柱，塔柱与塔之间环砌砖阶，可沿阶盘旋而上。第五级以上用叠涩式砌法，叠涩成菱角形砖阶，沿阶而上，可攀到第十级。第十二级、第十三级为实心。塔顶用莲瓣铁帽封顶，上作塔刹。今塔刹已毁，铸铁莲瓣刹座尚存。塔身通体粉刷白灰，而柱、枋、斗拱全饰土黄色，阳光照耀，鲜艳夺目，过去塔四角均挂有铜铃，风吹铃响，塔高声远。昔年寺内僧人职司晨钟，钟声悠扬动听。清代王以丰有诗，其诗译成现代语是：隔水对岸上立一圆塔，寺内僧人清早起来敲钟，钟声早过鸡鸣，唤起江城千万户晨炊的早晨。

白塔晨钟为南充八景之一。每逢吉日，善男信女，远近游人，络绎不绝。攀登塔顶，翘首遥望，山苍水碧。俯瞰塔下，林木苍翠，繁花若锦。瑰丽景色，为古塔平添清幽与俊美。

白塔自建设以来，从未维修，只是明末有一次加宽基座的维修。这一次维

[①] 王积厚：《南充白塔》，《四川文物》1985年第1期。四川百科全书编纂委员会编：《四川百科全书》，四川辞书出版社1997年版，第625页。

修的工程记述在1976年发现的一通维修碑中，此碑保存于南充县文化馆。碑文的时间是"崇祯十四年（1641）八月初九日"。塔虽经长期风雨侵蚀及多次地震，塔身仅倾57分，西北角第四级以上有1~2厘米裂缝。由此可见，古代建筑技术之高超，对建筑力学和抗震科学运用之熟练。

四川省文化厅于1982年拨专款对此塔进行了维修与加固。1980年此塔被公布为四川省第一批文物保护单位。

八、邛崃石塔寺石塔

石塔寺石塔，位于邛崃市高何镇北约3公里处的高兴村西山台地石塔寺内。石塔寺原名大悲寺，后来寺以石塔名。塔本名"释迦如来真身宝塔"，始建于南宋乾道四年（1168），历时4年，至乾道八年（1172）仲秋落成[①]。

塔、寺依山而建，坐西北向东南，且在同一中轴线上形成前塔后寺的布局。塔体全用红砂石砌筑而成，无一砖一木或金属部件，系十三级正方形密檐楼阁式建筑，通高17.8米，由塔基、束腰须弥座、仿木楼阁、密檐塔身、覆钵式双重塔刹组成。

邛崃石塔寺石塔

塔基素面高出地表0.38米。台基上置素面几座、卷腿，其间饰火焰纹。几座上置形制相似的双重须弥座。下层须弥座座身辟龛设壶门，浮雕莲瓣、莲花、童子戏水、芙蓉、卷草、缠枝花卉等。上层须弥座高度约下层之半，其束腰四角刻饰辟邪、瑞兽。

须弥座上建第一层塔身，比例较大，由塔体廊柱身与副阶回廊两部分组成仿木阁式的方形平台。副阶回廊每面三间四柱，明间宽1.15米，两侧次间各

---

① 罗哲文：《石塔寺释迦如来真身宝塔》，《四川文物》1984年第4期。《石塔寺石塔》，《四川文物》2000年第2期。

宽1.12米。柱为八角形，下承以0.31米见方柱础，其上置仰覆莲座，在柱顶和补间铺作位置设栌斗，上承宽大屋檐。柱间枋、额、栌斗、横梁连接，刊刻浮雕缠枝花卉。塔体每面辟龛，内供佛像。龛上立匾，刻塔名"释迦如来真身宝塔"，上款"大宋乾道八年仲秋兴建石塔僧安静记"，下款"左迪功朗火井主簿王党书"。

密檐塔身十二层，立于副阶塔身之上。其上第五层塔身之上段与下段，均向上、向下逐层缩小，致使全塔形成梭形。每层叠涩四层，挑出短檐，檐角向上反翘。塔身各层四面刻坐佛三龛，计144尊，余表阴刻楷书《大悲神咒经》一部、《观音经》一部、《地藏本愿经》一部三卷。

塔刹置于覆钵式双重刹座上，塔刹仰覆莲上端坐双手合十佛像一尊。

该塔具有许多独特之处，如塔的位置于寺前，底层塔身外建一副阶回廊，塔身呈梭形等，都显出奇特的形制，构思设计的别致不同凡响。然而，历经800余年的风吹雨淋，雪压霜侵，致使副阶回廊梭柱、普柏枋、栌斗、廊檐、翼角等部断裂、剥落，时有倾塌之危。为保护这一珍贵文物，曾呈请省市文物局，进行维修，并获得拨款，省文物局曾中懋工程师等曾作现场指导，并于1982年12月开工维修，次年5月竣工。

该塔集唐代建筑风格及宋代建筑艺术于一体，对研究我国早期寺院布局、石构建筑、石制艺术等都是不可多得的珍贵实物。就中国古塔而言，它具有独特的造型和精美的雕刻，具有确切的建筑年代，足资考证。如此年代久远、造型别致、技艺精湛的建筑，属国内罕见且至今保存完好，具有很高的历史、艺术、科学研究价值，弥足珍贵。2001年此塔被国务院公布为第五批全国重点文物保护单位。

九、宜宾旧州塔

旧州塔，一称旧州白塔，位于宜宾市翠屏区旧州坝上，即古戎州城外西南角，故名旧州塔。塔距市中心约3公里，离古代石刻大佛陀约150米。建于北宋徽宗大观三年（1109），后经兵火毁损，明代曾进行过修葺[①]。

旧州塔为典型的方形密檐式砖塔。塔坐北向南，塔脚南北长7.35米，东西

---

① 艾永齐：《宜宾旧州塔》，《四川文物》1990年第2期。国家文物局编：《中国文物地图集》（四川分册），文物出版社2009年版，下册第711页。

宽7.40米，共十三层，通高29.5米。通体用泥土胶结，以砖砌成。塔基直接置于鹅卵石地基上，砖砌基脚甚浅。

塔体外观，与西安荐福寺小雁塔相似，系印缅塔式风格。首层甚高，从第二层起，上布密檐，逐层叠缩，向上更甚，形成缓和之曲线。迭出的塔檐则呈内收曲线，颐势圆和。塔身下层正面辟有拱券门，其他三面则无门。塔体各层四面当中均开拱券形小窗，四壁上下共开48洞窗，唯十二樘为真窗，其余皆假窗，内外不通。窗上左右相对出叠涩，不作券拱，亦无横楣。

宜宾旧州塔

塔内共分五层，每层之中设塔心室。各室顶部筑长方形藻井，北面开佛龛。第一层和第五层，四角施转角铺作，四面加长条形补间铺作；第二、三层反施转角铺作；第四层无斗拱，平面呈八边形，砖做雀替，相向中心，四散排列。各层之间设蹬道相通，蹬道建于塔外壁与塔心室之间，右旋向上，绕行各层塔心小室之外，直到顶层。塔内佛像，均已面目全非，身形全无。

塔的西面有一碑，刻有明代《重修白塔碑记》。抗战期间，建筑专家梁思成、莫宗江等曾来考察，并撰有专著。1952年和1979年，曾两度维修。

白塔建于江边鹅卵石浅地基上，以泥胶砌砖，基础小而浅，窗洞上无券无楣，经800多年的风雨侵袭，不倾斜，无裂纹，其设计技术和施工质量都达到了很高的水平，在掌握和使用地质、气象和砖结构的资料方面也达到了熟能生巧的程度。它的外观形象，心室的巧妙布置，亦具独特风格，其建筑实物能留存至今，乃是一份十分珍贵的历史文化财富。

白塔屹立岷江北岸，相映于碧波帆影和青山绿水之间，为宜宾八景之一，誉称"古塔斜阳"。1956年被公布为四川省第一批文物保护单位。

十、大足石窟及龛、窟建筑中的技术成就

大足石窟释迦卧佛

龛是供神佛的小阁。窟是洞穴、穴居。作为居处的龛与窟只是大小和深浅之别，龛可容纳于窟内。石窟寺一般指以人工开凿的窟穴为寺院。依山凿窟，窟中造像，窟就起着寺院的殿堂作用。就岩凿龛刻像、塑像，或独立于窟中，或依附于窟壁。大足石窟是大足县境内所有石窟的总称。据统计，现有大小石窟区近百处，造像5万余躯。除规模较小者外，迄今被陆续批准为各级文物保护单位的就达73处。其中，有全国重点文物保护单位2处、省级文物保护单位3处、市级文物保护单位1处、县级文物保护单位67处。始凿于初唐，崛起于晚唐之后。①

石窟艺术是一项十分珍贵的文化遗产，涉及历史、考古、美学、哲学、宗教、建筑、摄影、音乐、舞蹈、戏剧、服饰、兵器、雕塑、绘画和文物保护等许多学科。巴蜀石窟与建筑工程有着极其密切的关系，其中涉及规划选址、平面布局、建筑力学、龛窟支撑、峡谷排水、采光通风、塑像和龛窟保护等诸多方面的学科与技术。

巴蜀石窟，与其他地区的那种远离城镇的布局有别，大多离城镇不远，如乐山大佛、广元千佛崖、大足北山石刻和大足南山石刻等。有的还在城镇中，如资中重龙山石窟等。在地形选择方面，各地石窟都有独到之优点，其中以大足大佛湾最为突出。大佛湾是一个马蹄形峡谷，长300米、宽约100米、高约40米。造像于谷内东、南、北三面悬崖上。顶突出为檐，起遮阳防雨作用。峡谷

---

① 黎方银：《大足石窟艺术》，重庆出版社1989年版，第1～32、225～228页。

东高西低，东、南、北三面绝壁耸立，唯西是缺口，正对着南北走向的龙潭沟绝壁，因之大佛湾成了四周高、中央低的小盆地。由于四周闭塞，西北风或东南风吹来时，都很难吹进盆地。又因多数造像分布于南、北崖上，故阳光照射的时间很短，这无疑有利于佛像的保护[①]。

石窟寺的建筑家对于建筑力学的运用随处可见，可以毫不夸张地说到了熟能生巧、得心应手的地步。当代木屋架，跨度21米被认为是极限。乐山大佛肩宽24米，此方向为最小跨度，但实际跨度应大于24米。那么在1000多年前的屋盖是用什么结构呢？可以想象，不是平面桁架，而是别的结构。又前述大佛湾岩层突出的石檐，不是一次出挑，而是采用逐层出挑，形成倾斜面，其最大倾斜角达到40度以上，把重力斜向传到石壁。又如在华严三圣像中，文殊手托石塔，重约千斤。雕塑家利用手腕上的袈裟下拽至膝部，形成斜撑，永持不坠。此外，许多窟顶、龛顶都做成弧形，有的窟顶还雕成藻井。如广元千佛崖、巴中南龛山、邛崃石笋山等地龛顶多为弧形。顶部的弧形或折线形，既美观，又起拱的作用，得以支撑顶盖，达到艺术与技术的统一。

石窟的排水，独具匠心，巧妙绝伦。例如大佛湾圆觉洞的排水并非难事，在四边凿几条水沟即解决问题，但如果这样做，就不会有"只听水声响，不见山水流"的妙境。雕塑家是通过在上面开暗沟，最低处刻吐水龙头，再以老僧持钵接水来解决此难题。又如九龙浴太子图的崖顶终年不息的水，要排走亦非难事，修条水渠即可，但雕刻家把它作为造像的题材来处理，即在山崖曲折的水沟旁，刻一头抬头饮水的牛，凿成一幅引水饮牛的牧牛图，使流动的水流与静止的雕刻融为一体，创造出一种静中寓动的妙境。

石窟的采光处理，妙趣横生。大佛湾圆觉洞，窟深12～13米，窟门通道长3.9米，门径狭小，单靠它来自然采光是不够的，于是就在窟门内凹进的洞壁上开了一个狭长形的天窗，长3.87米，外侧高1.23米，内侧高0.75米，而窗深只有0.66米。这样处理，不仅使洞内光线较充足，而且经窗射进的光束中心，正好聚焦到洞中跪着向佛求法的圆觉身上，烘托出几分神秘的气氛。该洞为了有效地利用光线，还在窟两侧塑像处理上与众不同，把安在两侧深处的普贤和文殊的背部离开石窟向外侧身而坐，使他们三分之二的面部受光，轮廓清晰，明暗适度，更符合中国百姓所忌讳的半白半黑"阴阳"脸的审美要求，与当代绘

[①] 国家文物局编：《中国文物地图集》（四川分册），文物出版社2009年版，上册第117、118页。

画、摄影对光影关系的要求相吻合①。

总之，龛窟建筑中的技术成就，远非如此。譬如像上的颜色怎么能经久不褪色，大佛的石渣怎么排出、运走，大佛屋架怎么吊装，石窟岩壁怎么开凿，等等，都有一连串的施工技术、计划、组织等问题。凡此种种，都涉及一些专门的研究课题，汇成一个知识的海洋。

十一、合川钓鱼城

合川钓鱼城

钓鱼城，位于重庆市合川城东5公里处，嘉陵江左岸的钓鱼山上。山以洪荒年代仙人垂钓的古老传说而得名。城周长约12公里，总面积达3.8平方公里，可容纳军民10余万人②。

钓鱼城始建于南宋淳祐二年（1242），四川安抚制置使兼重庆府事余玠采纳冉璡、冉璞兄弟之谋而筑此城，以为抗击元军之城堡③。它的规划设计，充分地利用了有利的地形地势，极大限度地发挥了自然环境的地理优势。意匠高超，构想完美，真是一座"金城汤池"，以致能使名将王坚、张珏镇守此城长达36年之久。南宋开庆元年（1259），成吉思汗的孙子蒙哥大汗亲率10万铁骑攻城，被守军炮击致伤，未几去世。

对于钓鱼城在当时的作用，明代邹智《钓鱼城题词》有记载，它的大意

---

① 四川省建设委员会主编：《四川古建筑》，四川科学技术出版社1992年版，第288页。童登金、胡良学：《大足宝鼎山大佛湾圆觉经变窟的调查研究》，《四川文物》2000年第4期。

② 四川省地方志编纂委员会编纂：《四川省志·建筑志》，四川科学技术出版社1996年版，第15、16页。四川百科全书编纂委员会编：《四川百科全书》，四川辞书出版社1997年版，第339页。

③ 《宋史·余玠传》，中华书局1978年版，第12468页。

是：过去要没有钓鱼城，则就没有蜀好久了；要是没有蜀，则就没有江南好久了。宋之宗庙社稷，岂不是等待这崖山城池而后灭亡呢？

又明冯衡《钓鱼城》诗，其大意云：宋朝国祚，奄奄一息，仅一线之长，钓鱼山高处却筑了城隍。三江环山，犹如天堑，千嶂入云，控制着蜀疆。余玠有谋有略，用了珇璞兄弟之计策；蒙哥有勇无计，不能屈服王张。英雄大业昭著青史，立庙祭祀哪些英雄受表彰。

钓鱼城所在的钓鱼山高400多米，嘉陵江环绕北、西、南三面，地势十分险要。因水依山为塞，储粮屯兵为营。三面环江，城垣依悬崖峭壁建造，高出水面200余米。设有城门8座，为双砌拱门楼。奇胜门左侧100余米处建有一洞门，外为悬崖，系作排水之用。山南小东门与山北出奇门处，分别由山上城墙向下延筑直至嘉陵江中，名"一字城"。江边修有水军码头，又称"皇堤"。出奇门上边左侧高地修有指挥台和练兵校场。城中还有帅府、护国寺、忠义祠、护国门、敌楼、炮台、古井、天池等建筑物，大都保存完好。

城内古建筑群，占地面积4.8亩，建筑面积1700平方米。护国寺建于南宋绍兴间（1131～1162），清道光十三年（1833）重建。包括山门、大雄宝殿、药师殿等三进院落，有大殿五间，通面阔18.8米；进深三间，通进深14.4米。现为文物展览馆。忠义祠在护国寺右侧，为一四合院。始建于明弘治七年（1494），原名王张祠。明弘治十二年（1499）、正德十二年（1517）两次维修，清初遭毁，乾隆二十四年（1759）重建，改为忠义祠。帅府建在护国寺内高地上，又称武道衙门。上述殿宇明间、次间系抬梁式木结构，梢间山墙为穿斗式木结构，小青瓦屋面，大木小式做法，单檐出挑，处理简洁，风格古朴，颇具地方传统特色。

1980年，对护国寺进行了维修。1985年，对护国门至新东门200米段的城垛进行了维修。维修后的城墙走道宽4米，城垛高于走道1.8米，新东门城门通高7.2米，石砌拱门楼高3.2米、宽1.92米、深4.62米，基本保存了古城门形制。

钓鱼城曾以挫败元军入侵而闻名天下，迄今为国内保存较完整的古战场遗址，也是一座历史名城。因四季景色各异，烟云变幻无穷，故又有"鱼城烟雨"之称。它的山川形胜，有明代李嶷《护国寺大门》联云："城号钓鱼，三江送水开巴堑；寺名护国，孤嶂飞云控蜀疆。"

该古城史迹珍贵，风光绚丽，不愧为历史文化名城，1995年被国务院公布为第四批全国重点文物保护单位。

第二节　摩崖石刻上的唐宋建筑

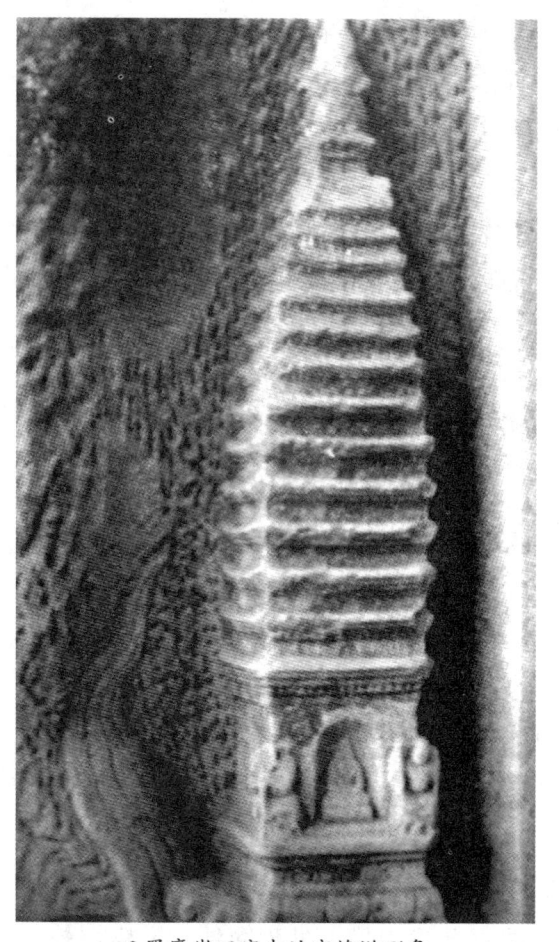

巴蜀摩崖石窟中的密檐塔形象

摩崖石刻是世界颇负盛名的艺术珍品，也是研究中国古代建筑的宝贵财富。巴蜀摩崖十分丰富，在盆地周边山崖地区，约有200多处，每一处或几窟或几百窟。大窟深过10米，小窟大不容尺。成像大者如乐山大佛，高达71米，小者不过方寸。成像数量多以万计，高或长在10米以上的像，多达16座。成像内容以佛像为主，儒道为次，道像约30多处，三教合流是其趋势。巴蜀摩崖较为集中的地域有大足、安岳、广元、巴中、乐山、通江、潼南、荣县、合川等20多个县市[①]。

巴蜀雕塑，由来已久。凿崖为墓始于汉，实是凿崖为窟之滥觞。凿崖造像，始于南北朝，极盛于唐宋。宋代石刻技艺日臻成熟，其审美观之高和内容之丰富，均是空前的、中国化的，成为又一高峰，使"唐以后四川石窟居全国之冠"，既体现了与全国各地摩崖的一脉相承，又形成独具一格的地方特色，是传统文化吸收融合外来文化的典范。

石窟寺分支提窟和毗诃罗窟。支提窟与北朝石窟寺中常见的中心柱式的洞窟形制大体相同，内圆外方，中心立舍利塔，塔周为半圆形拜殿。毗诃罗窟的基本布局是在大窟四周布置出入口和支洞。唐以前基本上是洞窟造像，唐以

[①] 四川省地方志编纂委员会编纂：《四川省志·建筑志》，四川科学技术出版社1996年版，第53～55页。国家文物局编：《中国文物地图集》（四川分册），文物出版社2009年版，上册第117、118页。胡文和：《四川摩崖石刻造像分期试论》，《成都文物》1998年第2期。

后多摩崖造像，并成为宋代石窟寺的主要形式。例如，大足石窟中，方形和长方形洞窟很少，大佛湾仅有毗卢道场和圆觉道场两处，其他都是摩崖造像。摩崖造像有许多优点：便于利用大面积悬崖，把像露在外面，不受地形、光线限制，有很大的随意性，易于展开连续性的故事，容易造成壮丽雄伟的气势，又能与自然山水融为一体，并能节约大量的凿石工作量，是一种创造性的进步。

巴蜀石窟虽然逐渐为摩崖所取代，但仍保留一些石窟痕迹。其平面布置变化较大，中心柱的设置经过艺术加工而形成各种形式，在传统平面意识的影响下，外来形式经过改造和发展变得更为完善。大足北山佛湾的转轮经藏窟内，室中屹立星辰车，下部蟠龙为基，八方露盘上面立八条龙柱，形成星辰车这一佛门法器的整体，既表现出法轮常转与造物天成的和谐，又把龙柱的艺术功能与窟顶支撑有机地结合起来。宝顶大佛湾释迦涅槃圣迹图，其顶部重达60多吨，匠师们考虑不便立中心柱支撑，于是就在涅槃像的顶部刻出一缕香烟，绕上云天，作为顶盖的支撑。孔雀明王窟，匠师们把孔雀作为主体刻于窟中，站立的孔雀成了顶部的支撑。这种中央支撑实际是中心柱的遗意，又一次表现了雕塑艺术与建筑结构的完美统一。

石窟寺中常在石壁雕刻花草禽兽、楼台亭阁作为装饰，点缀人物故事。窟门刻成仿木立柱、楣枋、斗拱、屋檐，室内刻浮柱、柱础、柱头，有的还刻制藻井，俨然木构殿堂。

摩崖的特征是在岩石表面造像。为了保护造像，在外壁用木构伽蓝建筑覆盖，外观形成木构殿堂的形式，有的直接利用崖沿，凿成屋檐形式。这种雕饰为檐的做法，巴中永宁寺较为突出。青神中岩寺，则多将像造于自然凹崖内，不事雕饰。

大佛由于尺度很大，大都是露天造像。为了寓佛于宇内，在佛上加屋，在佛外加墙。如乐山大佛，曾建有十三层殿宇，巍峨壮观，光彩夺目，可惜年久失修而坍圮。名列巴蜀的第二和第三大佛，为荣县大佛和潼南大佛。其附崖殿宇，层层飞檐，与山势紧密协调，与自然浑然一体，似从崖里长出，至今光彩耀人；其建筑成就，举世公认。

巴蜀摩崖还有一个特点，即窟外多有寺院，故石窟、摩崖前常冠以寺院名称，如广元皇泽寺摩崖、邛崃花置寺摩崖、江津大佛寺摩崖等。

苍溪临江寺，是一座非崖非窟的石雕佛寺，位于距县城约1公里处的临江古渡。其八仙洞、韦驮殿、慈云阁、娘娘殿、东西禅房等建筑，均整岩雕成；宫室制度全由石质表达，是一组最真实的古建筑，只可惜有所毁损。大足小佛湾有大宝楼阁，亦全为石质，但它是用大石条砌成的，与临江寺不同，其文化价值也应有别。

巴蜀摩崖，内容丰富，题材广泛，技艺精湛，形象逼真，生活气息浓郁，比较全面地反映了当时的社会风貌，对于研究巴蜀历史、文化，尤其是对研究巴蜀古建筑的巨大成就，都具有很高的价值。

第三节 文献中的前、后蜀御苑——摩诃池（宣华苑）

故址在今成都市四川科技馆、后子门一带。考其名制，据《辞源·摩诃池》有二说[1]：一曰隋蜀王秀取土筑广子城，因以成池。有胡僧见之曰：摩诃宫毗罗。摩诃为大宫；毗罗为龙，谓此池广大有龙。二曰隋萧摩诃所凿，故有摩诃池、龙跃池、龙池之名。又五代前蜀王建武成元年（908），诏改蜀王府堂宇厅馆为宫殿，摩诃池改为龙跃池。其子王衍继位，改为宣华苑。古苑至今，几经沧桑[2]。

入唐之后，摩诃池上广置园林建筑，种植花木，池水清澄，游鱼成群，水鸟翔集，成为城中游览胜地。当时一些诗人曾游宴其上，并留下一些诗作，如杜甫《晚秋陪严郑公摩诃泛舟》诗云："湍驶风醒酒，船间雾起堤。高城秋自落，杂树晚相迷。"又武元衡《摩诃池宴》诗云："摩诃池上春光早，爱水看山日日来。秾李雪开歌扇掩，绿杨风动舞腰回。" 畅当《偶宴西蜀摩诃池》诗云："珍木郁清池，风荷左右披。浅觞宁及醉，慢舸不知移。"高骈《残春遣兴》诗云："画舸轻桡柳色新，摩诃池上醉青春。"

及至梁灭唐，入于五代十国。前蜀王建将摩诃池更名龙跃池，升为禁苑，已见前述。至后蜀亦承其制。后蜀孟昶妃费氏，青城山人，幼能文，尤长于宫词，赐号花蕊夫人[3]。《全唐诗》载其《宫词》百首，《三家宫词》和《全蜀艺文志》均全收百首。洋洋大观，山水美景，绮丽繁华，亦为佳构。邵晋涵辑

---

[1] 《辞源》第1302页"摩诃池"："为隋·萧摩诃所置，故名。也称汙池。一说为隋·蜀王秀所筑。"
[2] 王文才：《成都城坊考》，巴蜀书社1986年版，第24～25页。
[3] （明）毛晋辑：《三家宫词》，第58页。见《丛书集成》，商务印书馆1936年发行。该书附传云："《蜀传》孟昶青城女费氏，幼能属文。尤长于诗，以才貌事昶，得幸赐号花蕊夫人。"

《旧五代史》，略仿《三国志》注例，收史籍说部七八十种，花蕊夫人《宫词》亦所引证，附注文下，以备稽考。西蜀苑囿之概貌，正于《宫词》见之。

关于御苑之总貌《宫词》云："三面宫城尽夹墙，苑中池水白茫茫。直从狮子门前入，旋见亭台绕岸傍。"即苑之南、西、北三面临宫墙；东连宫阙，即苑在宫西。

苑中主殿为龙池之设厅韶光殿，王衍改名为重光殿，并置亭台多处。如《宫词》云："殿名新立号重光，岛上亭台尽改装。但是一人行幸处，黄金阁内锁牙床。"

苑中亭台楼阁、离宫别馆有：重光、太清、延昌、会真之殿，清和、迎仙之宫，降真、蓬莱、丹霞之亭，飞霞之阁，瑞兽之门。皆为园苑建筑，游乐设施。如《宫词》云："离宫别苑绕宫城，金版轻敲合凤笙。夜夜月明花树底，傍池长有按歌声。"

宫苑行廊即连接院落之长廊，临水加栏槛，总长十多里。地衣即地毯，龙脑为香名。即廊内铺锦绣地毯，地毯上尽散异香。如《宫词》云："安排诸院接行廊，外槛周回十里强。青锦地衣红绣毯，尽铺龙脑郁金香。"

主殿重光在苑东，配以亭阁，即所谓飞鸾之阁，为常幸宴游之处。如《宫词》云："苑东天子爱巡游，御岸花堤枕碧流。新教内人供射鸭，长将弓箭绕池头。"

为了上下游船，池边设码头，《宫词》中叫水门。水门即水埠放舟处，非入苑处之水门。如《宫词》云："翔鸾阁外夕阳天，树影花光远接连。望见内家来往处，水门斜过罨画船。"

苑墙东即池之西，为僻地，是道宫之所在。《宫词》中管弦度曲，指道曲亦可供嬉娱。三清是道教神名，一般指玉清元始天尊、上清灵宝天尊、太清道德天尊。三清台此泛指道教建筑。如《宫词》云："三清台近苑墙东，楼槛层层映水红。尽日绮罗人度曲，管弦声在半天中。"

龙池风光犹如江南水乡一样美好。如《宫词》云："龙池九曲远相通，杨柳丝牵两岸风。长似江南好风景，画船来去碧波中。"又云："五云楼阁凤城间，花木长新日月闲。三十六宫连内苑，太平天子坐昆山。"五云指五色瑞云。凤城犹凤凰城，即京师之城。昆山即昆仑山，谓仙山。

五代之后入宋，虽然龙池随着后蜀的灭亡而趋于衰落，但仍然是游乐之处。试录宋诗以为证。如宋祁《过摩诃池》（二首）云："十顷隋家旧凿池，池平树尽但回隄。""百岁兴衰已如此,争教东海不为田?"陆游《摩诃池》诗亦云:"摩诃古池苑,一过一销魂。""犹有宫梁燕,衔泥入水门。"又有《宴西楼》等多首诗咏摩诃池。他在《数日暄妍颇有春意》中自注云:"蜀宣华苑在摩诃池上。"盛衰更迭,宋代诗人已感沧桑之变。繁华已过,人去楼空。往来旧燕,颇有"飞入寻常百姓家"之感慨。

第四章

元明时期建筑

元代上承唐宋发达的经济，农业、水利、农副产品加工作坊、集市场镇、文化教育、建筑等都有所发展，虽然宗教建筑技术和砖石结构技术与筑城技术较之以前有所提高①，但一方面是唐宋大兴建筑的高峰期已过，另一方面是元朝统治时期相对较短，所以有名的建筑和存留下来的实物远不及唐宋。

留存至今的元代建筑有阆中永安寺大殿、阆中五龙庙、峨眉山报恩寺、峨眉山飞来殿、七曲山盘陀殿和桂香殿、芦山平襄楼和青龙寺大殿等。多为歇山屋顶，大式作法，用材尺度宏大，风格庄重朴实。阆中五龙庙，虽为乡间小型建筑，鲜为人知，但其单檐歇山，侧脚收分，斗拱双挑，均造型优美，与山西的五龙庙形制相似、风格媲美。

唐宋建寺造塔之风，传至元，亦有所减弱。德阳孝泉延祚寺塔，为始建于元而保存至今的方形密檐式砖塔。方形密檐式砖塔在中原地区盛行于唐，至宋已少见，而该塔证明这一形制在巴蜀地区一直延续到元代。峨眉圣积寺铜塔，八方十四层，高5.8米，是楼阁式与喇嘛式融为一体的佛塔，其较贵重的建筑材料和特殊的形制，以至成为传世文物。

此外，元代遗留建筑还有秀山客寨桥、广元皇泽寺摩崖造像等。江油云岩寺转轮藏、云阳张飞庙等著名建筑，元时亦曾加以维修。

明代一统江山，经济有所发展。官场好奢华，土木重雕镂。家具陈设，无一不工；壁画雕塑，无一不秀。兴盛筑城池，衰落建村寨，整个朝代，土木不断。穹隆屋顶，大跨度城门，标志着砖石结构技术的成熟。碉楼、村寨建筑，显示出夯筑、垒石技术之高超。梁柱用优质的楠、樟木等，柱用通长优质石料，既重质量，又重永久性。建筑物除城池村寨外，尚有蜀王府、书院、宫观、民居、牌坊、桥梁之类，都有较大规模的建设。

---

① 国家文物局编：《中国文物地图集》（四川分册），文物出版社2009年版，上册第12~21页。四川省建设委员会主编：《四川古建筑·四川古建筑概述》，四川科学技术出版社1992年版。四川省勘察设计协会编：《四川民居》，四川人民出版社1996年版，第208~210页。刘致平著，王其明增补：《中国住宅建筑简史·四川住宅建筑》，中国建筑工业出版社1990年版，第132页。

留存至今的木结构建筑，尚有30余处。平武报恩寺，为一完整的明代建筑，既具宋代官式做法，又具巴蜀地方特色。蓬溪灵鹫峰寺天王殿、大雄殿，以及宝梵寺大雄殿等均为抬梁式构架、歇山式屋顶。剑阁觉苑寺大雄殿，留有唐宋余韵。重庆温泉寺，关圣、接引、大雄、铁瓦四殿，均建于明代，但做法各异。重庆宝轮寺旧殿，纯木构筑，无一铁钉。雅安金凤寺大殿，梁枋斗拱仍保存完整。宜宾真武山庙群、李庄螺旋殿，构筑精美。广汉龙居寺，存成化壁画10幅。新津观音寺观音殿、毗庐殿，存成化壁塑500罗汉和塑像。安岳开禧寺大殿，构材宏大，结构严谨，突显明代建筑古朴特征。屏山万寿寺，存大殿和观音殿，大式作法，各具宋、明特征。荥经开善寺大殿，系明代典型大木结构建筑。资中甘露寺正殿，存明壁画12幅。江津石门大佛寺殿屋，雄伟壮观。

保留至今的砖石结构尚有：峨眉山万年寺普贤殿，为有名的无梁殿之一；安岳木门寺祖师殿无际禅师亭，为单檐四角攒尖仿木大式石亭，中立石塔，高4.9米；富顺文庙棂星门，石作极精；璧山海江乡，大邑雾中山、元通寺、白银庵，邛崃天台山永乐寺等地各存仿木石牌坊。

明代维修或重修过的城墙有：资中城，长约2.4公里；松潘城，全长6.2公里，基本完整；三台潼州城墙，长2.2公里，有东南城门；永平堡古城、嘉州古城墙、会理北城门等均保存至今。

第一节 元明时期的代表性建筑遗产

一、德阳延祚寺砖塔

延祚寺砖塔，又名延祚寺塔，位于孝泉镇新街路口。一说始建于汉，隋大业仅存塔基[①]。一说始建于宋，为木塔[②]。此塔创建于隋，是可信的。据《德阳县志》载："砖塔之建则始于元顺帝至正二年（1342），安西府人赵文德发愿独修塔十三层，至七层而中止。其弟赵文礼续修六层，于至正十三年（1353）告竣，前后经十二年而塔始成。"从塔之细部手法和所用形制分析，现存的砖塔修造

---

① 杨渝泉：《四川地区的古塔楼阁》，《成都文物》2006年第2期。
② 国家文物局编：《中国文物地图集》（四川分册），文物出版社2009年版，中册第250页。

年代同县志所载是一致的①。

塔体为方形，坐北朝南，北偏东7度，南面正对孝泉镇。塔建于两层塔座之上，基座高2.10米，方形平面每边长15.50米，用砖砌筑，四周围以砖砌栏杆，南面两侧有蹬道可达其上。基座之上为基台，高1.65米，方形平面每边长9.42米，周围无栏杆也无蹬道可上。塔通体砖筑，塔身上筑密集之短檐十二层，逐层递缩逾上愈甚，形成圆和之曲线。塔身通高约29米。底层每面宽7.50米，塔门设于南面，门高3.20米、宽1.68米，门之上部做成砖拱券，其余三面则无门。塔檐部分用砖叠涩挑出，逐层内收。

德阳延祚寺砖塔

塔底层高5.93米，上部十二层各层高度大约与檐之高度相等，其尺度依次递减，第七层以下收分甚小，以上则愈上收分愈多。第二至八层每面当中开拱券形窗，两侧为破子棂窗，窗棂用砖竖向露棱砌成，第九层开三扇拱券形窗，第十至十三层则只在当中设拱券形窗，两侧均不开窍。塔身各层半数以上系假窗，未与内部相通。

塔内分做五层，与塔外檐数并不相符，每层中设塔心室，各层之间设蹬道相通，蹬道位于外壁与塔心室之间，右旋而上直达顶层。塔心室位于平面中心。心室内用砖仿木砌做柱、额、斗拱等件。

塔基上有龙饰。塔顶四角攒尖，置双层葫芦形塔刹。塔门上刻"龙护舍利宝塔"，左右刻楹联。

古塔历经600余载，仍以其苍劲古朴之姿凌空挺立，是一座不可多得的元代砖塔，是研究四川砖塔由宋代向明清演变过程的一个重要实物例证。作为一个

---

① 小南：《德阳孝泉寺元代砖塔》，《四川文物》1985年第1期。

时代罕见的历史遗物，它有着重要的历史和科学价值。

二、芦山姜庆楼

芦山姜侯祠姜庆楼

姜庆楼位于芦山县县城南街263号汉姜侯祠内，原名平襄楼，始建于北宋，为纪念三国蜀汉大将军平襄侯姜维而建。今名姜庆楼，系民国年间乡人于此举行"庆坛"神会而改之名称①。

姜庆楼坐北朝南，偏东1度，平面呈长方形。面阔五间：明间阔6米，次间、梢间各阔2.1米，通面阔14.4米。进深四间：中央两间各深3米，边上两间各深2米，通进深为10米。建筑面积150平方米。坐落于长16.8米，宽12.8米，高0.2米的台基上。楼身为一楼一底，四周底层立檐柱18根，高3米，直径0.37米，内柱共8根，高8米，直径0.4米。第二层檐柱22根，与内柱一同支撑顶梁。二层腰檐下设平坐，四周扶栏，廊宽1.2米。系木结构建筑，青瓦屋面。屋顶为三重檐歇山式，为具有斗拱的大式建筑。共施五铺作斗拱38朵：下檐斗拱计22朵，置于普柏枋上；上檐斗拱计16朵，承托檐枋。正面明间施补间铺作两朵。斗拱硕大，为柱高的四分之一。斗拱及梁、柱尺度宏大，楼内梁架结构形式，均显示出宋、元时期的某些建筑特点，但从脊梁所书"大明正统拾年岁次乙酉贰月仲春己巳朔初三日丁未黄道吉日……"和楼内所悬"万古英灵"匾额为明代协守松潘东路左江都指挥周宗所书和一些建筑风格看，当属明代建筑。很自然因年代久远，经历代维修，结构与形式均有较大改变。如现有之门窗、柱础、屋瓦、脊吻等，多为新中国成立后所配制。

自建楼以后，每年以楼为中心的庆典活动十分热闹。全城高搭彩楼48座，鼓乐歌舞竞演，盛况非凡。故宋代杨巽有《彩楼》诗云："四十八台竞胜罢，满城歌舞

---

① 四川省建设委员会主编：《四川古建筑》，四川科学技术出版社1992年版，第163页。国家文物局编：《中国文物地图集》（四川分册），文物出版社2009年版，下册第1034页。

乐中秋。"又云："恍若天梯近，扶观塞道途。"太平天国起义后，清廷禁止此项活动，民间乃以傩戏庆坛演出代之，此后楼名亦因之演变为姜庆楼。

现在姜庆楼的正前方有戏楼，面积约60平方米。石砌台面高2米，台上由12根朱柱支撑九脊屋顶。台下有石碑一通，字迹多漫漶不清，但可知其为清代建台碑。楼的左侧（东边）为新近重建的"姜城"城墙、城门、城楼。楼的东北侧城内建有水池、游廊，楼后（北边）存留一旧殿，约230平方米，形制古朴，很有可能与前面的主楼为同时代建筑物。楼檐下"平襄楼"三字尚赫然在目，正说明它是汉姜侯祠的正殿。从楼前的戏台，楼后的后殿，东面的城墙旧基，以及院中零落的柱础、条石墙基等，可以想见当年姜祠的盛况。对于尚存的结构严整、造型雄伟的主殿，著名古建筑专家刘敦桢、辜其一等，均曾先后实地考察，对其建筑风格、艺术价值做出了颇高的评价。1961年公布为四川省文物保护单位，现为市民休闲之地和游客争相观览的景点。

三、峨眉山万年寺砖殿

砖殿，又名无梁殿。因以砖筑成，屋顶为砖穹隆，门窗作砖券拱，屋顶无梁，门窗无楣，故称无梁殿。位于峨眉山万年寺中，建于明万历二十八年（1600）①。

峨眉山万年寺砖殿

砖殿坐西向东，平面成正方形（外方内圆），边长16米，建筑面积256平方米。经粉刷后的砖墙最薄厚度为3.22米，穹顶和殿内圆平面的直径为9.63米。前后正中开券门，宽3.57米，门左右各开一窗，宽2.03米，半通不透。正门与城门相似，浑厚朴实，门额书"圣寿万年寺"。殿宇通高为14米。门券之上，挑出砖头，形如垂莲柱，形似划分三

---

① 四川省地方志编纂委员会编纂：《四川省志·建筑志》，四川科学技术出版社1996年版，第32页。许止净：《峨眉山志·万年寺》，苏州弘化社1934年初版，广陵古籍刻印社1997年重版，第179页。四川百科全书编纂委员会编：《四川百科全书》，四川辞书出版社1997年版，第979页。

开间。再上是挑砖横条贯通南北的线脚，似是梁上的额枋和平板枋。再上是一层五铺作斗拱：十四组补间铺作均匀布置，尽头各置一转角铺作，又形似一个大开间。斗拱挑出很短，因受材料的限制。斗拱之上又作砖横条的线脚，形似金刚座的上部，也就是屋檐部分。再上就是三角形的尖顶，尖顶下边（基脚线上）和顶尖各立一白色小塔。从整个立面看去，大殿似是一个高大的台座。这种上圆下方的形制，是模拟天圆地方的印度热那禅寺的建筑制度。殿顶五座小白塔，分置东南西北中。四周坡上（即三角形两腰中点）分别配塑狮、虎等图像。除门扇之外，所有建筑构件基础、墙壁、梁枋、斗拱、窗棂等，全部以砖仿木，没有任何木制的梁、檩、柱、枋。从这一点看，也可以叫"砖殿"。

殿堂四壁，有24个砖拱佛龛，上面砌横龛6道、置371尊小佛像，每尊佛像高约24～27厘米，其中铁铸像338尊、泥塑像30尊、木雕像2尊、铜造像1尊。穹顶与殿壁相接处，为一圈小台阶，其上亦满置佛像，整整一周，数以百计。殿堂顶部彩绘4个仙女，怀抱琵琶、芦笙、笛子，衣带飘舞，栩栩如生。殿中置一尊铜铸普贤像，骑在白玉象上，通高6.8米，重约62吨，铸造于北宋太平兴国年间（976～983）。铸工精巧，玲珑剔透，妙相庄严。白象生动逼真，充满活力，形体高大，雕琢精美。

万年寺创建于东晋，名普贤寺，唐名白水寺，宋名白水普贤寺，明名圣寿万年寺（详见本书第五章《峨眉山佛教建筑群》）。原寺殿宇七重，规模宏大，但几经兴废，1946年大火后仅存此普贤殿，殿上木檐全部焚烬，现存檐外部檐端仍旧留有木檐孔遗迹。现存砖殿及顶上五塔装饰，系该殿1948年补建，殿顶天棚飞天，亦为20世纪60年代重绘。该殿是变体喇嘛塔和金刚宝座塔的巧妙结合，既具变体喇嘛塔的浑厚大方，又具金刚宝座塔的雄伟壮观。

万年寺无梁殿，是我国古代砖结构穹隆建筑的实物例证，它说明我国明代的砖结构工程有大的改进和创造，取得了突破性的进展，在建筑史上应占有一定的地位，在砖结构工程上留下了光荣的一页。1961年被国务院公布为第一批全国重点文物保护单位。

四、宜宾旋螺殿

大凡建筑之以宫殿名者，多用于仙佛、帝王建筑。旋螺殿原名文昌宫，因其中曾塑有文昌帝君神像得名。该殿位于宜宾市东长江南岸李庄镇南2.5公里处的石牛山，其山地势平缓，山下巨石硕大，殿宇耸峙其上。后人以其选址奇特，气势回环迂曲，故名"旋螺"。其他或因殿内藻井状如旋螺，或因田螺助人，或因鲁班镇牛妖而立殿，或因后人利用其附属建筑开馆教学等神话传说或真实经历而创设的"旋螺""田螺""学螺"等名称，都为后来俗称。详见李庄人左照环《古镇李庄》（内部资料）。

根据殿上横梁及碑文记载：该殿建于明万历二十四年（1596），清雍正、乾隆、嘉庆、道光几代均曾维修。该殿坐北朝南，平面呈正八角形，边长8米，内外布置两圈立柱，建筑面积336平方米。殿高25米，里面两层，外表三重檐。内柱直通二层，支承天棚和屋顶。青色筒瓦屋面，八角攒尖，上结宝顶，飞脊蹲兽，屋坡平缓，翼角缓翘，比例匀称，线条柔和，端庄雄伟，稳重秀丽[①]。

宜宾旋螺殿外观

该殿结构采用抬梁支柱法，即下层转角立石质檐柱，同时在殿内按正方形立四根井口柱，贯至中檐，井口柱的四方穿抬梁上、下层，构成四方形"灯笼架"，组成梁架主要骨干，通过斗拱连接，支承三重檐的屋盖重量，其结构比清式层层爬梁叠砌

旋螺殿藻井

者要精简得多。这种檐部斗拱、外挑檐枋、内承梁架，结构合理，构造严整，正如殿中碑记所云："此殿之结晶正在斗拱，而斗拱之精华全属于骨架结构。"整个结构系统无担梁、无榫卯、无销钉，全赖精巧之斗拱结构。

[①] 四川省地方志编纂委员会编纂：《四川省志·建筑志》，四川科学技术出版社1996年版，第36页。四川省建设委员会主编：《四川古建筑》，四川科学技术出版社1992年版，第56页。国家文物局编：《中国文物地图集》（四川分册），文物出版社2009年版，下册第711页。

斗拱分件的形制创新、组合件的巧妙运用和它的装饰与结构的完美结合，是旋螺殿的又一特点。第一层用八攒角科、八攒平身科，各攒形态不同，南面角科形制较繁，但又对称，八方装饰各不同，统一中见变化。中层比较矮小，故檐下仅用八攒角科，不饰平身科，使中层更为开朗明丽，免除繁芜之感。三层更矮，既施角科，又施平身科，两攒相连而显得繁密，但增加了玲珑奇巧之感。斗拱外挑檐，内挑藻井，内外共托屋顶。从殿内向殿顶仰视，上层斗拱中角科的后尾、平身科的右侧斜翘层叠向上，其左侧雕作昂形，形成了八面都是由右侧转到顶的网格状花纹，形成旋螺状的藻井。该殿斗拱的运用，达到了炉火纯青的地步，令人惊叹，被誉为斗拱博物馆。

旋螺殿的设计施工，结构严整，制作精良，构思缜密，匠心独运，曾经得到人们的珍爱和高度评价。历朝对旋螺殿的维修，在《南溪县志》《中国营造学社会刊》、梁思成《中国建筑史》等书中均有记载。据说1945年梁思成在参与联合国会议大厦的设计时，曾借鉴了旋螺殿建造的力学原理，得到众多国家同行的赞誉。

新中国成立后，政府对这一著名古建筑十分重视，分别于1953年、1957年、1976年、1980年、1990年对其进行了维修，2000年又对旅游道路进行了修整，使前来参观、旅游、考察的人更为方便。

五、宜宾真武山玄祖殿

玄祖殿，又名元极宫、真武殿，是真武山峰顶的主殿，系道家宫观，位于宜宾城西北隅的岷江南岸真武山上。真武山与翠屏山毗连并峙，构成宜宾市背山临水的屏障，旧名有三，即仙侣山、师来山、元武山，均以神仙际遇的传说而得名。据清嘉庆《宜宾县志》载：玄祖殿建于明万历二年（1574），后代陆续有所增建。玄祖殿与殿前的祖师殿、望江楼及殿后的无量殿同在一中轴线上，与右边的斗母宫、关帝庙、文昌宫形成一个庙宇建筑群。梵宇琳宫，极为壮观[①]。

---

① 四川省建设委员会主编：《四川古建筑》，四川科学技术出版社1992年版，第53页。国家文物局编：《中国文物地图集》（四川分册），文物出版社2009年版，下册第712页。李又起：《宜宾真武山玄祖殿及古建群》，《四川文物》1987年第2期。

祖师殿坐西偏南朝东偏北，平面近似矩形。面阔三间，通面阔12.6米；进深三间，通进深12.1米；建筑面积165.1平方米。木结构构架，重檐歇山式屋顶，琉璃瓦屋面。檐柱柱径0.55米，金柱柱径0.45米，石质覆盆式柱础。屋面坡度较平缓，翼角飞翘不甚高。上下均饰斗拱，尺度宏大，占柱高四分之一。殿内当心间是明栿，上面至今保存着彩绘八卦图案。次间是彻上明造。正面当心间开门，为三开六扇，次间为四扇屏格。殿前有四柱三间木质牌楼，重檐飞翼，具清代特色。

宜宾真武山玄祖殿

宜宾真武山望江楼

真武山上原有飞来寺、半边寺、牛王庙、遇仙楼等建筑，均已圮毁。现尚存玄祖殿、无量殿、斗母宫、文昌宫、三府宫、望江楼、祖师殿、地母宫等8座建筑。其中关于玄祖殿、祖师殿、望江楼、斗母宫前殿，有坊记、梁记和县志记载，玄祖殿建于明万历二年（1574），祖师殿和望江楼建于明万历九年（1581），斗母宫前殿建于明万历四十六年（1618）。其他如三府宫、文昌宫、地母宫、斗母宫的中后殿，均建于清代。望江楼于清乾隆五十六年（1791）进行过维修。

整个真武山建筑群，红墙碧瓦，殿宇宏敞，结构精巧，飞檐斗拱，画栋雕梁，气势雄伟，古朴典雅，颇具明清建筑特色。1995年被国务院公布为第四批全国重点文物保护单位。

六、梓潼七曲山大庙

梓潼七曲山大庙百尺楼

七曲山大庙，又名文昌宫，位于梓潼城北10公里处的七曲山，是剑门蜀道上的重要景观，举世驰名。有名的古柏翠云廊，就在附近。因山路从古柏中盘旋转折七曲而上，故名七曲山。山下有潼江，经九折而去，名九折水。山水环抱，风景秀丽，堪称名山[①]。

文昌宫为一古建筑群，殿宇依山势高低而建，规模宏大，有宫殿堂宇、亭台楼阁等各种建筑20余处。占地面积约19亩，建筑面积6000平方米。较有名的有百尺楼、正殿、桂香殿、关圣殿、钟鼓楼、天尊殿、家庆堂、夜梦床等。其中百尺楼、正殿和桂香殿三座殿宇，位于中轴线上，逐级升高。主要殿宇为大式作法，内外均施斗拱。屋顶有单檐歇山式、三重檐歇山式、悬山式及四角、六角攒尖顶等多种形式，举折平缓舒展，与平武报恩寺同属遵循《营造法式》的可数范例。

天尊殿位于院内最高处，结构较为宏丽。殿广三间，深四小间，单檐九脊顶。其斗拱之分配，前面单杪双下昂，背面及两侧仅在柱头施栌斗挑梁，如鹫峰寺兜殿之制。其前斗拱两昂不平行，第三层昂尾挑承下平槫之下。内部梁架作叉手、襻间、替木等；梁栿上施蜀柱及十字斗拱，与元代宣平（今浙江丽水、武义一带）延福寺大殿有相似之处。其营造年代，文献无征，其结构样式，当为明初或中叶所构（见梁思成《中国建筑史·明代实物》）。

[①] 四川省地方志编纂委员会编纂：《四川省志·建筑志》，四川科学技术出版社1996年版，第35页。四川百科全书编纂委员会编：《四川百科全书》，四川辞书出版社1997年版，第667页。四川省建设委员会主编：《四川古建筑》，四川科学技术出版社1992年版，第38页。

文昌宫始建于唐，后代时有兴废，现存建筑系元、明、清三代所建。其中盘陀殿、桂香殿系元代建筑，天尊殿、关圣殿、家庆堂、风洞楼、白特殿、启圣宫等系明代建筑，余为清代建筑。历代亦有所维修，近年尚有修葺，但其建筑主体结构，大体保存了历史痕迹，故有"建筑博物馆"之说。

正殿祀张亚子，即晋代张育。晋宁康元年（373），苻坚攻占晋梁益。次年五月，张育、杨光起义，反对苻坚，张自称蜀王。苻坚派兵攻蜀，张育战死，此庙即为纪念张育而建。唐宋以后，张育被封为文昌帝君，庙即改为文昌宫。

文昌宫建筑，法式严谨，构筑精良。木构件处理手法简洁古朴，装修讲究，尤以斗拱制式多样著名；重檐飞翘，高低错落，布局有序，宫墙围绕，气势雄伟，碧柏耸翠，古朴肃穆。1995年被国务院公布为第四批全国重点文物保护单位。

七、平武报恩寺

平武报恩寺，位于平武县东北龙安镇内。占地面积约42亩，建筑面积3581平方米。坐西向东，严格的中轴对称，由东向西延伸。依山就势，次第升高，左右对称，相互陪衬。法式严谨，主题突出，颇具皇宫风貌，富有强烈的宗教感染力。总体布

平武报恩寺山门

局为前、中、后三进四合院落：第一进起于山门，止于天王殿，中有三桥相连；第二进由天王殿、左大悲殿、右华严殿、大雄宝殿组成；第三进由大雄宝殿、南北碑亭、两侧廊庑、万佛阁组成。三进院落形成一座宫墙环绕，布局严谨，装饰华丽，可谓金碧辉煌的殿堂建筑群[①]。

[①] 四川省地方志编纂委员会编纂：《四川省志·建筑志》，四川科学技术出版社1996年版，第34页。向远木：《记平武报恩寺》，《四川文物》1986年第3期。国家文物局编：《中国文物地图集》（四川分册），文物出版社2009年版，中册第328页。

寺前山门，高8.66米，为五开间单檐悬山式建筑。门上悬挂镂雕云龙环绕的"敕修报恩寺"金匾。门前台阶下辟广场。八字琉璃照墙，分列两侧；威武狻猊，分蹲左右；高6.0米经幢，左右对称。庄严雄伟，颇似王府朝门。山门后三石桥相连，桥左侧建重檐楼阁式钟楼，高12.34米。内悬大小钟两口，大钟铸于明正统十一年（1446），重约10吨；小钟铸于明成化八年（1472），重约5吨。

桥后为天王殿，高12.28米，面阔五间29.4米，进深两间10.8米，为单檐歇山式建筑。菱花格门，挑檐斗扶，绿色琉璃盖顶。殿内塑高4米的四大金刚像。

天王殿北为大悲殿，高16.35米，面阔三间17.5米，进深三间14.29米，重檐歇山顶。上下檐均施斗拱，黑色琉璃屋面，绿色琉璃剪边。山花琉璃嵌"群狮戏球"，正面六抹门格，殿内彩绘"二龙戏珠"天花。殿中塑千手观音，立于须弥座上，高9.05米，手1004只，参差环绕，宛若怒放菊花。殿内三壁塑观音转化故事，四柱悬塑善财童子。

天王殿南为华严殿，其建筑平面、结构与大悲殿对称。殿内置转轮藏一座，高11米，直径约7米，系楠木制作，外观八面四层，形似宝塔。藏前置1.45米高的石香炉，炉身雕《西游记》故事，四柱各贴塑金盘龙。

由天王殿上月台，即为大雄宝殿。须弥座高1.7米，殿高19.56米，面阔五间28.36米，进深四间，后加披檐20.14米，平面呈"凸"字形，总建筑面积为571.17平方米。重檐歇山顶，绿色琉璃屋面，屋脊施琉璃走兽，雕花格门。月台上作卷棚斜廊与左右廊庑相连。殿内塑4米高三世佛，佛前竖"当今皇帝万万岁"九龙牌位，佛后塑观音、文殊、普贤。

大雄宝殿与万佛阁间，为南北碑亭，高15.2米，十六柱八角攒尖顶。北亭碑刻"既是土官不为例，准他这遭"敕旨；南亭碑刻准许修造报恩寺下属寺院名称。

万佛阁位于中轴线之最末端，是寺内最高大的建筑，高20.05米，为五开间、三檐歇山式楼阁建筑，建于高1.6米、长27.94米、宽20.27米的须弥座上。殿前九级踏道，阁分上下两层，上层设平坐，四周设木栏回廊。楼上供七佛像，楼下塑如来佛，通高5.5米，两旁塑十大高僧立像，坛前左右塑两尊官服人像，高3米，为修建报恩寺土官王玺、王鉴父子。殿内彩绘约400平方米，内容为"八部天龙、明王金刚、诸天佛圣"图像。

寺内雕、塑、绘饰多以龙为主题，据统计有形态各异的龙9999条，故有"山中龙宫"之称。

报恩寺始建于明正统五年（1440），竣工于明天顺四年（1460），历时20年。整个建筑制度、规模、装饰等均严重逾制，被皇室察觉，拟以"僭越"问罪。王玺乃以"报答皇恩"为名，奏请准建。后获帝谕："准他这遭！"故帝谕立于北亭，并请新都新科状元杨升庵大书"敕修报恩寺"高悬山门。

报恩寺建成600多年以来，历经多次大地震，均无损毁现象，亦无鼠咬虫蛀，安然无恙，被称为"明初罕见的遗构"。优秀的木构构造和数十种斗拱，无疑是后代研究古典建筑的重要资料、旅游经济的宝贵资源、建筑文化的珍贵遗产。1995年被国务院公布为第四批全国重点文物保护单位。

八、新津观音寺

观音寺，位于新津县城南永商乡九莲山麓，前临南河，北依浅岗。据寺碑记载，观音寺建于南宋淳熙八年（1181），元末毁于兵燹。明宣德年间重修，规模增至十二重殿宇。明末又遭战火，仅存观音、毗卢、天王三殿。清代又有重修，咸丰年

新津观音寺山门

间再遭损毁；同治、光绪年间再行修葺。之后又有损毁，现仅存毗卢、观音二殿[①]。

毗卢殿建于明宣德元年（1426），为单檐歇山式建筑，正方形平面布置，面阔三间，明间阔6米，梢间阔2.36米，通面阔10.72米。进深三间，梁架为五架九檩，檐下施五踩斗拱。

殿内塑释迦牟尼三身像，左右两边有彩绘壁画六铺，绘十二圆觉菩萨和二十四天尊像。殿后壁画，题记为《白云记》，内容为描绘妙庄王三女（即观音凡身）冲破其父设置的种种阻碍、执意出家修行的故事。壁画完成于明成化

---

① 四川省建设委员会主编：《四川古建筑》，四川科学技术出版社1992年版，第59页。

四年（1468）①。

释迦牟尼像前，置三层镂空石刻香炉一座，上层刻十二伎乐，中层刻佛教和世俗故事，下层刻缠枝牡丹、云纹、卷草图案。石刻香炉刻于明成化五年（1469），有刻匠郑宏明、郑宏清，以及捽匠周觉中的题名。

观音殿建于明成化四年（1468），为单檐歇山式建筑，铺盖筒瓦，屋面较陡。面阔五间，共20.07米，进深三间，共16.02米。梁架为抬梁式。殿内有彩绘天花，檐下施五踩斗拱。

殿内正中塑文殊、普贤、观音三大士像，高约5米。北屏塑天龙八部、奇花异兽等图像，两侧分塑46尊罗汉群像，堂柱上塑滚龙抱柱，柱上悬塑18个童子。像靠背后壁上为大型《三大胜迹》壁塑，高7米、宽5米。左塑五台山胜迹，上坐文殊菩萨；中塑南海普陀胜迹，伫立飘海观音菩萨；右塑峨眉胜迹，上坐普贤菩萨。

殿内三大士像前，设三座五级镂空明代石刻香炉，均高2.98米、宽约2.0米，分层镂刻儒、释、道三教故事，石刻香炉上刻有制作年代和工匠姓名。

观音寺为明代遗存古建筑，其装饰雕刻较精美，特别是壁画、塑像，技艺精湛，色彩艳丽，形象生动，场面壮观，享有很高的声誉。

新中国成立后，国家曾多次拨款修复围墙、山门，维修壁画和塑像，2001年被国务院列为第五批全国重点文物保护单位。

九、三台云台观

云台观，又名佑圣观，位于三台县安居镇南之云台山。按1984年三台县城建环保局《古城三台概述》载：始建于南宋嘉定三年（1210），由道人赵肖庵与其徒众募资草创，嘉定七年命名为佑圣观。自宋至明，多经兵燹，几度兴废。明永乐十一年（1413）蜀王朱椿差官修葺，粗具规模。据万历十九年（1591）郭元翰《云台胜纪》载：当时已有正殿等十三重建筑。万历三十二年（1604）毁于大火，因明神宗朱翊钧笃信道教，进行修复和扩建后颇具规模。清光绪年间，前殿和拱宸楼毁于火，随后在原址建降魔殿，民国年间部分殿宇毁圮。新中国成立后

---

① 颜开明：《新津观音寺的明代壁画》，《成都文物》1985年第2期。兴玉：《张宰相巧建观音寺》，《成都文物》1993年第2期。

多次修葺①。

新中国成立前夕，云台观从山上往下有玉带桥、牌坊、一天门、三隍观、乐楼、二天门、回龙阁、瘟祖殿、观音殿、三教堂、三天门、云台胜境坊、长桥亭等建筑。从三合门起，建筑布局由三重四合院相连组成，包括三合门、圈拱门、青龙白虎殿、灵官殿、降魔殿、朝圣阙、藏经楼、香亭和玄天宫。从三天门起，整个建筑都与坐北朝南的中轴线对称，长桥亭与三合门之间有石华表和石狮各一对。三合门前左右有寒灵庙和青苗土地庙，到圈拱门之间有六对殿宇，圈拱门和青龙白虎殿间左右有城隍殿和观音阁。青龙白虎殿和灵官殿间有左右九间房，藏经楼到玄天宫左右有钟鼓楼、文昌殿、茅庵殿、夏殿、丹房、斋堂和客房等②。

20世纪60年代，部分建筑遭毁。现存建筑有玉带桥、三隍观、云台胜境坊、长桥亭、石华表、三合门、圈拱门、城隍殿、观音阁、青龙白虎殿、九间房、灵官殿、降魔殿、朝圣阙与藏经楼、香亭与钟鼓楼，以及玄天宫等建筑，加上其附属建筑，建筑总面积为5550平方米，占地面积22.7亩。

三台云台观山门

三台云台观华表（经幢）

---

① 周沙尘主编：《中国旅游分类词典》，重庆出版社1997年版，第719页。
② 国家文物局编：《中国文物地图集》（四川分册），文物出版社2009年版，中册第345、346页。

玄天宫为正殿，位于全观最高处。始建于南宋，明清几度维修。坐北朝南，面阔五间24.9米，进深四间16.9米，建筑面积420.51平方米。副阶檐柱高4.8米，通高10米。当心间柱径0.59米，次梢间柱径0.49米。木结构单檐歇山顶，琉璃筒瓦屋面。屋面前坡用绿黄色琉璃瓦组成一大二小三块菱形图案，俗称"三颗印"，正脊用砖雕组成龙凤图案，中塑宝顶，两端饰鸱吻。戗、垂脊饰仙人神兽。檐角微翘，檐端饰瓦当滴水。檐下施斗拱62朵，六铺作单抄双下昂计心造。斗拱纤细，栌斗较大，耍头承橑檐枋，内挑长伸，在二分之一处部位出翼形拱。抬梁式房架，八架椽屋前乳栿劄牵用五柱。斗拱、梁枋、雀替、天花等，均施彩绘。梢间装棂窗，次间和当心间置四抹格扇门，障水板和腰串饰雕花。由前副阶东西两头进殿，垂带踏道24级，阶前为雕花石栏。该殿雄伟壮观，气势恢宏。

钟鼓楼，位于玄天宫前，建于清末。单檐歇山式香亭居中，左钟右鼓，两楼对称。通面阔27.4米，通进深9米，建筑面积246.2平方米。重檐攒尖，顶以塔刹，四角翘起，上下四脊串数重宝顶。镂空脊筒瓦组成脊，各施圆雕彩龙一条。面盖筒瓦，檐施花纹瓦当滴水。楼平面为正方形，边长三间9米，外柱16根，内柱4根，高8米、径0.35米，额柱间施花牙子雀替。该楼布局别致，装饰精巧。

降魔殿，前临灵官殿，清光绪年间（1875~1908）建。面阔五间26.2米，进深五间20米，建筑面积524平方米。通高12米，檐柱高5米、径0.48米。柱下施莲纹双层鼓形石础，高0.45米、径0.9米，金柱高8米、径0.6米，础高0.4米、径0.9米。木结构单檐歇山顶，正脊由三重雕花脊筒瓦组成龙凤朝阳，中安宝顶，端安鸱吻。垂、戗脊安仙人蹲兽。屋面原为筒瓦，现为板瓦，檐端安瓦当滴水。抬梁式房架，举架较高，制作精细，驼峰、撑弓、额枋等，均饰彩色浮雕。

青龙白虎殿，又名城隍庙。面阔五间21米，进深四间14.8米，建筑面积310.8平方米。木结构歇山顶，为大式建筑。梁上题记："大明万历三十二年岁次甲辰。"

石华表，建于明末，呈八角形，对角线长1.0米，通高6.5米。

玉带桥，位于山下锦江上，始建于宋，明正德三年（1508）重建。两蹬纵联式三券拱石桥，长12.8米、宽5.2米、高4米。桥面呈弧形，无桥栏。

整个建筑群规模宏大，布局得宜，错落有致，巍峨壮观；苍松翠柏，掩映其间；依山面水，绵延两里。现为四川较大的明清古建筑群。

十、明蜀王及王妃陵

明蜀王十陵是明朝宗室亲王蜀王家族的一处陵墓群，坐落在成都市区以东5公里处的龙泉区十陵镇境南和红河镇境北部。陵的分布较为集中，陵区面积约5平方公里。该区在明以前的乡域建制尚不明确。1994年石灵乡撤乡建镇，更名为十陵镇①。

明蜀王陵内景

据史书记载，明王朝在近300年中共封了十三位蜀王，其中以僖王陵为中心的10座陵，分布于十陵镇南侧正觉山麓和山前的青龙埂等地。1978年开始发掘，先后已发掘了僖王陵、昭王陵、定王次妃陵等，影响很大，为世人所瞩目。

僖王陵，是最早被发现和发掘的。僖王朱友壎是明太祖朱元璋的第十一子蜀献王朱椿之孙。宣德七年（1432）袭封蜀王，是第三代蜀王，宣德九年薨，葬于此。陵园平面呈长方形，坐东北向西南，周绕宫墙。东北至西南长275米，东南至西北宽120米。陵墙墙体以青砖修造，边墙顶用青色筒瓦，墙厚1.4~1.5米，其瓦当图案，多达十余种。园内沿中轴线建有大门、神道、供坝、享殿、方城明楼等建筑，大式木构架，红墙朱柱。其中，大门、享殿、明楼为绿色琉璃瓦屋面。陵墓地宫位于陵园后部中央，地宫上原有高大土塚，1978年建石灵中学时被铲除。地宫仿照明蜀王府规制，呈三进三重殿四合院布局，分前庭、前殿、中庭、中殿、后庭、后殿、棺室、影壁、端墙，其中前、中、后庭两侧皆建配殿，后庭左、右配殿后部至后殿之间建左右侧门，棺室前部两侧则建左、右耳室。门殿及侧门，皆为绿色琉璃瓦屋面，青石梁柱、门窗，青砖

---

① "文保单位"介绍：《成都明蜀王陵》，《四川文物》2000年第2期。薛登、方全明：《明蜀王和明蜀王陵》，《四川文物》2000年第5期。薛文：《明僖王陵及明蜀藩墓群简介》，《成都文物》1986年第4期。

墙体。大殿、配殿皆为庑殿顶。大殿正脊中部饰带上塑浮雕莲荷，瓦当滴水皆塑龙纹，琉璃檐椽、飞椽、垫板、五铺作斗拱，有石质普柏枋、地梁、立柱，双扉转轴式石门，双扉转轴式板式雕花石窗。各殿正脊饰鸱吻，垂脊饰垂兽，其中后殿垂脊施仙人骑鸡、凤、狮、麒麟等。殿屋次间均作仿木石格门，雕刻四叶菊格眼和卷草。其腰华板、障水板或浮雕灵芝瑞草，或浮雕芙蓉牡丹。配殿、后殿普柏枋施彩绘，门、柱皆涂朱漆。棺室中央置莲花须弥座棺台，其束腰正面雕云龙戏珠。宝顶饰浅浮雕牡丹、芙蓉、祥云、莲花、佛八宝。琉璃影壁中央嵌描金双龙镂空釉陶盘。石质朱红大门，每扇重2吨，外饰门钉九路。墓志铭碑立于前殿，皇上特许镌五爪金龙，以表其功。整座墓室通进深31.7米，地宫高5.45米、宽6.75米，大门高4.60米，前殿和正殿各高4.80米，后殿高5.14米，配殿高3.20米。整座墓室俨然是一座规模宏大、建筑精美的地下王宫。

　　昭王陵，为一座合葬墓。昭王朱宾瀚是第八代蜀王，15岁继位，治政有方，声誉颇著。29岁薨，与王妃刘氏合葬。陵园坐北朝南，平面呈长方形，南北长约263米、东西宽约130米，周绕宫墙。沿中轴线建有大门、神道、供坝、享殿、寝园门、陵寝台、方城明楼等建筑。地宫亦仿明蜀王府规制，平面呈长方梯形，前宽6.16米、后宽5.72米、进深21.77米。建筑布置相似僖王地宫，但自中庭以后的寝宫部分，被分隔为两个墓室，昭王和刘妃即按男左女右的礼制，分别安葬于两墓室中。因曾被张献忠捣毁，故地宫受到不同程度的破坏，其出土文物也不多。依墓室墙体上的彩绘痕迹看，建筑皆按红墙绿瓦着色，龙凤浮雕饰以金箔；中央影壁雕二龙戏珠，最为精美，整座墓室原是富丽堂皇的地下宫殿。

　　除此而外，还有僖王妃、僖王继妃、黔江悼怀王、怀王、惠王、成王、成王次妃、南川安静王、内江王长子、汶川懿简王等人的陵墓尚未发掘，并有两王坟址尚在考察中。

　　明蜀王及王妃陵分布集中，地貌环境条件优越，风光秀丽，交通方便，建筑规模宏大，装饰精美，不仅是宝贵的旅游资源，也是研究明代丧葬制度和文化习俗，以及史学、建筑学的重要实物。1995年被国务院公布为第四批全国重点文物保护单位。

十一、明蜀王府太监墓群

　　明蜀王府太监墓，集中分布在成都城东南郊和西郊以及北郊白马寺一带。

如营门口三座坟明墓6座、华阳桂溪乡二座、白马寺明墓10座，以及腾英、苏荣、江时、杨旭墓4座，等等。20世纪50年代修成渝铁路时曾在成都东郊永兴寺又发现明墓八座，均为太监墓。后将部分太

明蜀王府太监墓入口

监墓进行搬迁，集中于成都市十陵镇的十陵中，距明蜀定王次妃陵数十步远之西面山坡上，形成明蜀王府太监墓群[①]。

明蜀王府太监墓群，计有墓葬9座。墓葬成一字排列，坐西向东。墓园绕以宫墙，墓群近西墙；墓群门在最东边，正对墓群。墓园略呈方形，约75米见方，占地面积约8.5亩。墓群南北向宽约34米，东西向最大深度约8米。整个墓场封土堆面积约300平方米，埋深约2米。墓群前有南北长34米、东西宽2.15米、深2米的地坑，为进入整个墓群的入口。

9个墓葬，若从南向北编号，则可编为M1~M9。其中M1~M5规模较大，墓门前有墙，M3墓为"八"字墙，其余为直墙，南北宽度约26米，东西深度为8米。M6~M9规模较小，墓门前无墙，南北宽约8米，东西深约6米。

9个墓葬可分为两类，虽然规模大小有别、构造也有差异，但是大体很一致，相互关联，很可能当时对修此类墓葬有统一的规定。如除M1、M7为两墓室外，其余均为三墓室，墓室的平面、剖面尺寸，都相差不大。墓室内都是石板盖平顶，顶上面又作多重砖券拱。门的大小、门扇和门框的厚度都差不多，墓门外墙上多嵌有圆盘，内浮雕升龙，M1、M2、M4、M5的门框上都刻有对联等。

[①] 蒋成、王黎明等：《明蜀藩太监墓志集释》，《成都文物》1999年第4期。刘致远：《成都三座坟明墓第一次清理报告》，《成都文物》1988年第2期。

M3墓的形制大致如下：墓葬平面为三墓室，由东西布置。前室宽深均为2.28米，中室深2.18米，后室深3.08米。各室以门为分隔，门宽1.32米，门框厚为150毫米，门槛高80毫米，门扇为1440×740×80毫米。后室有石棺台，台面高300毫米。整个墓室均以石材构筑，糯米浆封灌，凝固坚硬。外门门楣，作仿屋盖的浮雕屋檐，上雕屋脊，脊端作鸱尾，下雕檐口瓦当。屋顶之上，作多层砖拱，拱上封土。墓外两边，作砖砌"八"字墙，墙高1.60米，宽1.70米，用360~390×200×80毫米方砖砌筑。墙上嵌直径700毫米圆盘，盘中浮雕升龙，龙云施五彩。门外立残碑一通。室内墓志和明器，均已荡然无存。

M2为溪谷墓，墓门拱券上嵌匾"风光霁景"。门框外对联为："万树古松招瑞鹤；一池新水化龙麟。"门框侧面对联为："云庵石室临仙界；桃洞蓬莱接帝乡。"M5墓葬匾额为"永静"，其门框外对联为："古柏千丛为伴侣；岷山万叠共徘徊。"

这三副七言对联，皆为平起仄收，平仄对仗都工整，每联之中的词性（名词、动词、形容词等）的对偶也很规则，从对联的技巧上说都是"合律"的，从内容上说，均为写景，是描写阴宅环境风水的。更有意思的是第三联中的"叠"，还是现行简化字。由此可见，太监墓葬的搬迁保存，不仅在考古、文物、旅游等方面是必要的，而且对于明代文化的保存也不乏参考价值。

十二、泸县龙脑桥

龙脑桥，又名龙脑石，位于泸县西北福集镇大田场南的九曲河上。始建于明洪武年间（1368~1398），是一座结构奇特、雕饰精致、造型瑰丽而雄伟的石雕梁式平桥[①]。

桥长54米、高4.5米，有14座桥墩、13个桥孔。石砌桥墩，条石架梁，条石梁长3.6米、宽0.95米、厚0.6米，拼架成平桥宽1.9米。桥的构筑，既未用榫卯衔接，也未用黏结物填缝胶结。上层桥墩石上凿凹形槽口，并列安放石梁，形成整体桥面，全由石构件相互叠砌承托而成。石料是脆性材料，虽然抗压强度很高，但是不能承受拉力。石梁是受弯构件，须承受拉力，这是一个大胆的独创，也是一个突出的特点。所以，龙脑桥在建筑技术上具有相当高的水平，足

---

① 四川省地方志编纂委员会编纂：《四川省志·建筑志》，四川科学技术出版社1996年版，第44页。李显文：《泸县龙脑桥》，《文物》1983年第10期。

泸县龙脑桥

资后代叠砌建筑的借鉴。

桥为东西向，东西两端各三座桥墩为素面，中部的8座桥墩首尾部，雕刻吉祥灵兽，其排列从左至右：1号、8号为麒麟，2号为狮，7号为象，3号、4号、5号、6号为龙。

龙刻（5号）：头长280厘米、宽80厘米、高220厘米，龙身成"S"形，刻纵列纹状鳞甲，背脊有翅；后身隐入卷云纹中，头顶"王"字，嘴微张，衔圆球，鼻和嘴镂空相通；龙尾在桥墩的另一端，隐入云纹中，作游弋状。其余三龙形制基本相同，仅略有大小之别。

狮刻（2号）：头长140厘米、宽80厘米、高170厘米，头部和腮部刻卷毛，圆眼，大耳鼻，唇扁平，嘴微张，露尖牙，口衔绶带，交绕在两前脚上，前爪各抓绣球，作俯卧状。

象刻（7号）：头长135厘米、宽70厘米、高170厘米，长鼻下垂至颈，嘴紧闭，露长牙，耳肥大，眼狭长露圆珠，作俯卧状。

麒麟刻（1号、8号）：两只形态略异，头长170厘米、身宽80厘米、高190

厘米，昂首，张口伸舌，上唇微翘，下颌刻卷曲胡须，口内前后上下各一对尖牙，衔绶带；头顶刻毛发和短角一对，圆眼、尖耳；身刻交错半圆形鳞甲，颈下垂编织丝结，脚似牛蹄，前脚分别踏兵书、宝剑，尾在桥墩之另一端，高翘上卷于桥面，作俯卧状。

雕刻均系圆雕，瑞兽头尾均用整石雕凿，造型生动逼真，雕刻轮廓清晰，线条流畅，形态雄伟矫健，具有很高艺术价值[①]。

龙脑桥，自建筑至今，已超过600年，桥墩没有下沉，搭接处没有松动，桥面没有磨损，雕刻保存完好，这是十分难得的古代科学技术和文化艺术遗存。

龙脑桥不仅坐落在山清水秀、良田万顷的广阔田野上，有良好的自然环境，而且附近居民珍惜历史遗存，淳朴的民风更是一种良好的人文环境，此正是优秀的建筑遗产之所以保存至今，并将永远保存下去的原因。1995年被国务院公布为第四批全国重点文物保护单位。

第二节　已消失的明蜀王府（皇城）

昔日的明蜀王府（清贡院）

明蜀王府位于当时成都大城之中，武担山之南。其四界是：东垣至西顺城街，南垣至红照壁街，北垣在骡马市街，西垣在东城根街[②]。

王府建于明初。洪武十一年（1378）朱椿封为蜀王，十八年（1385）奉命驻凤阳，二十三年（1390）就藩于成都。十八年（1385）谕景川侯曹震："蜀之为邦，在西南一隅，羌戎所瞻仰，非壮丽无以示威。"曹震到任，营城于武担山之南，在大城中构筑蜀王府。

---

① 李显文：《龙脑桥的结构与雕刻艺术》，《四川文物》1985年第2期。
② 四川省文史研究馆：《成都城坊古迹考》，成都时代出版社2006年版，第71～74页。

皇城规模巨大，几乎占去当时成都城区面积的五分之一，占地约570亩。王府有两道城墙，外面一道为皇城，里面一道为宫城。宫城之中有十几座宫殿，宫城之外、皇城之内为御苑①。

皇城为王府外城，其城墙叫萧墙，周围长4.5公里，城高4.5米，城下蓄水为护城河，即御河。墙周设四门：东曰体仁，南曰端礼，西曰遵义，北曰广智。端礼门在棂星门之内，其前左右列顺门各二、直房各四。山川坛在萧墙内西南隅，其西为社稷坛，又西为旗纛坛。承奉司在遵义门左，其他长史、仪卫司、典宝、典膳、典服、典仪、良医、工正、奉祠、审理八所、广备仓库、左护卫等，俱错居萧墙内外。御道向南，跨御河，河上有三道拱桥，每桥三洞。桥之南有石兽、华表柱各二。再南又有桥三道，跨于金河之两侧。中有甬道，向北直通宫城端礼门；南通城外，在其南600余米处，是一堵70余米长、10米多高的砖影墙，因为它是红色的，所以名为红照壁。在门洞外250米左右的东西两侧，各有一座亭子，是王宫的鼓吹亭，东亭名为龙吟，西亭称作虎啸。

宫城在护城河之内，为砖城，周围长2.5公里，墙高11.71米。宫（红）墙四周，左右顺门相向。宫门之内为正宫，鳞次栉比，宫殿五重。宫墙之南门为端礼门，往南过棂星门、御河、皇城、金水桥通向城南。端礼门之内为承运门，门左右为东西角门，前为东西府及顺门。承运门内为承运殿，前有左右庑、东西殿左右有东西府；东西偏屋为斋寝凉殿，其后为圆殿。圆殿后为存心殿，再其后为宫门②。

嘉庆二十年（1541）又复增修。皇城本为砖墙，增修时包砌以石，设四门

清末民初的明远楼

---

① 古代城制：都城（京师）之中为皇城，皇城之内为宫城。详见毛心一、王璧文：《中国建筑史》，第124页；乐嘉藻：《中国建筑史》，第152~153页。
② （清）常明、杨芳灿等纂修：《四川通志·古迹》，巴蜀书社1989年影印版，第1856页。

仍如砖城之制。承运殿后为园，存心殿为王宫门，内为王寝正宫。端礼门前有水横带，甃月池为洞，铺石板其上，东西列直房。西南为山川社稷坛，又西为旗纛庙，东南隅为驾车。东有古菊井，驾路所经。端礼门外，出金水桥，其南平旷中设甬道，旁列民居、衢东西者四。正南建忠孝贤良坊，外设石屏，以便往来。更建坊于四衢，东南曰益懋厥德，东北曰永慎终誉，西南曰江汉朝宗，西北曰井参拱极。

蜀王府自洪武二十二年（1389）建成以后，在200年间虽前后出现过两次宫墙颓坏、两次维修、经三次火灾，终未遭大的毁损。直至崇祯十七年（1644），张献忠撤离成都时下令纵火，大火"连月不绝"，终成废墟。

蜀王府，绿水环绕，红墙卫护。台基高大，虬柱虹梁，栋宇嵯峨，红墙黄瓦，金碧辉煌。绿树掩映，菊井溢香。巍峨高大以重威，壮丽辉煌而壮观。惜哉！俱往矣。壮美的皇城只留下"皇城坝"这一地名，仅此而已！

第五章 清代建筑

清代结束了明末的混乱局面，统一了全国。巴蜀地区引入了大批移民，实行了较为宽松的政策，促进了经济文化的大发展，至康乾期间展现了太平盛世的社会景象。对于文化古迹加以保护、修缮，对其建筑加以修葺、重建，特别是对于与文化有关的书院、考棚、祠庙、园林、牌坊等以及生产、生活方面的建筑，不仅是保修旧物，还按照实际需要新建，出现了一个新的建筑环境[①]。

清代建筑不刻意破旧立新，以至20世纪60年代，人们还有机会看到明代成都的古城墙。同时讲究实用、不事奢华，民居园林素朴自然，宫观祠庙庄重肃穆。巴蜀留存至今的木结构古建筑6000余处，其中99%都是清代建筑，足以反映出清代古典建筑的成就[②]。

清代盐业生产不断发展，自贡大安街北段一口盐井，其深度达到1001.04米，成为当时世界上突破千米大关的第一口深井。盐业的发展，移民的输入，与周边省区的商贸交流，促使各地同乡会、行会的发展。当时会馆之多，有许多乡镇常以"九宫十八庙"加以泛称。如自贡西秦会馆、叙永春祠、成都陕西会馆都极负盛名。成都洛带、重庆东水门、都成会馆区等当年会馆建筑，大都保存至今。

清代巴蜀文教建筑，不仅种类齐全，而且数量巨大，仅乾隆时期就有书院394所。早年有名的北岩、紫岩、青莲、金华等书院，均为名人遗址。巴中云屏、城厢绣川等书院，阆中考棚等至今尚存。清代各州、县皆立文庙，为当时各地区最高等级的建筑。德阳、富顺、乐山、资中等地文庙，至今犹存。因崇尚文教，奎（魁）星阁（楼）、文峰塔之类的建筑盛行。仪陇、巴中、南充、仁寿、都江堰等地均存奎星阁，邛崃文笔村存文笔山塔，蒲江龙潭村存文峰塔，西来乡存文凤塔，都江堰幸福镇存奎光塔，江北寸滩头塘村和南岸文峰乡存文峰塔。其名称各异，旨在振兴文化。为崇儒尊贤，大量修葺了名人祠庙及其园林，如金堂禹王宫、新津老子庙、郫县望丛祠、都江堰二王庙、成都武

---

① 国家文物局编：《中国文物地图集》（四川分册），文物出版社2009年版，上册第12~22页。
② 参见四川省建设委员会主编：《四川古建筑·四川古建筑概述》，四川科学技术出版社1992年版。

侯祠、云阳张飞庙、阆中桓侯祠、资中和铜梁武庙、江油太白祠、成都杜甫草堂、广汉房湖、新繁东湖、眉山三苏祠、崇州陆游祠、新都桂湖等。成都望江楼为新建的佳作，系典雅的纪念建筑。为重视德教，兴建了大量牌坊，数量之多可算全国之最。德政坊、节孝坊遍布城乡；石牌坊、木牌坊，品种齐全。仁寿双牌坊、雅安上里牌坊、广元柳桥牌坊等，为保存完好、制作精美的石牌坊。隆昌一条古道上，现存石牌坊10多座，全为清制。阆中巴巴寺、宜宾真武山等，尚存完好的木牌坊。清代园林建筑有很大发展，以自然山水园、私人宅园、衙署附园、祠庙园林、寺观园林，都有较大发展。园林建筑以川西较为集中，清末成都地区就有数百个，其风格多具民居特色，小巧秀丽，古朴自然。

清代的宗教政策亦是和谐开放的，对旧的寺院、宫观多予修葺；破旧不可修者，则重建；殿宇所缺或所毁者，或新建或重建。在回族较集中的成都等地，还维修和新建了一批清真寺。清中期和清晚期，成都、重庆、遂宁、攀枝花等地新建了一批天主堂、福音堂。

第一节　名人纪念祠宇

一、都江堰二王庙与伏龙观

都江堰位于距成都57公里的都江堰市境内的岷江中，是一个创自战国末期的古老水利工程。其中，二王庙和伏龙观为两处纪念性建筑群[①]。

二王庙位于岷江东岸玉垒山麓，是为纪念秦蜀郡守李冰父子而建的祠庙，其损毁、修葺，史载甚略。现有建筑系清代重修，名称亦始于清代。庙宇由"神、膳、舍、园"四部分组成，占地面积约15.3亩，建筑面积6050平方米。总体布局，不强调中轴对称。在纵横方向上依山就势、叠落布置，上下高差达50余米，但自上往下看，层层楼台，叠落有序，主次分明，梯回路转，曲折幽深。建筑密度虽高达60%，但身临其境，亦无紧迫、压抑感，游览时使人感到

[①] 四川省地方志编纂委员会编纂：《四川省志·建筑志》，四川科学技术出版社1996年版，第24页。成都市建筑志编纂委员会编：《成都市建筑志》，中国建筑工业出版社1994年版，第13、14页。

开朗、舒展[①]。

全庙有山门、乐楼及主殿三重，配殿十六重。三重主殿是：二王殿，面阔七间，进深五架带前廊，建筑面积908平方米，主祀三眼二郎，配祀杨二郎一尊、站将二尊。老王殿，面阔五间，进深五架，周围回廊，建筑面积1128平方米，祀李冰夫妇。老君殿，凸形平面，面阔三间，进深四架，建筑面积68平方米，中祀老君，左祀南极子，右祀玄都大法师。配殿有青龙白虎殿、三宫殿、灵官殿、城隍土地殿、玉皇殿、娘娘殿、祈嗣宫、丁公祠、飞鸟楼（圣母殿）、日月殿、奎星阁、龙神殿（铁

都江堰二王庙

都江堰伏龙观

龙殿）等。乐楼和二王殿为三层，其余均为二层或单层。殿宇为重檐歇山式屋顶，穿斗式构架，小式作法，青瓦屋面，脊饰中花、鸱吻，下檐梁枋出挑置撑拱，上檐吊柱。尺度适当，木作雕刻讲究，具有川西传统风格。

南朝齐建武年间（494～497），始祀李冰，名崇德庙。几经兴废和改名，至清雍正五年（1727）始称二王庙。1951年因修灌茂公路，拆除奎星阁。1966年30余尊神像被作为"四旧"捣毁。1973年对二王庙进行了维修、粉刷。1974年重塑了李冰父子像。1979年拆活佛堂，建外宾接待室。

---

① 成都市园林志编纂委员会编：《成都市园林志》，四川人民出版社1998年版，第47～51页。
钟天康：《都江堰文物志》，四川师范大学学报编辑部1986年版，第59～106页。

伏龙观，又名老王庙、李公庙、灌口庙、伏龙寺、李公祠等，位于离堆之巅，为纪念李冰的专祠，始建于晋，因李冰伏龙的传说而得名。现存建筑为清代重修，殿宇三进两院，建筑面积1700多平方米，占地面积11亩。前殿为老王殿，由42级石阶进殿，平面作长方形敞园式，面阔五间，进深五架带前后廊。中殿为铁佛殿，面阔五间，进深四架。后殿为玉皇楼，面阔五间，进深四架，四周回廊，系1959年进行维修时，将玉皇殿和喜雨楼改建而成，原为木构架，后改为钢筋混凝土结构。前中后三殿均为歇山式屋顶，殿宇随地形逶迤布置，前低后高，旁低中高，主次分明，错落有致①。前殿左右封闭，前后开敞，内存东汉建宁元年（168）李冰石像。

伏龙观是都江堰工程的最佳观景点，其地现已辟为规模宏大的离堆公园。为纪念这一伟大的工程和李冰，自古以来有千千万万的诗词匾联，对其进行纪念和歌颂。

伟大的都江堰水利工程，创自战国末期，是一个古老的工程，但至今仍然是一处发挥着巨大效益的古迹，整个工程和二王庙、伏龙观等已于1982年被国务院公布为第二批全国重点文物保护单位，并进入世界自然、历史文化双遗产名录，成了全人类的一份宝贵财富。

二、成都武侯祠

武侯祠位于成都市武侯伺大街231号，肇建于西晋末十六国成汉武帝（李雄）时期（304~334），唐代已成为成都名胜。历宋、元、明时期，均加以修葺。明初蜀王朱椿将武侯祠并入昭烈祠中，成为一处纪念三国蜀汉君臣的祠堂。明末毁于战火，清康熙十一年（1672）重建，形成现代君臣合庙的格局②。

祠宇坐北朝南，占地面积约55.47亩。设大门、二门、正殿、过厅、后殿五重，中轴对称，两侧廊房围合，君臣有别，布置严整；君臣合祠，各有侧重，为清代典型的官式建筑，其建筑形制为国内罕见。

绕过照壁，便是朱红大门，上悬"汉昭烈庙"横额。入门为空阔的庭院，

---

① 清华大学建筑系编：《建筑史论文集》（五），清华大学出版社1981年版，第1~30页。
② 四川省地方志编纂委员会编纂：《四川省志·建筑志》，四川科学技术出版社1996年版，第25页。成都市园林志编纂委员会编：《成都市园林志》，四川人民出版社1998年版，第21~24页。四川省文史研究馆：《成都城坊古迹考》，成都时代出版社2006年版，第305、306页。

古榕树、古皂角树参天，柴柏掩映的石板道，直通二门。乔木之下，红墙之内，左右各置古碑亭，东侧有《蜀丞相诸葛武侯祠堂碑》，系唐裴度撰文，柳公绰书丹，鲁健刻石，号称"三绝碑"。柴柏道端即为二门。二门五楹三间，前后空透。过门入庭院，东西廊房相对，东厢祀文臣，西厢祀武将。彩塑文臣武将，端庄肃穆。正殿、东西厢廊、二门形成一个纵向长方形的柏木耸翠的四合院。

成都武侯祠

正殿祀刘备，曰汉昭烈庙。前连月台，台沿砌石栏板。殿前设廊，廊东西端连通阶下文臣、武将廊。殿阔七间，通面阔36米；进深四架，通进深15米；建筑面积648平方米。各间面阔，采取明间最大，次间、梢间、尽间依次递减的做法，以满足功能需要。全殿前宽后窄，成"品"字形，有石柱32根，为石柱木结构悬山式屋顶，屋面覆筒瓦。天宫罩下，镂空撑顶，雕刻蝙蝠、龙、凤、鹿等图案，彩绘敷金，制作精致。主殿有意抬高殿基，壮大庭院，形成高大的院落空间，气势雄伟庄严，体现了皇权至尊的立意。

正殿之后，有天井形小庭数步，即入过厅。过厅体量不宏，朴实宜人，颇似成都民居造型。厅额为"武侯祠"，厅内楹联颇多。过厅北，为花园、兰园，形成幽静的后院。

后院之北为后殿，即诸葛亮殿，曰"静远堂"。为显君臣之别，降低殿基，殿宇体量略减，庭院缩小。面阔五间，通面阔30米；进深二架，通进深11米；建筑面积351平方米。长方形平面，梁架式木结构。殿前檐柱八根，设雕花撑拱。明间檐柱内侧，安6扇蛛网花格门。屋顶为歇山式，屋面盖筒瓦，脊嵌瓷片碎瓦，上塑动物花草，工艺精致。飞檐卷翘，中堆为火焰宝珠、二龙戏珠，腰花塑弥勒佛像，用两条铁链连接，腰花稳固，增辉屋面。室内采用彻上明造，整个建筑高朗明快，表达了淡泊宁静的空间意境与设计匠心。殿前石砌台阶，阶沿砌石栏板，栏柱雕饰动物。殿前阶下，建有钟楼和鼓楼，礼制井然。诸葛亮殿，额匾"勋高管乐"，充分表彰了诸葛亮的丰功伟绩。

诸葛亮殿"名垂宇宙"匾下的一名联,为清代赵藩撰书,后人特别爱传诵,联云:"能攻心则反侧自消,自古知兵非好战;不审势即宽严皆误,后来治蜀要深思。"其大意为:用兵能攻其心,则反叛就会自然消除。从古至今,真正懂得用兵的人并不好战。不能审时度势,政策或宽或严都会出差错,后来治蜀的人要深思。

祠西侧有刘备墓,史称"惠陵"。前有照壁、祀殿,后为墓地,状若圜丘。此外,祠园中尚有桂荷池、听鹂苑、听鹂馆、三国历史文物陈列室等新建筑。

1961年被国务院公布为全国第一批重点文物保护单位。

三、成都杜甫草堂

杜甫草堂工部祠

杜甫草堂位于成都市西郊浣花溪畔,为唐代大诗人杜甫流寓成都时的住所。诗人为避安史之乱,于乾元二年(759)辗转来此,营建茅屋数间,居住近4年。茅屋自诗人离去之后,历尽沧桑,踪影难觅。五代前蜀韦庄等人,在其旧址重建草堂,以示追忆缅怀。至北宋元丰年间(1078~1085)重建草堂、造祠宇。后经元、明、清历代修葺,逐步奠定现在的规模。现在建筑为清嘉庆十六年(1811)所重建。占地面积约330亩,建筑面积22064平方米①。

草堂建筑按中轴线布局,自南至北以照壁、正门、大廨、诗史堂、柴门、工部祠为主体建筑,两旁分列廊、亭、轩、榭等建筑。用园林的布局手法,将浣花溪水引入园区,溪水竹木交相掩映。建筑体态轻盈,清秀淡雅,融入翠绿之中,显出川西民居风格。鸟鸣蝉噪,水声潺潺,颇富田园意境②。

---

① 四川省地方志编纂委员会编纂:《四川省志·建筑志》,四川科学技术出版社1996年版,第25页。
成都市建筑志编纂委员会编:《成都市建筑志》,中国建筑工业出版社1994年版,第15、16页。
② 成都市园林志编纂委员会编:《成都市园林志》,四川人民出版社1998年版,第16~21页。
四川省文史研究馆:《成都城坊古迹考》,成都时代出版社2006年版,第307~309页。

草堂正门呈矩形平面，面阔三间，进深三架，中柱分心，明间开门。前后设踏道、过厅。大门两侧配有"八"字墙，素土墙垣环围，外观素雅。门外为砖照壁，再外为浣花溪。门上悬诗一联："万里桥西宅，百花潭北庄"，以点出草堂旧址之意。

大廨为一过厅，位于大门和诗史堂之间，两侧有回廊与诗史堂相连，既增强了空间序列，给游人以停步休息，静观庭园美景的机会，又可增加空间层次，使本来不大的庭园，显得丰富多彩。

诗史堂居中轴线中段，在大廨之后。殿堂宽敞，为草堂中心建筑，面阔五间，进深四架。堂前置廊，左右与"露霄枫叶之轩"和"独立楼"的拱廊相连，并与大廨回廊相通，使四座殿堂由联廊围合成一组半开敞的闭合空间。回廊排架宽2.3米、高4.3米，比例适当，结构简洁，无论炎炎烈日，或者绵绵细雨，游人均可在回廊闲庭信步。

过诗史堂后隔溪入柴门。柴门面溪敞立，一开六柱，面积23.5平方米，柱高3.2米，建筑低矮简朴。柴门内为庭院，院东为水竹居，其名来自杜公《奉酬严公寄题野亭》诗句："懒性从来水竹居。"院西为恰受航轩，其名亦来自杜公《南邻》诗句："野航恰受两三人。"

庭院之北为工部祠，是草堂最北的建筑。面阔三间，通面阔12米；进深两架，通进深10.3米，建筑面积135平方米。悬山式屋顶，小青瓦屋面。正脊两端卷草起翘，中堆火焰宝珠。祠内祀杜甫，两边配祀黄庭坚与陆游，神龛悬联"荒江结屋公千古；异代升堂宋两贤"，以表三公文脉相承。

工部祠前，庭院之左，有草屋碑亭一座，木柱草顶，古朴厚重。内置清代果亲王手书《少陵草堂》石碑，为雍正十二年（1734）镌立，字体潇洒遒劲，依稀可见杜老渴望广厦千万间的悠悠衷肠，也是草堂的标志。草堂建筑全系木结构构架，灰墙素瓦，古朴凝重，颇富川西民居风格。梅圃楠林，翠竹绿水，菱荇莲荷，交织庭园，一派田园风光，颇具诗情画意。

诗人在草堂居住不到4年，共作诗247首。其中《卜居》说东行万里，来此择居，其诗云："浣花流水水西头，主人为卜林塘幽。""东行万里堪乘兴，须向山阴上小舟。"又如《田舍》诗，写他的田园生活，其诗云："田舍清江曲，柴门古道旁。""杨柳枝枝弱，枇杷对对香。"朴实无华，亲切近人。

草堂祠园规模巨大，尚有水槛、花径、浣花祠、一览亭等古旧建筑物以及近年新建的景区，布置在东、西、北三面。1961年被国务院公布为全国第一批重点文物保护单位。

四、郫都望丛祠

望丛祠，位于郫都区城南一里的晨光乡望丛村，是纪念古蜀国望帝杜宇氏和丛帝开明氏（鳖灵）的祠宇[①]。

据《蜀王本纪》和《华阳国志》等书记载，大约在西周时期，蜀地常遭水患。继鱼凫王之后，在蜀称帝的杜宇，带领人民防洪救灾，但他不能根治洪水，就叫他的丞相鳖灵和他一起共同治水，凿巫山，开金堂峡，治理岷江，才使蜀民永得陆处、安心稼穑，后来杜宇将帝位禅让给鳖灵。他们为西蜀人民立下了亘古奇功，所以至今被奉为"开天府之师"。

望丛祠的前身是望帝祠和丛帝庙。丛帝庙在原郫县，望帝祠原在灌口，南朝齐建武时，刺史刘季连移建于郫县，因此从南朝齐明帝永泰元年（498）起，望帝祠和丛帝庙就成为合祠。唐代温庭筠《河渎神》词中的"河上望丛祠，庙前春雨来时"是一佐证。

郫县望丛祠

北宋庆历元年（1041），郫邑令赵可度新修望丛祠，邑征士张俞作《蜀望丛帝新庙碑记》。北宋皇祐四年（1052）进士杜常等重建该祠，尔后"享祀不忒"。明末清初"望丛享殿聿毁"。直到清道光中叶，在籍乡官刘厚滋及士民等，捐银2000两修复祠宇。布衣孙镇献田四十亩以备时用，并修补垣墙，种植柏树1000多株。光绪三十四年（1908）建听鹃楼。1919年，四川督军熊克武又修葺祠宇，并由但懋辛书写二帝墓碑"古望帝之陵"和"古丛帝之陵"。墓碑模式大小皆同，碑高3.48米、宽0.58米、厚0.14米。新中国成立前夕，由于当地群众和知名人士邱哲成等的认

[①] 成都市园林志编纂委员会编：《成都市园林志》，四川人民出版社1998年版，第43~46页。《望丛祠》，《四川文物》2000年第5期。陈历清：《古蜀民族宗庙望丛祠》，《成都文物》1997年第3期。

真保护，并对古柏进行编号，望丛祠才得幸存下来。

望丛祠原占地面积22亩，古祠前照壁高耸，嵌有但懋辛题书"望丛祠"三个大字。旁有二门，左右门额上嵌有"功在田畴""德垂揖让"，均为民国初年蒋恬公所书。正殿原塑有望丛二帝坐像，祠内原有的楹联、匾额、碑记，早已不存。

望丛祠内二帝之陵墓，高若丘山，峙若双阙。北宋皇祐四年（1052）郭侯任郫令时，曾修葺望丛陵。望帝陵高约10米，周长约250米；丛帝陵高约10米，周长约100米。在"文革"中丛帝陵遭到破坏，但墓室仍较完整。墓砖花纹图案多种，以蚕丝卷状纹为最多，它既是蚕丛的象征，又表示对鳖灵治水的永久纪念。二帝陵稻荪楼、辟风雨轩、斋室、宾宇等古建筑相映成趣，为这座古老的纪念陵园增色不少。

历代对于望丛二帝的祭祀都极为重视，尤其在宋代还列为祀典。1945年《郫县志》载：每年春天都江堰放水时，川西官员都要先到望丛祠祭祀，然后才到都江堰放水。1938年春，当时国民政府主席林森，也曾亲临此祠，凭吊望丛二帝。此外，每年端午节举行的赛歌会，也可以看作是一次规模盛大的纪念活动。

目前，望丛祠占地已由原来的22亩扩大到80亩，从1985年起，陆续恢复原有古建筑，重塑望丛二帝像，修建了富有地方特色的杜鹃园、兰草院、赛歌台和旅游设施。

五、眉山三苏祠

三苏祠位于眉山市城区西南隅，是我国著名文学家苏洵、苏轼、苏辙三父子的故居，原系苏氏家族的故宅，即面积约5亩的中式庭院。为了纪念被列为唐宋八大家的三苏父子，自元代起改宅为祠。至明末

眉山三苏祠

毁于兵燹，仅剩一塘池水、一口钟、五通碑。清康熙四年（1665），知州赵蕙芽模拟重建。后经历代维修扩建，现有建构筑物30余座，占地面积86亩[1]。

三苏祠园，坐北朝南，四面临街。宫墙萦绕，绿水环抱，古木扶疏，翠竹掩映。20多处楼、台、亭、轩、阁、榭，点缀其间；20多座小桥，若月若虹，造型各异。建筑典雅，堂廊相属；山水景物，布局有序；匾额对联，缤纷耀彩；诗情画意，书香四溢；三分水，二分竹，素享岛居之誉，颇富川西古典园林特色[2]。

眉山三苏祠披风榭

祠内主体建筑群，由山门、前殿（厅）、主（飨）殿、启贤堂、来凤轩等组成。坐北朝南，中轴对称，构成四进院落。山门三间两进，建筑面积71平方米。穿斗构架，明间为歇山式屋顶，次间为硬山式屋顶。前殿五间四进，建筑面积153平方米，抬梁构架，悬山式屋顶。主殿三间四进，建筑面积194平方米，抬梁构架，硬山式屋顶。启贤堂（前）木假山堂（后）三间三进，四周檐廊，穿斗结构，抬梁构架，歇山式屋顶。最北为来凤轩，五间三进，回廊周匝，建筑面积201.8平方米，两边穿斗结构，中间抬梁构架，歇山式屋顶。中轴右侧的快雨亭、左右的厢房、曲廊、联络用的步廊，以及园中景点建筑绿竹亭、抱月亭、云屿楼、瑞莲亭、百坡亭、披风榭、画舫、八风亭、式苏轩、船坞、碑亭、绿筠轩、茗香轩、疏竹轩等，均与殿堂一样为穿斗结构或抬梁构架，小青瓦屋面，木裙板墙。木作精致，色调素雅，形态各异，统一和谐，颇具川西民居风格。

---

[1] 四川省地方志编纂委员会编纂：《四川省志·建筑志》，四川科学技术出版社1996年版，第24页。
[2] 四川百科全书编纂委员会编：《四川百科全书》，四川辞书出版社1997年版，第704页。国家文物局编：《中国文物地图集》（四川分册），文物出版社2009年版，中册第582页。

园中遗迹有苏宅古井、木假山堂、洗砚池等。池中荷莲，传为苏洵所植。祠堂正殿为硬山式屋顶，虽系清代模拟重建，但亦资证实改宅为祠之遗意，并可见模拟原祠的求真匠意，突出了苏家的俭朴精神。碑亭中存历代遗碑，其苏轼手迹为全国收集较多的地方之一。三苏各版本文献、名家书画、匾额楹联，颇具三苏文化魅力。

祠园自康熙四年重建后，同治、光绪年间又作几番扩建。1928年被辟为公园，但保护不力。新中国成立后，政府重视，多次修葺，面目为之一新，休闲、游览、观光、考古、学习、瞻仰、拜谒之人，络绎不绝。2006年三苏祠被国务院公布为第六批全国重点文物保护单位。

六、崇州陆游祠

陆游祠是纪念南宋爱国诗人陆游的专祠，位于崇州市崇阳镇的罨画池东南。该祠坐东向西，建筑面积570.19平方米，占地面积3.56亩，是大型园林罨画池的三大组成部分之一，为一自成园林体系的园中园。始建于明代，重修于1982年。现整个罨画池已于2001年被国务院公布为第五批全国重点文物保护单位[①]。

陆游祠放翁堂

陆游祠现有大门、过厅、展馆、主殿、同心亭、廊房等建筑。平面布局为仿明清时期的四合院建筑，单体建筑均为木结构构架，除大门、同心亭外，均为单檐歇山式屋顶，采用传统民居处理手法，简洁古朴，与环境极为协调。

---

① 成都市园林志编纂委员会编：《成都市园林志》，四川人民出版社1998年版，第37～40页。四川百科全书编纂委员会编：《四川百科全书》，四川辞书出版社1997年版，第580页。庄裕光编著：《中国古建筑文化之旅》，知识产权出版社2003年版，第56、57页。

大门，面阔一间4米，进深一间2米，通高3.9米，穿斗式梁架，单檐卷棚式屋顶，屋面盖灰色筒瓦。门楣上悬吴作人书"陆游祠"横匾。

通道，长60米、宽3.5米，左壁砖筑漏花云墙，高3.2米。右壁为砖土混筑墙，高4.5米。

过厅，面阔三间4米，进深一间2.5米，通高4米。四架椽栿抬梁式构架，青瓦突檐，陶雕花脊，泥塑山水鸟兽。门额"梅馨千代"横匾，极显典雅。前置楠木坪，长19米、宽14.5米，植古楠六株，立陨石一块，竖陆游《初到蜀州寄成都诸友》和《化成院》诗碑两通。

序馆，面阔三间带廊13.9米，进深7.7米，通高7米，门额曰"香如故堂"，堂前置石狮一对。馆内陈列陆游简介、年谱简编、手迹《游近村》等展品，并有大理石放翁遗像一尊，南北展室分别陈列反映陆游一生政治生涯和文学成就的展品及现代名人书画等。

主殿，面阔三间带廊14米，进深三间8.8米，通高9.5米，具有传统民居风格，装修精致，古朴典雅，与水体园林融为一体。殿内存陆游砼塑像一尊、木刻陆游《咏梅》诗意画一幅、《陆氏宗谱》一套、《陆游年谱》一册及诗碑五通。

同心亭，一座二顶，六角连体，木结构单檐攒尖顶，通高5米，为纪念陆游与蜀州张缜相交40年的深厚友谊而建。其柱上有联云："并马南郑肝披胆沥；和诗西蜀桂馥兰馨。"

廊房，面阔三间8.5米，进深一间1.8米，通高3.5米。小花园长19.5米、宽7.5米，周围砖筑漏花云墙，高2.2米。园内设盆景花木，园后有水榭凉台及剑门关、驿楼、断桥、故香亭、小鉴湖等景点。园中许多景点、诗词，大都与诗人生平有关，例如鉴湖，源自诗人故乡；断桥、香如故源自诗人《卜算子·咏梅》中诗句"驿外断桥边"，"只有香如故"，使园林的文化品位更加浓郁。

七、阆中桓侯祠

桓侯祠，曾称张侯祠、桓侯庙、雄威庙，俗称张飞庙。现存建筑，为一具有唐宋风格的明清四合院式的祠庙和墓冢组成的三国蜀汉名臣张飞纪念祠。该祠位于阆中市古城西盘龙山下。建筑群由山门、敌万楼、大殿、后殿、墓亭、墓和园林组成，占地面积约7.5亩。

祠宇建筑结合地形坐北朝南，其主要建筑系按中轴线对称布置，余左右对称布置。殿宇均为木结构构架承重，大式作法。屋面形式有单檐悬山、歇山、重檐歇山等屋顶，屋面覆绿色琉璃瓦，琉璃构件砌脊，脊饰华丽。檐下斗拱、梁枋、栏杆、门楣、窗棂等木构件，雕绘精细，工艺讲究。

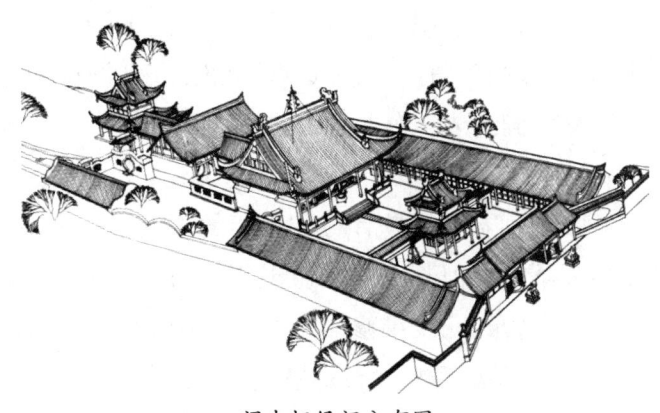

阆中桓侯祠分布图

山门，面阔五间，中开大门，左右各置耳房两间，进深一间。立面中部三间高出两梢间，均作悬山式顶，明间、次间盖绿色琉璃瓦，梢间盖紫红色琉璃瓦，脊饰琉璃鸱尾。檐下施六铺作斗拱。两侧均作长9米"八"字形照壁，红地中央以绿色琉璃铺圆形。明代重修[①]。

敌万楼，为颂扬张飞力敌万人而建。面阔三间，进深三间带前廊。中间高起为楼，重檐歇山式顶。上覆绿色琉璃瓦面，正脊饰鸱吻，垂脊饰脊兽五尊。檐下施四铺作斗拱，出象鼻昂。内柱为四瓣梅花形断面，椽径粗大，屋顶厚重。屋内古匾重叠，似翅如飞。楼下塑张飞手下亲臣张昭、张遵、吴班、雷同等像。左右各接木牌楼一座，为明代建筑。

敌万楼东西配殿，即东西廊房，为出土文物展览和群塑厅。群塑有桃园结义、古城会、鞭督邮、战张郃等大型泥塑，栩栩如生，精神毕见，再现了张飞一生的主要业绩。

大殿，面阔五间，进深三间。歇山式屋顶，绿色琉璃瓦屋面，脊中饰二双龙戏珠宝顶，端饰鸱吻。檐下饰雕绘撑拱、梁枋、雀替，下作白石台基、白石雕栏。殿内正中塑张飞文服像，高2米多，头戴王冠，身着绣袍，手捧玉笏，端坐堂上；张苞执蛇矛，马齐捧丹卷，侍立于旁。左钟右鼓，气氛肃穆，显示出张飞刚毅儒雅的风度。左右配殿，陈列有关文物、生前故事塑像六则，现存建筑为清同治年间（1862~1874）重建。

后殿，面阔三间，进深二间。前有廊道四间，左右配一对南北长、东西短的矩形水池，此"太平池"的设置，尚属罕见。

---

① 四川省建设委员会主编：《四川古建筑》，四川科学技术出版社1992年版，第173页。

墓亭，位于殿后墓前。矩形平面，面阔四柱三间，进深二柱一间，重檐歇山屋顶。内有"张桓侯神道碑"和张飞武服像一尊。

墓，椭圆形，东西径22米，南北径32米，封土高约8米。小道环绕墓周，墓上、道旁，古木参天，奇姿异态，颇具山林意境①。

张飞墓冢已是具有1700多年的古迹了。唐宋以来，始有祠庙文字记载，历朝称呼不一，但其存在却逾千年，历经战乱，曾数次焚毁，数度修葺。新中国成立后，曾经三度维修。"文革"中，塑像、铜像、铁狮遭砸毁，古匾、古碑被劫走；墓冢遭掘，坑深达8米，盗走一些汉砖、刀剑、陶俑。1986年，进行大维修，庙宇焕然一新，重放光彩。

1995年被国务院公布为第四批全国重点文物保护单位。

八、江油太白祠

太白祠是后人为纪念唐代大诗人李白修建的祠堂。始建于唐，宋经一次修葺，明毁于兵火，清乾隆四十二年（1777）重建于旧址。该祠位于距江油市西南15公里处的青莲镇盘江下游左岸，即古漫坡（亦称古蛮婆）渡下。李白（701~762），字太白，号青莲居士。自称祖籍陇西成纪（今甘肃省秦安县北）人，汉飞将军李广之后，五岁时迁入绵州彰明（今江油市）青莲乡。后人为纪念他建祠于此，历代崇祀不绝。

江油太白祠

太白祠现存三殿、两厢、五院，为清代建筑。平面为四合院布局，中轴对称。三殿均位于中轴线上，形成两殿院，前院为三合，后院为四合。中、后两殿构成后院，其左右厢房，构成两侧院，故为三殿五院。殿宇均为木结构建筑，两端为穿斗构架，中间为抬梁构架。单檐悬山式屋顶，青瓦

---

① 曾绍义等主编：《阆中天下稀》，四川大学出版社1991年版，第13~18页。

屋面。青瓦堆脊，中饰中花，两端脊瓦飞翘[1]。

第一进为前殿，悬"太白祠"匾。殿宇面阔七间，宽29.7米，进深三间带前廊，深6.95米，建筑面积206.4平方米。前院内甬道直通后面中殿，甬道左有偏房三间，长12.5米、深6.5米，右有石碑一通，上题"太白故里"楷书大字，乃剑阁专员林维干题于1939年。又殿中原太白塑像一座，东西两端各有清碑一通，一为清嘉庆八年（1803）彰明县令张洪轩题《怀李太白》诗碑，一为嘉庆十八年（1813）四川道台兼龙安府事赵金笏题《过彰明漫坡渡谒李太白祠》碑。靠墙处旧有六角草亭一座。甬道尽头左右，有古桂花树各一株，枝叶繁茂，婆娑作势，与重建之太白祠同寿。

第二进为中殿，悬"蜀风堂"匾。殿宇面阔五间，宽22.0米，进深五间带前廊，深10.2米，建筑面积240.8平方米。殿后为天井，即后院，两头有小过厅，分别通左右庭院和厢房。

第三进为后殿，悬"诗神"匾。殿宇面阔五间，宽22.0米，进深五间，深10.2米，建筑面积236.3平方米。明间为抬梁构架，梢间立柱到顶，穿斗枋横穿立柱，稳定牢固。中塑诗仙立像，两旁塑屈原、陈子昂等六大诗赋家坐像。

1961年，被定为四川省重点文物保护单位。旧有匾额、楹联各三副，1963年重刻其中一副"盛唐诗酒无双士，青莲文苑第一家"，悬于祠堂檐柱。张大千题联"百年诗酒风流客，一个乾坤浪荡人"，亦悬于殿柱。1972年，在中轴线上向南添建了思贤亭、白玉堂、山门及月池、曲桥。山门为三间一进。白玉堂面阔五间，宽12.0米。思贤亭八角形平面，边长3.0米，攒尖顶。三座新建筑，均为钢筋混凝土结构。整个祠园，长约150米，占地面积约16亩，荆柴、土坯、砖墙相属环绕，古木扶疏，竹树掩映，环境清幽。殿宇宏敞，布置有序，结构严整，梁柱不雕，门墙不饰，肃穆典雅，素朴亲人。历200多年，虽经风雨霜雪，几度战乱地震，仍巍然屹立于诗仙故里，难能可贵，当属国宝。

江油青莲镇为太白故里。境内现存有关太白的纪念性建筑和遗迹，除太白祠外，还有陇西院、粉竹楼、洗墨池、读书台、衣冠墓等14处。1928年，在彰明河畔建李白纪念馆，建筑面积4290平方米，1982年，又进行了改扩建，为一仿古建筑。

---

[1] 国家文物局编：《中国文物地图集》（四川分册），文物出版社2009年版，中册第306页。四川省建设委员会主编：《四川古建筑》，四川科学技术出版社1992年版，第158页。

九、广元皇泽寺

皇泽寺，原称乌奴寺，亦叫川主庙，位于距广元城西嘉陵江西岸乌龙山麓。唐武则天时，乌奴寺尼姑奏请施以恩泽，遂改名皇泽寺。1955年出土的后蜀广政二十二年（960）碑，正面题《大蜀利州都督府皇泽寺唐武则天皇后新庙记》："贞观时，父士彟为都督，于是生后焉。"由此证实广元为女皇出生地。一般所说的皇泽寺包括两大部分：纪念武则天的祀祠皇泽寺和与寺相属的石窟寺。皇泽寺在贞观时已是寺庙，武则天时已成古庙，其始建年代肯定在唐初或唐代以前，遗留到当代的建筑为清代重建。其石窟寺始凿于隋代，历唐、宋、明、清诸代，共营造石窟和摩崖34处，造像2000余尊[①]。

皇泽寺现有山门、二圣殿、凤阁、武氏家庙、钟鼓楼、则天殿、迎晖楼、大佛楼、小南海、五佛亭、吕祖阁、碑亭、游廊等建筑。整个建筑群，属石窟寺部分和碑亭、游廊等寺园建筑，作非对称布局；属皇泽寺部分的，以山门、二圣殿、则天殿、迎晖楼、大佛楼等为中轴线布局；左边为香亭、凤阁、钟楼，右边为香亭、武氏家庙、鼓楼，为横轴线，作对称布局。该寺依山傍水，立于悬崖峭壁之间，错落有致，气势巍然，翠绿掩映，碧水环绕，颇富山林气象。

新建山门，面阔五间，宽15.2米，进深二间，深6.4米。内立《广元皇泽寺》碑一通，碑文系郭沫若书。

新建二圣殿，面阔五间，宽16.4米，进深三间，深9.6米。位于山门之后，两层，二层接山崖，歇山式屋顶。

则天殿、迎晖楼、大佛楼合为三层建筑：下层为则天殿，中层为迎晖楼，上层为大佛楼。背后连崖，覆盖三个石窟，形成三座殿宇。则天殿为皇泽寺主殿，面阔五间，宽14.7米，进深三间，深9.4米。歇山式屋顶，青瓦屋面，正脊中立宝顶，两端饰鸱尾，灰瓦白脊，翠绿掩映，鲜明耀目。殿后石壁，满雕大小佛像。殿中立武后石雕坐像，目光炯炯，神态安详，头戴佛像宝冠，身着长袍彩裙，袒露身臂，俨然佛门圣母。塑像左侧立新出土的广政碑。1963年，郭沫若题联云："政启开元，治宏贞观；芳流剑阁，光被利州。"

[①] 四川省地方志编纂委员会编纂：《四川省志·建筑志》，四川科学技术出版社1996年版，第26、53、54页。四川省建设委员会主编：《四川古建筑》，四川科学技术出版社1992年版，第159页。

从主殿右边出殿，倚石栏沿"之"字形梯道而上，可登中层的迎晖楼和上层的大佛楼。巍峨的大佛楼窟，高7米、宽5米、进深2.8米。大佛释迦牟尼像高约6米，庄严肃穆。二弟子像古朴虔敬，两菩萨像英姿挺秀，力士天王像气宇轩昂。佛像后刻天龙八部，在云中若隐若现。

从大佛楼右出殿外，沿梯道下，往右便可到中心柱石窟。石窟宽敞如室，中间顶立经塔石柱。三面石壁正中各刻一龛，左右各一小龛。龛檐刻蜿蜒蛟龙，起舞飞天，小像满目，精巧玲珑。中心柱上层，有宋、明、清人题字，中、下层有浮雕像和单层塔，具南北朝北周风格。

五佛亭位于迎晖楼右侧，平面呈方形，边长5.5米，成四柱，双层，攒尖顶。周围嵌有壁画，一组是民间故事，另一组是民间歌舞。龛内观音像，系隋代所造。还有清道光年间所刻《蚕桑十二事图》，图用阴刻平图手法，人物山水逼真。上覆廊亭三间，长6米、深2.5米。

碑亭位于则天殿左侧崖坡上，平面为"丁"字形，明间面阔3.15米，向前突出1.8米；次间、梢间各2.65米，通面阔五间3.15米。亭进深2.5米，通进深4.3米，筒瓦屋盖。游廊、茶厅亦在则天殿左侧碑亭之东坡，为木结构，筒瓦屋盖。

山门内与二圣殿共一横轴线的钟鼓楼，为砖石高台上作亭楼。凤阁居北，平面为矩形，面阔三间，宽8.5米，进深三间，深9.0米。木结构、单层，筒瓦屋盖。武氏家庙居南，面阔四间，宽14.0米，进深二间，深7.0米。前面为四合小院，门向北。门外又是小院，院门亦向北，木结构，红墙，筒瓦屋盖。

全寺建筑，除碑亭、游廊、茶厅等旧建筑外，其余均系新的砖木或钢筋混凝土仿木结构建筑。1961年被国务院公布为第一批全国重点文物保护单位。

十、叙永春秋祠

春秋祠，即叙永陕西会馆，原为关帝庙。清光绪十年（1884），陕西盐商约集山西、江西盐商，成立三十西邦，商议将位于县城西盐店街的关帝庙，改为春秋祠，供奉关羽，作为三西邦会馆。因为关羽喜读《春秋》，故名春秋祠。经过13年的资金筹集，至光绪二十三年（1897），共筹集白银25万余两，于二十六年（1900）开工，到三十二年（1906）竣工[①]。

春秋祠所占地盘为南北长35米，东西宽31～39米，占地面积约6亩。采取四

[①] 周香洪：《巧夺天工的木雕艺术——叙永春秋祠》，《四川文物》1991年第2期。

叙永春秋祠鸟瞰图

叙永春秋祠精美木雕

合院布局,坐南朝北,主要建筑位于中轴线上,由北到南为山门、戏(乐)楼、飨殿、正殿、三官殿,两边配殿为厢房、耳房、钟鼓楼、书楼、暖房、财神殿等,总建筑面积为2500平方米。殿宇之间构成三个有纵深层次、富于变化的庭院空间,其室内外空间相互渗透融合,造成深幽的气氛。后院建曲池、小桥、八角亭,以及三檐观音阁等,又显出几分园庭逸韵。

祠的大门两侧,有体态丰满威武的石狮一对,脚踩绣球,全镂透空,可以转动。进大门,与门相背为乐楼,楼口无柱,异于常楼。对门的殿壁上,刻寿字百余个,写法各异。楼顶有五十六块天花板,每块刻戏一台。楼顶中有八角藻井,逐层缩小,多达十层,每层八面,均施彩绘。楼口一长达数米的方木,雕刻三层,人物过千。

乐楼前为敞坝,两边为对称走楼。四条檐柱上的穿枋,均刻游动金龙,极为生动。檐边垂柱,各刻宫灯一盏。栏板八块,刻配诗叙永八景:万寿朝霞、双桥夜月、铁泸晓渡、定水晓钟、红岩雾雪、漫岭腾云、宝珠春眺、流沙悬练。楼下八扇落地格扇门,每扇绘描金九龙吐水。

飨殿后为正殿。殿前石阶为九龙丹陛,镂雕九龙抢宝,龙口宝珠,滚动自如。殿呈矩形平面,面阔六柱五间,进深四柱三间。木结构单檐硬山顶,黄色琉璃瓦面。脊饰游龙、中花，栏额雕刻，明间刻九龙，次间各刻九凤，梢间各刻田园景物。花牙子各刻花卉、翎毛，撑拱雕刻，明间刻龙，次间刻凤。背面各构件，亦全加雕饰，内容多为戏剧故事。落地格扇门，刻白鹤百只，形态各异，生动自然，称百鸟窗，为祠中木雕一绝。柱础亦别具一格，造型多样，有鼓形、六棱形等。雕刻内容，多以戏剧故事为主，配刻花卉、翎毛。

三官殿在正殿之后，矩形平面，面阔六柱五间，进深一间带前后廊。木结构单檐硬山顶。其装饰、雕刻，媲美正殿。

春秋祠几经变故，除暖阁、戏楼等被毁外，其余建筑大体旧貌仍存。其最大特点，是整个建筑均有雕饰。圆雕、镂雕皆用，刻工极精，玲珑剔透。刀法娴熟，构图巧妙，诗、书、画三位一体，相得益彰，不同凡响，为川地独有，系晚清雕刻奇葩[①]。

十一、奉节白帝城

白帝城位于重庆市奉节县东4公里处之白帝山上，扼瞿塘峡西口长江北岸。此处为长江三峡的起点，有"水陆津要，全蜀东门"之美称[②]。

奉节，周为鱼复国，春秋为夔子国，战国属巴国，汉置鱼复县，属巴郡。三国时蜀改曰永安县，唐贞观年间改称奉节。白帝城旧址，为秦汉时期郡县府治所在地。王莽时期，公孙述据此，筑紫阳城。传说殿前井中出白龙，因而借机自称白帝，改城曰白帝城，山曰白帝山。据史载，城周围

奉节白帝城入口

---

① 国家文物局编：《中国文物地图集》（四川分册），文物出版社2009年版，中册第232页。
② 四川省地方志编纂委员会编纂：《四川省志·建筑志》，四川科学技术出版社1996年版，第24页。四川百科全书编纂委员会编：《四川百科全书》，四川辞书出版社1997年版，第102页。

280步，城中平地南北85丈，东西70丈。

三国时蜀王刘备，兴兵伐吴，兵败退守白帝城，临终时在此将幼主刘禅和蜀国政权托与丞相诸葛亮后，于章武二年（222）崩于白帝城永安宫，古城也因此留下不少蜀汉遗迹。

白帝城内，留有许多有名的建筑。白帝楼、最高楼、高斋等，均见于杜甫诗中。白帝庙为公孙述祠堂，到明代称三功祠，清代则称白帝寺，杜甫、苏轼皆有题咏。诸葛忠武侯庙，位于城中八阵台下，亦见于杜甫诗。永安宫原为鱼复县署，刘备改名永安宫，并崩于此宫，苏轼有题咏。

现存的白帝城，系明、清时代建筑。主要建筑有明良殿、武侯祠、史诗堂、托孤堂、东西碑林、观星亭等，总计建筑面积2600平方米。

明良殿，取明君良臣之意，系明嘉靖年间（1522～1566）所建，清康熙以后又陆续扩建和修葺，殿中塑刘备、诸葛亮、关羽、张飞四人像。武侯祠是诸葛亮专祠。托孤堂为纪念当年君臣相托孤幼之处。史诗堂为纪念诗人杜甫的祠堂。东西碑林藏有历代名人题咏碑刻，因其地雄踞江边，扼川东咽喉，为历代兵家所重，为骚人墨客、名家羁旅必经之地，故历代题咏颇多。观星亭立于山崖高处，为占星之所，相传为诸葛亮夜观星象的地方。殿宇建筑均系木结构构架，小式作法，灰瓦屋面，白色封火山墙。造型简洁古朴，既具川东地方特色，又富楚风遗韵。

白帝城是一座有名的历史古城，古城垣尚依稀可见，古城楼尚可攀登远眺。同时，它还是一座文化名城，一座有名的诗城。诗人李白曾留下"朝辞白帝彩云间，千里江陵一日还"的不朽诗句。另一位诗人杜甫，曾在云安居住一年零九个月，留下了437首诗歌。陈子昂、白居易、刘禹锡、苏轼、黄庭坚、陆游、范成大、王十朋、杨慎、张问陶等诗人，也都留下了不朽的诗篇[①]。

十二、云阳张飞庙

张飞庙，又称张桓侯庙，因张飞逝后谥桓侯，故名。该庙位于长江南岸飞凤山麓，与云阳县城隔江对峙，为川东人纪念蜀汉名将张飞而建的祠宇[②]。

---

① 中共重庆市委办公室编：《走进重庆》，重庆出版集团2009年版，第243页。
② 四川省地方志编纂委员会编纂：《四川省志·建筑志》，四川科学技术出版社1996年版，第24页。四川百科全书编纂委员会编：《四川百科全书》，四川辞书出版社1997年版，第1114页。彭献翔：《云阳张桓侯庙》，《四川文物》1992年第2期。

据《四川百科全书》载，"相传祠建于蜀汉末年"。又据庙中北宋宣和七年（1125）《陈似云安桓侯祠》残碑载，庙自宣和四年（1122）起，经两年多时间维修，"门异持起，堂宇睹雅"，"瀑布旁注，翠蔓蒙络"。据此可知800多年前，该庙即以建筑规模宏伟、景色秀丽著称。此后元、明、清三代均有重建扩建。

云阳张飞庙结义楼

张飞庙，建于临江巨岩上，依山取势，层层叠起。建筑面积2958.3平方米。庙前临江石壁刻"江上清风"四个大字。庙门以西有一石拱小桥横跨山洞。庙内左侧为结义楼，系道光元年（1821）重建。殿内塑有桃园结义、怒鞭督邮、长阪退敌、义释严颜、张飞遇害五组彩像，概括地表现了张飞有勇有谋的英雄形象。正殿东一亭楼名助风阁，世传张飞头颅埋在此地，常给上下行船助风，故清代御赐"威佑江程"匾额及钦定祝文，并列入祀典。庙中一石刻有"铜锣古渡蜀江东，多谢先生赐顺风"诗句，即沿于此说。

庙内收藏的碑刻、书画颇丰。《天监题名》石刻、明代王守仁《客座私祝》碑为世之珍品。又如汉《朱博碑》《列爽碑》和颜真卿《争座位帖》，以及苏轼、黄庭坚的长卷等石刻木刻，虽系翻刻，但刻工甚佳。庙内文物历来以碑刻著名，故有"张祠金石，甲于蜀东"之誉。

张飞庙，前有浩渺大江，后有山岩飞瀑；崇楼杰阁，屹立巉岩；古藤萦绕，林木葱茏；景色秀丽，蔚为壮观。"巴蜀胜境"，驰名中外。2001年被国务院公布为第五批全国重点文物保护单位。

第二节　宗祠、会馆

一、自贡西秦会馆

西秦会馆，因主供关羽，故称关帝庙。又因系陕西籍商人为炫耀郡邑、款叙乡情所建，故俗称陕西庙。因系陕西盐商所建，故又称同乡会馆。会馆位于今自贡市市中区解放路，肇建于清乾隆元年（1736），史有"爱卜井街东北，新构圣祠"的记载，历时16载，方告落成。会馆采用沿中轴线对称布局的传统方式，为一典型的中国式建筑平面，中轴线长86米，总建筑面积3000平方米。

自贡西秦会馆入口牌楼

沿中轴线最南是会馆的正门武圣宫大门。它的造型奇特，与背后的三楼穿插成一组合建筑，叠阁重檐，雄浑奔放。门前石狮雄踞，更显得雄伟肃穆。进大门，轴线上依次排列着献技、大观、福海诸楼、大丈夫抱厅、参天奎阁、中殿、龙亭（已毁）、正殿。由南向北，层层加高，层层扩阔，各抱地势，各具风采。轴线两侧，依次对称排列着金镛阁、贲鼓阁，以及左右客廨、神庖、内轩等建筑，从而构成了迂回曲折的室内外空间，把整个建筑群有机地组合成若干单元①。

武圣宫大门内为大院坝，名曰天街，面积达798平方米，四周建筑环绕，组成第一单元。这里的献技、大观、福海等楼与大丈夫抱厅南北相望，金镛、贲鼓两阁东西对峙，廊楼连接，构成四合庭院。第二单元则以参天奎阁为中心，前接抱厅，后连中殿，左右为客廨。此处为建筑最密集之地，殿阁轩廨，摩肩接踵。参天阁两侧的庭院，点缀水池、花坛，在山重水复之处，开柳暗花明之境。第三单元则以龙亭、神庖、内轩拱卫正殿，中心突出，体现了以此为尊的构思。上述各单元处于轴线两侧的建筑，连以围墙，形成纵向外墙。从墙上显露出一系列高低不同、形制各异的屋顶，使整个建筑群的外观显出抑扬起伏、

---

① 四川省地方志编纂委员会编纂：《四川省志·建筑志》，四川科学技术出版社1996年版，第50页。四川百科全书编纂委员会编：《四川百科全书》，四川辞书出版社1997年版，第1027页。

旋律和谐、变化统一。

会馆建筑群不管是单体结构，还是组合群体，在空间和立面构成上，都能突破传统，不拘一格，展示出卓越的创造性。

武圣宫大门和献技诸楼，前后看去都自成独立建筑，但其屋身屋顶，却又穿插交错，形成一个整体。通面阔32米的武圣宫，重檐歇山屋顶多达四层。下面三层断开化作两翼，飞向檐角，犹如雁飞"人"字，穿云而去。献技诸楼屋顶为两个歇山屋顶重叠，并与武圣宫屋顶连成一气，而屋顶紧靠正脊处又加一个六角攒尖顶，其后两角则嵌进歇山屋顶中，构成牢固的复合结构。这组体量和形制均异的大屋顶上，耸立三束宝顶，周缀跳鱼鸥吻，其下环列24檐角，22根立柱和梁枋组成构架支承屋顶，其中两根石柱，还直通屋顶，颇为壮观。这座复合建筑，共分四层，第一层为门厅，第二层是献技楼，其上为大观楼，顶层为福海。第二层仅面向院坝，第四层只面向大街，唯第三层贯通前后，如此四层屋身，但从两面望去却只三层。这种别开生面，独运匠心的建筑实属罕见。

天街两侧的东西走楼为卷棚顶，中部卓立金镛、贲鼓二阁。二阁形制相同，相向对称，可谓角柱生起，歇山重檐，举折陡峻，翼角舒展，轻快飘逸。

大丈夫抱厅，面阔五间，硬山屋顶，高出院坝2.2米，四面开敞，前筑石月台，绕以石栏，旁植松柏，柱挂名联，宽敞明快。

参天奎阁立于水池桥面之上，通高12米，四檐六角攒尖顶，内饰藻井。因垂脊圆和，檐角挺拔，犹如武士头盔，故人称将军帽。因其位于建筑群高度密集区，故上则钩心斗角，檐角或隐或显，变化多端；下则水池纵切为二，辟出20平方米的空间，游鱼、花木、飞檐、蓝天，尽在俯仰之中。

中殿面阔25米，进深10米，7柱落地，单檐屋顶，通高6米。内无间隔，宽敞空阔，比例匀称，木作工整。斗拱额枋遍加雕刻，装饰得体，颇具官式风格。

会馆装饰精美，使建筑增辉添彩。装饰主要有木雕、石雕、彩绘和泥塑。木雕主要施于梁架、斗拱、额枋、衬枋、挂落、雀替。内容广泛，特别是戏剧题材，颇具艺术价值。石雕主要有实体雕和浮雕，实体雕如坐狮、柱础、石鼓等，浮雕见于石壁、栏板等。彩绘则饰于额枋、斗拱、天花、藻井等。泥塑比重较少，主要用于脊饰[①]。

---

① 宋良曦：《自贡西秦会馆》，《四川文物》1984年第2期。

会馆建筑具有很高的史学、科学和艺术价值。虽历尽沧桑，但保存较好，现为盐业历史博物馆。1988年被国务院公布为第三批全国重点文物保护单位。

二、成都洛带会馆群

明末清初，移民大量入川，在各移民居住区建立会馆。据《成都通览》所载，成都、华阳两县就有会馆16所。现多成陈迹，仅有少数尚存，其中洛带会馆群仍较为完整。

洛带会馆包括广东会馆、湖广会馆、江西会馆、川北会馆[①]。

（一）广东会馆

洛带广东会馆

广东会馆，又名南华宫，位于洛带镇上街。始建于清乾隆十一年（1746），系广东移民集资建造。该馆坐北向南，面临街道，殿宇依中轴对称布局，现存三殿二院，总建筑面积3310平方米。

前殿面阔五间22.55米，进深一架5.15米，通高7.0米。素面台基，高0.42米。在后门通道及殿两端，筑有三道曲线花草图案封火墙。木结构梁架，卷棚式硬山顶，绿色琉璃瓦屋面。

中殿面阔五间22.55米，进深三架，连廊两侧长11.65米，通高8米。素面台基，高0.2米。木结构抬梁屋架，八架椽屋。圆木屋柱，径0.36米。鼓形柱基，八角形础基，通高0.4米。硬山式屋顶，青瓦屋面。

---

① 成都市文物保护管理委员会编：《成都市文物工作手册》，成都出版社1995年版，第137、138页。国家文物局编：《中国文物地图集》（四川分册），文物出版社2009年版，中册第43、44页。四川省建设委员会主编：《四川古镇》，四川科学技术出版社1992年版，第20～25页。

后殿为正殿，名玉皇楼。一楼一底。底层面阔五间，进深六架。上层面阔三间，进深四架。楼层内收，通高16米。圆形石柱，径0.4米。素面台基，高0.30米。雕花走廊栏杆。歇山式黄色琉璃瓦屋面。顶层屋面沟头滴水瓦端呈桃形，出檐微翘。屋脊高1.3米，塑以龙凤花鸟，两端龙尾飞翘，中间宝顶高耸。

各殿撑拱，雕有坐狮、戏剧人物、花鸟图案。卷棚天花，精雕云板。照面枋上刻各式花纹。中檩上刻金色祥龙，中画八卦。

（二）湖广会馆

湖广会馆，又名禹王宫，位于洛带镇中街。始建于乾隆十一年（1746），后毁，现为1913年重建。坐东北向西南，面临街道，依中轴线对称布局。原有三殿四院，现存中殿、后殿、厢房，建筑面积2771平方米。

中殿面阔五间22米，进深一架6米，通高8米。木结构抬梁式构架，卷棚式屋顶，筒瓦屋面，滴水瓦端状若桃形。圆形石柱，径0.30米，上端雕卧狮，下端设鼓形磉墩，雕花嵌边。素面台基。

洛带湖广会馆

后殿面阔五间22米，进深三架，通高8.5米。木结构构架，硬山式屋顶，青瓦屋面。圆形石柱，径0.46米。覆盆式柱础，高0.35米。素面台基，高0.30米。屋下吊墩、撑拱，均饰各式花纹图案。

后院厢房，面阔一间4.8米，与中殿、后殿连成走廊。馆内天井，虽无下水道，但无论多大雨水，街上洪水漫涨，其中也无水漫淌，为一大奇迹。

该馆过厅前檐设石栏板，正中大门为方形石柱，石雕精细，边长0.4～0.5米，下设鼓式磉墩，雕花嵌边。

（三）江西会馆

江西会馆，又名万寿宫，位于洛带镇中街，是晚清时江西籍客家移民筹资

洛带江西会馆

兴建的。进门处有一座万寿宫牌坊，坐北向南，主体建筑由乐楼、左右厢房、院坝、前中后三殿及一个小戏台构成，形成两进四合院，占地面积1185平方米。前殿面阔五间23.7米，进深三间6.3米，高8米。素面台阶，高0.6米，踏道已改建。卷棚硬山顶，抬梁式梁架，梁上有蝶形驼橔。中殿砖石木结构，面阔五间23.7米，进深四间11.1米，高8.5米，硬山顶，穿斗式梁架。明间后部向后天井延伸，建万年台，台边长5.1米，台高1.5米，卷棚歇山顶，抬梁式梁架。后殿面阔五间23.7米，进深三间6.2米，高8米，硬山顶，抬梁式梁架。该馆整体布局，尤其是中后殿之间的天井里伸出的万年台，构想独特，为四川客家会馆中所未见。会馆布局小巧玲珑，严整自然，空间安排合理，有曲径通幽的意境。其风火墙建筑风格在四川也绝无仅有。

（四）川北会馆

该会馆位于洛带镇东场口龙洛路旁，又名三邑会馆，为清代川北旅成都商民等集资所建的聚会宴乐场所。始建于清同治年间（1862～1874）。原位于成都市内卧龙桥街48号（原名三邑会馆），仅存大殿、戏台。1998年迁建今址。迁建后的川北会馆，坐东向西，占地3330平方米，有戏台、大殿等。戏台又名乐楼，俗称"万年台"，面阔三间12米，进深三间10米，高8.5米，重檐歇山顶，抬梁式梁

洛带川北会馆

架。大殿面阔五间22.5米，进深五间17.5米，高12.4米，硬山顶，抬梁式梁架。

三、重庆八省会馆群

重庆八省会馆建筑群，位于重庆市渝中区东水门一带，是清初"湖广填四川"的产物。八省即湖广、江西、浙江、福建、江南、广东、山西、陕西。所谓八省，当为约数，实际不止八省。

会馆是同乡人在异乡求学、出仕、经商、移民等人士而建的同乡会，目的在于联络情谊、救助困难、商务会谈、交流信息、仲裁纠纷等，在促进两地经济、文化的交流上起着重要的作用①。

重庆会馆群中的禹王宫

现在称的湖广会馆，由广东、两湖、江西等会馆和四座戏楼集中一处，占地面积约13亩。建筑宏伟气派，最具地方文化特色，常统称湖广会馆建筑群。下面依据何智亚《重庆湖广会馆——历史与修复研究》一书，作简单介绍②。

（一）湖广会馆

湖广会馆，又称禹王宫、三楚公所，位于渝中区东水门正街4号，由两湖士、商集资所建。始建于清乾隆二十四年（1759），现存建筑为道光二十六年（1846）重建。主体建筑面阔16.5米，进深13.6米，通高12.5米。会馆总建筑面积5070平方米。木质结构，戏楼及殿堂镂雕精湛，抬梁式构架，歇山式屋顶。大门为仿木结构，重檐石牌楼，面阔5米，高6米，浮雕人物花草，门前峙石狮一对。

---

① 四川省地方志编纂委员会编纂：《四川省志·建筑志》，四川科学技术出版社1996年版，第51页。
② 何智亚：《重庆湖广会馆——历史与修复研究》，重庆出版社2006年版，第73、76、82、88～92页。

重庆会馆群中的广东会馆

（二）齐安公所

齐安公所，位于渝中区下洪学巷44号。在湖广会馆支持下的黄州（史称齐安）府商会馆，因信奉帝主，故称帝主宫。嘉庆二十二年（1817）始建，光绪九年（1883）重建，耗银1.7万两，工期6年。是现存最完好的一所会馆，重修后建筑面积1630平方米，仅次于禹王宫。

（三）广东会馆

广东会馆，又称广东公所、南华宫。位于渝中区下洪学巷15、19、33号区域内。始建于乾隆五十一年（1786），现存为嘉庆二十三年（1818）所建。主体建筑南北长30.5米，东西宽25米，修复后建筑面积711平方米。

（四）江西会馆

江西会馆，又称万寿宫，位于上下陕西街间，横跨两街。始建于乾隆二十五年（1760）前。规模宏大，仅次于湖广会馆。大部分毁于1949年"九二"大火。1997年后，遗址全部消失。

（五）陕西会馆

陕西会馆，又称三元庙。始建于乾隆二十五年（1760）前，位于朝天门半边街（今陕西路6号一带），毁于"九二"大火。

（六）福建会馆

福建会馆，又称天后宫。建于乾隆二十五年（1760）前，位于原沙井湾9号（今朝东路），毁于"九二"大火。

（七）江南会馆

江南会馆，又称江南公所、准提庵，位于洪学巷。建于乾隆二十五年（1760）前。1972年开始拆迁，现存部分地基基础。

（八）浙江会馆

浙江会馆，又称列圣宫，位于三牌坊（今解放东路398号）。始建于乾隆十六年（1751）。1956年在此设私立小学，1963年全部拆除。

(九) 山西会馆

山西会馆，位于仁和湾（今邮政局巷22号）。始建年代待考，老建筑遗迹不见踪影。

(十) 云南公所

云南公所，位于金紫门内绣壁街（今解放西路100号）。建于光绪十九年（1893），为重庆所建会馆之最晚者。新中国成立后为和平小学，1955年列入四十中初中部，1989年拆除建教师住宅。

第三节　文庙、武庙、书院、考棚

一、资中文庙

资中文庙坐落在县城北门外1公里处文庙街。始建于北宋，现有建筑为清道光九年（1829）所建，占地面积10.55亩，总建筑面积2191.4平方米①。

资中文庙

文庙坐北朝南，中轴对称，作四进布局。其主要建构筑物，从南向北为：万仞宫墙、外月池、照壁、棂星门、泮池、戟门、大成殿、崇圣祠。两旁配殿、戟门：左乡贤祠、右名宦祠；左钟楼、右鼓楼。大成殿前院：东庑、西庑。大成殿两旁：左舞台，右石房。

万仞宫墙、外月池，是建筑物起点，为陪衬性导引建筑。宫墙高2.4米、长35.7米，须弥座基，悬山式顶，上筑七龙琉璃陶脊。

---

① 四川省地方志编纂委员会编纂：《四川省志·建筑志》，四川科学技术出版社1996年版，第29页。杨祖垲：《资中文庙》，《四川文物》1989年第3期。

照壁高6米、长19.5米，石刻纹饰象蹄座，红墙青瓷边纹，斗拱悬山顶，脊为红土烧制的四凤六龙琉璃陶块镶成。壁间有七个图案稍异的、直径1.7米的圆形镂空壁塑，图案为云雾、鱼龙、坊塔、树石之类。东面隐约现出龙首，似吞云吐雾、喷龙形半浮雕，上面阴刻"龙文炳耀"四字。是现存文庙中一件独具特色的艺术精品。

棂星门为石坊，上刻"棂星门""贤关""圣域"金字。坊座高出地面65厘米，中间铺砌琉璃龙壁。坊间、坊顶均刻香草、瑞兽，柱下有12个仰狮石鼓。

泮池，俗称内月池。中建三洞拱桥，桥栏板上雕四条云水游龙。其东西边的乡贤祠、名宦祠，体积很小，青瓦屋面，反衬出四围红墙黄瓦建筑的娇美。泮池外沿两侧立有高4米、宽1.9米的明代成化四年（1468）《御制重修孔庙碑》和通高5.85米、宽2.75米的清康熙三十三年（1694）御书《四书·大学》碑。明碑楷书工整，笔力遒劲；清碑大字行书，苍劲潇洒。

戟门又名大成门。左边钟楼东庑，右边鼓楼西庑，构成起伏幽深的庭院。院北有高低两级台阶，各嵌琉璃龙陛。上下台阶通高2.5米、长19.1米、宽8.8米，石栏错落，雕刻麒麟、龙凤，栩栩如生。

大成殿是庙中的主体建筑，位于台阶之上，高2.0米，面宽五间28.2米，进深19.8米。重檐歇山顶，朱甍黄瓦。彩瓷殿脊，淋漓细腻。脊上双龙四凤昂首欲飞，气势雄伟。殿内8柱托顶，柱径80厘米。明次间空间抬高，梢间望板低平，梁架纵横高深莫测。殿内文物众多。有明嘉靖九年（1530）所刻高3米的九龙盘绕、金底黑字的"至圣先师孔子神位"牌座；历朝题匾的皇帝，多至八位，如康熙题"万世师表"，雍正题"民生未来"，等等；还有民国林森书"德配天地"，蒋中正书"道冠古今"，等等。

最后东北边，有崇圣祠，崇祀孔子祖宗三代。

文庙布局严谨协调，高低错落有致，庭院幽深，装饰华贵，雕琢精湛，物众多，品位高贵，是巴蜀保存最完整的古建筑群。

二、资中武庙

资中武庙位于城北重龙山下，俗称关帝庙，奉祀三国蜀将关羽。始建于明嘉靖年间（1522~1566），清乾隆五十六年（1791）修葺，同治四年（1865）、十三年（1874）两次扩建，仿文庙建筑布局，外绕宫墙，内开月池。正殿前左建启圣宫（供关羽祖先三代），右建三义祠（供刘备、关羽、张飞），左钟楼，右鼓楼，形成坐北朝南中轴对称的四合院建筑。彩瓦红墙，端庄雄伟[①]。

现存朝贡殿（前殿）、钟楼、鼓楼、正殿、三义祠、武星殿、启圣宫、左右厢房、长廊和后院，建筑面积1300平方米，占地面积3.23亩。原有月池、七星门、石坊已拆除。

资中武庙大殿

朝贡殿为前殿，面阔七间33米，进深三间7.3米，建筑面积261.3平方米。木结构硬山式屋顶，穿斗式梁架，板瓦屋面，彩色琉璃脊，中饰宝顶，端饰鸱吻，通高11米。殿前施垂带踏道五级。殿左右两边为长廊。左钟楼、右鼓楼为绿色琉璃瓦屋面，重檐攒尖顶亭楼。钟楼和鼓楼分别悬"气壮""山河"二匾，下款"道光岁次丙戌仲夏上浣"。

正殿为武庙大殿，建于高2.75米的素面台基上，石台基前沿两端刻龙头（已风化）。面阔三间14.2米，进深三间9米，四角回廊宽2.3米，建筑面积275平方米。重檐歇山式顶，木结构穿斗式梁架，通高13米。上层屋面覆盖黄琉璃筒瓦，下层盖绿琉璃筒瓦。正脊中置葫芦宝顶，两侧塑横卧游龙，端饰龙形大吻，戗、垂脊塑蹲兽。八角飞翼，五彩耀目。柱础刻饰龙、凤、狮、象及花卉。台基前设拜台，长13.9米、宽7.6米、高1.3米。台前两侧有垂带式踏道15级。正台书"皇清同治四年乙酉年仲秋月廿六日谷旦立"题记。

武星殿祀名将岳飞，面阔三间10米，进深二间8米，建筑面积89.3平方米。悬山式屋顶，穿斗式梁架，三穿用三柱，通高9米。正梁有"同治十三年补修"题字。

[①] 四川省地方志编纂委员会编纂：《四川省志·建筑志》，四川科学技术出版社1996年版，第30页。国家文物局编：《中国文物地图集》（四川分册），文物出版社2009年版，中册第454页。

启圣宫，面阔三间12.8米，进深9.2米，建筑面积129.0平方米。素面台基0.85米，木结构硬山式屋顶，脊中饰花瓶宝顶。

三义祠，木结构悬山式屋顶，独自组成一四合院建筑。

整个建筑群，红墙环绕，绿树掩映，端庄肃穆，简洁古朴，具有蜀中传统建筑特色。1951年被划归师范学校做校舍，现为重龙中学校舍。

三、德阳文庙

德阳文庙大成殿

德阳文庙（即孔庙），位于德阳市南街的繁华市区，坐北朝南，规模宏大，周围数百丈，占地31.04亩，是四川省境内保存最完好、规模最大的一座文庙[①]。

文庙始建于南宋宁宗开禧二年（1206），当时在城东，明洪武元年（1368）迁建于城南。据清代嘉庆二十年（1815）初版的《德阳县志》记载：明代的孔庙名为"学宫"，有大成殿三楹、东庑三楹、西庑三楹、崇圣祠三楹，还有大成门、名宦祠、乡贤祠、棂星门、节孝祠、孝子祠、宫墙、明伦堂等建筑。明成化十二年（1476），提学唐振增修过一次。弘治元年（1488），知县吴淑重修。万历三年（1575），知县傅孙顺补修戟门、名宦祠、乡贤祠。明末毁于兵燹。清顺治十八年（1661）知县李如析进行重建。康熙八年（1669）增建，四十四年（1705）年又大规模修整启圣祠。乾隆五年（1740）、十年（1745）、二十二年（1757）、四十年（1775）、五十四年（1789）先后多次维修。嘉庆七年（1802）知县彭永芬、教谕王绘声又重修大成殿、崇圣祠、东西两庑、明伦堂。清代最后一次维修是道光二十八年（1848），其规模一直保持至今。

[①] 四川省地方志编纂委员会编纂：《四川省志·建筑志》，四川科学技术出版社1996年版，第29页。国家文物局编：《中国文物地图集》（四川分册），文物出版社2009年版，中册第250页。

整个孔庙主要建筑群设计严整、布局合理，建筑装饰典雅工精。主要古建筑都在一根中轴线上，其余建筑均左右对称，整体建筑显得十分庄严雄伟。共有古建筑30余处，整个建筑群，结构严谨，工艺精湛，相互协调，浑然一体。红墙黄瓦，丹墀瑶阶，气宇轩昂，楼台亭阁，富丽堂皇。

文庙最南端为万仞宫墙，两边为"道冠古今""德配天地"两道仪门。依中轴线向北顺序而进为棂星门、泮池、戟门（大成门）、礼乐亭、拜台（丹墀）、大成殿、启圣殿、后花园。中轴线两侧有更冠亭、省牲所、东庑、西庑、钟楼、鼓楼、御碑亭、东配殿、西配殿、名宦祠、乡贤祠、忠孝祠、节孝祠及文庙后花园中的楼、台、亭、榭等。

庙中大成殿，占地780平方米，面阔七间，通面阔36米，进深4间，通进深17米。四周廊宽3.3米，总共用44柱组成。殿高15米，重檐歇山顶。气象恢宏，雄伟壮观。雕琢精美，肃穆典雅。殿内主座为孔子坐像，高3.3米，配像为颜、曾、思、孟四哲像。

德阳文庙也是德阳市博物馆馆址，已对危房和朽坏古建筑进行了维修，并在大成殿内塑了孔子、四配、十二哲像，共17尊，将祭孔必备的祭礼乐器，按古代格局陈列于像前。西庑已建成"孔子生平事迹陈列馆"，东庑已建成"七十二贤人陈列馆"。文庙已被建成具有四川地方特色的孔庙博物馆，并在启贤殿后新建了楼台亭阁等仿古建筑，引流入池，叠石成山，莳植花木，使之成为休闲游览场所。这一珍贵的文化、建筑、艺术遗产已于2001年被国务院公布为第五批全国重点文物保护单位。

四、崇州文庙

崇州文庙，位于崇州市城中心，北与罨画池古园林相接，占地面积9.9亩，建筑面积2370平方米。文庙始建于明洪武元年（1368），崇祯末年（1643）毁于战火。清顺治六年（1649），知州王毓

崇州文庙大成殿

贤重建，但不完备。康熙四十年（1701），知州张象翀重建，并扩建棂星门、戟门、启圣宫、尊经阁。光绪十五年（1889），知州孙开嘉重修。庙内建筑，采用中轴线对称布局。轴线两端，北起尊经阁，南至万世师表坊（俗称石牌坊），轴线长约400米。庙宇建筑，以大成殿、启圣宫、尊经阁等为主体，附以高低起伏的门、廊、亭、桥、厅室等，组合为多重院落空间，布局严谨，气势雄伟。其主要建筑序列如下[①]：

万世师表坊，在城南米市街与正东街交接处。三重檐紫石牌楼，为文庙的建筑前导，领起全庙建筑，以示庙堂深远。

宫墙外东西两端各有牌坊一道，东为"德配天地"，西为"道冠古今"。这三道牌坊，有两道毁于民国年间，石牌坊于20世纪50年代初拆毁。

棂星门，系三重叠檐牌楼，面阔14.8米，进深4米，高12.4米，绿色琉璃瓦顶，檐口设如意蜂窝斗拱，雕琢精巧，系官式建筑中的最高制式之一。

鼓乐亭，位于棂星门两侧，台座高1.6米，六角形平面，两檐攒尖顶，上覆琉璃瓦。

泮池，位于棂星门后，平面为长方形，长边平行棂星门，上置拱桥三道，紫石雕栏。

戟门，立于台基上，上作七级阶梯。卷棚屋面，檩子下部亦设卷棚，两侧设敞厅及耳室，为祀典更衣之所。

大成殿，为文庙主体建筑。歇山式重檐顶，黄色琉璃瓦屋面。面阔七间，通面阔28.8米，进深七架，通进深15.4米，建筑面积655平方米，举高14.45米。内立先师牌位，两侧设钟、鼓二楼。

启圣宫，供奉至圣父亲叔梁纥之殿堂，单檐庑殿式屋顶，面阔三间，进深五架13.9米，通高11.8米。

尊经阁，为庙内最北的殿阁，占地700平方米，位于椭圆形台基上，南北端各设14级踏步。一楼一底，楼阁式结构，运用9梁18柱，6角重檐，12翘角，凌空欲飞。底层开敞，上为藏楼。柱础两翼置飞来靠椅。在梁架起翘末端，装饰镂空木雕龙头，上挑撑弓雕刻镂空卷草纹样，整座建筑形态多变，风格独特，但体量平衡，形态稳重。

[①] 四川省地方志编纂委员会编纂：《四川省志·建筑志》，四川科学技术出版社1996年版，第29、30页。朱敏祥：《崇庆文庙》，《成都文物》1990年第1期。

崇州文庙是四川境内目前保存较为完整的文庙之一，其存在不仅是研究明清两代文庙建筑的宝贵实体，同时也是一处重要的旅游资源。

五、犍为文庙

犍为文庙位于犍为县玉津镇南。始建于北宋大中祥符年间（1008~1016），南宋嘉定十二年（1219）迁于城南，元末毁于兵燹。明洪武三年（1370）重建于今址，明末毁于战乱。清康熙九年

犍为文庙大成门

（1617），县令刘靖襄督诸生重建于旧基。随后200多年12次增补修缮，宣统三年（1911）告竣。庙坐北向南，占地面积3.6亩。中轴对称布局，主要建筑有万仞宫墙、圣城贤关、棂星门、泮池、大成门、东西庑、大成殿、启圣宫等，形成三进四合院。层次分明，秩序井然，东西对称，庄严肃穆[①]。

万仞宫墙，约长15米、高3米。碧瓦红墙，楷书四字，每字高约1.7米。传为清嘉庆一在押犯彭山所书，书成获释，传为佳话。宫墙两边各有空格弧形墙长15米，与东门贤关、西门圣城相连。现东门关闭，由西门出入[②]。

圣城贤关，面阔5.9米，进深3.48米，高7.05米。

棂星门，为石坊，三门四柱，面阔13.24米，通高10.64米，龙盘狮绕，造型雄伟。石柱上刻有"道贯古今，德配天地；金声玉振，江汉秋阳"。

泮池，为半月形水池，深2.5米，面积330平方米，围绕石栏。常年水深半池，不见消长。门外奎阁倒影映入池中，誉为"玉笔点丹池"，成为文庙一景。

大成门，位于泮池之北，建于2米多高的台基之上，面阔五间30米，进深二间8米。穿斗式梁架，重檐歇山顶，红柱蓝瓦，白石栏杆，三梯九级，塔柏对

---

① 国家文物局编：《中国文物地图集》（四川分册），文物出版社2009年版，中册第557页。
② 萧源锦：《四川第一文庙——犍为文庙》，《成都文物》2008年第1期。

峙，气势恢宏，色彩斑斓。

东西两庑，面阔31米，进深12米，高12.5米，穿斗抬梁混合式梁架结构。庑内供奉孔子72弟子和后代的先贤先儒，如三国贤相孔明，唐宋文人韩愈、范仲淹、欧阳修，学者邵雍，民族英雄文天祥，等等。像与真人一样大小，个个神情生动，熠熠生辉。

拜台，位于廊庑之间的广场上，为一占地200多平方米的平台，称为拜台，又叫燎台。三面立石柱20根，柱顶立狮。柱间围石栏，栏上刻蝙蝠，动静结合，形态生动。四角石柱，雕张口龙头，形态威武，更衬托出拜台的庄严神圣。

大成殿，位于拜台之北，面阔七间，通面阔30.34米，进深五间，通进深16.92米，通高20.5米，台级高3.5米。中设御路和踏道九级。穿斗式梁架，歇山式屋顶，檐下施9踩斗拱6攒。红墙黄瓦，金碧辉煌，气势磅礴。大殿中央彩塑至圣先师坐像，双手执笏，头戴冕旒，身着黄袍紫衣，端详庄严。两侧侍立"四配"，即颜曾思孟，前面陪侍为"十二哲"，俨然素王，万世师表。

启圣宫，位于大成殿后，为第三进院落的主殿，祀孔子父母。孔子父亲叔梁纥，曾为鲁大夫，宋真宗追封启圣王，清雍正改启圣宫为启圣祠。启圣宫东有试士馆，为科考试场，西有明伦堂，为学宫。

此外，庙内尚有名宦祠、乡贤祠、忠烈祠、节孝祠等，惜现不存。又庙南有奎文阁，庙东有节孝坊，形成众星拱月。整个古建筑群，规模巨大、气势恢宏，世称"犍为故宫"。

六、富顺文庙

富顺文庙大成殿

富顺文庙，位于富顺县富世镇解放街大南门，坐北向南，前端临大街，正对大南门。房屋建筑面积3057.65平方米，占地面积为9.5亩。始建于北宋庆历四年（1044），历宋、元、明、清，进行过二十一次修葺。现存建筑为道光十一至二十年（1831~1840）的建筑①。始建人为北宋周延俊。

北宋景祐三年（1036），太常博士周延俊任富顺知监，为官清正，努力教化，举办官学，培育士子。在他任期的第六年（1042），富顺出了第一个进士李冕，全县士民欢欣庆幸，集募资财，于庆历四年（1044），在县署侧修建了"孔圣庙"（文庙前身）作为祭祀孔子和办官学共用的地方，庙内立石质"雁塔"一座，刻有县人中试者名字，随之文风大振，仅宋一代在"雁塔"题名的进士就有六十七人。此后有明代进士一百三十四人，清代进士十一人。富顺也因而享有"才子之乡"的称号。

文庙仿照山东曲阜孔庙的布局，主要建筑物都严格地排列在南北中轴线上，次要建筑对称分布于东西两侧。现存建筑为数仞宫墙、圣域、贤关、礼门、义路、泮池、棂星门、戟门、乡贤祠、名宦祠、东西庑、大成殿、崇圣祠、敬一亭等，依次分布于南北中轴线上。

泮池前照壁为数仞宫墙，面阔37米，高8米、厚0.4米。墙上塑有"数仞宫墙"四个鎏金大字，字径1.0米，左右有"圣域""贤关"二门，宽2.0米，高3.0米，非祭祀不开。宫墙左右有二门，曰"礼门""义路"，为平日出入之门，分别立有"文官下轿""武官下马"石碑。为清代建筑。

宫墙后即泮池，为半月形，容量438.6立方米，建于明成化八年（1472），周围有石栏栅，长24米，宽9.5米。池上有三座石桥，两侧为平桥，乃祭祀通道。正中是拱桥，蜿蜒起伏的五条石龙盘踞其上，行人是禁止从上面经过的。

泮池后面是石坊"棂星门"，于元至大四年（1311）富顺知州任显忠所建②，由三座四柱三通的巨型石坊并峙组成。坊宽22.4米，中心两根石柱高达12.65米，12根石柱顶端都饰有昂首指天的蟠龙，中间石坊上前后都有"棂星门"三个金字，两侧石坊宽6.5米、高8.0米。前后亦刻有"德配天地""道冠古今"八个金字。每根石柱的石护脚上都有篆刻花纹。"棂星门"正面三字下有《十八学士》和《五老祝寿》两幅石浮雕，远观清晰，近看逼真，镂刻精细，栩栩如生。整坊雕刻，以龙为主，总计刻有形态各异的龙50余条。

棂星门左右为名宦祠、乡贤祠，后为戟门（大城门），中间大厅有大门直通，祭祀之时才开，平时行人则走两侧通道，两端通道外为更衣祭器所，所北

---

① 陈凡：《富顺文庙》，《四川文物》1984年第2期。
② 范小平：《中国孔庙》，第33、150、148页。

为东西两庑。两庑是长廊式建筑，一品五间通堂，是供奉历代"贤""儒"牌位的房屋。西庑北端，1945年被日机炸毁，1947年已修复。两庑所抱台阶是丹墀，台下左侧有一口"芹井"，水深数丈，清澈见底，专供祭祀洗涤器皿用。丹墀正中间有镂空的九龙巨石浮雕，东西宽4米，南北长3米，中为镌刻精雕蟠龙，四面群龙绕以祥云，刻工精细，形态生动，游人观之，不忍离去，两侧有石梯上月台，可直进大成殿。

大成殿系文庙建筑群的主要部分，始建于元至元二十八年（1291），历代多次修葺，清道光十六年（1836）再次重建①。该殿高8.5米，面阔五间，通面阔30.2米，进深两间，通进深21.3米。台基高2.5米，回廊宽2.5米，高2.5米。重檐九脊顶，抬梁式构架。全殿有59根圆形大柱，殿内的8根圆柱直径为0.7米，四周的圆柱直径为0.54米。前檐廊脊上两龙相望"天开文运"四个金字。檐下8根撑拱也有形态各异的镂空巨龙，精巧华美，玲珑剔透。顶脊中央是高耸云天的五重宝顶，四条九曲巨龙，两侧腾空相望之。大式作法，尺寸宏大，气势雄伟，琉璃金灿，映日生辉。殿内有至圣先师孔子、"四配""十二哲"塑像，两旁陈列诸种神器。

大成殿后有"富顺十景"之一的"泮宫丹桂"。明正统年间，（1436～1449）知县李真作有赋景诗："丹桂婆娑泮水浔，枝头花缀万黄金。""诸生准拟齐高折，肯负当年劝学心。"丹桂清香，霁月灵根，秀气荟萃儒林。莘莘诸生，准拟折桂，不负劝学苦心。

正对大成殿是明伦堂，乃教谕儒学之地。其右有"龙池"，清泉常盈，大旱不涸。壁间刻"龙池"二字，是清乾隆五十一年（1786）所镌，笔力遒劲。

崇圣祠，面阔20米，进深15米。四周设回廊，前后宽4米，左右宽3米。抬梁式构架，重檐歇山顶，琉璃瓦覆盖。左右两端有明嘉靖二十四年（1545）修建的"龙池""凤穴"。原为奉祀孔子父母之所。

敬一亭，面阔三间，通面阔9.4米，进深5米，高5.5米。穿斗式构架，歇山式屋顶，琉璃瓦屋面。正脊装四重宝顶。内有孔子全身阴刻坐像一尊。

整个庙宇，红墙环抱，规制严整，构筑精良，光泽璀璨，雄伟壮观。庙中木石浮雕人物、动物、花草，栩栩如生，生机盎然。新中国成立后，党和政府十分重视文庙的保护，进行过多次修葺，现仍基本保持完整的原貌。1980年被

---

① 四川省地方志编纂委员会编纂：《四川省志·建筑志》，四川科学技术出版社1996年版，第29页。

四川省人民政府公布为第一批省级文物保护单位，2001年被国务院公布为第五批全国重点文物保护单位。

七、巴中云屏书院

云屏书院，位于巴中市巴州镇西外街2号巴中中学内。始建于清同治七年（1868）[①]。

书院的总平面呈三套四合院布局，分前、中、后三堂。在前、中、后堂之间，连以长廊，长廊中线为对称轴，两边堂宇中轴对称。在前堂与中堂、中堂与后堂之间，形成两对方形小庭院。书院建筑总计房屋57间，建筑面积1766.21平方米。

前堂，木结构建筑，单檐歇山式屋顶，穿斗式梁架，九步梁，面阔九间30.1米，进深三间6.4米。当心间正前方有四级阶梯式石制踏道，踏道宽3.2米、高0.5米。当心间正前面开有方形门，直通中轴长廊和庭院。左右厢房面阔各四间，每间均为17.5米，进深一间5.75米，通高6.5米，檐高3.5米。

中堂及后堂的建筑平面结构，面阔、进深与前堂相同，中、后堂堂正中建有长廊，宽4.1米、长38米。长廊两侧建有木质栏杆，高1.1米，栏杆间有等距离的圆形木柱支承屋顶，长廊屋顶为圆拱抬梁式，内装木质方格雕花雀替。

八角楼，建于民国初年。楼阁式布局，砖木结构，八角攒尖顶，穿斗架梁，用八柱，木质楼厅共两层（原三层），面阔三间18.6米，进深三间19.5米，通高10.5米，门窗仿哥特式，有方格雕花，当心为凹形，立二方柱，角柱为菱形，占地0.54亩。原系校图书馆，1934年10月19日中共川陕第四次代表大会在此召开。1981年被公布为地级文物保护单位。

八、城厢绣川书院

绣川书院位于成都市青白江区城厢镇东街，始建年代无考[②]。清康熙五十九年（1720），金堂县令陈舜民将其由城厢镇西门闹市区迁建于此。雍正七年（1729）署县太崇望置学田。乾隆十六年（1751）知县张南瑛进行修葺，

[①] 四川省地方志编纂委员会编纂：《四川省志·建筑志》，四川科学技术出版社1996年版，第67页。国家文物局编：《中国文物地图集》（四川分册），文物出版社2009年版，下册第934页。
[②] 国家文物局编：《中国文物地图集》（四川分册），文物出版社2009年版，中册第52页。

并据附近绣川河之名改易今名。二十六年（1761）知县饶学曦重修完备。五十八年（1793）署县刘大镛续置学田280亩，捐购藏书若干部。邑人陈钧有记，并见《四川通志·卷七九七·学校》。今内讲堂后金栋上书有"乾隆二十三年"（1758）及前金栋上书有"光绪三十年"（1904）等修葺记载，尚十分清晰。

绣川书院占地面积7.6亩，院舍建筑集中布置于长92米、宽25米的矩形平面内，建筑面积1969平方米。坐北朝南，中轴对称，共分四进院落。第一进前为外门，八字墙内为门屋，门屋三间两进，建筑面积53.5平方米，天井很小，约8米见方。第二进前为二门，门屋为10平方米的敞棚，天井约10米见方。第三进前为大讲堂，三间三进带前廊，建筑面积93平方米，天井宽10米，长24米。第四进前为中讲堂，三间四进，建筑面积103平方米，天井宽10米，长10.5米。后面为内讲堂，三间四进带前廊，建筑面积110.5平方米。内讲堂明间为五架抬梁式带前后廊，梢间山墙为七架穿斗式。石柱础高0.3米，木柱硕厚5厘米，柱径0.25米，檐高3.65米。厅堂两边为厢房，每边27间，厢房内设木地板，上设吊顶，净高2.95米。平面上最突出的特点是每隔三间即布置一道东西向走廊，大天井的左右竟有六条走廊，足见其对安全疏散的重视。青瓦屋面，木质隔墙。格扇为门窗时，作棂条花心，光线充足；格扇作隔断墙时，边梃、抹头、裙板线脚简单，朴素大方。总之，不管是平面布局，还是结构装修，都显得平易朴实，颇富川西民居风格。

绣川书院是当地修建最早、规模最大、藏书最多、声誉最隆的一所书院。清光绪三十一年（1905）更名金堂县立高等小学校。1937年改名为金堂县立金渊小学。新中国成立后改名为城厢镇第二小学①。这座具有将近300年历史记载的教育建筑，其古老的风貌基本存在。目前的状况：内檐装修绝大部分毁坏，梁栋檩桷也多有更换，东厢已有六间厢房、两间走廊全部换成了红砖墙柱（但保持与西厢大体一致的外貌），其他基本保存完好状况。二门楣上当年金堂县知事李淇章撰并书的《人文蔚起》文和对联，已经清刷出来。头门楣上由今人流沙河题的"绣川书院"，更是金光耀目。1988年以来，先后被公布为区、市、省级文物保护单位。

---

① 成都市地方志编纂委员会编：《成都市志·文物志》，四川辞书出版社2000年版，第33页。

九、阆中考棚

阆中考棚是清代举行院试和乡试的考场建筑,位于阆中市学道街。考试制度起于汉,但未成制度。"开科取士"起于隋唐,形成科举制度。大体分四级:院试、乡试、会试、殿试。院试为初级,在县城举行,及格者为秀才或生员。乡试为第二级,在省城举行,及格者为举人。会试在京城举行,取中者为贡士。殿试在皇帝殿前举行,取中者称进士。这种考试制度,流行了1000多年,其中一些名称、制度或稍有变化,但基本内容和精神是一脉相承的。阆中是县城,但是在清初为临时省会,所以成了院试、乡试两级考场①。

阆中考棚,系清嘉庆二十二年(1817)川北道监司黎学锦主持重修,宣统二年(1910)进行过维修。在此之前,曾为明代的考棚,是清顺治八年(1651)前利用明代的旧考棚改建而成的。自顺治九年(1852)开科,直到清末光绪三十一年(1905)废除科举止,一直为两级考场。在乡试移到省城前,在此共进行过四次乡试,以后就单独做院试的考场了。

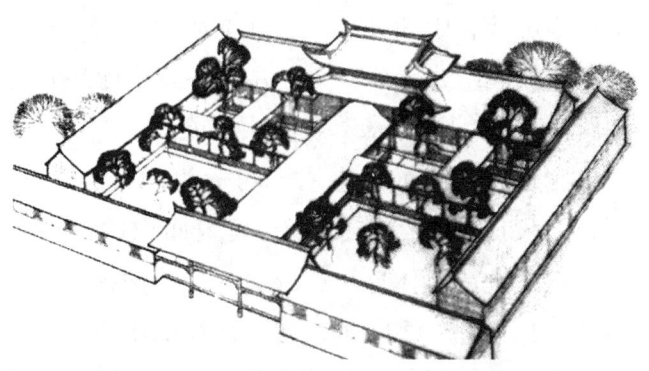

阆中考棚复原图

修复后的阆中考棚

考棚平面为大型四合院布局,中轴线左右对称:前厅、后厅、厢房、天井、主廊道均与中轴线左右对称。总房舍建筑面积约1086.7平方米,占地面积2.59亩。现在除中轴线上与大门相对的一间后厅被拆除外,其余房舍基本保存完好。

---

① 四川省地方志编纂委员会编纂:《四川省志·建筑志》,四川科学技术出版社1996年版,第67页。刘文刚:《阆中清代试院考棚》,《四川文物》1998年第2期。

大门位于中轴线正中，面阔三间，明间宽5.15米，梢间宽3.5米，进深6米。中间开大门，与主廊道相连，直通后厅。

前厅位于大门左右，面阔六间（含大门梢间），通面阔22.4米。四合院总宽为两边前厅加大门明间，为49.95米。厅进深为6米。前厅和大门，共13间，建筑面积299.7平方米。大门三间屋顶局部抬高，大门、前厅均为悬山式屋顶。

厢房为号房，即考生答卷用房。每边7间，外加一厢房与前厅间的廊道，共8间，通面阔28.5米，进深5.4米。两边共16间，建筑面积307.8平方米，悬山式屋顶。

后厅由两部分组成：中间为大厅，殿式平面，面阔三间，通面阔11.5米，进深四间，通进深8米，建筑面积92平方米；后面一间为屏隔，屏后为走道，最后为屏墙，中间开后门；厅前明间为门，梢间为隔扇，现已被拆除，留一缺口。重檐歇山式屋顶。大厅左右各有小厅3间，面阔12.6米，进深7米，共6间，建筑面积176.4平方米。悬山式屋顶。

廊道，联络前后左右，可分为两种：主廊道，纵贯中轴线，从大门到后厅止，长19.5米、宽5.15米，建筑面积104平方米，棚高5.15米，两边设坐凳栏杆，供考生待考休息。次廊道，又分两种，一是横向连接号房之间的廊道，左右各长16.4米、宽2.5米，建筑面积82平方米；二是横向廊道与后厅间的廊道，左右各一条，每条长4.6米、宽2.7米，建筑面积24.8平方米，次廊道为联络交通之用，棚顶高均为3.8米。

考棚厅房、号房系用穿斗式构架承重，砖围护墙。廊道采用抬梁构架承重。木槅扇门窗，小青瓦屋面，白灰粉墙。平面、立面均保持中轴对称，简洁朴素，形象端庄，具有明代书院建筑格局和风貌。

第四节　王府、府第

一、清代贡院

旧址位于今成都市人民南路展览馆地段上，即原皇城旧地，清代贡院已不存，此地现为四川省科技馆[①]。

相传唐玄宗因安史之乱避走成都，曾驻跸于此。明朝统一后，朱元璋先后

---

① 四川省文史研究馆：《成都城坊古迹考》，成都时代出版社2006年版，第339~341页。成都市建筑志编纂委员会编：《成都市建筑志》，中国建筑工业出版社1994年版，第335、336页。

分封其子为王，其十一子朱椿被封为蜀王，驻于成都，并在成都城中心五代宫苑旧址上大兴土木，建筑蜀王府，习称皇城。

明末战乱，王府城池被毁。至清康熙四年（1665），为了适应当时科举制度需要，巡抚张德地请求就明蜀王府旧基地建立贡院，课堂、号舍均备，清康熙五年（1666）始成，开始试士成都。同治元年（1862）因多房倒塌故，复筹款重建，历时近1年半，共建成楼堂院所大小500余间，如明远楼、致公堂、清白堂、衡文堂、文昌殿及主考、监临、提调、监试、内外帘官住院等，均极高大宏敞，又增建弥封所、誊录房、受卷所、劝科所共20余间。自康熙四年创修号舍以来，历乾隆、道光、咸丰、同治各朝增修，房舍遂达13935间。

清贡院大门

清贡院为国求贤牌坊和考棚

据光绪三十年（1904）省城街道图，贡院的布局是：正门即王府端礼门，额曰"天开文运"；门南为广场，左右石狮各一；更南有石坊，榜曰"为国求贤"；正门北为龙门，凡三门，乡试时主考、监临、提调分三道点名于此；又北为明远楼，楼北为致公堂，堂前有石柱牌坊，匾曰"旁求俊义"；堂北为清白堂；再北为严肃堂；严肃堂北为衡文堂；最北为文昌宫，其后为界墙，墙上有"狐仙洞"；致公堂东为誊录官厅，厅后东北角为誊录所，又东为界墙；致公堂西为大厨房，其北为弥封所；前为广场，东西列号舍，号舍外为界墙。贡院基址占王府之大部分。界墙外有宝川局、仓库、成都府试院等。端礼门外为广场，后称贡院街，又叫皇城坝。光绪三十一年（1905），废除科举，兴办学校，贡院又改为新式学堂，如四川省优级师范学堂、优级选科师范学堂、中等工业学堂、绅班法政学堂等，以及新增官署如四川劝业道署、蚕桑传习所、陶瓷讲习所等，亦设置其地。

辛亥革命后，各学校皆迁出，贡院旧址成为四川省军政长官公署驻地。1918年，官署皆迁出，此地又成校区，如成都大学、国立成都师范大学、国立师范大学、高等师范学校、高师附女中、高师附中、高师附小，以及明远学会、陆军测量局等均驻此地。

以后，驻地学校部门虽有更易，但致公堂、明远楼、牌坊、贡院旧房、皇城城门等古老建构筑物，一直保存到20世纪60年代。

1968年，贡院被作为"四旧"被破除，共计拆除建筑5000平方米，拆除城墙1200立方米，爆破砖石1.5万立方米。1968年12月开工，1969年国庆竣工，于贡院原址建成"毛泽东思想胜利万岁展览馆"、检阅台、毛泽东石雕像及像前广场。该展览馆现称四川科技馆，该广场现名天府广场。

20世纪60年代开始，在皇城东、西面建设人民防空工程。后改为青年地下商场、洞天商场、后子门市场，1988年10月10日被正式命名为成都地下商业街[1]。

二、崇州宫保府

宫保府，位于成都西42公里处的崇州市崇阳镇（古蜀州城）上南街。其旧址原为江源书院，清道光十三年（1833），州牧金朝觐把书院移建于文昌宫侧，与崇阳书院相对，又在江源书院旧址建杨遇春府第。此时杨氏已经封侯，当称它侯府，但人们习惯沿旧，仍称宫保府[2]。

杨遇春（1761~1837），字时斋，生于崇庆州西郭外白碾村，其先人为氐族，居陇右仇池（今甘肃成县洛谷镇）。公元6世纪初，入川落户崇州。清乾隆四十四年（1779）中武举，经乾隆、嘉庆、道光三朝，戎马一生，历战数百次，但不曾受伤，世称福将。杨氏被封授为一等昭勇侯等，人们敬称其人为杨

---

[1] 成都市地方志编纂委员会编：《成都市志·文物志》，四川辞书出版社2000年版，第25页。
[2] 四川百科全书编纂委员会编：《四川百科全书》，四川辞书出版社1997年版，第1070页。国家文物局编：《中国文物地图集》（四川分册），文物出版社2009年版，中册第98、99页。

侯爷，其宅为宫保（太保）府。杨氏不仅战绩显赫，而且多改革德政，故像列紫光阁，逝后被赠以太子太傅衔兵部尚书，入祀贤良祠，谥号忠武，世称杨忠武侯。

崇州宫保府内院

当年宫保府前有一对雄伟的石狮，大门上高悬一道竖式火焰匾，黑地阳文，书曰"一等昭勇侯府"。匾下有一副红地黑字木制门联。其自拟联曰："臣心似水，圣德如天。"并曰："先有皇恩圣德，才有为臣的今日。圣德在上，为臣在下，这副对子非反挂不可。"故至今崇庆流传一句歇后语："宫保府的对子——反的。"

按清代规定，一等昭勇侯府前是应有照壁的，但宫保府大门外未建照壁。原来这侯府为书院旧址，门前本来就是市民集市贸易场所。杨氏考虑到若建照壁，则是大墙一堵，有碍市民集市活动。因此，他想了一个变通办法，缝制大幅布幛，彩画照壁图画，两端穿以竖杆；并凿雕大石狮一对，狮背钻孔，每当需要，即抬出石狮，张开布幛，插立竿于狮背，形成一堵活照壁。故至今崇庆还流传一句歇后语："宫保府的照壁——活的。"

宫保府是典型的四川宅院建筑，由两路院落组成，占地面积约9亩。由四合院形成天井，计有大小天井十三个，组成一座完整的民宅。

进入府宅大门，迎面第一座大厅即为"接旨厅"，这一组庭院，主要是接待官方人士和来宾的，皇上每有圣旨下达，即在这里恭迎。接旨厅后有大小不等的几进院落，每进院子的正房，依次为迎客的花厅、娱乐的戏台、宴饮的餐厅等。

与此并列的另一组建筑院落以旗杆院为前导，把府内分成若干小院，门厅、穿堂、过厅、正厅，层层递进，两侧为若干厢房。正厅后面是用人居住用房、厨房、仓库等。但这里与四川住宅所不同的是正厅的耳房里有两张木炕，这是仿北方的土炕而建造的，因杨遇春长期官宦陕甘，已养成盘坐土炕小炕桌旁品茶，或曲身枕着炕上的耳枕小憩的习惯。

杨宅传给子孙，传至第四代，家业已经衰败，于1928年7月，将该宅卖给了刘姓。刘家从成都招来工匠，将府第拆门破壁，大加改造，致使这座清末府第的建筑风貌大遭破坏，代之以民国时期的门、窗、望板、隔壁、屋顶。尽管如此，宫保府的整体规模和单体建筑的基本形制依然如旧，特别是后来用作大会议室的大堂，基本上保留了当年风貌。宫保府是一座五开间的明堂，宽檐深廊，摆柱花窗，琉璃瓦（今改为小青瓦）顶，飞檐朱柱，雕甍飞吻，颇显壮丽，其清式建筑风韵尚依稀可辨。

宫保府具有一定的历史纪念意义和建筑史学价值，现被公布为四川省文物保护单位。

第五节　寺庙、宫观

一、成都文殊院

文殊院，位于成都城北文殊院街。始建时间有南齐、隋、唐诸说不一。唐代名信相院，宋代叫信相寺，明末被毁于兵燹。康熙三十六年（1697）全面重建，后改名文殊院。四十一年（1702）康熙皇帝御赐"空林"绢本横幅，故又名空林堂。后经嘉庆十九年（1814）和同治六年（1867）两次扩建，奠定了现在的规模[①]。

文殊院，坐北向南，面临文殊院街，北至西马道街，西起人民中路，东止文殊巷，占地面积约67亩，总建筑面积约20万平方米。中轴线上由南至北依次有照壁、山门

成都文殊院

[①] 四川省地方志编纂委员会编纂：《四川省志·建筑志》，四川科学技术出版社1996年版，第38页。四川省文史研究馆：《成都城坊古迹考》，成都时代出版社2006年版，第331页。成都市建筑志编纂委员会编：《成都市建筑志》，中国建筑工业出版社1994年版，第21、22页。

殿、三大士殿、大雄宝殿、说法堂、藏经楼等五重殿堂；东西两侧有钟楼、鼓楼、斋堂、禅堂、廊庑等对称，形成"伽蓝五堂"的四进四合院。东路有祖师殿、玉佛殿等构成不是很规范的东轴线。殿堂东、西、北三面寺园环绕，园周围绕宫墙。

山门前辟广场，广场南为照壁。壁长15.58米、高7.70米。壁上瓷嵌"文殊院"三字，传为清康熙时第一代方丈慈笃所书。

山门即天王殿，面宽三间14.75米，进深三间10.75米，高8.3米。康熙四十五年（1706）始建，道光元年（1821）改建时添石柱12根。单檐悬山式顶，木石结构，石柱承梁架，檐柱嵌镂狮头撑拱。门上悬"古信相寺"横匾。门外作"八"字墙，上嵌镂空石盘龙。殿内置四大天王、金刚力士、弥勒佛、接引佛立像。

三大士殿，面宽五间16.54米，进深四间10.50米。嘉庆二十年（1815）改建，立石柱10根。单檐歇山式顶，木石结构，石柱承梁架。殿中供文殊、普贤、观音三大士铜像，两旁置明代铜铸文昌帝君及关圣帝君像龛。殿后廊祀韦驮铜像。

大雄宝殿，面宽五间21.60米，进深四间13.90米，通高10.56米。乾隆六年（1741）重建，嘉庆二十三年（1818）扩建。单檐歇山式顶，木石结构，石柱承梁架。殿中祀铜铸释迦牟尼坐像，两旁侍立迦叶、阿难等。

法堂，面宽五间22.95米，进深四间15.90米，通高12.6米。嘉庆十二年（1807）重建。系木结构，重檐歇山顶。堂中设砖砌戒坛，坛上祀半身脱纱药师佛，像两侧新塑十二药叉。东西两壁均有彩绘神像。坛后壁嵌清康熙四十二年（1703）御书"空林"碑。

藏经楼，又名宸经宝楼，面阔七间28.10米，进深四间16.50米，通高15.84米。道光四年（1824）重建。单檐歇山式顶。石柱48根承梁架。前檐石柱上刻兽形斗拱、撑拱等，雕琢精美。前后檐廊宽敞，前檐东西设券门。楼下有法台、方丈室、甘露堂等。楼上为一通间，中设佛龛教座，内供大小佛像230余尊。该楼为院内一最大、最高、最坚固的建筑。

钟鼓楼，在山门内，为三大士殿之配殿。木结构，方形，边长10.0米。外表三层，十二角攒尖顶。钟楼内悬清同治四年（1865）所铸铜钟一口，重约4500公斤。

东西廊庑，木石结构，设有斋堂、客堂、禅堂等，分别为大雄宝殿、说法堂、藏经楼之配殿。院内收藏佛教文物十分丰富，有造像、书画、经籍、匾联、碑刻等，更有玄奘头骨和舍利塔等珍贵文物。

1953年、1973年曾两次大修。1985年宏道禅师于院西建水月亭景区。1988年又于东轴线增建铁制和平宝塔，于藏经楼后建地下极乐堂和文殊阁。建筑多系木石结构，计有大石柱82根。石琢精细，雕饰玲珑。门格装修，图案精巧，式样多达48种。规模宏大，布局规范，结构严谨，风格古朴，气象庄重，为巴蜀四大丛林之一。

二、成都大慈寺

大慈寺，位于成都市城东大慈寺路23号，古称"震旦第一丛林"，俗称太子寺，唐玄宗赐匾"大圣慈寺"。始建于唐至德、乾元间（756~758）[1]。

安史之乱时，无相和尚在成都街头施舍稀饭，救济饥民，同时为动乱的国家在佛前求福。天宝十五年（756）唐玄宗逃难至蜀中，听说无相的善行后很受感动，赐题"大圣慈寺"门额，并赐地1000亩。次年（757），无相修建大慈寺。贞元元年（785），韦皋任蜀中节度使，开凿解玉溪，从城西北引水入城，流经大慈寺南面，并铸造一尊二丈五尺高的普贤铜像。唐武宗会昌毁法，因大慈寺有玄宗赐额，故幸免于难。乾符三年（876），四川节度使高骈扩筑罗城（外城），大慈寺、解玉溪均被包容于新罗城中，从此该寺进入了成都的中心部位。宋元祐元年（1056），苏轼偕弟来游，赞大慈寺壁画"精妙冠世"。宋代道隆出家大慈寺，淳祐六年（1246）东渡日本，留日32年，圆寂后日皇赐"大觉禅师"。明宣德十年（1435），大慈寺毁于火。明末复毁[2]。

大慈寺现有建筑为清顺治至同治年间陆续重建。中轴线上自南至北有山门、天王殿、观音殿、大雄宝殿、藏经楼，以及两边廊庑有客堂、斋堂、戒堂、禅堂等。

山门，面阔五间，通面阔18.35米，进深三间，通进深7.75米。抬梁式结构，悬山式青瓦顶。建于清光绪六年（1880）。

天王殿，面阔三间，通面阔15.55米，进深三间，通进深10.15米。抬梁式结构，悬山式青瓦顶。建于清光绪四年（1878）。

---

[1] 四川省地方志编纂委员会编纂：《四川省志·建筑志》，四川科学技术出版社1996年版，第39页。
[2] 四川省文史研究馆：《成都城坊古迹考》，成都时代出版社2006年版，第323~325页。

观音殿，面阔五间，通面阔23.80米，进深四间，通进深12.90米。抬梁式结构，歇山式青瓦顶。建于清光绪二年（1876）。

大雄宝殿，面阔七间，通面阔34.25米，进深三间带前廊，通进深15.45米。石台基，高1.5米。抬梁式结构，歇山式青瓦顶。清同治七年（1868）建①。

藏经楼，面阔五间，通面阔35.50米，进深五间，通进深21.20米。石台基，高0.6米。抬梁式结构，两层楼阁。重檐歇山式青瓦顶。清同治十二年（1873）建。

成都大慈寺山门

成都大慈寺大雄宝殿

人间几多沧桑，寺院亦几度兴废。大慈寺极盛时，占地1000余亩。拥有96院，殿堂廊宇达8524间。建筑壮丽，规模宏大。僧众常达数千，乃至万僧齐会。明清至今几毁几建。1958年扩建东风路时，拆除接引殿。1983年改建为成都市博物馆，2000年博物馆迁出，对大雄宝殿、藏经楼落架大修。2004年1月8日正式开放，使这座历史悠久，在佛教史上、中日韩三国佛教文化交流史上，都有过重大影响的名寺重放光辉。

三、成都昭觉寺

素有"西蜀第一丛林"之称的昭觉寺，位于成都市成华区青龙街西北400米

---

① 四川百科全书编纂委员会编：《四川百科全书》，四川辞书出版社1997年版，第304页。

处,坐北向南,寺宇规模巨大,曾占地300余亩,建筑雄伟,僧侣众多。明代曹学佺《蜀中名胜记》卷三云:"成都北门升仙桥北,长林苍翠,曲涧潺溪,大非人世间境,乃昭觉禅寺。"

昭觉寺本为唐代眉州司马董常住宅,贞观年间(627~649)董常舍宅为寺,名建元寺[①]。终南山捧日寺休梦禅师奉旨住持,颇有声誉,应剑南节度使崔宁奏请,宣宗赐名"昭觉"。寓意"以其昭昭使人昭昭,以先觉觉后觉"。王建节制两川时赐休梦了觉禅师。北宋曾改名六祖寺,后复名昭觉寺。其时香火极盛,拥有七殿、二楼,寺园宏阔。南宋绍兴初年(1131~1135)赐名禅林。明末毁于兵火。清康熙五年(1666)四川巡抚张德地、布政史郎廷相、按察使李霄,捐禄赞助重修,始复丛林大观,并复名昭觉。

现存建筑为清初所奠定的规模。沿中轴线,由南向北为山门、虔心亭、天王殿、观音阁、大雄宝殿、藏经楼、御书楼、普塔院等组成。康熙皇帝题诗云:"入门不见寺,十里听松风。"足见规模之大和环境之美。

成都昭觉寺鸟瞰

昭觉寺由于面积广阔,规模宏大,建筑众多,所以在总布局的规划上,具有与一般寺院不同的两大特点。一是在中轴线上布置了园林建筑——虔心亭,使游人、香客在进入山门以后,有一个暂停之处,既可以稍事休息,又可以缩短与佛的距离,布置很自然。二是殿宇众多,超出了一般寺院的"伽蓝五堂"之制,故在中轴线之外又有东西轴线,组成五堂之外其他殿堂和廊房,形成"回"字形的紧凑布局,多而不繁,杂而不乱。这种平面布局上的大胆创新,充分体现出巴蜀建筑的独创精神和特色。1983年被国务院列为全国重点佛教活动场所。1985年,清定法师主院筹资千万,按清代原貌全面修复,先

---

① 四川省文史研究馆:《成都城坊古迹考》,成都时代出版社2006年版,第330页。

后修成大雄宝殿、念佛堂、钟鼓楼,新建圆通殿,规模宏大,巍峨壮观。1987年,重建大雄宝殿落成,建筑面积2136平方米,台基宽大、气势雄伟,可供千名僧众进行法事活动。

文献记载有宋代李畋所撰《重修昭觉寺碑记》,文存明代《天启新修成都府志》卷四二。寺内存有清咸丰四年(1854)所刻制的《昭觉寺全图》石碑一通,旧时风貌犹历历可见。

自改名昭觉寺后,屡有兴废,兵燹火灾及人为破坏几见于史。如唐武宗会昌间(642~846)毁佛,寺院遭毁。唐代释休梦《题壁诗》云:"客爱登临来此景,僧谈兴虚指断垣。"说明他所爱登临的清虚古殿,松柏掩映的美景,已成残垣断壁。

20世纪60~70年代,寺亦遭到严重破坏。本书参与作者之一邹博爱曾作《游昭觉寺》诗云:"西蜀禅林怨黍离,寺园景物俱时移。"喻寺园荒芜,新辟动物园。

昭觉寺,不仅规模巨大,佛园庄严,而且高僧辈出,代不乏人,不仅在中国佛教史上占有重要地位,而且在中外文化交流史上也做出过突出的贡献。至今,日本、东南亚一带的许多佛教寺院还把它视为祖庭[①]。

四、崇州光严禅院

光严禅院位于崇州市街子镇古寺村西南400米的凤栖山。始建于隋,初名常乐寺。隋文帝曾赐"光大严明"匾。其时与三郎镇之成化院同为隋代古刹。唐武宗时,寺毁。懿宗咸通五年(864)由善思和尚重建。宋名翠围寺,后复名常乐寺。明成祖朱棣赐名"光严禅院",省称"光严寺",

崇州光严禅院上古寺大雄宝殿

---

① 成都市建筑志编纂委员会编:《成都市建筑志》,中国建筑工业出版社1994年版,第19页。
成都市园林志编纂委员会编:《成都市园林志》,四川人民出版社1998年版,第55页。

被称为十方丛林。清康熙时改称大明寺，又赐"光严禅院"匾。后被誉为"西川第一寺"，俗称"古寺"。

唐代诗人唐求，为当地街子场隐士，住的地方离佛寺不远，是佛寺的常客。他对佛寺环境景物很熟悉，故题有《常乐寺》诗，诗云："桂冷香闻十里间，殿台浑不似人寰。"赞美佛寺中的桂花香闻十里，寺院殿台似乎不在人间，似入佛境。

光严禅院在宋名翠围寺，宋代陆游有《翠围院》诗云："晓入翠围寺，拥门千万峰。"

光严禅院又有上下古寺之分，两寺相距100米，今已合成一寺，共一宫墙，占地面积达22亩[①]。

下古寺始建于唐，名常乐寺，明代扩建，名光严禅院，清代重修。坐北向南，建筑面积约2000平方米。三合院布局，现存山门二道、大殿、观音殿、厢房及客房、僧房，分别为砖木、木结构。第一道山门面阔4.2米，进深三间3米，高4.6米，穿斗式梁架，硬山式顶。第二道山门面阔三间14米，进深三间5.2米，高65米，台基高1米，垂带踏道10级，穿斗式梁架，硬山式顶。大殿面阔五间26米，进深五间14米，高17米，素面台基高2.31米，垂带踏道4级，穿斗式梁架，重檐歇山顶。观音殿，面阔五间17.5米，进深四间9.8米，高7.5米，穿斗抬梁混合式梁架，悬山式顶。寺后有唐代善思和尚骨灰塔，即三重檐喇嘛塔，高2.3米。

上古寺大殿，寺原在西山乡安乐村，清乾隆年间（1736～1795）改建，1992年迁今址，紧临下古寺。寺现存大殿，坐西向东，面阔五间21.4米，进深六间10.5米，高8.85米，素面台基高2.4米，踏道30级，穿斗抬梁混合式梁架，歇山式顶，雀替、柁墩浮雕飞禽走兽[②]。

明太祖朱元璋幺叔，法名法仁，徽号悟空，圆寂于古寺，留下肉身，经600余年，后被毁。明代皇室赠送的《洪武南藏》、半副銮驾、四杆龙凤旗、五间琉璃瓦（房）、两口皇锅等，以及许多名人题赠的书、画等，多同时被毁或佚失，古寺也成了废墟。现在的寺貌，是2002年前逐渐恢复的。

---

① 张伯龄执笔：《街子场》，中国文联出版社2009年版，第39～54页。释永一：《光严古寺》（交流资料），2006年，第1～101页。
② 国家文物局编：《中国文物地图集》（四川分册），文物出版社2009年版，中册第98页。

五、新都宝光寺

宝光寺位于成都市北门外16公里处的新都区城北。相传始建于东汉，其时名称尚待稽考。但考1996年出土资料得知：唐玄宗开元二十九年（741），已有宝光寺、塔之名。及至会昌法难，寺塔全毁。大中元年（847），寺院修复。中和三年（883），寺院扩建，重建舍利宝塔。此间僧众逾千人，"蜀中之梵宫佛院未有盛于此者"。宋大观三年（1109），寺院规模又一次拓展，徽宗赐名"大觉寺"，僧众数千，为宋代之极盛

新都宝光寺全景图

新都宝光寺唐代柱础

期。元代，寺院一度残破。明初，石子美等人捐资维修，复名宝光寺。永乐后期毁于火。正德间（1506~1521）幸得新都籍官员杨廷和、杨升庵父子捐修，寺宇备极宏丽。明末清初毁于战乱，清康熙九年（1670）重建。经清代近200年的不断维修之后，成为成都四大精舍之一，以及长江流域禅宗四大丛林之一。道光、咸丰后，奠定了现代寺院的规模①。

---

① 四川省地方志编纂委员会编纂：《四川省志·建筑志》，四川科学技术出版社1996年版，第37页。

宝光寺整个殿宇建筑由一塔、五殿、十六院组成。一塔即舍利塔。五殿即山门殿、天王殿、七佛殿、大雄宝殿、藏经楼。十六院即由东边的客堂、五观堂、药师殿、东方丈等和西边的伽蓝殿、戒堂、达摩殿、西方丈等以及五殿组成的殿院。主要建筑均用石柱、木架、灰筒瓦或小青瓦构筑，结构严谨，装饰典雅。主要殿堂院宇简介于下：

山门殿，建于清道光十五年（1835），单檐歇山式，中一门，旁两门，当时新都知县钱履和书"宝光禅院"匾。八字红墙外，立石狮一对。

天王殿，明永乐十年（1413），在殿后立有尊胜幢，毁于正德年间，清同治年间复建，故殿又称尊胜殿。建于清同治二年（1863），面阔五间，歇山屋顶。明间上悬"一代禅宗"匾。内塑弥勒及四天王像。

七佛殿，建于清咸丰十一年（1861），面阔四间，单檐歇山顶。明间檐柱置于"僖宗遗础"上。殿内七佛均为贴金立像，背面为韦驮立像。明代杨升庵《唐僖宗行宫遗础次熊尚弼侍御韵》诗，证明了明代还存唐帝行宫的露台，台上的莲花柱础已经几换春苔。

大雄宝殿，建于清咸丰九年（1859），占地700多平方米，面阔、进深各五间，置于高1.0米的台基上，36根石柱支承单檐歇山顶，结构坚固，雄伟壮观。殿中供奉着释迦牟尼的诞生像、成道像和说法像，是礼佛和法会的庄严圣地。

藏经楼，清道光二十八年（1848）动工，咸丰元年（1851）落成，占地1000多平方米，面阔九间，进深五间，通高近30米，有"一楼一塔齐高"之说。登楼可饱览全城景物。一楼一底，上为藏经楼，下为说法堂。重檐歇山，檐牙高啄，飞阁流丹，富丽堂皇。佛宇庄严，宝藏丰富。

罗汉堂，建于清咸丰元年（1851），位于中轴线之东，在舍利塔旁"天台胜境"坊前二百余步处。建筑平面为"田"字形，即一幢带四个天井的大平房。堂内塑佛、菩萨、罗汉、祖师像共577尊，为中国现存的四大罗汉堂之一，且是其中历史最久、规模最大的泥塑罗汉堂。塑像略大于真人，全身彩绘贴金。群星灿烂，辉映佛国。

千佛堂、影堂。千佛堂在大雄殿东侧，曾名祖堂，1945年另建祖堂后，更名为观音堂，1979年千佛碑移于此，故名千佛堂，镇寺三宝之一的优昙花，亦藏于此；千佛堂西为影堂，堂中塑禅宗初祖达摩像。

东、西方丈。藏经楼东西两侧各有双扇拱门一道，榜书"狮窟""龙潭"。出此二门，通东西二方丈，东方丈即现任方丈居室，西方丈即退院方丈居室，两边均有客堂和花园，庭院幽雅，陈设古朴[①]。

宝光寺深受人们珍爱，新中国成立后又受到政府保护，除园中古柏被砍外，其余建筑和文物均保护完好，并加以维修，已成为中国结构最典型、保护最完整的佛教禅宗丛林。2001年被国务院公布为第五批全国重点文物保护单位。

六、新繁龙藏寺

新繁龙藏寺位于龙安镇安全村。唐贞观三年（629）创建，初名慈惠庵。宋大中祥符元年（1008）扩建并更名龙藏寺。元末毁于兵燹，明洪武四年（1371）重建。清康熙六年（1667）修葺，道光、光绪年间扩建。新中国成立后，辟为四川省革命残废军人休养地。该寺坐北向南，占地面积约20亩，建筑面积6600平方米，多重四合院布局，中轴线上有山门、弥勒殿、大雄殿、毗卢殿[②]。

山门外有狮子坝，坝两边有川西最大的石狮一对，甚为精美。狮前各有碑亭一座，嵌清初大朗和尚为川西民众兴建水利的六通记事碑，碑文乃四川总督丁宝桢、按察使黄云鹤、学者刘元和金石学家王懿荣等撰书，颇具书法和文献研究价值。山门上有苏州名士顾复初撰书的楹联，门内有两株巨伞般的丹桂，入秋满院桂香。山门面阔一间，通面阔4.7米，进深两间，通进深6.45米、高6米。抬梁式梁架，悬山式屋顶。

弥勒殿，面阔七间，通面阔33.9米，进深三间，通进深9.9米、高5米。抬梁式构架，悬山式屋顶。

大雄殿，建于明成化元年（1465）。面阔五间，通面阔16.35米，进深四间，通进深12.6米。抬梁式梁架，歇山式屋顶。檐下存六铺作斗拱八攒。殿内尚存明代壁画九铺：左右壁各三铺，其前后铺各高2.8米、宽2米；中铺高2.8米、宽7.6米；横壁三铺，各高4.7米、宽3.5米。壁画总面积约130平方米，均为佛教题材，采用工笔重彩、线描与沥粉贴金相结合的技法。其中53组连环画，充满浓郁的生活情趣，是研究明代社会习俗、佛教艺术的珍贵资料。

[①] 成都市建筑志编纂委员会编：《成都市建筑志》，中国建筑工业出版社1994年版，第18、19页。四川百科全书编纂委员会编：《四川百科全书》，四川辞书出版社1997年版，第109页。

[②] 国家文物局编：《中国文物地图集》（四川分册），文物出版社2009年版，中册第61页。

毗卢殿，石木结构。面阔七间，通面阔35.9米；进深四间，通进深16.3米；高13.9米。抬梁式梁架，重檐歇山式屋顶。梁上尚存"大清咸丰二年鼎立"题记。殿后存两株明代罗汉松，陪衬着殿宇的雄姿，甚为珍贵。

十笏禅房，位于殿宇东边，为清道光时本寺方丈、书法家云坞的居室。院内有一株粗壮的黄桷兰树，禅房廊柱上有新都人涂中辙撰书的通俗楹联，叙述了禅房内外宾主之间的悠闲情景，其联云："十笏间，下榻款高人，烹茶活火还烧笋；半窗外，忘年娱老衲，洗砚余波又灌花。"

含澈居室，位于殿后，已拆除。含澈为诗僧，退隐后居西林园中之潜西精舍，日与僧俗友好谈禅论诗。

妙音阁，位于寺东，建于同治初年，为两层楼阁，阁上可以远眺、饮茶、抚琴、弈棋，阁下是历代书法、碑刻的主体，存碑百余通。

碑林，系颇具佛教特色的书法碑林，创始人是蜀中著名诗僧含澈。始创于清咸丰年间，后经同治、光绪年间扩建，碑数达200余通，荟萃了宋、明、清60多位书法家的作品，后历经劫难，散失大部。寺内现存妙音阁《卧龙桥碑记》4通及其他碑记15通。此外，宝光寺、桂湖、东湖等也有部分龙藏寺碑收藏。

龙藏寺不仅环境幽雅，佛宇庄严，而且有众多的壁画和碑刻，因此招来的不仅是游人香客，也有不少诗人及考古、访古的专家学者。如清代王懿荣因访古而入寺，并作有《新繁龙藏寺访古》诗，诗呈雪堂和尚，诗碑今存东湖[①]。诗云："铁轮款铸绍熙字，壁柱工题成化年。平地竹高三四丈，却疑身在万山巅。"

七、乐山乌尤寺

乌尤寺，又名正觉寺，创建于唐，北宋时改今名。该寺位于距乐山市1公里处的大渡河、青衣江、岷江汇合处的乌尤山上。乌尤山原与凌云山相连，战国秦昭王时（前306～前251）蜀郡守李冰为避沫水之害而凿开山体，使两山离开，故又称离堆[②]。

寺宇建筑全部建置于乌尤山上，依山就势，布局灵活，既无中轴线，亦无固定朝向，全依山势而定，各具风格，灵活多样。寺院殿宇，游亭楼台，参差

---

① 四川百科全书编纂委员会编：《四川百科全书》，四川辞书出版社1997年版，第567页。
② 四川省地方志编纂委员会编纂：《四川省志·建筑志》，四川科学技术出版社1996年版，第39页。四川百科全书编纂委员会编：《四川百科全书》，四川辞书出版社1997年版，第1000页。

错落，相互点缀，环境幽美。现在寺院完整，主要建筑有山门、止息亭、天王殿、弥陀殿、菩萨殿、大雄殿、藏经楼、方丈室、青衣精舍、罗汉堂、观音阁和青衣亭、过楼、旷怡亭、尔雅台、听涛轩等，多系清代建筑。

由岷江东岸上码头，登乌尤山，向东拾阶数步，即进小山门。

乐山乌尤寺大殿

再拾阶东上，拐三道弯，到普同塔，塔位于道右，方形，两级，攒尖顶。再拾阶登山，拐两道弯，路左有小坪，坪左端为大山门，坐北朝南，平面为方形，约5米见方，前后开券拱门，砖墙承重，青瓦顶。山门正北数步，为弥陀殿，殿宇一间，约3米见方，亦砖墙承重，青瓦顶。山门左边为青衣亭，平面为两梯形，上、下底各自相连，南北两边为折线，六柱两间，悬山式顶。西面临岷江。往北数十步，为过楼，平面为矩形，作城门式，正中开拱券门，上作城楼三间，五脊顶。

过楼再往北，为一小广场，场西面为"山"字形照壁，场东为殿堂区。前殿上悬"正觉禅林"，即天王殿，三间两进，砖木结构，一楼一底，正面作砖墙，犹如砖墙承重的现代民房。下层开三道门，上层作七个窗洞，重檐歇山顶。两侧各作L形配殿，亦为重檐歇山顶，与主殿中轴对称，其体形大于主殿，均书"客堂"二字。

前殿后为殿院，近前殿对称置钟鼓楼，东为大雄宝殿。钟鼓楼为亭形，平面为正八边形，边长1.4米，高四层，下两层砖石，上两层木构，重檐攒尖顶。大雄殿面阔三间17.9米，深四间带前廊14.3米，两端山墙封顶。柱作撑拱，绿色琉璃瓦屋面，黄色琉璃正脊，上饰雕兽，中堆宝顶，长窗落地，雕作精细。系明代建筑，殿内大佛系香樟雕镂而成。

大雄殿后为藏经楼，面阔五间19.2米，进深三间8.8米，重楼重檐歇山顶，筒瓦屋面，雕甍飞翼。楼下为如来殿，原名无量殿。清初重建时，改用今名。如来像前，刻有凌云、乌尤两山全貌图。楼上为藏经楼，内藏《颍伽藏经》《日本续藏》万余卷。

寺园最北，为旷怡亭、尔雅台、听涛轩等园林建筑，峙立于江崖之上。均为一间，歇山屋顶，小巧素朴。其东为罗汉堂，平面为"田"字形，每边长34.4米，建筑面积842平方米。木结构构架，双坡屋顶，青瓦屋面。内供505尊罗汉，神态各异，栩栩如生。毁于1966年"文化大革命"。1985年，方丈遍能主持修复。

1939年，马一浮等来寺，创办复性书院。马为主讲（不愿自任院长），主持讲学事宜。熊十力、梁漱溟等任教于此。

乌尤寺与凌云寺连成一气，乌尤、凌云二山风景区与峨眉山景区遥遥相对，九鼎峥嵘，寺宇宏观。宋代邵博《清音亭记》云："天下山水之胜在蜀，蜀之胜在嘉州。"乌龙寺为嘉州胜迹之一，现寺中尚有唐铸铜观音像、宋铸铁佛像等珍贵文物，碑刻匾联，实物甚多。建筑物之形制，大体保存着明清风韵，都是珍贵的文化遗产和旅游资源。

八、乐山大佛寺

乐山大佛寺位于篦子街凌云山丹霞峰与栖鸾峰之间，又名凌云寺。始建于唐开元年间（713～741），元毁于兵燹，明初重建后又毁，清康熙六年（1667）重修。该寺坐东向西，四合院布局，有天王殿、大雄殿、藏经楼及东坡楼、海师洞、崖墓群、摩崖题记、注易洞、《八卦图》碑等。

天王殿，位于山门入口处，面阔五间，通面阔21.3米，进深三间，通进深9.65米，通高8.25米，台基高0.45米，踏道3级。穿斗式梁架，歇山式屋顶，檐下施五踩斗拱10攒。左右厢房各面阔4.3米，进深二间9.1米。

大雄殿，位于天王殿后，面阔五间，通面阔22.2米，进深五间，通进深21.25米，通高11米，素面台基高0.5米，垂带踏道3级。穿斗式梁架，歇山式屋顶，檐下施七踩斗拱十二攒。

藏经楼，位于大雄殿后，1911—1949年间建筑。面阔五间，通面阔28.4米，进深四间，通进深16.8米，通高16米。素面台基高0.65米，如意踏道3级。穿斗式梁架，歇山式顶。

东坡楼，位于寺左楼鸾峰上，坐东北向西南，占地面积120平方米，一楼一底。始建于宋，名载酒堂，明天启二年（1622）和清嘉庆年间（1796～1821）改建，1980年维修，并重塑东坡塑像。面阔三间，通面阔11.4米，进深三间，通进深7.3米，通高11米，台基高0.22米。穿斗式梁架，重檐歇山屋顶。正脊端饰泥质鬐片鸱吻，脊中饰宝顶，垂脊、戗脊上饰走兽，檐下有柁墩、雀替，内柱柱径为0.3米。后壁龛有13通清代石碑。楼楣上匾刻有宋代书法家黄庭坚崇宁年书"东坡楼"三字。

海师洞，位于寺左棲鸾峰下。原系东汉崖墓，洞宽1.6米、深10.5米、高2.2米。相传唐时海通始凿大佛时曾住于此，故名。洞额"海师洞"三字系清乾隆年间（1736～1795）四川按察使顾光旭书，并撰有《凌云山海师洞记》碑文嵌于壁上。

注易洞，位于集凤峰背壁处，原东汉崖墓，明代袁子让等人在此注释《易经》，故名。洞高4米、长7米、宽6.5米。洞内有《卦位方圆图》碑，字迹漫漶。

注易洞"八卦图"碑，位于藏经楼西北25米处，系明代遗迹。碑5通，均用红砂石刻，分布在注易洞中。洞坐西向东，正壁嵌4通，左壁嵌1通，有不同程度的风化剥蚀。碑高1.05米、宽0.92米、厚0.2米。碑上部为阴刻横排篆书《卦位方圆图》，字径0.05米，下部为"八卦图"，已模糊不清。其余4碑，均高2～2.1米、宽1.1～1.15米、厚0.2米，字径均为0.04米。图均呈放射性排列，图中文字与图形模糊不清。

在寺院内，尚有清音亭、八角亭、竞秀亭、碑林、茶园、璧津楼、长廊、月榭、栈道等建构物。其中书画、诗联甚丰，如康有为、谭嗣同均有题月榭联，赵藩有题清音亭联。

大佛寺建筑保存较完好，借寺得以保存的名人遗迹，如碑记、书法亦十分珍贵，是一处值得保护和开发的名胜古迹[①]。

九、峨眉山佛教建筑群

峨眉山位于川西盆地西南部，主峰万佛顶，海拔3099米。《水经注·青衣水》载：峨眉山去成都南千里，"然秋日清澄，望见两山相峙，如峨眉焉"。

---

① 国家文物局编：《中国文物地图集》（四川分册），文物出版社2009年版，中册第532、533页。周沙尘主编：《中国旅游分类词典》，重庆出版社1997年版，第723页。

它是大峨、二峨、三峨山的总称。今旅游地为大峨山①。

峨眉山秀丽神奇，久闻于世。东汉末道教便兴于此，修筑宫观，称"虚灵洞天""灵陵太妙天"。魏晋以后，佛教亦兴于此，营建寺院，称"光明山"，并形成佛教四大道场之一——普贤道场。据记载，明清时期，全山共有佛宇150余座②。民国年间，所存不及半数，至今尚存20余座③。

报国寺，位于峨眉山麓，为全山门户。建于明万历四十三年（1615），原址位于现寺右侧伏虎山下，清初迁建于现址。康熙四十二年（1703）赐名报国寺，知县王蕃奉敕书"报国寺"匾额。同治三年（1864），建弥勒殿和大雄宝殿，另建山门，稍后又建七佛殿。1927年，芡林和尚新建普贤殿和藏经楼，殿宇五重，依山就势，苍楠翠柏掩映。占地面积60亩，总建筑面积5600余平方米。寺对面凤凰台有一明铸大铜钟，高2.3米，口径2.0米，重12.5吨，铸有历代帝王、高僧、居士姓名，撞击发声可历时1分50秒。

伏虎寺，位于山麓伏虎岭下，与报国寺相距仅1公里。据《峨眉山志》记载，系晋代心庵和尚创建，宋绍兴三年（1133）士性禅师扩建。初名药师殿，曾改名龙神堂、虎溪禅林、虎溪精舍，又以山形如虎故名。几经兴废，至清顺治

峨眉山伏虎寺大雄宝殿

峨眉山清音阁

---

① 四川省地方志编纂委员会编纂：《四川省志·建筑志》，四川科学技术出版社1996年版，第31～33页。许止净辑：《峨眉山志·金山形胜》，苏州弘化社1934年初版，广陵古籍刻印社1997年重版，第119～122页。
② 许止净辑：《峨眉山志·寺庵胜概》，苏州弘化社1934年初版，广陵古籍刻印社1997年重版，第175～188页。
③ 吴觉非：《峨眉山与万年寺》，《四川文物》1985年第2期。

八年（1651），贯真和尚与其徒可闻大师竭力修复，历20余年始成，为峨眉八大寺之一，有康熙御题"离垢园"匾。寺藏紫铜华严塔，14级，高7米，塔身铸佛4700余尊和《华严经》《药师经》全文，还藏有张三丰狂草石屏、陈希夷草书碑。"文革"中五百罗汉及其他佛像800余尊全被破坏。粉碎"四人帮"后，作重点修建，恢复了寺院原貌。

万年寺，坐落在峨眉山的半山上，上倚观心坡，下通白龙洞、清音阁。寺创自晋时，名普贤寺，昔蒲氏事佛旧址。唐时更名白水寺，宋时名白水普贤寺，明嘉靖间旋修旋毁，万历间敕改圣寿万年寺。寺前有大峨楼，楼前有南戒名宗坊，左竖祇树林坊。寺内殿宇凡七重：一毗卢、一七佛、一天王、一金刚、一大佛、一接引、一砖砌旋螺。中供铜铸普贤丈六金身骑象铜像。明末动乱，寺宇焚毁殆半。清代、民国各有修葺。寺宇宏敞、历史悠久。佛宇庄严，号称峨眉山六大寺庙之一。风光秀丽，曾称峨眉山十景之一的"白水秋风"，亦指此处。现存主要殿宇为毗卢殿、普贤殿、巍峨殿、大雄殿，新中国成立后进行维修。

中峰寺，西晋时称乾明观，系道观。东晋时明果禅师改为佛刹，因寺后白岩峰更名白岩寺。唐时慧通禅师改为集云寺。宋仁宗时（1023~1063）大加扩建，更名中峰寺。明初毁于火，其后略有培修。成化后西蜀昭王协助重建，恢复旧观。甲申年（1644）毁于兵火，仅存后殿。

清音阁，即唐末卧云寺，明初广济禅师改今名。1917年火灾后，仅修复现存的一殿。1953年进行重点修缮。阁下有双飞亭、牛心亭、牛心石，黑白二水流经亭下，涛声清脆。两桥飞架，人称"双桥清音"。山水奇妙，交通畅达。

洪椿坪，位于天池峰下，因寺前有千年洪椿而得名，传为晋时印度和尚玉掌禅师结茅处。宋时建寺，称千佛庵，明崇祯四年（1631）续建，清雍正时峨云大师重修。乾隆四十三年（1778）失火，四十七年至五十五年（1782~1790）逐次修建，始成现状。寺内藏有明代木雕千佛莲灯，康熙、乾隆题联，佚名氏撰百字长联等珍贵文物。炎夏细雨霏霏，俗称"洪椿晓雨"，为峨眉十景之一。

金顶，正名为永明华藏禅院，位于顶峰台地上。寺庙始建于东汉，称普光殿。先后建有锡瓦、铜瓦、铁瓦三殿。山多雷火，屡建屡毁。明代妙峰和尚建铜殿一座，阳光照射，金光闪闪，故名金顶。民国初年毁于火，仅存两扇铜门、铜碑和铜像各一。1972年，维修中失火，华藏寺及众多珍贵文物皆毁，后重建为钢筋混凝土结构。日光、云海、佛光、神灯等自然景观,统称金顶禅光,为峨眉十景之一。

峨眉山佛教建筑群还有善觉寺、雷音寺、华严寺、纯阳殿、神水阁、牛心寺、大坪、仙峰寺、遇仙寺、洗象池、雷洞坪、接引殿、卧云庵、息心所、慈圣庵、白蛇洞等。

全山佛教建筑,择地适宜,布置灵活,依山就势,高低错落,空间转折,手法多样,构筑灵巧。无论从位置、造型还是从体量、尺度、色调各方面看,都能与自然协调,融为一体。1961年被国务院公布为第一批全国重点文物保护单位。

十、重庆华岩寺

重庆华岩寺

重庆华岩寺,位于重庆九龙坡区华岩乡大老山,距市区23公里。寺南侧有华岩洞,寺因洞而得名。始建年代无考,明清各代曾多次重建和修葺,为巴蜀十大丛林古刹之一。全寺占地面积374亩,由华岩寺、华岩洞庙和接引殿三部分组成,房舍400余间,总建筑面积达8280平方米,为重庆市区内最大的佛教寺院①。

华岩寺或称大寺,建筑群由山门、天王殿、大雄宝殿、藏经楼、禅堂、法堂、嚼雪堂、圣可祖师堂、观音堂等及其他附属房舍组成。内有16尊木浮雕,为一般寺院所少见。殿宇为抬梁构架或穿斗构架,木柱或石柱或砖石墙等承重,大木小式作法。主殿为重檐歇山顶,盖以黄色琉璃瓦,其余殿堂为单檐歇山式或悬山式屋顶,绿色琉璃瓦或小青瓦屋面。

---

① 四川省地方志编纂委员会编纂:《四川省志·建筑志》,四川科学技术出版社1996年版,第31页。重庆市城乡建设管理委员会等编:《重庆建筑志》,重庆大学出版社1997年版,第149、150页。胡昌健:《重庆华岩寺与圣可大师》,《四川文物》1990年第4期。

华岩洞庙或称小寺，与大寺隔湖相望，为华岩寺之祖庙，由下殿（山门）和正殿（洞庙）组成合院，庙内塑有佛像多尊。依山崖建殿，建筑面积约360平方米。山门面阔三间，进深一间，系穿斗构架，悬山式小青瓦屋面，处理简洁朴实。正殿面阔五间，进深五间，大部分伸入山洞中。抬梁和穿斗式构架混合，洞外部分为重檐小青瓦屋面。寺庙与山门协调，浑然一体，依山就势，以洞为寺庙，极具地方特色。

接引殿由山门（三间石牌坊）、配殿和正殿组成，自成庭院，总建筑面积约340平方米，正殿为单檐歇山式，其余殿宇均为悬山式。木构架、石柱和土墙结构，单檐出挑，小青瓦屋面。处理简洁朴实，具有川东地方传统建筑风格。

华岩寺地处丘陵，依山傍水，是川东地区历史悠久、规模宏大的一座丛林古刹。寺内古木参天，环境优雅，以寺院为中心形成占地600亩的华岩风景区。景区内面积105亩的华岩水库，环境幽静，山光水色，十分迷人，并建有湖心楼、茶园、餐馆等服务设施，为垂钓、荡舟、游泳、休闲、游乐之所，是重庆市旅游胜地之一，也是重庆市级文物保护单位。

十一、梁平双桂堂

梁平双桂堂位于重庆市梁平县城西南13公里处的金带镇北。初名福国寺，因寺内有两株巨大的古桂花树而得名。始建于清顺治十八年（1661），全面竣工于光绪十八年（1892），历时200余年。双桂堂曾以规模宏大、藏经丰富、塑像精美、僧徒众多等而被列为"蜀中丛林之首"。当时号称成都三大伽蓝

梁平双桂堂大雄宝殿

的文殊院、昭觉寺和大慈寺皆为其分支。其在福建和东南亚地区颇负盛名，被誉为云、贵、川三省佛教祖庭[①]。

---

① 四川省地方志编纂委员会编纂：《四川省志·建筑志》，四川科学技术出版社1996年版，第31页。四川百科全书编纂委员会编：《四川百科全书》，四川辞书出版社1997年版，第739页。邓显皇：《西南佛教祖庭——双桂堂》，《四川文物》1989年第2期。

梁平双桂堂精美石雕

梁平双桂堂院墙

双桂堂规模宏大,坐北朝南,占地面积110亩。其进深有七重殿宇,由一塔、大殿、八院组成,共328间房舍、42个天井。主要殿宇有武圣殿、弥勒殿、大雄宝殿、戒堂、大悲殿、舍利殿、藏经楼等。殿宇建筑按中轴线左右对称布置,东西厢回廊相连,组成多重庭院。东厢有伽蓝殿、观堂、法堂,其后为客堂、方丈室、寝室、香积厨等。西厢有祖师殿、涅槃堂、禅堂等。殿宇平面布置规整,井井有条,中轴线贯通殿院。院前有福字照壁。第一院中有放生池。殿院最末为藏经楼,与舍利殿合并,珍贵的舍利藏于楼内。殿院两侧及北面为寺园,莳植多类花木,点缀园林建筑,破山石塔三级,在园之右侧。殿宇高低相属,错落有致,间距适中,空气流通,采光良好。屋柱以石代木,梁架用柏木制作,大木小式作法,青瓦屋面。飞檐翘角,鳌甍雕吻,宝顶高耸。檐下撑拱、枋下雀替,柱间花罩,雕刻精致。门屏、花窗,图案丰富,工艺讲究。

弥勒殿五间三进,内塑弥勒像,像高6.6米,高大庄严。大雄宝殿,五间四进,三重檐,庑殿顶,庄严恢宏。大悲殿,内塑千手观音,丈八金身,十六双手,雄伟壮观。藏经楼三间带前廊,重檐顶,珍藏舍利、金带、青铜古乐器"天聋"和"地哑"、铜锣、铜鼓、汉代古钟、铜镜,以及破山、竹禅等大师们的书画真迹。整个寺园保存较好,改革开放后,进行了较全面的维修,并新修了重檐歇山顶的山门殿。桂馥兰馨,竹木葱茏,建筑典雅,风光绚丽,颇具川东传统建筑风韵。

十二、荣县大佛寺

荣县大佛寺位于荣县旭阳镇东南500米的真如岩山腰,真如岩俗名大佛岩，又称东山，故又名东山大佛。凿于北宋元丰八年（1085），至元祐七年（1092）完工①。

大佛凿于长约120米、高约40米的黄砂石崖壁上，坐南向北，有石龛佛像10龛50余尊、题记6则。龛呈长方形，无顶，高40米、宽16米、深14米。内刻释迦牟尼佛1尊，总高36.67米，头长8.76米，脸宽5.13米，肩宽12.67米，膝高12米，足宽3.5米。头饰螺髻，身着双领下垂袈裟，内着僧祇支，右手抚膝，左手平放膝上，手心向上，掌中握摩尼珠，善跏趺坐在金刚座上。崖下有清代嘉庆二十一年（1816）镌刻的达摩祖师像1尊，高4.9米。题记中有明代张腾蛟书"白云深处"4字，横排行书，字径1米②。

当时配建的庙宇，下自东山北麓，直抵真如岩顶，依山架殿，达十层之多。清道光《荣县县志》称："架殿十层，高四十七丈，宽十五丈。"民国《荣县县志》云："父老云：'宋时寺门，抵今溪崖。'"以现在地形自东溪岸边起算，殿曾经有十层四十七丈是可能的。自北宋寺庙建成，直至南宋末，约200年时间内，因佛像雄伟，丛林风光优美，大佛寺游人之多，可谓极一时之盛。

自元至明，360年间，寺运迭减。迨至明崇祯十七年（1644），甲申兵燹，东山佛寺付之一炬，尽成焦土。从此遍山荒凉，大佛石像裸露，历时共160载。

荣县大佛寺正面

清嘉庆十年（1805），峨眉山僧隆辉朝罢南海归来，路过荣县，目睹佛像荒露，极为惋惜，乃披荆斩棘，结庐为庵。嘉庆十三年（1808），知县许源使

---

① 四川省地方志编纂委员会编纂：《四川省志·建筑志》，四川科学技术出版社1996年版，第54页。
② 国家文物局编：《中国文物地图集》（四川分册），文物出版社2009年版，中册第177、178页。

僧智珏等募资，以券石修盖佛顶，匾额题为"大开觉路"，并在券拱上筑一砖阁，内悬铁钟一口。嘉庆二十一年（1816），县令宫鉴桂复造殿屋数层，掩护佛身，更于佛像右侧修建禅房及方丈室；于像左前方低陷处建成山门，榜题"大佛禅寺"；门前石砌月台，右通燃灯佛殿；左辟宽丈余石阶数十级，直抵山麓。道光二十一年（1841），署知县克星额复募捐将寺庙维修一遍。

1935年以后，佛寺受到多次毁损。所幸巨型摩崖佛像、附壁达摩、半山石刻"啸台""白云深处"等重要古迹尚存①。

石窟的宽度、深度、高度，都表现出工程的巨大。依山叠层架殿多达十层，不仅工程浩大，而且技艺精湛出众。后代补修的遗构，虽不及前代，亦雄伟壮观。

十三、成都青羊宫

青羊宫位于成都市西郊一环路西二段青羊正街北面。据四川文史馆《成都城坊古迹考·宗教寺庙》（增订版）载："成都之玄中观，唐僖宗入蜀后，改称青羊宫。"青羊之名，据《蜀王本纪》之说，又附会道教说法，黄海德《道教辞典》认为：唐"中和三年（883）扩建，改名青羊宫。现青羊宫建筑的格局，大体上就是僖宗下令修置的"。唐末已成四川最大的道观。宋代已成旅游胜地。明末毁。清康熙七年（1668）重建，嘉庆十三年（1808）至二十二年（1817）有两次大的维修②。

青羊宫主要建筑沿中轴线对称布置，由南至北，主要建筑有混元殿、灵祖殿、八卦亭、三清殿、斗姥殿、

成都青羊宫八卦亭

---

① 黄伯厚：《荣县大佛》，《四川文物》1984年第2期。
② 四川省地方志编纂委员会编纂：《四川省志·建筑志》，四川科学技术出版社1996年版，第38页。成都市建筑志编纂委员会编：《成都市建筑志》，中国建筑工业出版社1994年版，第26、27页。

玉皇殿、唐王殿、降生台、说法台等，现占地面积约39亩①。

灵祖殿建于清道光年间（1821～1850），面阔五间23.8米，进深四间10.4米，建筑面积530平方米。双层木结构，青瓦硬山顶。原山门建于明代，于20世纪50年代拆除。新山门与灵祖殿合并，重建于80年代初期。

混元殿重建于光绪年间（1875～1908），面阔五间25.4米，进深三间带前廊16.5米，建筑面积440平方米。木结构叠梁构架，硬山屋顶，小青瓦屋面。

八卦亭为八角重檐盔顶，宫中标志性建筑。平面为八边形，边长5米，建筑面积130.6平方米。亭座呈方形，边长16米；亭身八边近圆形，合"天圆地方"之说。石柱分两层，内层八柱直通屋顶，立于圆形石磉墩上，外层八柱支承下层屋顶。柱上浮雕滚龙，升腾于祥云之中。上檐施黄色琉璃瓦，下檐盖绿色琉璃瓦。宝鼎、屋脊、翼角、兽吻均为特制琉璃构件。下层飘带脊端部，有回首望天的金龙八条。柱上亦刻金龙，全亭共刻龙八十一条，象征八十一化。基座前刻有八卦。整个建筑，构图稳定，比例合宜，装饰典雅，玲珑端庄。

三清殿为宫内主殿，始建于唐，重建于清康熙七年（1668）。面阔五间35.8米，进深四间带前廊27.2米，建筑面积1006平方米。抬梁式木构架，硬山屋顶，青瓦屋面。殿内据道藏内容布置，如八根木柱，直指八大金刚；二十八根石柱，直指二十八宿；合为三十六根圆柱，即为三十六天。黑色梁枋，黄色顶棚。镂雕撑拱，翔龙浮雕额枋。装饰华丽，建筑雄伟。

斗姥殿建于明代，后加以修葺。面阔五间16米，进深四间14.4米，建筑面积246平方米。两层木结构，重檐悬山顶，青瓦屋面。后附一小院，宽8米、深9米。

玉皇殿始建于清道光年间（1821～1850），为两层木结构。至1977年，因年久失修而拆除。1995年在老当家张元和的主持下，依原貌重建于原址。面阔五间19.4米，进深四间10米，建筑面积209平方米。重檐硬山顶，筒瓦屋面。

唐王殿，因附会李老君与唐王同一始祖，故名。于清康熙十年（1671）修复，乾隆二十四年（1759）重建，光绪八年（1882）重修。殿台基高4.5米。面阔三间12.6米，进深三间9米，双层，建筑面积249平方米。木排架重檐歇山屋顶，灰筒瓦屋面，砖砌屋脊。正脊加琉璃贴面，垂脊以外挑出屋面，补做顺水瓦陇与垂脊以内相同，异于一般歇山做法。飘带脊末飘至翼角尖端，此又一

---

① 成都市园林志编纂委员会编：《成都市园林志》，四川人民出版社1998年版，第58～61页。

成都青羊宫唐王殿

反常做法。正面屋檐下有轩拱天棚。在柱与横梁间,制四川特有之板式挂落、雕花花牙、镂空木雕撑拱、方形雕花垂柱等,工艺精细。殿内供唐高祖李渊及窦太后塑像,示"政教合流"之义。

降生台、说法台,位于唐王殿前两侧,均置于高7米之砖砌台基上,设砖砌阶梯37级。两台平面均为方形,边长6米,为重檐方亭,木结构梁架,青瓦屋面,翼角翘起。登高远眺,可览宫内全貌。

十四、青城山道教宫观群

青城山位于都江堰市南15公里处,为中国道教发祥地之一,自然环境十分清雅秀丽,素有"青城天下幽"之美称。自唐代起,山上即有道观10余座,宋明时期,大小道观达40余处。现存道观有古常道观、上清宫、圆明宫、建福宫、真武宫、玉清宫等,形成一个道教建筑群①。

古常道观,古名黄帝祠,隋名延庆观,唐时称古常道观,宋改名昭庆观。观后岩洞系张天师当年结茅处,后人遂通称为天师洞。这里一直是青城山的道教活动中心,现在仍是道教协会所在地。现存殿宇重建于清康熙十年(1671),后在清末进行维修。占地约11亩,总建筑面积为5749平方米,含青龙殿、白虎殿、灵官楼、三清殿、古黄帝祠、天师殿、三皇殿等15处。殿宇布局成曲线中的直线,开合有致,灵巧庄严。其中尤以三清大殿、司神殿、西客堂为宏丽精巧。其中一些建筑局部尚存明代实物。观中尚存汉代张天师手植古银杏、隋代天师石像、唐代三皇造像、明皇御诏碑、宋代九株松、明代镂空雕屏等珍贵文物②。

上清宫,位置最高,紧临"青城第一峰"。始建于晋,五代时重建,明末毁于火,现存殿宇建于清同治年间(1862~1874)。占地7.5亩,总建筑面积

---

① 四川省地方志编纂委员会编纂:《四川省志·建筑志》,四川科学技术出版社1996年版,第33页。成都市建筑志编纂委员会编:《成都市建筑志》,中国建筑工业出版社1994年版,第27~29页。清华大学建筑系:《建筑史论文集》(五),清华大学出版社1981年版,第1~30页。
② 王纯五主编:《青城山志》,四川人民出版社1994年版,第7~24页。

4200余平方米。整个殿宇呈横向展开,随山势构筑,有的构筑于山顶,有的耸立于岩间,有三官殿、北楼、南楼、玉皇楼、承德经堂、斋堂等6处。山门上方有20世纪40年代蒋介石所题"上清宫"匾额。

青城山上清宫

圆明宫,距上清宫3公里处,殿宇规模与上清宫相似。初建于明代。据碑记载:灵祖殿重建于清同治十二年(1873);斗姆殿重建于光绪十四年(1888);三官殿重建于道光十七年至咸丰五年(1837~1855),占地6亩,总建筑面积1251平方米。地处偏僻,岭树重遮,清雅明静,适宜修身养性。

建福宫,位于前山门入口北侧丈人峰下的山坡上,外有公路直通都江堰市市区。其建筑包括山门,建于道光二十五年(1845);下殿、上厢房、客房,建于光绪十三年(1887);上殿建于1955年。占地3.2亩,总建筑面积1196平方米。为游客出入山门,暂停、宿食之所。

青城山建福宫

真武宫,位于轩辕峰绝壁下。创建于唐代,据脊檩记,重建于清同治四年(1865)。建筑有山门、殿堂、厢房等。现殿宇仅存一四合院,坐落于约3米高的小台地上,建筑跨出右边台地的部分,采用了吊脚楼。占地1.1亩,总建筑面积354平方米。面对白云溪,环境极为清幽,为历代隐者居处。

玉清宫,位于丈人峰北小山沟中。建筑有纯阳殿、上客房等,均建于1938年;下殿、下客房,均建于1937年,见碑记和脊檩记。占地1.5亩,总建筑面积

607平方米。下殿正面敞开，一个浅的三合院，围着小平台。在平台和殿堂上，可俯览不远的山下平川，视野开阔。厢房山墙加设一短廊，短廊屋顶为45度斜角披檐，形象生动。

青城山道教宫观建筑，在选址、布局和建造上，追求归隐、清心、自由、朴实、洒脱、自然的思想意境。功能区分明确，由殿堂、餐饮、住宿、园林四大部分有机组成。采用民居常用的"抬、吊、挑、跌、梭、披、叠"等方法，结合自然环境，进行技术处理。结构上采用木穿斗构架为主要体系，小青瓦屋盖系统。屋顶则以重檐、单檐、悬山、歇山各式，重叠交织，出檐深远。屋面、墙面轻薄，采用木板墙裙、竹编泥壁，均就地取材。主要殿宇的横楣、竖枙、雀替花罩、撑拱等，简洁朴实，做工精细。建筑选址、布局，突显出环境特色，充分利用了地形、地势、山林、泉流等自然条件。建筑尺度、色调、装饰、空间，都亲切近人。整个建筑群既体现出道法自然的道家思想，又具有十分浓郁的传统民居风格，是优秀的传统民族建筑群。

十五、丰都名山天子殿

丰都名山天子殿位于重庆市丰都县城西北名山镇西的名山之巅。始建年代无考，现存建筑为明末清初重建。1981年进行过一次较大规模的维修，占地面积3.65亩。丰都自古传为鬼域，是有名的阴曹地府。据传建天子殿的原意是劝人行善、不可作恶，以免死后到阴间受罪，来生得到恶报[①]。

建筑群由门楼、下殿、正殿和二仙楼等组成，平面为严格的中轴对称布局。门楼前设石拱桥一座，其坡度很陡，行走困难，故名奈何桥。上桥即入前院，小院左右置钟鼓楼。晨钟暮鼓，倍添神秘。下桥即入门楼。门楼为三门两进，中间高，作五脊顶；边间低，作悬山顶。飞檐翘角，错落有致。出门楼又入小庭院，两边各有三间厢房。过庭院入下殿。下殿七间四进，两边低下如回廊，中五间高出一节，双檐庑殿顶。下殿紧接正殿。正殿三间五进，玉砌琼阶，疏棂绮柱，珠帘画屏，曲槛轩敞。主轴最后，二仙楼压轴终结，四周封闭，平面为八角形，地位最高，面积最小，位居最后，通往神秘顶峰。整个建筑群同一轴线，平面逐个渐收，空间逐个缩紧，层层叠起，光线渐渐暗

---

① 四川省地方志编纂委员会编纂：《四川省志·建筑志》，四川科学技术出版社1996年版，第39、40页。中共重庆市委办公室编：《走进重庆》，重庆出版集团2009年版，第240、241页。

淡，气象庄严，渐通静谧境界。整个建筑群中单体间距离压得很近，布置紧凑，浑然一体，建筑形象完美。木结构均系穿斗木构架，小式做法。撑拱、门楣作镂空雕饰，屏墙、梁枋多饰彩绘。屋面施黄绿二色琉璃瓦，屋脊、飞

丰都名山天子殿

檐、宝顶等多作透空雕饰，类似荆楚传统建筑特色。殿内塑像众多，技艺精湛，表现地狱鬼神，面目狰狞，形态古怪。磬声阵阵，光线淡淡，置身其间，倍添神秘感觉。

名山海拔288米，山上古刹密布，神像众多，按阴曹地府的虚幻构想，设置了一套完整的阴曹地府机构。天子殿只是众多地府机构之一，也是名山古建筑群的代表作之一。

十六、阆中巴巴寺

阆中巴巴寺位于阆中城东约1公里处嘉陵江畔的蟠龙山南麓，为一组具有伊斯兰教特色的古建筑群。巴巴是阿拉伯语"祖先"音译的简化。据传麦加城嘎德耶教门阿卜董拉希，于清康熙二十三年（1684）随同川北镇台左都督马子云到阆中传教，康熙二十八年（1689）逝世于此。其弟子祁静一为他建造拱北（墓亭），并建筑此寺院。于是300年来，逐渐成为陕、甘、宁、川等地穆斯林的朝拜地[①]。

巴巴寺随着地形地势的自然环境建造，占地约19.5亩，由墓地、拜堂、住宿三大部分组成。整个古建筑群的总平面略呈"八"字形，依山面水，"八"字口向南偏西。墓地与园林、建筑、环境相结合，山林中有寺，寺院中有园，

---

① 四川省地方志编纂委员会编纂：《四川省志·建筑志》，四川科学技术出版社1996年版，第37页。四川百科全书编纂委员会编：《四川百科全书》，四川辞书出版社1997年版，第95页。

园林中有建筑。古木参天,翠竹掩映,环境清幽,风景迷人。

墓地建筑位于山门右侧,由照壁、门楼、墓殿、围墙等组成。山门,平面呈"八"字形。"八"字两翼为磨砖墙,墙顶两面向外挑砖,构成砖挑檐。上面盖瓦,形成单脊双坡屋顶。"八"字小口部分立两木柱,中间为门洞。柱顶置额枋,中嵌匾额。其上置斗拱、铺梁枋,构成特异的四坡屋顶。正面看去,"八"字墙面和山门,都像是立体的门屋。

阆中巴巴寺正殿

庄严圣地,强调中轴对称,依地形布局,面向西南。照壁建于清乾隆年间,长约10米,高6米多。全用特制方砖侧面砌筑,顶部置仿木额枋、垂柱,其上再作仿木斗拱;四角置角科,中间柱头科、平身科,间隔相置,犹如五间屋檐,上覆檩椽、筒瓦。正反两墙面均有浮雕,镂空雕琢成阆山阆水图,配置古松劲竹,生动逼真,富有浪漫色彩。门楼一间,正对照壁,为墓殿的正门,系磨砖砌成,砖墙承屋,斗拱挑檐,筒瓦庑殿顶。入门楼,过小院,为牌楼,中悬匾"仰止"。木结构建筑,四柱三间,明间上升高于梢间。上做网状斗拱、垂柱,两层屋顶,组合成高低错落的复合屋顶。飞角翼然,宝鼎冲霄,巍峨壮丽。最后为墓殿,平面呈"回"字形。外面每边四柱三间,中心四柱一间。中为墓室,停放灵柩,穹隆藻井,气宇轩昂;四周回廊,为教徒朝拜之地,回环深幽,肃穆静谧。殿的外形为重檐盔顶,两层檐下均布斗拱。由于造型的需要,造成了"内八外四"的构造形式,其四角架设45度斜梁,以支撑盔顶屋面结构。外檐施斜拱,形制繁复,制作精美。正面朱柱雕梁,长窗碧纱,中悬金匾"道存普照"。殿内亦高悬两块金匾:一是马子云于康熙二十九年(1690)所题"道气犹存";二是宗人府右宗正多罗贝勒所书"清修"。

礼拜堂位于"八"字形总平面中的小口上。拜堂坐北向南,前为庭院,三面环绕碑室、潜花厅、住房。院落四周,楼台起伏,院中植有数百年花龄的大山茶树和横空悬挂的200多岁的无根树,洒下满园春色。门前匾额"花雨吹香",正点出了庭院的芳姿。

生活用房区位于"八"字形总平面中的右捺上。全区由厅、廊、房组成一个近似方形的庭院。古朴的厅中珍藏着许多名人书画：明代吕纪的花鸟、兰瑛的山水，清代郑板桥的墨竹、赵敬亭模仿郎世宁的八骏图等。匾额"清真流光"，正是艺术殿堂的写照。

阆中巴巴寺精美砖雕

巴巴寺巧借地形，妙用地势，总平面依势而曲，随形而弯，使严肃的殿堂、安闲的民居，组合在一起，洒脱自然，构图严整，布局合理。大木结构的别致，细木作业的精致，砖作、砖雕的高超技艺，都具有很高的建筑、科学、艺术价值。特别是砖雕艺术，乃全国罕见，堪称世上一绝。这一组建筑，是近300年来的故物，至今保存完好，更是值得珍惜的文物。

十七、成都鼓楼清真寺

成都鼓楼清真寺位于成都市鼓楼南街115号，始建于明洪武年间（1368~1398），毁于明末。

清康熙、雍正间重建，乾隆七年（1742）进行较大规模修葺。该寺规模较大，原来的主要建筑有大门、牌坊、邦克楼、礼拜殿、左右厢房、经文教室、浴室、教长室等。1941年，牌坊、邦克楼及厢房遭日机炸毁，寺内仅存主要建筑礼拜殿一座及部分残破的厢房等建构筑物[①]。

该寺坐西向东，礼拜殿平面为长方形，短边为正面。砖木结构，面阔三间16.86米，进深七间31.5米。殿内设纵向金柱二列，周围为卷棚式双步廊，建筑面积931平方米。屋顶在长方形的前后端作三重檐歇山式，屋脊平面呈"工"字形，脊端以鸱吻为饰，屋面盖琉璃瓦。三重檐中、下檐不施斗拱，中檐下做如意斗拱，并做象鼻云头；上檐设五踩单昂斗拱。

殿内后部为砖墙，其余三面装木格门，格心花纹精美。殿内四间金柱处

---

① 成都市建筑志编纂委员会编：《成都市建筑志》，中国建筑工业出版社1994年版，第29页。
古成吾：《成都清真寺》，《成都文物》1991年第2期。

成都鼓楼清真寺

装有格门和天宫罩，将殿分隔为内外两部分。地面满铺木地板，顶棚全施天花。中堂间顶棚较两侧间顶棚升高约1米，殿顶前后各施一藻井，前为多角形纹样，后为八角形图案，梁枋藻井均绘彩画。梁枋箍头画卷草如意头，枋心画云纹或花卉。彩绘纹样，多用植物题材，美观大方，别具阿拉伯民族风情。

该殿结构独特，造型别致，气势恢宏。20世纪40年代，中国营造学社曾来此寺作详细考察，刘致平特撰写《成都清真寺并论战后建筑原则》一文，详记其事，并发表于《中国营造学社会刊》民国34年（1945）七卷第三期。该文附图甚多，以便后来重建时遵循。《成都城坊古迹考》在"东城""游览胜地"等章节中也多有记述。该寺是研究川西古典建筑技术、形制、艺术风格等的珍贵实物，曾于1981年、1991年分别被列为市、省级重点文物保护单位。

现在该寺原址已建成高层建筑世界贸易中心，新修一山门和一大殿，已从原址东移到鼓楼南街115号临街处新址。新寺有大殿8间，略仿旧制，钢筋砼仿木结构，屋脊平面呈"工"字形，三檐歇山式顶，琉璃瓦屋面。山门、大殿总占地面积1.24亩，山门临街，门内数步紧接大殿，三面围墙（栏），墙外为现代化高楼。

第六节 古镇、民居

一、阆中古城

阆中古城位于南充市北部，川、陕、甘交通要道的嘉陵江畔。背负蟠龙山，嘉陵江水三面环绕，地势险要，四面环山，三面临水，水后复有山。三面江水形成天然战壕，四合群山组成天然屏障。阆中因山水得名①，又名保宁②，历史上是郡、县、府署所在地，历来是古巴蜀军事战略要地③，蜀汉张飞曾利用古城天然险阻以拒魏兵，多达7年之久。

古城具有得天独厚的自然条件和地理位置，自古以来，人杰

阆中古城

地灵，人才辈出。古城战略地位重要，为历代兵家必争之地。政治、经济、文化、军事等方面的综合因素，使它的城市规划独具特色。

古城始建于战国时期，位于距今城10公里处的白沙坝，汉初至今2000多年以来，城址基本未变。追溯根源，其规划布局应归功于汉唐以来，阆中人才辈出，天文、地理学家在兴建和扩建时的周密规划和精湛设计，为后人留下了宝贵的历史遗产。

古城环境优美，依托险峻，雄踞要塞。城址北靠高大连绵的蟠龙山，阻挡北来寒风，改善了气候条件，南面隔江对峙的锦屏山，景色秀丽。宋代李献卿《南楼》诗云："三面江光抱城郭，四面山势领烟霞。"

---

① （宋）祝穆编，祝洙补订：《宋本方舆胜览·阆州·建置沿革》，上海古籍出版社1991年版，第570页，载："周梁合于雍，又为雍州地。春秋为巴地，巴子后理阆中。秦为巴郡阆中县。两汉因之。刘璋改为巴西郡，晋改巴西隶梁州。李雄之乱，郡县荒芜。宋立北巴西郡，梁又即巴西立南梁州。西魏《典略》曰：此州古有隆城，故又谓之南隆，治古阆中城。又改巴西郡为盘龙郡。隋废郡而州存。炀帝属巴西郡。唐改为龙州，又改阆州，取阆水以为名，曰阆中郡。复为阆州。后唐为保宁军节度。皇朝改安德军节度，初隶西山，东隶利州路。中兴隶利东路，今领县七，治阆中。"又载："阆中，阆山四合于郡，故曰阆中。"
② （明）宋濂等撰：《元史·地理三》，中华书局1976年版，第1437页，载：元"至元十三年升保宁府"。
③ （宋）祝穆编，祝洙补订：《宋本方舆胜览·阆州·风俗》，上海古籍出版社1991年版，第570页，载："地险人豪"。

在唐宋时期，有所谓阆州江山奇秀闻天下，"前据其会曰南楼者，唐滕王元婴所建也"①。

古城城市布局，因地制宜，能充分地利用自然条件，科学地规划城市街道。西北面布置宗祠官署，东北为军事兵营要地。官署和军营设在城垣较高地势以为制高点，居高临下，控制全城，有利防守。城南临江，布置商业和居民区，便于通商，居住生活，起居方便。阆中城垣为长方形，街道网络布局。根据城址北高南低特点，依地形顺坡势而安排街道，东西街道多而长，南北街道少而短，这正是古人在选择阆中城址时利用了自然环境的成功所在。顺等高线走向的街道和建筑，既减少了土石方量，又使道路平整，店铺获得了坐北朝南的好朝向；顺等高线布置的建筑物高低错落，层次丰富，视野开阔，通风良好，日照明朗，家家户户都能观赏嘉陵江和锦屏山的美丽风光，故而形成宋代诗人陆游对锦屏山的赞美，其《游锦屏山谒少陵祠堂》诗云："涉江亲到锦屏上，却望城郭如丹青。"来到美景如锦屏的山上，再看对面城郭，更是如画一样美丽。唐代诗人郑谷《游蜀》诗，对阆州的赞美是："花落空山入阆州。"

从风景宜人的锦屏山上望古城阆中，层层叠叠的街道建筑与山水林木融为一体，唐朝诗人杜甫曾在《阆水歌》中对古城阆中作过完美的写照，即："阆中胜事可断肠，阆州城南天下稀。"

阆中城与风光宜人的锦屏山互为对景的效果，正是阆中城市合理布局的巧妙之处，县城有九十一条街道，它的功能分为两个层次，一为东西、南北四街大道，宽四至五米，为连接全城各个区域的主要交通干道；二为小巷二至三米，作为住区的过渡空间，生活气氛浓厚，环境安静舒适。

楼阁建筑布局得当，点缀城池，使全城的天际线丰富多彩。古城东西南北皆有楼阁耸立，有镇水的阆苑第一楼华光楼，有镇山的凤凰楼，有供奉神灵的火神楼、财神楼，有观察气象的观星楼。古人有"阆苑仙境""五城十二楼""嘉陵三百里，阆苑十二楼②"之美称。远望古城亭、台、楼、阁，衬托着层次分明的瓦屋面建筑群，高低错落，使人产生了强烈的立体感。

---

① （宋）祝穆编，祝洙补订：《宋本方舆胜览·阆州·楼亭》，上海古籍出版社1991年版，第571页。
② （宋）祝穆编，祝洙补订：《方舆胜览·阆州·形胜》，上海古籍出版社1991年版，第570页。载："阆苑仙（境）有五城十二楼。今有五城，而楼尚阙。宋公德之为守，乃建碧玉楼于衙城之西南隅，亦名十二楼，以成阆苑之胜概。"

阆中古城街道的布局，井井有条；景观的点缀，疏密有致；单体的设计，精雕细刻。整个古城多姿多彩，璀璨绚丽，诗情画意，巧夺天工。古城的规划、设计、建设的精湛技艺，是中华建筑、华夏文明的一大瑰宝。1986年被国务院公布为全国首批历史文化名城是当之无愧的。

二、犍为罗城镇

犍为罗城古镇位于犍为县，距乐山市60公里，地处要道，曾为清代驿站，现是犍为县一个区的所在地。始建于明末崇祯年间（1628~1644），形成于清同治年间（1862~1874）。古城坐落在一个椭圆形山丘顶上，现存有四大寨门、四小巷口、三庙五宫、九条街。主街道两头小，中间大。东西主街长209米，南北短，街面最宽9.5

犍为罗城船形街宽阔的檐廊

米，最窄1.8米。镇区面积0.85平方公里。古镇貌似一把织布的梭子，故有"云中一把梭"之称；从远处看，又像在山顶上航行的一只船，故又有"山顶一只船"之称。主街两边的建筑似船舷，中部的戏楼似船舱，东端的灵官庙似船的尾篷，灵官庙右侧原有长22米的过街楼（毁后未建）像是船舵，两端的天灯石柱又像是船的篙竿。布局巧妙，建筑造型奇特①。

船形街两侧长廊，当地人叫"凉厅"，凉厅是一色木结构，左街沿有檐柱41根，右街沿有檐柱43根，柱高7.6米，石台阶高1米，街面为青石板铺地。屋面檐廊深邃，深达5~7米，东西长达200多米，长廊屋面有玻璃亮瓦采光，廊内地面随地形起伏设踏步而不做坡道，便于摆摊；廊柱础石随地形升高而依次加高，檐口在水平和垂直方向均是一条缓缓的曲线，并逐渐向东西两端汇拢，与船形格局十分协调。这种封闭的船形空间比起一般开敞的街道空间更富商业气

---

① 四川省地方志编纂委员会编纂：《四川省志·建筑志》，四川科学技术出版社1996年版，第84页。四川百科全书编纂委员会编：《四川百科全书》，四川辞书出版社1997年版，第583页。四川省勘察设计协会编：《四川民居》，四川人民出版社1996年版，第54页。

罗城船形街中部戏台

氛。长廊一面是固定的店铺,临街一面是摆摊设点的地方,这实际上是一条半室内步行商业街,还可以在船形街面上露天摆摊设点,扩大集市容量,深受当地群众欢迎。长廊两侧建筑均为小青瓦屋面,木穿斗结构,竹编夹泥白灰粉墙,前店后宅,是明清时期典型的四川集镇民居建筑形式,具有浓厚的地方特色。船形街三分之一路段处有一戏楼,高12米,是全镇建筑构图中心,又是镇上主要的标志性建筑,它把船形街空间划分为大小和性质不同的两个部分,利用地形起伏的坡度,在离戏台前沿每10米左右升高一台,每台两步(约50~60厘米),视线良好;两侧敞廊好似戏院的"包厢",使戏楼演出风雨无阻;街两旁还有四条小巷(当地人叫"火巷子""小巷子"),以利于居民疏散;戏楼后还有一消防水池,安全考虑十分周到。

罗城的整个布局,随地形起伏而构筑。正街和新街分布于两级较平坦的台地上,而两街相邻部分,则以石铺小巷相连,全镇有十二道城门,可封闭所有街巷出入口。各家后墙又彼此相连,形成一道城墙。此种城墙与民居相结合的防卫体系,也是一种极富地方特色的城防新制。

罗城现保存有五宫三庙,即禹王宫、南华宫、万寿宫、文武宫、三圣宫、灵官庙、川主庙和星鑫庙,其中以灵官庙最著名。灵官庙又叫灵祖庙,原名脚庵。清乾隆十九年(1754)建,咸丰九年(1859)和1920年,均做过维修。

罗城附近还有三庙九寺一观,即:罗城庙、川主庙、王家庙、白云寺、云峰寺、崇福寺、宝园寺、竹山寺、长龙寺、兴福寺、银杏寺、天成寺和铁山观。其中铁山观在铁山,其山古迹甚多,声名远扬。

罗城古镇已做了保护规划,划定保护区长度为220米,重点保护区900亩。

三、双流黄龙溪镇

黄龙溪位于成都市双流县西南部府河与鹿溪河交汇处。府河由镇北而来，三转西折，再向南去，形成一个半月形。古镇位于半月形东南边，镇西北为府河故道，四面环水。其名称来自一个美丽的传说：东汉建安二十四年（219），有黄龙现于赤水——今鹿溪河，因而得名。早年为南下乐山、重庆的水码头，宋时名黄龙溪，明称永兴场，明末毁于战火，故又名火烧场，原址在河对岸。后由贺、乔、唐三姓带头在现址重建[①]。

黄龙溪古镇月亮街

以前叫回水乡立新村，1990年常住人口仅454人。近年旅游勃兴，改村为镇。1998年常住人口达3500人，面积144.3亩。其镇容风貌，可以这样概括：千年六古树，两河生五岛；一街三寺庙，三县一衙门，七街八庙九台子等。古镇主要有正街、新街、横街、

黄龙溪古镇后街

[①] 四川百科全书编纂委员会编：《四川百科全书》，四川辞书出版社1997年版，第462页。成都市建筑志编纂委员会编：《成都市建筑志》，中国建筑工业出版社1994年版，第34页。赖武、喻磊：《四川古镇》，四川人民出版社2010年版，第14～19页。

二河街、巷子街等，总长1146米。正街是主街，长250米，古龙、潮音、镇江三寺，均位于此，是主要商业街。上下河街，位于府河边，东为渡口，中为烟市巷，下为水码头，也是商业街。新街又名复兴街，原为小巷，民国年间改为街。与新街平行的一条背街，为新建的餐饮文化街。全镇街巷宽3~5米，两旁为一二层传统民居，或临街柱廊排列，或二楼挑台突出。街中全铺石板，两旁砌石阶。临河吊脚高悬，干栏古风犹存。现今保存完好的院落达72座，为一大幸事。

古镇有8座寺观：古龙寺、镇江寺、潮音寺、天后寺、禹王宫、高庙子、三官堂、南华宫。三官堂、南华宫今已不存。禹王宫在巷子街，民国初年改为小学。天后宫位于古龙寺侧后，系清初福建人所建，祀妈祖，今已改建，仅存古风。镇江寺位于正街东端王爷坎码头防洪堤上，建于清代，坐北朝南，原奉镇江王爷杨泗，现奉观音、接引佛等，寺前千年古榕，寄生辣椒，蔚为奇观。潮音寺，距镇江寺约50米处，坐西向东，建于清光绪十年（1884），仅有一院。古龙寺位于正街西端，是全镇最古的寺院，坐西向东，山门与正街构成对景，古寺、古戏台、古榕树三者有机结合，相得益彰，居各寺之首。山门实为戏台，称万年台，是全镇九个戏台所仅存者。戏台与山门同建，飞檐翘角，画栋雕梁，画壁腾龙，极为壮观。惜屋顶几经改建，但风貌仍存。内有300平方米院坝，为正街尽端广场。院坝两边各有一株1700年树龄的古榕，树径十围，枝叶蔽天。北边古榕树杈中有二尺见方小庙，供"黄葛大仙"；南边古榕包裹一座小土地庙，庙联云："庙堂虽小，善缘莫大；榕洞天然，今古奇观。"这两株古榕树可谓树内庙、树上庙、庙骑树、树裹庙，为一大奇观。院西正对戏台为雷神殿，原奉刘备，今供黄龙祖师、九峰师和济公师。大殿左有地母殿，右有壁山殿和字库。相传黄龙祖师云游天下，先渡济公，后渡吕岩，过此悦其山川形胜，植树而去。后人因此建寺，以示纪念。

古镇周围古寺众多。镇东北观音山有观音寺。镇东象山有高峰寺，火毁后重建称大佛寺，依岩凿有大佛。镇东南和尚山有原觉寺。故说古镇是街上庙，树中庙，镇外庙，大庙小庙仙风飘，晨钟暮鼓香烟绕。

古镇不只是有商业、宗教，而且不乏书香。复兴街有乐善堂，临街五间，奉孔子牌位。过去常设三元祭坛，礼乐祈福。

古镇是"一足踏三县"（华阳、仁寿、彭山）的水码头，为经济重镇。清朝曾设有把总，乾隆二十八年（1763）兴建总爷衙门。民国年间改为三县衙门,联合管理民事、堰务、治安。衙门位于古龙寺内左侧,为民宅式二进四合院,今仅存大门和正堂。大门上设门钉五路,左侧设堂鼓,以别于民宅。门联云:"黄龙钻山伸出龙爪抱鸡翅;白马临江勒转马头望虎岩。"联寓黄龙、龙爪、鸡翅、白马、马头、虎岩六地名,包含在衙门所辖的地域。正堂三间,上悬"三县正堂",俨如县衙。

黄龙溪已成为川西旅游胜地,近人徐和笙赋诗《古镇黄龙溪》以记其胜,诗云:"古镇留风韵,闲来可畅游。"

黄龙溪因有古街、古庙、古树、古建筑、古民居、古战场、古崖墓、古码头、古文化而著名。不仅传统风貌保存较好,而且民风民俗也保留较多。近年对古镇制定了保护规划,使这座历史悠久,具有巴蜀传统文化气质的古镇焕发出时代的气息和青春的活力。

四、龙泉驿洛带镇

龙泉驿洛带镇位于成都市龙泉驿区,西距成都市区18公里。据统计,全镇两万多人口中,近90%是客家人,为著名的东山客家场镇,其典型的特征是至今保留着客家话和会馆建筑群,故有"中国西部客家第一镇"之称。

龙泉驿洛带镇街景

从本地出土的汉墓文物及其有关资料来看,洛带场镇的形成时期远不是客家人迁移而来的明清时期,而是可追溯至秦汉时代。秦汉时本地盛产皮革带子,古称为"洛"。

洛带原名甑子场,相传当年场内有一个池塘,塘中有一个八角井,因蜀后主刘禅不小心把腰带掉入井底而得名。实际上洛带是个以文化味很浓的会馆群而声名在外的,精彩悬疑的传说,不过是人们为美丽的古镇添抹的一层彩色而已。

洛带在唐代属灵池县，至北宋时即成为灵池县三大集镇之一，为成都所辖。显然，明清客家人大量涌入并繁衍之前，洛带作为聚落的场镇，已具有发达的声名。但是，客家人经漫长曲折的迁移，而聚落此地，自然也成就了今天的洛带①。

客家人在洛带建筑了会馆建筑群，并能保持至今，是一大幸事。会馆，一般是异乡客人集资修建的，是为同乡人、学子、生意人等解决住宿、提供帮助的场所。这样的建筑传递的是浓郁的乡情。

洛带建筑，除了会馆群，还有老街巷的客家民居、巫氏大夫第、燃灯寺、药王庙等古建筑。

洛带镇古街巷中，青石板路两旁的民居，全是木柱、木梁、木门、木窗，构成古老的吊脚楼。里面住的全是客家老乡，说的是独具南方韵味的客家话。

燃灯寺，位于镇东场口300米处，又名信相寺、瑞应寺。始建于唐初，武宗灭佛毁寺，后重建。坐东向西，轴线上为川主殿、大雄殿，娘娘殿位于川主殿右侧。

川主殿，清乾隆十一年（1746）重建。面阔七间24米，进深带前廊四间14.32米，高12米，台基高1.5米。抬梁式梁架，重檐歇山顶。

大雄宝殿，重建于光绪七年（1881）。面阔五间14.57米，进深三间带前廊11.7米，高9米。抬梁式梁架，悬山式屋顶。廊用石柱，柱径0.5米，覆盆式高浮雕蟠龙柱础，底径1米。

娘娘殿，重建于1948年。面阔三间17.32米，进深二间7米，高6.5米。抬梁式梁架，悬山式屋顶。

药王庙大殿，位于镇东场口300米处。原庙位于西河镇东街，按原貌搬迁于现址。建于清同治六年（1867）。坐北向南，面阔五间19.4米，进深三间10.95米，高8.45米，台基高0.57米。抬梁式构架，歇山式屋顶。鼓形柱础。撑弓、雀替浮雕戏剧人物、山水。

洛带公园建筑群，位于镇老街右侧。建于1929年。坐北向南，平面布局基本呈方形，占地面积21亩，总建筑面积1370平方米。园内主要建筑有凝翠楼、六月茶社、峨亭、洛亭、忠烈祠、怡心亭等。1958年进行大规模维修，尔后陆续有所拆除、改建、新建。

---

① 赖武、喻磊：《四川古镇》，四川人民出版社2010年版，第20~23页。

桃花寺大殿，位于镇宝胜村东侧。始建年代不详，明崇祯八年（1635）重建。现仅存大殿，坐东向西，石木结构。面阔五间21米，进深五间带前廊15.3米，高8.5米，台基高0.5米，踏道三级。抬梁式梁架，歇山式屋顶。内柱径0.5米，覆盆式柱础，石檐柱径0.3米，抱鼓式柱础。明间中后部作须弥座神台，存残高0.65米[①]。

洛带的会馆建筑、仙佛建筑、民居建筑，共同组成了洛带的历史文化建筑，融洽和谐，共同传递着洛带的历史文化。

五、合江福宝镇

恬静如水的福天宝地的福宝镇，坐落在合江县城之东42公里处的大槽河东岸。福宝，又名佛宝。说起它的名称，还有一个美丽的传说：很久以前，这里有一个名叫秀娥的俊俏媳妇，心地善良，乐于助人，一家数口日子过得美满幸福。可是有一年突遭人祸，强盗把她家洗劫

合江福宝镇临河建筑

一空，儿子饿死了，丈夫病倒了，婆婆因而哭得双目失明。伤心不已的秀娥，只好自己到河堤边上给儿子挖坟坑，万万没有想到的是，几锄头挖下去，竟然挖出一个光怪陆离、色泽艳丽、金光闪闪、紫气腾腾的鹅卵石。她把这石头捧回家，于是奇迹发生了，儿子活了，丈夫病好了，婆婆复明了，空囤里也多出来许多粮食……同时，宝石也给小镇带来了种种福音。这个福天宝地的宝石，被奉为圣石，许多人纷纷来到镇上居住，小镇由此兴旺起来了。

古镇依山傍水，三流相汇，五桥相通。整座小镇建在一个小山包上，街坊里巷，依山而建，参差错落，宛如回龙。回龙街长450米，宽度1.5～8米，是古

---

① 国家文物局编：《中国文物地图集》（四川分册），文物出版社2009年版，中册第41、43、48、49页。

镇保存最完整的老街，也是最繁华的一条街。街道为石梯坡路，两边房舍多是明清风格，一般是一楼一底，前店后宅，灰瓦、白墙、板门、格窗、店铺、石道，时起时伏，参差错落，恬静悠闲，情趣盎然。

回龙桥是一座石拱桥，是古镇最靓丽的景物。拱桥横跨于槽河上，建于清道光二十年（1841），桥长25米，桥面宽4米，桥拱高6米。桥的中央部位有一雕龙，雄跨于白色溪流上。桥面用大块青石板铺筑，青石栏杆顶上，雕成歇山石房顶式样。现在桥上栏杆已大部分拆除，改成了店铺门面，桥面成了街巷，失去了从前的风韵。桥下依然清波荡漾，波里仍偶现鱼影；两岸草色青青，影映河中，美得叫人忍不住伸手去捞。

溯回龙桥向上行，大块青石板铺成的街道两旁，有九龙巷、刘家巷、包青巷、柴市巷、鸡市巷等五条巷道，掩映其中的寺院、佛塔、雕塑、绘画，不时散发出悠久的历史文化和建筑艺术的芬芳。

古镇最有名的景观是三宫八庙，即清源宫、万寿宫、天后宫和五祖庙、土地庙、张爷庙、禹王庙、火神庙、灯棚、王爷庙、观音庙。三宫八庙，个个都是穿斗构架，雕梁画栋。戏楼、厢楼形式各异，天井、板壁、门窗各具特色。

建于清代的惜字亭，位于天后宫一棵大黄桷树下，平面呈八角形，有6层，举高8米，仿八卦图形，每层均刻深浮雕图案，各不相同。因天后宫是烧纸的地方，故叫字库，俗称"化钱炉"。因字是圣人造的，需要爱惜，故要焚烧"入库"。建亭将字库加以保护，于是惜字亭闻名一世。

离开惜字亭，漫步在迂回曲折、高低错落的石级道上，丝丝阳光，婆娑树木，就像徜徉于世外桃源。这里可以听高胜山歌，看传统灯戏，品尝酥饼、豆腐干、山花蜜、叶儿粑、梅子酒……

登上古镇的最高处火神庙，俯瞰古镇全景：四野青山叠翠，三水清亮如玉；吊脚楼随山起伏，鳞次栉比，高低错落，千姿百态；条条小巷，座座寺庙，点缀在青山绿水之间，展现出历史悠久、空间无限、色彩绚烂、诗意无穷的山乡风情与诗意[①]。

[①] 赖武、喻磊：《四川古镇》，四川人民出版社2010年版，第170～175页。四川省勘察设计协会编：《四川民居》，四川人民出版社2010年版，第55页。

六、广安肖溪场

极具明清文化特色的水运码头肖溪场古镇，坐落于广安市广安区东北边境的渠江右侧响水溪西岸。

古镇似乎是悠闲的，举目远眺，尽是苍凉的远山；俯视近观，则是高高低低的树木，葱茏苍翠。幽静的湖边，杨柳依依，人世间居然竟有如此清静

广安肖溪场

的境界，一时间也许会使人物我两忘。若是登上高处，俯视滔滔渠江，又是另一番景色，点点白帆，好似阅尽人间沧桑。江流两岸，翠竹丝丝，林木葱葱。江面渔舟穿梭，远近渔歌互答，更显出古镇的空灵与恬静。晚唐诗人崔涂曾作《春夕旅怀》，诗云："水流花谢两无情，送尽东风过楚城。""自是欲归归不得，五湖烟景有谁争？"离家万里，经年书绝，夜半月上枝头，独自对镜，只见满镜尽是春催华发！此诗或许有点与此时此景此情相暗合，故被后人刻在冲相寺后的摩崖上，留存至今。

古镇街道有新老之分。古老、原始、质朴的老街，建于明末清初，位于响水溪之西岸，面临溪流，全长450米，南北走向，中间宽敞，近两端逐渐收窄成一条渔船形。老街的另一特色是街道宽敞，街檐深远，最宽处单侧之深竟达8米之多，成对称布局，好像一条长长的凉亭，覆盖着街道。炎炎烈日之下，走在街上可以不被日晒；倾盆大雨之中，行在街上可以不打雨伞。故一年四季，风霜雨露，都是逛街的时机。街上的饮食店、药铺子、衣服鞋袜等百货杂物，应有尽有，极尽商贾之繁华。

街道两侧建有平房数百间，多为穿斗结构，悬山式青瓦屋顶。一般是一楼一底，前店后宅的格局。天井、灰瓦、粉墙、三合院、四合院，颇具川南传统民居风格。

临街木柱或直或弯，支持着宽大的出檐，有的看上去似有摇摇欲坠之感，

但却历经几百年的风风雨雨,依然稳如泰山,坚若磐石。这个古色古香的古镇里,屋老、街老、殿老、佛老、石老、桥老、墓老、树木老、匾额也老,什么都古老,老而有寿,老得青春焕发,老出了元曲《天净沙》中"小桥、流水、人家"的格局来。

古镇除了古老之外还有一道靓丽的风景,这就是响水溪上的维新桥。桥长60米,桥栏杆上嵌有戏剧人物浮雕,端头刻有龙头龙尾,雕工精细,人物生动,艺术价值颇高。

古镇没有工业,主营商贸,凭此水道码头,成为大巴山区一个繁华的物资集散地,近百里山区的粮食、土特产、山货、集中到此转运出去,附近山区所需的油、盐、燃料、食品、布匹、百货及其他生活必需品,又从此处分销出去。人们在商余时间之外,就是喝茶、饮酒、打牌、聊天、看戏、观灯……悠闲自得,别有一番情趣[①]。

七、资中铁佛镇

铁佛镇位于资中西部,因镇内有铁佛寺而得名。嘉庆二十年(1815)建场。

铁佛最初称老店,仅有几间店铺。相传清康熙三十九年(1700),人们将一尊高1.4米,铸造于明万历三年(1575)的铁佛从近1公里远的太平场迁搬到附近新津寺,途经此处,放下歇息,不料铁佛生根,再也搬不动了,于是僧人融亮即在此圈地建庙,取名铁佛寺。后来周围居住的百姓越来越多而形成镇,镇即因寺得名。

铁佛像已于1958年熔成了铁水,铁佛寺的殿、戏台等也早已拆

资中铁佛镇鸟瞰

---

① 赖武、喻磊:《四川古镇》,四川人民出版社2010年版,第205~211页。

除，基址也做了他用，但是整个铁佛镇的旧址和地面建筑物的总形态尚存，尤其是它的老街、南华宫、禹王宫、川主庙、万寿宫、王家祠、土城山寨等基本保存下来，因此仍被视为铁佛古镇。

南华宫，位于镇西300米处。始建于清嘉庆十八年（1813），1989年和1997年两次维修。坐北向南，占地面积2.4亩。四合院布局，现存正殿、后殿、戏台、左右厢房。正殿面阔五间，通面阔27.5米，进深三间，通进深12.5米，通高11米。素面台基，高0.65米，垂带踏道五级。穿斗式梁架，硬山式屋顶。后殿面阔三间，通面阔14米，进深二间，通进深5米，通高11米。素面台基，高1.7米，垂带踏道11级。穿斗式构架，悬山式屋顶。戏台面阔三间，通面阔11米，进深三间，通进深12米，高9米。穿斗式梁架，歇山式屋顶。左右厢房各面阔六间，27.5米，进深5米。系广东移民所建。

禹王宫，位于镇南100米处。建于清道光二十一年（1841），坐西向东。现仅存正殿，面阔五间14.6米，进深12米，通高7米。素面台基，高0.45米，踏道3级。抬梁式梁架，硬山式屋顶。

川主庙，位于镇南150米处。清嘉庆十二年（1807）建，坐北向南。四合院布局，现存正殿、戏台、左右厢房。戏台面阔9.3米，进深10米，高11米。穿斗式梁架，歇山式屋顶。正殿面阔三间14.4米，进深10.5米，通高7米。素面台基，高0.45米，踏道三级。抬梁式构架，硬山式顶。左右厢房各面阔十间40.5米，进深4.8米。系湖北人建的，因为他们来得最早，自称正宗川人。

万寿宫，位于镇西南华宫附近，系江西移民建的会馆，现已旧迹凋零。

王家祠堂，位于镇北2.5公里的柏龙村。建于清嘉庆十二年（1807）。坐北向南，占地2.58亩。四合院布局，现存山门、正厅、左右厢房。山门为砖石结构，四柱三间五楼牌坊式，后接戏台。戏台面阔三间，通面阔9米，进深三间，通进深5米、高9米。抬梁式梁架，悬山式屋顶。正厅面阔五间，通面阔17.2米，进深三间，通进深8米，通高7米。素面台基，高0.75米。抬梁式梁架，硬山式屋顶。左右厢房各面阔十间40米，进深5米。

普贤禅林牌坊，位于镇三洞桥村东1.6公里处，为四柱三间石坊。建于明正德十二年（1517）。坐北向南，面阔4.7米，通高5.2米。檐下施如意斗拱，明间4朵，左右次间各2朵。明间正中悬匾"普贤禅林"，柱刻楹联，周围石栏，雕镂空花卉、走兽，坊前施石狮1对。

铁佛寺虽然不复存在，但是古老的街坊尚在，寺庙、会馆、祠堂尚在，那些铁匠铺、缝纫店、诊所、药铺、杂货店、餐饮馆等尚存，故铁佛古镇依稀尚存①。

八、资中罗泉镇

罗泉镇位于资中县城西51公里，威远、仁寿、资中三县交界处球溪河西岸。该镇曾因盐而兴衰，史载其盐业"始于秦，兴于宋，衰于明，复于清"。罗泉现已无盐，仅作为乡村一小镇而存在。四川辛亥保路运动"罗泉会议"曾在此召开②。

资中罗泉镇

罗泉镇因受地势窄长限制，古镇傍山沟沿球溪河畔而建，长约2.5公里，外形酷似一条游龙。整个场镇的街道较窄，两侧多为二层楼房。因河谷不仅弯弯曲曲，而且宽窄多变，所以街道布局上采取三开三合的手法，使空间从封闭中转为通透，狭小中转为宽敞。

有谓"龙头一开，龙颈一合"，即场上河对面有盐神庙，加上子来桥、隍庙、川主庙，构成龙头，开敞通透，龙头之后的大宅院组成的封闭式街道，成为一合。

又谓"龙头一开，龙身一合"，即狭窄的街道延至观音沱，利用地形的转折，临河为半边街，将远山近水与当地八景之一的"神沱龟浪"等引入街道，复为封闭式小街，又为一合。

更有谓"龙腰一开，龙尾一合"，即在龙身龙尾交接处，随地势街道向上

---

① 赖武、喻磊：《四川古镇》，四川人民出版社2010年版，第126～135页。国家文物局编：《中国文物地图集》（四川分册），文物出版社2009年版，中册第455、456页。
② 四川省地方志编纂委员会编纂：《四川省志·建筑志》，四川科学技术出版社1996年版，第86页。

一折，形成一段半边街，于此处延伸出两条小街，犹如龙脚，形成一开，随后便合成龙尾，再成一合①。

古典建筑最有名的称九宫八庙，它们和其他古遗址、古建筑一起，构成深厚的文化景观，既是古镇的景物，也是人们进行商贸、聚合、休息、游历的场所。

茯苓庙，位于镇东南2.7公里处。建于清道光四年（1824）。现仅存正殿，面阔三间10米，进深4米，通高7米。素面台基，抬梁式构架，硬山式屋顶。

东岳庙，位于镇南500米处。始建于清代道光七年（1827），后增修厢房。坐东向西，占地面积1.78亩。四合院布局，山门、门厅、正殿完好，厢房已毁。门厅建筑面积175平方米，正厅建筑面积80平方米。

关帝庙，位于镇东南。始建年代不详，清道光九年（1829）维修。坐北朝南。现仅存正殿，建筑面积155平方米。抬梁式构架，硬山式屋顶。

盐神庙，位于镇东北。坐东向西，占地面积2.8亩。四合院式布局，现存戏楼、正殿、厢房。戏楼面阔11.75米，进深11.2米。穿斗式构架，歇山式屋顶，梁上有清同治七年（1868）题记。正殿面阔三间14.5米，进深11.35米，通高13米。素面台基，高2.7米，踏道13级。抬梁式构架，歇山式屋顶。左右厢房，各面阔四间18米，进深4.1米。

井判署衙碑及补修碑，位于镇上，黄砂石质碑体，共两通。1号碑主要记述罗家井判署神祠修建经过，"道光十一年（1831）岁次辛卯孟冬月吉立"。2号碑记述罗泉署衙补修情况，年代同1号碑。

抗敌阵亡将士碑，位于镇北，为纪念卢沟桥事变3周年及为七七抗战阵亡烈士而立。碑为石质四方柱体，四角攒尖顶，各边宽1.07米，通高2.2米。碑文均为楷书阴刻"抗敌阵亡将士碑"，边款记为"中华民国二十九年七七抗战三周年纪念"。

南华宫万年灯石碑，位于镇北1.1公里处。碑为青砂石质，共2通，嵌于南华宫左厢房壁上。两碑形制相同，碑方首抹角，高2.2米、宽1.07米。1号万年灯碑，楷书"崇圣殿前点明灯，普照万古"云云。2号日升月升恒碑，楷书"普闻同心乐聚，丹楹刻桷"云云。

盐井遗址，位于镇北。此井开凿于宋代，现存为明代遗构，是罗泉四大盐井之一，石砌方形井口，边长1.1米，井壁用条石砌成，直径2米、深20米。

---

① 四川省勘察设计协会编：《四川民居》，四川人民出版社1996年版，第50、51页。

千佛岩摩崖造像，位于睢家坝村北500米处，凿于宋代。造像凿于高3.5米、宽8米，距地面1.2米高的红砂石岩壁上。

罗泉会议会址，位于镇北。清宣统三年（1911）8月4日，同盟会会员龙鸣剑等联合四川哥老会首领秦载庚在此召开会议，决定成立保路同志军，举行武装起义。会址原为基督教福音堂，坐东向西，砖木结构，面阔三间18米，进深10.3米，通高11米，穿斗梁架，硬山式顶，青瓦屋面。

古镇尚有许多传说，如"一碗水救孔明军""张献忠剿四川不杀罗泉人"等。现在能看到遗迹的有"子来桥"。据说以前出入罗泉时都得脱鞋躺河，后盐场官张少牧遂动员盐商盐工出钱出力，改建旧有的"踏水桥"。新桥修好后，请资州州牧赵尊律前来踩桥，赵当晚梦见妻子生下一个胖小子，遂在次日为罗泉石桥剪彩时命桥名"子来桥"。子来桥建成于清嘉庆元年（1796），距今已有200多年。

古镇五里长街，青石板街道两侧是绣楼骑店式的木结构店铺，有一种收敛的外观。不见高槛朱门，画柱雕梁，但店铺里面几乎都是大院深深，装饰摆设透露出几分陈年家底的殷实。偶尔能见到明清建筑的残垣断壁，更可窥见古镇的历史痕迹。镇上的居民很少出过远门，大都谨守祖业，勤劳本分，延续着一种传统的生态。

九、自贡仙市镇

仙市镇位于自贡市东11公里处的釜溪河东岸。釜溪河北来，至此突然向东又回头向西，形成回水急湾，古镇处于湾东。仙市原名仙滩，因釜溪河上的滩口而得名，传说滩口是仙女的双脚放在此处而形成的。

自贡仙市镇门楼

仙市镇隶属自贡市沿滩区，幅员55.12平方公里，场镇面积0.96平方公里，其中古镇区面积17.6公顷。仙滩始建于隋代（581~618），清置上北路仙滩场保，1911年设仙市团，1934年为仙市镇，1940年为仙市乡。它是具有1400多年历史的古镇，是釜溪河当年重要码头之一。

古镇是以井盐文化主根系为依托而发展起来的。这里自然风光秀丽，文化根基深厚，民风民俗浓郁，曾因"四街、四栈、五庙三码头、一里三牌坊、九碑十土地""串庙长龙通南北，闭关锁闸各成囚"而远近闻名。它是自贡井盐出川的必经之地，被誉为古盐道上的明珠。

古镇建筑风格极具个性，充分体现了形式服从功能的设计原则，巧妙的构思和精心的规划，突现了一地多用、一物多功能的设计理念。街坊邻河而建，四街一巷呈"正"字形布局，层次分明，突出了河岸风光；石板路面与老式木门、花格窗的民居、店铺，古色古香，意韵悠长。建筑精美的南华宫、雄秀的天上宫、宏阔雄伟的川主庙，以及富丽堂皇的陈家祠等主要建筑，构成了独具特色的川南古建筑精品。"仙人变阵"是古镇的主要布局精华，古镇建筑仿佛是一幅《仙女侧卧图》，布置在釜溪河滩。古街古市、民居民俗、市井市声、名人名作、传说传奇、民风民谣，孕育出风情别致的古镇文化，因此成为研究巴蜀文化、解读川南场镇风情民俗的活标本。

古镇境内有古迹五庙和"渔洞"胜景，洞外石林之间有多处摩崖石刻，还有仙女峪、石窟观音、月亮井等名胜古迹。集中体现盐商文化的是古镇"五庙"，即南华宫、天上宫、川主庙、湖广庙、江西庙。川主庙、湖广庙已经被毁，江西庙如今也只残留了一部分，不过从这两座庙的名字便可想象出，当年各路盐商汇聚此地、竞相风流的辉煌与繁荣。

天上宫，位于镇东北100米处。建于清道光二十九年（1849）。坐东向西，四合院布局，由山门、戏楼、大殿、厢房等建筑物组成，均为砖木结构。

山门面阔三间33米，进深10米，通高5.8米，门高4米。素面台基高0.5米，如意踏道3级。穿斗式梁架，重檐歇山屋顶。

戏楼面阔17.58米，进深8米，通高11米。素面台基高0.5米，如意踏道3级，穿斗式梁架，歇山屋顶。

大殿面阔三间15米，进深三间9米，通高8.2米。素面台基高1.2米，垂带踏道6级。抬梁式梁架，硬山屋顶。

左右厢房各面阔五间17.5米，进深二间4.1米，高8.5米。抬梁式梁架，悬山屋顶。山门前原有石狮1对，现仅存左边的1只，狮高1.3米，宽0.6米。门上方有匾额"丕昌海隅"。

仙市南华宫，位于镇街东南100米处。建于清咸丰六年（1856）。坐东向西，占地面积约1200平方米。四合院布局，由山门、戏楼、厢房、正殿组成。

山门砖木结构，面阔20米，高6米，门高4.77米。素面台基，高2米，垂带踏道9级。抬梁式梁架，重檐歇山屋顶。山门上方有横匾"南天福地"。

戏楼砖木结构，面阔五间23.6米，进深三间10米，通高10.4米。素面台基高2.5米，垂带踏道16级。抬梁式梁架，歇山屋顶。

正殿面阔三间14米，进深二间10米，通高8.9米。素面台基高3.7米，垂带踏道11级。抬梁式梁架，硬山屋顶。

左右厢房各面阔五间20.5米，进深4.8米，高8.9米。

南华宫，位于镇南和村西北4公里处。始建于清光绪十七年（1891），1934年维修。坐西北向东南，四合院布局，由山门、戏楼、厢房、正殿组成，占地面积约1400平方米。

山门砖木结构牌坊形，通高10.5米，门高4.57米，宽2米。素面台基，高1.2米，垂带踏道9级。

戏楼面阔三间8.9米，进深三间7.8米。素面台基，高1.7米，垂带踏道9级。穿斗式梁架，悬山屋顶。

正殿面阔三间14米，进深三间8米，通高8米，通高8.7米。素面台基，高1.7米，垂带踏道9级。正殿梁上题有"民国二十二年（1933）培修"，正殿耳门匾额刻"朔本探源"四字。

渔洞，位于仙市镇渔洞村东1.5公里处。民国《富顺县志》载："道光时里人罗金声辟园于此，金声所书咸丰时，宋时湛就此避喧，洞室里刻宋时湛读书处数字。"坐南向北。洞内六间石屋，占地面积206平方米，洞进约深14.32米、高7.29米。洞内石屋面阔约14米、进深3.3米。洞穴门额有横匾"避喧"。洞内题刻有"读书乐""宋时湛读书室""夹柳堤"等。门洞左上角题刻"嘉庆三年（1798）戊午冬建"等字①。

仙市自古是自贡东大道下川路运盐的第一个重要驿站和水码头。众多的寺庙祠堂、传统的街坊建筑、古老的摩崖石洞，大多基本保留着原有风貌。依偎在釜溪河畔，经历了千年无数的风风雨雨，仍然风韵犹存，被誉为古盐道上的明珠。1992年被四川省政府公布为四川省历史文化名镇。

---

① 国家文物局编：《中国文物地图集》（四川分册），文物出版社2009年版，中册第173、174页。

十、宜宾李庄镇

"万里长江第一镇"的李庄，位于宜宾市翠屏区东部之长江南岸。李庄不仅有"江导岷山，流通楚泽；峰排桂岭，秀毓仙源"（禹王宫山门联）的自然景观，而且拥有独特的建筑风格和传统的古典民居文化。

万里长江，滚滚东去。伴随着奔腾不息的江水，人世间的一切古老传统的东西似乎早已付诸东流。但是古镇李庄却有点例外，高耸的山墙、雕花锦门窗、幽深的小巷、青色的石板街道、幽静的四合院落……却宛如与世隔绝，保留至今。

群山环抱的李庄，似一个自然与人文的聚宝盆。江南四周绿树成荫，鸟语花香；青山、古镇、大江紧紧相邻，水乳交融，形成钟灵毓秀的仙源。那些庙宇、宫观、殿堂所组成的"九宫十八庙"，保存完好的古街巷和众多的古民居四合院，以及被誉为李庄"四绝"的旋螺殿、奎星阁、九龙碑、百鹤窗等，又形成了独具李庄特色的建筑风格和古典民居文化。旋螺殿早已成为国家级重点文物保护单位，本书已辟专目另外介绍。除此之外，李庄还保存有明清古镇的格局和风貌，这些独具浓郁川南地方民族特色的建筑，总是向游人展现着它浓厚的文化底蕴和别样的历史魅力。

漫步于古镇，不时见到一些古老的宅院，院门半掩，院内鸟语花香，静静地等待着来访的游人。

古镇众多的幽深小巷中，有一条席子巷，清初以加工出售席子而得名。这是一条保存得最完整而具有代表性的老街巷。巷子长不过60米，宽度也不过三四米，全部是木构建筑，一楼一底，二楼是清一色的挑木吊脚

李庄镇老街

楼，街道窄，出檐深，若在楼下望天空，似是一线天，置身其中似觉几分安闲自在。

除席子巷外，羊街和文里街也是保存得较好的古街道，街道两旁房屋的墙脚，全部用青石板铺砌。房屋多为四合院、砖墙、灰瓦顶、木制门窗，石雕木雕精美，身临其境，不免有几分时光倒流之感。

古镇有着庞大的古建筑系统，如九宫十八庙。九宫：文武宫（王爷庙）、真武宫（祖师殿）、桓侯宫（张爷庙）、巧圣宫（鲁班庙）、禹王宫（1992年恢复慧光寺名）、南华宫、天上宫、文昌宫。十八庙：土祖庙、苏家观、陈公庙、桂馨寺、关圣殿、昊天观、佛光寺、万寿寺、玄坛寺、永寿寺、伏虎寺、常君阁、天宫庙、龙君庙、通明观、观音洞、天台寺、东岳庙[①]。

禹王宫，又名慧光寺。坐南朝北，占地面积2.25亩，位于镇中心慧光寺街。建于清道光十一年（1831），由一主一次两个四合院组成。主院有山门、戏楼、正殿、后殿、奎星阁及厢房等建筑。其山门、戏楼均为重檐歇山顶，檐下施如意斗拱。近观细部，远观全局，可谓"恢宏"。抗战期间，曾为内迁的同济大学的校本部。

大山门上方的"慧光寺"三个金色大字，是最引人注目的古物，字迹苍劲古朴，韵味独具。山门上还有称赞大庙的匾额、对联，匾曰"功奠山河"，端庄大方，古朴典雅，其撰、书均出自清代李庄人张松晴翰林之手。

寺内还有戏台，是四川保存最完整的古戏台之一。台基、钩栏上的彩绘雕饰做工精细，形象逼真。1942年，同济大学的35周年校庆曾在这里举行，演出了曹禺的《雷雨》和《日出》。

天上宫，位于镇西侧。坐南向北，占地3.12亩。建于清道光二十五年（1845），由大山门、古戏楼、正殿、后殿和厢房组成，是一座复合式建筑，由福建移民所建成，自然也兼具福建会馆的性质。抗战期间是内迁的同济大学教学用房之一。

东岳庙，位于镇西北500米处。坐南向北，占地面积3.06亩。始建于道光七年（1827），其中玉皇楼为同治六年（1867）重建。四合院布局，由前、中、后殿、玉皇楼及厢房等组成。单体多抬梁式构架，硬山式屋顶。抗战期间为内迁的同济大学工学院驻地。

---

① 四川省勘察设计协会编：《四川民居》，四川人民出版社2010年版，第64~65页。

祖师殿，位于镇西300米处。坐南向北，占地面积6.52亩。建于清光绪十三年（1887）。四合院布局，由前、中、后三殿及厢房组成。抗战期间为内迁的同济大学医学院驻地。

南华宫，位于镇东北100米处。坐南向北，占地面积3.37亩。四合院布局，现存山门、戏台、前殿、厢房。山门为砖石结构，四柱三间牌坊形结构建筑。其余为抬梁式木结构建筑。殿两侧尚有四柱重檐攒尖顶小亭一对。抗战时为内迁的同济大学校舍之一。

文鼎寺牌坊，位于镇西100米处。清代建筑。坐北向南，为四柱三间三楼石坊，坊上线刻浮雕梅、兰、竹、缠枝莲、鼎等图案。

张爷庙，位于镇西北50米处。清末建筑。坐南向北，占地面积2.18亩。四合院布局，戏台已拆，厢房、后殿尚存。

张家祠堂，位于镇西300米处。清末建筑。坐南向北，占地面积1.68亩。四合院布局，由前殿、后殿、厢房组成。前后殿均为抬梁构架，硬山式屋顶。窗上浮雕鹤群，姿态各异。抗战时为内迁的中央博物院筹备处院址。

中国营造学社旧址，位于镇上坝村，为一典型的川南民居建筑。前有木结构平房形成三合院，加后土墙民房，形成四合院。院后又有土筑围墙，形成院落。整个社址为三（四）合院式布局，穿斗式构架，小青瓦屋面，木板墙壁，牛肋巴窗。抗战时期，梁思成夫妇、刘敦桢、刘致平等许多学者曾在此生活和工作长达6年之久。梁思成的《中国建筑史》即在此完成初稿[1]。

李庄的山水建筑、风土人情，充满着诗情画意，古今文人留下了不少的诗联，如清代翁霆霖《夜宿李庄》诗云："入境依然泊夜航，人烟最数李家庄。" 虽然是夜航投宿，所见者却是人烟稠密的李庄。由于建筑的遗存，使得附属在建筑上的匾、联等各种装饰物亦得以保存，如刘家大院朝门门楣上有"光分太乙"匾和门旁的对联；颜家大院正堂门楣上有匾"荷天之庥"和门边的对联等。

十一、雅安上里镇

让人魂牵梦绕念念难忘的上里古镇，位于雅安市雨城区之北部陇西河的最上游，距城区27公里，是历史上南方丝绸之路临邛古道进入雅安的重要驿站，

---

[1] 国家文物局编：《中国文物地图集》（四川分册），文物出版社2009年版，下册第709～717页。

唐蕃古道上的重要边茶关隘，也是红军长征的过境之地[①]。

上里，似是上天的恩赐。古镇依山傍水，风景秀丽，被誉为小丽江。古朴的木屋，沿河而立，清澈的河水，穿镇而过。临街尽是老式店铺，街周尽是溪水环抱。绿草披拂的古桥，与桥端的古塔古树相映成趣。雄伟庄严的石牌坊，矗立在碧绿的原野上。简朴的房舍，典雅的古塔，庄严的牌坊，掩映在古木苍山之中，点缀清流白云，宛如一幅精美的山水画卷。

雅安上里镇古街

雅安上里镇古桥

古镇街巷狭窄，纵横排成一个"井"字。寓意"井中有水，水火不容"。由此寄托人们的心愿，愿小镇建筑免受火灾，居民平安度日。

沿着镇中心的小街向北走，出了小街，就能见到镇边的绿水。古镇清流的对岸，突兀地立着大大小小的18座小山丘，挺拔奇秀，故被形象地称为"十八罗汉拜观音"。这是最庄严的自然景观。

古镇初名罗城，是通往邛崃、芦山、雅安的驿站。至明清之际，因五大姓，更名五家口。至今仍流传着这五大家族各自千秋的故事：杨家的顶子（官帽子），韩家的银子（钱袋大），陈家的谷子（田地多），许家的女子（美丽能干），张家的锭子（拳头功夫好）[②]。

---

① 张朝五：《上里古镇》，《四川文物》1995年第5期。
② 赖武、喻磊：《四川古镇》，四川人民出版社2010年版，第86~91页。

古桥是古镇中最多的景点，造型不同，风格迥异。沿河上溯，隔几十米就有一座古桥，在短短1公里之内，竟有10余座，而且形制各异，有石拱桥、石板桥、石墩子；拱桥之中，有单孔的、七孔的、十一孔的；板桥之中，有单跨的、两跨的、三跨的、多跨的……桥不仅是南来北往的通道，而且是古镇厚重的历史文化和传统建筑技艺的积累。

在众多的石桥中，有一座叫二仙桥，建于清乾隆四十一年（1776）。它是一座具有江南古镇与上里古镇特色的石拱桥，弧形高拱，远望过去，好像一抹美丽的长虹。桥的两侧面上长满青藤，似是在向人们昭示世代的沧桑。还有一个美丽的传说故事：当地人历经多年的千辛万苦，在拱桥落成日，举行踩（过）桥典礼时，突然出现两个叫花子模样的人，他们要先踩桥，用什么道理也和他们说不清，就是要抢先踩！正在争闹中，那两人突然腾空跃入河中，无影无踪！于是大家体会到此二人并非凡人，故名二仙桥。

行走在上里，总是不知不觉，时光很快地溜走。在夕阳下远眺，溪流涓涓，杨柳依依，潭水碧蓝，烟霞轻泛，好似唐代杜甫诗云"两竿落日溪桥上，半缕轻烟柳影中"。若是长留，游荡其间，总不免产生超然世尘外之感觉。

古镇除石桥之外，尚存诸多古迹，其中最著名的有石牌坊，本书第五章中已有专节介绍。

实际上，上里街道两旁的民居建筑，也应算是胜迹之列。粉墙灰瓦，砖木结构，三合四合深宅大院，都是百年前留下的川西民居遗存。其中最大的一幢，叫"韩府"，现在的主人还是双节孝牌坊主人韩氏婆媳的后裔，他们的工作是管理文物，经营旅游业。如果在那里住上一天或几天，肯定会获得更多、更新、更好的上里体验①。

十二、洪雅柳江镇

洪雅柳江镇位于洪雅县城西南30公里的花溪河边。明末清初建场镇，是进出瓦屋山的门户②。因为这里特殊的地理位置，即山区七乡进出之地，有大量的竹木、药材、笋干、棕片、茶叶、土纸等土特产在此集中后由竹筏木船运出，人财聚集，生意兴隆，渐成洪雅首屈一指的大场镇。大场镇必有大势力，所以到民

---

① 四川省勘察设计协会编：《四川民居》，四川人民出版社1996年版，第56页。
② 赖武、喻磊：《四川古镇》，四川人民出版社2010年版，第70~79页。

洪雅柳江镇沿江吊脚楼

国时，何、曾、杨、张、李等大户已声名赫赫，基本上统揽了柳江的绝大部分资财，可以说柳江曾经的繁荣与兴盛伴随着这些大户人家的家业的兴盛而兴旺。

花溪河边，吊脚楼上，轩窗排排。大黄桷树巨伞似的遮天盖地。进镇大街，长达1000米，宽有20多米，似是一古县城，很有气派。

占着古城街道重要地段的是一些大户人家的宅第。吊脚楼房，穿斗木构，有许多都是深宅大院。旧时，何、曾、杨、张、李等大户富足人家在场镇内，所建大宅院多达10余座。

曾家大院，位于玉屏南街4号。坐西向东，总建筑面积3000平方米，占地面积8.1亩。由结构大体相同的三个四合院组成。院内有楼、厅、房和赏花台、花斋、围房等建筑。全宅有大小天井6个，辟有前、后花园、花圃。大院前部左侧四合院内有阁楼、正房和厢房。大院前部右侧四合院内有阁楼、戏台、正房等。大院后为一个大四合院，是全宅的主院落，由正厅、戏楼、两厢房和天井组成。门窗等构件上，有花卉、动物等纹样雕饰。院内存一木匾，书"武城世第"，落款"民国二十六年"。院东一匾，书"半潭秋一山房"。①

古镇建筑有许多一楼一底的砖木混合结构的房屋，形式清雅，中西合璧，既具有传统气息，又具有西洋味道。

曾为派出所的房屋建筑，它的门窗就有教堂风格。据方志载，清光绪十年（1884），美国牧师巴培霖来洪雅传教，其后，教徒陡增，并在清光绪十四年（1888）成立了基督教洪雅浸礼会②。据当地人说，大富户曾以澄就受此影响，建房也采取中西结合式，在全洪雅都是数得上的。

曾经挂牌乡供销社的大院，里面青砖楼宇，窗门洋味十足，与成都旧时所

---

① 国家文物局编：《中国文物地图集》（四川分册），文物出版社2009年版，中册第615页。
② 浸礼会，基督教宗派之一，鸦片战争后传入中国，主张教徒成年后才可受洗礼，受洗者需全身浸入水中，叫"浸礼"，更主张教堂教会独立自主。

见军阀官绅的公馆风格相近。临河花园树木，同成都市一些老机关旧房相比也毫不逊色，甚至在这历尽劫难的老镇上还特有几分半老徐娘的风韵。

柳江古镇原来是一个多火灾的场镇，由于火灾频发，河边老街的规模一缩再缩，不复当年景象。

有资料记载，柳江火灾触目惊心：1925年，烧毁下街20

柳江镇民国时期公馆

多户民宅和商业店铺；1927年烧毁下街工商、居民房屋60多间；1931年烧毁民房12间；1932年烧毁中街房屋60多间；1936年烧毁中街民房70多间……可以想象，旧中国柳江古镇已是千疮百孔、伤痕累累。1975年，柳江古镇遭受了20世纪最大的火灾，供销社食堂失火，烧毁街上19个单位、75户居民的住房共287间。从此，人们再也不可能看到古柳江完整的模样了。

古镇的名胜古迹不多，有西山坡上的观音寺和红星村的张柱墓。张柱（？～1846），洪雅名人，书法家。墓占地100平方米，为土冢石室墓。

古镇建筑最有特色的还是吊脚楼，这是一道最美的风景线。吊脚楼的基脚由鹅卵石垒起，外加圆木砥柱，楼檐下一溜格子窗及玻璃窗。临河窗户是自然与人的美妙的沟通，能小室容膝，能看孤云暮鸿，能观草木欣荣，能赏叶下斜阳照水、古屋寒窗对山，听几片井桐飞坠，享一番黄桷荫凉，尽是古镇清景。火灾曾给古镇带来许多不幸，但吊脚楼的保存至今却是古镇的一大幸事。

十三、重庆磁器口

磁器口街道小区，位于沙坪坝区内，原属龙隐镇，地处东部偏东，濒临嘉陵江西岸，距区政府4公里。面积1.18平方公里，有11个居委会，人口1.65万人，街道办驻幸福村[①]。

---

① 中共重庆市委办公室编：《走进重庆》，重庆出版集团2009年版，第254、255页。重庆市沙坪坝区志编纂委员会编纂：《沙坪坝区志》，四川人民出版社1995年版，第79、163、166、190页。

剖面图

重庆磁器口建筑依山就势（示意图）

清代磁器口已为繁荣的水码头，1935年巴县第一区区署驻此。1940年划入重庆市，建置为镇，属14区。1951年设民政室，1954年设街道办，1968年设街道革委会，1978年恢复街道办。

磁器口为水陆要津，经济发达，商贸繁荣，抗日战争时期迁入机关、学校、企业30余家，号称"小重庆"。1933年，晏阳初等来渝，有名的中国乡村建设学院就创办于此。当时的沙坪坝区，因为磁器口的兴盛，曾一度改称沙磁区。新中国成立初期，商贸仍旧繁荣。20世纪70年代，交通上水衰陆兴，商贸一度衰退。1984年磁器口大桥建成，商贸集市又大有转机。

磁器口古镇，古老的街巷和店铺建筑，基本上保存下来，市容仍呈旧貌。一般民间房屋建筑式样，从清代到民国初年，多为排列式土木结构的瓦房。单开间，长进深，外为店铺，内为居室，一楼一底。长屋檐，雨天遮雨，晴天遮阳。富裕之家，一般为"三大头"，一进两横，一楼一底，中为堂屋，侧为居室，横屋为住房或厨房，或作堆放杂物之用。贫苦人家，为平房茅舍，土木结构。官绅之家，为大朝门、高围墙、四合院、三重堂。

黄桷坪1巷17号，尚存钟家院子。它是晚清时期的建筑，较典型的川东传统民居，采用穿斗式木构架，以庭院的形式组织空间。它是重庆市主城区内保存最为完整的四合院民居之一，被列为重庆市一级建筑加以保护。

据载，该小区内大型的古建筑有浮图关、云顶寺、凤凰寺和宝轮寺，现前二者已杳然无存。凤凰寺位于凤凰村山顶，现存旧殿两楹，并正在筹建七宝佛殿。宝轮寺现存后殿和药师殿各1座，尚可窥见其当年风貌。

宝轮寺坐落在白岩山上，又名白岩寺。该寺建于宋咸平间（998~1003），明成化十一年（1475）重修，后毁于战火。现存后殿，面阔三间，通面阔17.5

米，进深三间，通进深13.5米，建筑面积243.0平方米。系抬梁式结构，重檐歇山屋顶，上下两檐均施斗拱，屋顶用黄釉筒瓦覆盖，角檐翘升，下檐斗拱三十六拱一排。藻饰画梁，彩绘天花，格扇雕窗，双龙盘柱，宏伟壮观。药师殿面阔五间，通面阔17.4米，进深三间，通进深8.8米，建筑面积158.4平方米，其形制悉仿后殿。本寺建筑风格独特，大殿全木结构，未用一颗钉子。柱全用马桑木，一人不能全抱。正殿塑有大佛和十八罗汉，塑像庄严，工艺精巧，佛像毁于"文革"。该寺已被列为市重点文物保护单位，1983年拨款修葺。修葺后，殿顶盖五色琉璃，有昂首欲飞的彩龙两条。

相传明惠帝朱允炆被其叔朱棣篡位后，削发为僧，曾来宝轮寺避难，故白岩山改称龙隐山，寺下圩场改称龙隐场。

今日磁器口作为大城市中的古镇，备受市民的珍爱，在旅游的热潮中，已进一步发展、美化、繁荣。

十四、武隆江口镇

武隆江口镇位于重庆市武隆县城东南的乌江与芙蓉江交汇处之南岸，西距武隆县城20公里，距重庆市中心160公里。芙蓉江北上，乌江南下，在此交汇之后，又急转弯折向西北流去，经过武隆，再北上至涪陵汇入浩瀚的长江①。江口原为场，1986年建江口乡，1992年改建为江口镇，辖地82.9平方公里。

江口古镇到1995年才有3600余户、近14000人口，是一个很小的场镇。因得江流之利，在碧绿江水之堤畔，芙蓉绿荫之中，土家族风格的吊脚楼绵延绿岸。石板

武隆江口镇

---

① 中共重庆市委办公室编：《走进重庆》，重庆出版集团2009年版，第133、229、230页。

古街巷，两旁横展木柱、板门、格窗、木架、青瓦的民居，庭院幽雅，尽现古朴风韵。

土家吊脚楼，多用穿斗木构架，类似傣族干栏式建筑。后檐吊脚下坡坎，前面立柱支挑廊，挑廊宽至二尺以上。楼多两檐，转角楼多为三檐。挑廊外有木栏杆，多"万"字、"人"字形雕饰，廊下层为门窗。大门多四开，窗用格扇，上刻花纹，图案多样，刻雕精细。平面多为四合院，前是门屋，后为正房，正中为中堂，两旁为房，古朴典雅。

随着渝怀铁路、公路的开通，芙蓉江、芙蓉洞的旅游开发，封闭静谧的江口古镇，正在日新月异地变化、发展之中，新建筑不断建设，1993年建成1公里多的新街。

江口不仅自然风光秀丽，交通便利，物产丰富，而且人文蔚起，历史悠久，文化遗产丰富，名胜古迹众多[①]。

乌江村汉墓，位于该村六组乌江北岸斜坡上，海拔185米，坐落在风化岩堆积之中，是一座石室墓。1984年发掘，为一带墓道的前、中、后三室墓，残长10米；后室最大，宽2.45米，高3.24米；中室一侧有耳室。各室全为券拱顶。整墓均用长条石砌筑。出土有龟蛇、玄武等重要文物。考古断定为东汉时期，墓主为高官或部族首领。

唐太尉长孙无忌（？~659）衣冠冢，位于令旗山下，今江口镇乌江村。太尉因反对武则天为后，故被贬黔州（今重庆彭水县），遂自缢而亡。平反后，迁葬西安昭陵，此地留衣冠冢。墓园古朴庄重，楼台亭阁，工艺精湛。石碑、石狮、石兔、石马排列有序，栩栩如生。因年代久远，历经风雨，今仅存一高5.3米、直径30米的土丘，并存有明清及当代碑刻多通，为之褒功颂德。

李进士故里摩崖碑刻，位于江口镇下街芙蓉江出乌江之西边。李铭熙，江口场上街人，清光绪进士，官户部尚书等职。碑刻高6.2米、宽21米，"李进士故里"字高3.17米、宽2米，碑文10行，计388字。

十五、巫山大昌镇

巫山大昌镇位于重庆市巫山县境的北部，大宁河中游的东岸，与巫山小

---

① 《武隆县志》编委会编纂：《武隆县志》，四川人民出版社1995年版，第40、461、587、588页。

三峡景区相连，距巫山县城北60公里。始建于1700多年前的晋代，素有"袖珍古城"之称。巫、大宁、巫山等古州郡县之名，都有悠久的历史①，但作为州郡县之治所，亦有多次变迁②，一是郡县治分立；二是自然变迁③。因之大昌古城的长存，是难能可贵的。

巫山大昌镇南城门

古城南北长150米，东西宽240米，占地面积75亩。南北街尚存。三座城门均用长0.8米、厚0.3米的条石砌成，也基本完好。现存古城为明末清初时期所建。

古城内民居多为四合院，房屋或用空斗砖墙，青灰抹面，白粉勾缝；或木构架隔墙，石灰饰面。青瓦屋面，清水屋脊；马头墙上，飞甍高翘；花格窗户，木制板门。石板街道，规整有序。四合大院天井毗连，回廊幽深，既各自独立成院，又彼此紧密相连。其双檐做法，利于通风采光，避雨遮阳，为省内建筑一绝。不少建筑，装修精致。室内架设斗拱，画栋雕梁，富丽堂皇。全镇多数建筑均为江浙一带工匠领头建造，故具有浓厚的江浙风格，是三峡库区保存最完整的明末清初古建筑群。

---

① （宋）祝穆编，祝洙补订：《宋本方舆胜览·大宁监·大昌》，上海古籍出版社1991年版，第509页云："禹贡荆州之郡，占翼珍之分野，在峡之北，于夔为近。春秋时夔并于楚，秦以为巫县。汉属南郡，三国迭有其地。蜀分南郡，立宜都郡。吴孙休分宜都，立建平郡。晋置建昌县，又改泰昌，属建平郡。后周又改曰建昌县，又改曰大昌郡。隋属巴东郡。唐属夔州县，有盐井。其后刘晏为盐铁使，以嘉兴及大昌等为十监。五代属夔州，皇朝开宝六年置大宁监，端拱间以大宁县来属，今领县一，与监治自为两处。"
② （后魏）郦道元撰，谭属春、陈爱平点校：《水经注·江水》，岳麓书社1998年版，第498页云："秦省郡立县，以隶南郡。吴孙休分为建平郡，治巫城。城缘山为墉，周12里110步，东西南三面皆带傍深谷南临大江，故夔国也。"（此即巫山城）
③ （后魏）郦道元撰，谭属春、陈爱平点校：《水经注·江水》，岳麓书社1998年版，第498~499页云："巫山在县西南，而今县东有巫山，将郡、县居治无恒故也。江水历峡东，经新崩滩，此山汉和帝永元十二年崩，晋太元二年又崩。"（故谓之新崩滩）

南北街的温家大院为最典型的民居，建于清初。坐西朝东，建筑面积320平方米。门厅为木结构，重檐歇山式屋顶，抬梁式构架，3柱11架梁。面阔三间11.8米，进深三间6.92米，通高6.0米。正厅为单檐硬山式顶，抬梁式构架，4柱13架。面阔三间12.6米，进深二间8.4米，通高6.73米。后厅为木结构穿斗式梁架，单檐硬山式顶，5柱13架。面阔三间12.8米，进深四间8.4米，通高6.96米。厅壁满施木雕花窗。硬山式山墙多梯级式，高出屋面，顶用砖做简单线条，呈"人"字形，施小青瓦，瓦脊施萱萝花纹或几何线条。①

古镇背依青嶂，面临大河。滔滔的大宁河，下连长江，上通陕西镇平、湖北竹溪，是水路交通的"咽喉"要地。秦立郡县制，大昌是当时巫县县城所在地。

大昌古镇不仅具有悠久的历史，而且拥有众多优秀的古典民居，所以成为三峡库区唯一整体搬迁、原样复建的古镇。新址位于滴翠峡东岸缓坡，背倚小三峡景区，面临大昌湖，成为巫山小三峡的重要旅游景点。

十六、自贡双牌坊李宅

自贡双牌坊李宅位于自贡市区西头双牌坊街，双牌坊因李宅门前双石牌坊得名。这座住宅规模很大，与威远严家坝郭宅差不多，但不是左右对称，而是沿山修造。它可分作三部分，即上宅、下宅及祠堂。下宅花园等抗战时期已被日本飞机炸毁，主人现住祠堂部分。祠堂部分不大，约有四合头房三四院，布置并不严整。下面主要叙述上宅。

上宅是主要住宅，大门前有一大广场呈半圆形，有围墙，对着大门是砖砌照壁一座，大门两侧在砖围墙与宅相接的地方，跨街立石坊两座，石坊是清道光年间（1821～1850）建成的，现在就叫这街为双牌坊街。大门的式样应当是川西住宅里最雄伟高大的，门左右有石狮子一对，门内左右有楼庑等物，是为轿夫仆从人等预备的。大门内不远就是前厅，中敞三间，雕刻精美，前厅后面有正厅五间、中敞三间、左右耳房各一间。两重厅的建房制度只有特别豪贵的人家才用。李宅正厅后有砖坊一座，这种布局在自流井王氏家里也见过，大宅祖堂前常用这种制度，表示要到祖堂了，这种顿挫节奏的建筑设计使主题更加明确的办法是值得学习的。砖坊后面即是正房三间架，中间堂屋是祖堂，祖堂开间面阔6.6米，这一般是已知住宅中开间最大的，普通农民住宅进深不过

---

① 《巫山县志》编纂委员会编纂：《巫山县志》，四川人民出版社1991年版，第328、544、545页。

5.6米，面阔不过4.0米。正房左右各有耳房一间。李宅原有女花厅、花园，以及下宅许多房间，全被炸毁，不知道它的形制如何。宅的右侧还有许多幸存的建筑，如男花厅以及其他厅房，作为宴会用的。这些房屋门窗等雕刻得非常华丽，窗下常用提裙做法，槅门下槛常做"马蹄"，便于宴会时拆卸，使室内室外形成一体。磉墩的式样也很多，雕刻很精。该宅建于清同治三年（1864），正房祖堂匾联、对联落款均刻"同治三年甲子十二月人瑞谨识"字样。

此宅规模宏大华丽，当地相传这是李闯王李自成的后人造的，并传谓"这宅的风水是前后左右全有好气脉"，"大门用石狮子也不是常人用的"，等等[①]。

十七、威远严家坝郭宅

威远严家坝郭宅位于威远东南40多里。严家坝一带山峦起伏，平地很少。郭宅是建在一山丘前的平地上，原来宅四周有很茂盛的松林，后来被砍伐干净。

郭宅建于清同治九年（1870），后来弟兄二人分家，一人因为穷困将左半房间砖瓦木料拆下出卖，连大门也拆卖了一半，剩余大门一半，仍然可以看出来是砖牌坊式大门，门额上题着"汾阳世第"四个大字，表示与郭子仪同宗，其字迹仍清晰可见。

郭宅规模宏大及制造的精工是少见的。宅内共有大小天井五十个，门百余道，左右布置完全一样。宅的布置与一般大宅相似，仍然是以正厅为界，划分内外天井，外部接应宾客，内部是家人寝处。外天井有左右外耳房，穿过外耳房有左右花厅，右面是男花厅，左面是女花厅，仓厨及仆人等房在宅的左右侧靠外墙的地方。在正厅后檐方向左右各房有一过道，是主要的过道，在外耳房两山墙处向左右两条过道用花墙隔砌。内宅右侧有一大天井现在仍然是主人的主要寝处。这就是所谓一颗印的房子，全宅的布置形制，外墙都是方正的。这种方整谨严的住宅在四川各地是不多见的。

宅的雕刻很精，"剔地起突"的雕刻随处可以见到，不过因为雕刻过精，伤凿了木石的性能，并且像房檐板、弯门、撑拱之类的雕饰过于繁富，有距目稍远即眼花缭乱、辨识不清的弊病。至于雕刻的技巧是很成熟的，非常难得，

[①] 刘致平著，王其明增补：《中国住宅建筑简史》，中国建筑工业出版社1990年版，第182、183页。

现在荣县一带造房仍然是以威远匠人最好,可见郭宅是精工所萃了①。

十八、广汉营口路张宅

广汉营口路张宅位于广汉城内西北隅营口路,坐西北向东南,占地面积约19.5亩。宅分三部分,前宅内有"宗庐"一区,是张氏祖堂,中宅为住房,后宅叫"叙伦园"。主人张慧伯当年是广汉最大绅粮,当地人将叙伦园叫作大观园②。

张宅中部,是清咸丰七年(1857)建的,一共六进,临营口路是头道龙门,一间四架,门外用木签子拦护,门前是一片平坦方正的广场。广场末端立着砖砌的大照墙一座,高大宏伟,势极严肃。头道龙门走进去十几步就是二道龙门,三间六架,前檐用双挑坐墩。中堂间安双扇大门,上悬"大夫第"匾额,门两旁挂"家风丕焕;王道遐均"对联,金地黑字很是壮观。在门两山墙的地方各有小四合头房一座,玲珑精美,非常可爱。门里面,迎面是正厅,高显宏敞,五间九架,中敞三间,栏杆及门窗制作精美,厅前左右两侧各有外耳房三间,右外耳房是外厅,左外耳房接通穿房达到宅后叙伦园,左右外耳房位置不掩正厅房。庭院宽敞异常,不是普通宅内见得到的。正厅后面张氏支祠前面有砖封火墙雕砖砌花门,额上刻"宗庐"二字。进门是正房三大间带前廊,中堂间做主堂,堂前四面廊庑绕砌石栏,栏杆柱头上所刻石狮生动精美。堂后接着一座花厅,花厅是歇山顶,里面挂些联屏,雅洁可爱,花厅后院四周绕着围廊,做成小花园,廊后墙是封火砖墙。

在宗庐右侧有围房十几间及旁院厨仓、仆人房十几间,右围房是住人及储藏用的。宗庐左侧有围房两重向东南方向,是家人主要起居的地方,有石栏杆及池塘走廊的设置,是很幽雅清静的。在宅后左角有房八九间,是厨房、仆人房及储藏的地方。这所住宅实话说来是祠堂和住宅的混合物,对于居住是不甚实用的,所以主人张慧伯在清同治年间又在宅后造叙伦园,专为起居颐养用。

叙伦园在前宅的后面向东,用穿房三十间由大门通到前宅的左外耳房。园是清同治十一年(1872)开始建造,到光绪二年(1876)才全部完成,建造的

---

① 刘致平著,王其明增补:《中国住宅建筑简史》,中国建筑工业出版社1990年版,第180、181页。
② 刘致平著,王其明增补:《中国住宅建筑简史》,中国建筑工业出版社1990年版,第187~189页。

始末，在主人张慧伯作的《叙伦园记》中叙述很详细①。

园地窄长，分为四部分，前面是花园，后面是寝处部分，再后是祖堂，最后是梅林。由前宅的穿房走进大门便是丁字游廊八间，通连着左右外耳房，左右外耳房各七间五架，中三间通敞做敞口厅式。大门及游廊中间的空地，在左侧有六重檐"水心亭"一座，在右侧是"茶熟香温"花厅两间。在这些建筑物间还有水池、假山、石栏、丛竹等，点缀得生动有趣，不过稍嫌密集些。正厅左右外耳房中间的天井是很宽大的，大天井里种满了各种花卉草木，在这游宴宾朋是很舒服的。正厅五间七架，中敞三间，前面雕刻栏杆，悬挂匾联，厅内墙壁也悬挂许多屏联、匾额作为室内装饰。

厅后天井方正光平，正房五间，露明三间，左右耳房各三间前后出廊。门窗装修也很绮丽，窗内挂着各色窗帘，这是现在主人张尔嘉的住处，正房中堂间是客堂，也是通到后面的过道。后面天井内满种树木，正房三间，中间一间作敞口厅厅式，为祖堂。正房左右是耳楼，各三间，耳楼的制度是大绅粮宅内常用的制度。天井四面房屋全有廊子，在廊前阶沿石上全绕砌石栏杆，樽的雕刻如狮子、人物等是广汉少有的精品。祖堂后有后房五间，祖堂右侧有四合头房一院，是庖湢杂役的地方。在宅后原有梅林。

叙伦园在构造上有几点值得注意：一是大门的中线不与正厅的中线相值，祖堂的中线也不与天井中线相值，这些中线故作错落是减少对称和呆板的好方法。二是园里没有大规模假山水池，而多用廊榭花树。三是住宅面积较花园面积大，所以这个花园实在是一个适于休养的住宅，并不是纯为游观用的花园②。

---

① 张慧伯《叙伦园记》全文如下："山水幽深，风月清白，骚人墨士之游览也；楼阁壮丽，珍异丛杂，王公贵胄之玩娱也。余于壬申岁，傍城之西隅，构别业，中为小园名叙伦。夫岂以惠连自居，而仰企青莲之乐乎？欲使后之人顾名思义，毋徒快游览，极玩娱，不忘祖风之古朴，兹焉幸耳。乃园之将成也，牡丹先春以花，兰桂海棠，芬芳璀璨，或谓太和所感召，抑曷胜愧。今卜吉就迁其中，爱志之略为引玉砖，仅博风雅之一笑云。光绪丙子仲冬长至日慧伯自记。"

② 《叙伦园记》是60多年前所写，现况已经有很大变化，比如名称已不叫大观园或张慧伯宅或张尔嘉宅，而叫张晓熙大院；又如《叙伦园记》中的石屏已经整体搬到了文庙内；又如不少房屋和景物已经拆除等。

十九、江安夕佳山民居

江安夕佳山民居剖面图

夕佳山民居，清代黄举人私人宅第。位于距江安县城20公里，蜀南竹海边缘的夕佳山镇南郊。始建于明代，扩建于清代，较完整地保留至今。整座宅院坐南向北，前对旷野田畴，视野开阔；后依群山，青峦叠翠，碧绿环卫。栋宇深幽，规模宏大，有"万宝朝寺"之势。该宅占地面积为22.5亩，总建筑面积3236平方米①。

江安夕佳山民居内院透视图

夕佳山民居——黄氏宅第，是一座庄园式的建筑。平面布局略呈长方形，布置在东西长约160米、南北（平均）深约90米的地面上。整个布局具有严格的功能区分，分为中、西、东三路布置，以中路为中轴，东西两路中轴对称。中路为主要的居住区，正中为礼仪堂所，

---

① 四川省地方志编纂委员会编纂：《四川省志·建筑志》，四川科学技术出版社1996年版，第88页。四川百科全书编纂委员会编：《四川百科全书》，四川辞书出版社1997年版，第1011页。四川省勘察设计协会编：《四川民居》，四川人民出版社1996年版，第74页。

自北至南为大门、过厅、堂屋，大门后为前庭，过厅后为中庭，堂屋后为后庭——后花园。西边为仆人和客人活动的居住区，自北至南为洋楼、佣工居室、客厅、主人居室、后花园。东边为主人和贵宾活动的居住区，自北至南为洋楼、贮藏室、客厅、主人居室、后花园。中路左右均通过廊房、天井与东、西路相连接。

江安夕佳山民居碉楼及花园

黄宅西路为西花园区，自北至南为：脚门、西北角碉楼、马棚；往南东边为杂屋、仓库；西边为厕所、厨房、餐厅；再南为柴草屋；最南为绣楼、闺房、财宝库。屋后

江安夕佳山民居小剧场

为后花园，其西边为西花园和院墙，院墙角为西南碉楼。

黄宅东路为东花园区，自北至南为：私塾、东北碉楼、庭院、花园；花园西为客房、戏楼、化妆室，其南又为客房、花厅、杂房、东南碉楼；花园东为客厅、琴房、书房；花园之南为园池景观建筑。

黄宅除生活起居用房外，尚有客厅5间、客房7间、私塾4间、碉楼4间、仓库6间、厕所两处以及书房、茶房、琴房、绣房、闺房、佛堂、戏台、储藏室等，总计123间，是一个设施齐备、布置合理、使用方便的完善的居住系统。

黄宅房屋大多为平房，只有西洋楼、绣房、闺房、碉楼为楼房。它充分利用了地形，各建筑依地势逐层抬高，有"步步升高"寓意，且有利于排水，便于空气流通，改善了环境；高低起伏，错落有致，增添了建筑意境。

黄宅建筑充分利用了自然条件，使居住建筑和园林建筑有机地结合。全宅建筑群中，布置有东园、西园、后园三处大片绿化园地、两处庭院、五处天井。房屋之间，疏密有间，井然有序。在园中利用自然条件，布置亭、桥、水池、假山，使自然景观和人文景观融为一体，居住建筑和园林艺术有机结合，建筑与自然融合，浑然一体。在室中可观庭园景色，在园中又可眺望山林风光，形成了所谓"可望、可行、可游、可居"的人工环境。

黄宅的建筑技术也是精湛的。采用穿斗木构架承重，构架柱柱落地，稳定坚固。柱与穿枋之间，采用竹编骨架，外抹柴泥、石灰粉面，磨光若镜。采椽不斫，望板满铺，清水素薨，鱼吻饰脊。青瓦覆屋，砖石铺地。格窗通透，宽檐深廊。深旷清幽，简洁明快。彩梁画柱，雕屏藻顶。雕琢精细，繁简适宜。意境典雅，亲切近人。

江安已成省级历史文化名镇，夕佳山民居已于1989年建成为四川省夕佳山民俗博物馆，成为反映四川汉民族生产劳动、生活习俗、民间工艺等地方民俗为主的场馆。馆中有民众文物室、生产工具室、婚俗室、木雕室、木器室、佛堂等专题展览，陈列各类实物200多件，具有浓郁的川南地方特色和对游人较强的吸引力。1995年被国务院公布为第四批全国重点文物保护单位。

二十、成都文殊坊民居保护区

成都文殊坊民居保护区即成都文殊坊。它依托于川西四大丛林之一的省级文物保护单位文殊院，是成都市政府规划的三大历史文化保护区之一。

文殊坊位于成都市北区，文殊院东南的地段线：北至西马道街，东至北大街、草市街，南至文庙后街东段、楞伽庵街、通顺桥街，西至文殊院西边垣墙向南延长的街道①。

文殊巷向东延伸，接头福街，再向东延伸直达北大街，把这坊区分为

从鼓楼南街移来文殊坊的肇第门楼

---

① 四川省文史研究馆：《成都城坊古迹考》，成都时代出版社2006年版，第190、195～198页。傅崇榘编：《成都通览》，成都时代出版社2005年版，第13、14、16、19、30页。

南北两小区：其北，珠宝街、珠市横街与西珠市巷，三街又划分北部为三小片区；其南，文庙后街东段、金马街、白云寺街、玲珑街，三条街巷又划分南部为三小片区。六个小片区，外面各绕青砖围墙，里面为三合、四合庭院，构成传统的建筑群落坊区，总占地面积约490亩。

文殊坊成都会馆（原五岳宫）入口

北大街，北接青果街，南至酱园公所东口。街南口有火神庙，为清代有名木工刘三师主持建立。其后院有花园，名小玲珑。北门米市设在火神庙内。

上草市街，北接北大街，南接通顺桥街东口。旧为草市街北段，后改名玲珑街，后又改名草市街。街东近北大街处为火神庙，故以庙内有小玲珑花园为本街之名。

通顺桥街，东接草市街，西至银丝街北口。因曾有通顺桥，故名。北接爱道堂，旧名圆觉庵，明末毁，清重建。

楞伽庵街，东接通顺桥街，西至金丝街口。旧无街名，因建楞伽庵，故名之。街北楞伽庵之东侧，有四十炉公所，即铸钱业同业公会。清代炉房合建。1980年基建时，掘出一陶罐，内装骨殖及骨灰，罐上有篆文"天福"，系五代后晋石敬瑭年号。

文庙后街，西接白家塘街，东连楞伽庵街。因其南紧临清初创建的成都县文庙，故名。

酱园公所街，东接上草市街北口，西至白云寺街北口。旧名头福街，后改酱园公所街。街北酱园公所，清咸丰时酱园行帮公建。

白云寺街，北接酱园公所西口，南至通顺桥街西口。街东旧有白云寺，创建年代无考，清乾隆四十八年（1783）曾维修。

五岳宫街，东接白云寺街北口，西至金马街北口。旧为头福街东段，后改名头福街，因街北有五岳宫，又改名五岳宫街。

金马街，北接五岳宫街西口，南至楞伽庵街西口。五代时金马巷在此，后遂以名街。

文殊院街，东接金马街东口，旧为头福正街西段，后改名文殊巷，继改为文殊院街，街北有文殊院。

西珠市街，东接北大街地，西至头福街口。旧名西珠市巷。

头福街，北接西珠市街口，南至酱园公所街西口。清同治时已有此街名，附近有清修寺。光绪五年《成都街道图》漏绘，光绪三十年《成都街道图》作珠市横街，民国《成都街道图》作头福巷。

珠宝街，东接头福街，西至文殊院巷。明代此处为珠宝市场。

文殊院巷，北接珠宝街西口，南至五岳宫街西口，旧为福善会巷南段。

西马道街，西接福善会巷北口，东至青果街南口，旧名西马道。后因民房渐多，始有街名。街北近城垣，街东口有弥勒寺。

文殊坊小区，为明末清初重点建设的北门区域之一，看地名就知道这里曾是珠宝、金银行业和祠庙、寺观集中的地段，出现过富庶繁华的景象。所以，这片民居的保存，有利于后人了解当时的社会状况、居住习尚、民俗风情等。

二十一、成都宽窄巷子民居保护区

宽窄巷子就地整修民居

宽窄巷子，即宽巷子和窄巷子。宽窄巷子民居保护区是宽巷子、窄巷子和井巷子三条平行排列的老街巷及其之间的四合院落群组成的民居区，是成都市三大历史文化保护区之一，已于20世纪80年代列入《成都历史文化名城保护规划》①。

宽窄巷子民居保护区，位于老成都城西。其四邻：在清末时东邻将军帅府和丹桂胡同，南临右司胡同，北接仁里二条胡同，西为空地，外绕金河；现在东为长顺上街，南为西胜街，

---

① 四川省文史研究馆：《成都城坊古迹考》，成都时代出版社2006年版，第206、207页。

西为下同仁路，北为支矶石街。三条巷子的相对位置：宽巷子居北，窄巷子居中，井巷子居南。三巷均呈东西走向，东西宽约350米，南北长约155米，占地面积约81亩。

宽巷子，西起下同仁路，东向桂花巷西口。清朝时期，街西口为镶红旗一甲界，街西有蚕桑局，因与邻近街巷比较为宽，故习称宽巷子，后名兴仁胡同，民国时仍复旧名。宽巷子最长，约350米，街面净宽约7.3米，共48个门牌号。四合大院的最深度，也即宽窄巷子之间最深处，约60米。

宽窄巷子保留的民国时期门斗

窄巷子，西起下同仁路，东向将军衙门右侧。清朝时期，西口为正红旗驻地，因本巷较窄，故名窄巷子，后名太平胡同，民国时仍复旧名。窄巷子较短，街面宽约4.95米，仅有42个门牌号。

井巷子，西起同仁路，东向将军衙门右侧。街中有水井，故名井巷子。清朝时期名如意胡同，亦名明德胡同，街北有明德坊。较之宽窄巷子，井巷子则更短一些。

桂花巷，即丹桂胡同。清时名桂花胡同，因桂花树而得名。清制一甲界即一户甲兵之地，按清制每名甲兵有份地一二亩，由政府给以修建三间住房，四周筑以围墙。旗人长于园艺、栽花、养鸟，呈现一带绿色庭院景象。右司胡同，康熙时曾建有右司衙门故名。辛亥革命后，因纪念胜利而改名西胜街。又因古代为石犀寺之地，故又名石筍胡同。仁里二条胡同，又名君平胡同，相传汉代严君平曾卖卜于此，后来建有严真观。现为支矶石街，因西街口外有支矶石。

该保护区仍然保存旧城格局和古老风韵：青石板街道，青砖墙垣，木板大门，木格窗棂，石质门框，券拱门窗洞口，都是粗犷和古朴的。大门之内，庭院深深，古木扶疏，花草依旧。木质构架，青瓦屋面，朴实亲人。如窄巷子30

宽窄巷子保留的小洋楼

号，院外的八字照墙，门旁两边还有砂石雕的拴马石，门楼上还作高大气派的歇山顶，院内又有西洋风格的拱形门洞，上方嵌木制纹窗。缘因清咸丰六年（1856），法国传教士洪广化曾居于此。38号大门正南，但与街道成锐角，因住宅正门习惯向南。这一片旧城区、旧巷址、旧巷名、旧门面、旧店铺、旧院落、旧建筑、旧装饰等古老的街巷和四合院群的保存，无一不引起人们对以往的回顾与追忆。

宽窄巷子是逾千年的少城、近300年的满城，相继延续的城市格局和建筑风貌的最后遗存，是北方的胡同文化和建筑风格在南方延续的"孤本"，也是老成都人记忆中的旧城风姿遗韵。

二十二、晚清成都李公馆

晚清成都李公馆位于成都市东北正通顺街北侧。街旁有一口双眼井，正对正通顺街124号。"双眼"井，即两口并列的井，可供双人同时汲水故名。原为新开寺内之古井，深8米、宽3米，上盖石板，井史不详，据推为宋井。巴金故居，即在其外侧约20米处[①]。

李公馆的第一代主人李镛，是一个任职多年的县官。第二代主人李道河，曾任广元知县，即著名作家巴金的父亲。

李公馆是一个比较大的院落，整座院落面对街心，坐北朝南，南北深77米，东西宽40米，占地面积约4.5亩。大院由两大部分组成：前面是一座四进三院的大院落，后面是一个后花园。大门与二门之间为一院落，二门与中厅之间又为一院落，中厅与正堂之间也是一院落。院落即庭院，但南方人多称为天井。庭院与天井的形制是一样的，只是平面尺寸大小不同而已。公馆中的天井规模较大，前院中有照壁，中院、后院均可容人马，并有过道和盆景，故应称

---

① 袁庭栋：《成都街巷志》，四川教育出版社2010年版，第778～782页。

庭院。所有天井都稍低于四周房屋的地面，以利排水。地坪表面均满铺石板，以利于人行和庭院活动，如放盆景、乘凉等。

李公馆的大门临街面，为"八"字形大门，门屋明间为大门，两边次间、梢间为门房。门前摆放两口大石缸，安装一对石狮子。两扇黑漆大板门，门板上贴着彩色门神，门楣屋檐上悬挂一对大红灯笼。门下槛外包铁皮。门边的对联是："国恩家庆，人寿年丰"。

进了大门数米，即为照墙，照墙通体粉白，顶部在简单线脚上，青瓦施脊，中作圆形图案，正中心嵌刻"长宜子孙"。

二门是第二进，也是一横门屋，明间前面开双扇板门，后面敞开，不置门屏，这是公馆的前厅，人马可以从中穿过，故又称过厅。次间、梢间为一般性用房，两边各与廊房连接。门房、廊房均为木结构平房，双坡屋盖，青瓦屋面。廊房即堂下周屋，也叫厢房，是连接前后厅堂的走廊式建筑，把前后厅堂连接起来，形成四合院。

二门后面天井之北为第三进。此进标准较第二进稍高，仍然是木结构平房，但是高大宽敞一些。明间为一大厅，称作中厅，次间、梢间为外客房。中厅前后均设槅门，亦可容人马通过，穿过后面天井，进至堂屋之前。

第四进为堂屋，是五间硬山式平房，这是大院中最高等级的建筑。其坐落在高出天井地坪约0.5米的台基上，两端马头墙和中间四柱并列，构成深远的檐廊。明间为堂屋，次间为上客厅，梢间为上房。明间装雕花格扇大门，次间、梢间装雕花格扇窗。室内吊顺水木质天棚。客厅用木雕屏分隔，典雅华丽。上房用白灰粉饰，简洁朴实。

走完四进三院，从东边的过道径向北走，进入后花园的后门。再往前走有一道月洞门，门内石子路，路分左右。往左，前是斜坡，小径曲折，路尽处，是一个山洞。走出山洞，小径下坡，是一片梅林。过梅林，是一条弯弯曲曲的小水道，再往前走，向右是一座石拱桥。过桥，梅林尽处，是一片湖水。再往右看湖中，有一湖心亭，亭为八角攒尖顶。视线穿过湖心亭，往东北边的岸边看去，有一临湖建筑，即为水阁。阁为三间，满装雕饰格扇，青瓦屋顶，白檐飞甍，甚是秀丽。再回视西北边的湖岸，垂柳绿杨之中，有一小楼，即晚香楼。虽然只有三间两层，但是制作精巧，下设围栏，上带平坐，以为临湖观景之用。雕饰屏格之内，陈设完善，俱为聚会饮宴之所。湖面宽广，虹桥高悬，画舟往还，畅通无阻。

二十三、川西平原的林盘人居

以成都市为中心的川西平原地区，土地平旷，气候温和，物产丰富，人口稠密，经济发达，形成了一个独特的生态、文化、经济、建筑环境。其建筑不同于盆地周边的丘陵、山地、高原地区，也不同于盆地中的川东、川南、川北、川中地区。这里水草丰茂，竹木茂盛，风光幽雅，传统文化气息浓厚，农户聚集而居，形成特有的川西农村风貌：林盘土地，村居聚落[①]。

林盘聚落多依托古城和古镇，大大小小，星罗棋布，散落在川西平原上。据成都市统计资料，全市有大小林盘10多万个。其中具一定规模、一定历史文化价值、一定环境特色、一定林地规模、一定建筑特色的林盘2000多个，为全市的重点保护区。

古城、古镇、林盘聚落，相互衬托，相互依存。川西平原的古镇，都具有很高的文化、经济、旅游、建筑价值。安仁古镇，称万年安仁，又称天府庄园；平乐古镇，是茶马古道上的重镇，称天府水乡；洛带古镇，称天府客家第一镇；黄龙溪古镇，称天府水码第一镇等。林盘聚落，多依托古镇。如探花桥，以平乐镇和骑龙山为依托。姜扁扁，与蒲江西来古镇铜鼓村相邻。全家河坝，在郫县安德镇安龙村，附近有全家大院、高家大院、肖家大院、刘家大院。这就是有名的三大林盘聚落。

古镇的经济、文化、交通、服务业都较发达，是发展旅游业的重要资源。许多古镇周围存在大批的林盘聚落，如平乐古镇，镇东有花楸山景区，镇南为秦汉驿道，镇西为金华佛山和金鸡幽谷，镇北为芦沟竹海，全镇碧水萦绕，青山叠翠，所以成为成都市十大魅力城镇之一、全国历史文化名镇、环境优美城镇，为4A级旅游景区。

川西古镇和林盘聚落，有着丰富的历史文化遗存，一方面与过去历史古城遗址相联系；另一方面又与现在的全国历史文化名城成都相依托。如温江有鱼凫城址，郫县有杜鹃城址，金堂云顶山有石城城址，不胜枚举。在成都市辖区范围内，起载体作用的古镇有近20座。

川西林盘聚落，大都得到了较好的保护。对于其中的特色标志、建筑物、构筑物、牌坊、雕塑、古树名木、历史院落、特色街道等，均按遗迹遗存的原

---

① 向庆发：《成都平原古镇保护初探》，《成都文物》1987年第4期。

有风貌或历史格局予以了保护和利用，对于其中具有历史文化的居住点，进行了充分的挖掘和突显其历史文化特色。

川西林盘聚落的保护、维修，有一系列的规定。在林盘周围、内部，要多种乔木，不空地，不留草坪，进行景观式园林绿化。在林盘周边进行改建、扩建、新建时，均应保持与传统一致的传统风貌，统一格调，使之自然和谐。

1987年，郫县农科村利用庭院、堰塘、果园、花圃，吸引城镇居民前来休闲度假，附近农民纷纷仿而效之，"农家乐"即应运而生。成都锦江区三圣乡，创造了"五朵金花"：红砂村花香农居、幸福村幸福梅林、驸马村东篱菊园、万福村荷塘月色、江家堰村江家菜地。"农家乐"和三圣花乡，就是按传统林盘建成的新型林盘聚落。

川西林盘建筑，布局开敞自由，风格朴实飘逸。其特征是庭院为主要形式，基本组合单元是院，一正、两厢、一下房组成四合头。立面、平面布局多变，并不强调严格对称。院内作庭园或天井，形成良好的穿堂风。利用檐廊或柱廊联络各房，灵巧地构成街坊。建筑造型，轻盈精巧。多用穿斗结构、坡屋顶、薄封檐，开敞通透。青瓦粉墙，色彩朴素，冷色为主调。门楼为重点装修，俗称龙门。

川西林盘建筑，讲究天人合一的自然观和环境观。用材因地制宜，就地取材，因材设计。建材以木材、石灰、青砖、青瓦为主。墙有砖墙、土墙、石墙、木板墙、竹编墙等。屋顶多盖青瓦，少数用树皮、石板、谷草等。就地取材，经济适用，与自然环境十分协调，乡土气息浓厚，传统风韵幽雅，有较高的文化品位。

第七节　楼阁、堡寨

一、成都望江楼

成都望江楼，又名崇丽阁，为纪念唐代女诗人薛涛而建，后以其古建筑为中心辟为望江楼公园。相传诗人曾在此建楼吟诗，但早已圮废，仅存一古井，传为诗人汲井制笺处。笺名薛涛笺，井名薛涛井[①]。

---

① 四川省地方志编纂委员会编纂：《四川省志·建筑志》，四川科学技术出版社1996年版，第48页。

锦江南岸有一古井，旧名玉女津，水质清冽，周绕石栏，昔人常以井水酿酒造纸，明代为蜀藩所有，为堂室数椽，用井水仿制薛涛笺，久而久之井便被误认为薛涛井。明代杨慎《江楼曲》中之江楼，在薛涛井上，习称望江楼，为饯饮迎送之所。清嘉庆十九年（1814），布政使方积、知府李尧栋于井侧建濯锦、吟诗楼及浣笺亭，曲径疏篱，修竹丛生，颇称幽静。咸丰、同治年间，因兵燹渐废。光绪初，刘秉章督川时，马长卿以九眼桥附近的回澜塔毁圮，致科第衰歇，功名不旺，于是倡议修建崇丽阁。遂于光绪十二年（1886），蜀绅伍肇龄、罗应旒、马长卿等募款请建崇丽阁。马长卿亲主其事，聘郫县唐昌木工杨燕如、杨前生叔侄烫样设计，并任正副掌墨师，在濯锦、吟诗二楼间建崇丽阁，光绪十四年（1888）落成，由文武两状元四川学使赵以炯、重庆总兵田在田开楼，并重修濯锦楼。光绪二十四年（1898）重新维修吟诗楼、浣笺亭，并创建五云仙馆、泉香榭、流杯池。光绪二十九年（1903）建成清婉室，由华阳罗湘竖石，线刻薛涛道装像于内，室前旧有小竹牌坊，上题"枇杷门巷"。从此基本上形成了现在的规模，"遂为都人游宴饯别之所，而俗则称为望江楼"（见民国《华阳县志》）。

崇丽阁

崇丽阁是望江楼公园的主体建筑。正方台基，边长14.5米、高1米，周设石栏。上建四层楼阁，下两层正方、三间：明间宽6.1米，尽间宽2.7米。上两层为八方形：第三层内收作平坐，周环游廊，第四层亦内收，上覆八角攒尖顶。通高近30米。自地坪起，每边中设踏步八级，拾级可上底层。阁堂天花绘"凤穿牡丹"和"团龙"，四周施彩绘卷草、云纹。每层外檐出挑，檐角起翘，角悬铜铃。阁内设梯步。第二、三、四层中部为一小室，室周置格窗，回廊环绕。顶层天花彩绘蟠龙云纹。屋面铺绿琉璃瓦，脊饰空花琉璃砖。每层撑拱上刻戏剧人物，柱间施雕花雀替，垂柱木雕瓜果。大木施漆朱砂或赭红，小木施五彩色调。整个建筑风格秀丽典重，气势挺拔雄伟，为成都的标志性建筑之一。真不愧晋代左思《蜀都赋》中之"既崇且丽"[①]！

阁中有不少诗联，或对诗人缅怀凭吊，或赞殿阁宏伟壮观，或赏景而抒壮怀，或感时而发忧思。其中有钟云舫长联一副，多达212字，又有李榕长联一副，更写出了他的审美情怀和感兴。

杨氏叔侄因设计、建造有功，川督特赐"木秀才"顶戴殊荣，以褒其功。

吟诗楼，位于崇丽阁南，由主楼加两翼副楼组成"凸"字平面，所谓三叠相依。面阔五间，通面阔15米，进深四间，通进深7.4米。砖石台基，踏步三级，上起两层楼堂。下层围以门楣，上层全敞，除突出部分为台面外，周以围栏。举高约9米，筒瓦覆屋，简洁古朴。小巧玲珑，宛若亭榭。

濯锦楼，位于崇丽阁北，平面为长方形，面阔五间带廊，通面阔24.4米，进深一间带廊，通进深7.34米。举高约8.5米。石砌台基，高0.92米，踏步五级。台基上建两层楼堂。歇山卷棚顶，挑檐飞角。四周走廊，周围木栏。门楣、撑拱、垂柱、雀替等木作精细，雕绘华丽。外形模仿船舫，尽得濯锦之意。虽不及崇丽阁，但典雅朴素，亦自可观。

望江楼建筑群，布局合理，结构精巧，比例调和，体量适中，华而不奢，朴而不俗，创意独特，为晚清川派园林建筑的杰作。

二、宜宾大观楼

宜宾大观楼位于宜宾市市区中部西街街心十字路口。大观楼一名谯楼。楼修建于何时有两说：一说根据唐元和五年（810）刺史张九宗所立《韦南康纪功碑》认为，唐德宗年间（780~804）戎州都督韦皋创建；一说根据《宜宾县志》载，清雍正廷尉邓时敏所作《叙郡谯楼记》

宜宾大观楼

---

① 成都市建筑志编纂委员会编：《成都市建筑志》，中国建筑工业出版社1994年版，第23页。
任文娟：《薛涛与薛涛井》，《四川文物》1989年第4期。

称：乾隆年间"宜宾都司谕修……言郡有谯楼（在府署之东）创自明代嘉靖中（1522~1566）……"明朝末年，毁于兵火，清康熙中（1662~1722）知府张利宾重建，乾隆年间又再毁于火。乾隆二十九年（1764）知府托隆再建，才改用今名[①]。今所存建筑，即其时所建。

楼平面呈长方形，坐落于长方形台基上，台基系条石砌筑，高5.45米，四方均设券拱门，可容车马通行四方。楼分三层，面阔五间，宽20.6米，进深三间，深10.9米。底层台基上设有围廊。楼高22.5米，通高27.95米。木结构城楼，木构骨架，大式作法，三重檐歇山式屋顶，檐下施斗拱，外檐装修讲究，规模宏伟，碧瓦朱柱，雕梁画栋，巍峨壮观，具有清代传统建筑风格。

楼的第三层东方檐下有匾额"大观楼"三字，1.5米见方，为清乾隆知府托隆幕僚冀宣明书，字体潇洒挺拔。同层西方檐下有匾额"西南半壁"四字，为清代华阳顾汝修书。

《汉书·陈胜传》载："与战谯门中。"颜师古注："谯，谓门上为高楼以望者。"《名义考》曰："古者为楼以望敌阵，兵列于其间，下为门，上为楼，或曰谯门，或曰谯楼。"城中筑楼以为望气、望敌、望火、观景之用，古已有之。然宜宾谯楼始建于何时，尚待进一步考证。大观楼近代尚属高楼，一直用作望火报警。新中国成立后多次维修，更显雄伟壮观。登楼览胜，可东望岷江、南眺金沙江，宜宾十景，尽收眼底，为古城胜迹之一。现为宜宾市图书馆阅览室。

三、阆中华光楼

阆中华光楼，又名南楼、镇江楼、过街市楼，有阆州第一楼之称。因位于南门，故称南楼；又因位于嘉陵江之滨，为镇江之高楼，故又名镇江楼；再因位于南门街道上，下可通行车马，为市中的高层建筑，故又名过街市楼。阆中为川北重镇，"形势雄西北，江山扼阆州"。其楼高大雄伟，故称阆州第一楼。始建于唐，重建于明。明清时期屡毁于火，又屡重建于旧址，故名华光楼[②]。清道光年间（1821~1850）复毁于火，同治十三年（1874）再次重建。

---

① 四川省地方志编纂委员会编纂：《四川省志·建筑志》，四川科学技术出版社1996年版，第48页；国家文物局编：《中国文物地图集》（四川分册），文物出版社2009年版，下册第712页。
② 四川省建设委员会主编：《四川古建筑》，四川科学技术出版社1992年版，第179页。国家文物局编：《中国文物地图集》（四川分册），文物出版社2009年版，中册第653页。

华光楼位于街市之中，占地面积8亩。平面为方形，三楼一底，建筑面积150平方米。楼高四层，通高36米。底层为石台基，用石砌券拱作通道，上面三层为木结构。从剖面察看，结构构成亦很有特色。在第一层的条石构筑券拱台基通道两边，竖立有四根拼接合柱，直穿二、三层，直通屋顶，成为二、三层公用的金柱和四层的屋柱。二、三层金柱外立四根檐柱，分层设置，每层内收，各层中断。第四层在金柱上作抬梁构架，造成歇山屋顶。以下各层，金柱、檐柱连成抬梁，构成平坐楼层。整楼立面作三重檐、歇山式屋顶，翠绿琉

阆中华光楼

璃筒瓦屋面。琉璃构件作脊，正脊中饰宝顶、脊塑仙人，角脊飞翼。檐下施撑拱、吊瓜柱。上面三层均作钩栏平坐，四围周匝。平坐内，第二、四层中作雕花落地长窗格扇，四角用雕花短窗。第三层中作雕花落地长窗隔扇，四角用雕花短窗，窗带月圆。整个建筑既显统一而又有变化。琉璃精工，木作精致，装饰考究。飞甍雕檐，朱柱碧瓦，玉砌雕栏，古色古香，华光耀目，额为"阆苑第一楼"。既富传统特色，又具地方风韵。

华光楼与嘉陵江对岸的南津关连峰楼相对，形成对景，是古城阆中的主要景观之一。鹤立于古城传统街坊建筑之中，登楼眺览，居高临下，远山近水，古城胜景，尽收眼底。

四、武胜宝箴寨

武胜宝箴寨位于重庆市武胜县西南万善镇方家沟村西200米处，距武胜县城约25公里，为防避战乱而建造的集军事防御、生活起居于一体的民居建筑群。其东寨（正寨）部分建于清宣统三年（1911）秋，西寨（尾寨）部分完成于1932年。寨体建筑占地面积27亩，平面为银锭形，顺东西向布置。寨内主体建

筑坐东朝西，建筑面积7497平方米①。寨主段襄臣为段门第五代孙，系本县豪门，人称"段半县"。

宝箴寨地处农村山地，地形险峻，依山就势，构筑于小山岭上。石砌寨墙，厚2~3米、高6~13米。墙上设有瞭望孔、望楼、环城通道和全封闭形的城堞。构筑严整，结构坚固，仅尾寨北面有一个两米宽的出入口，形成"一夫当关，万人莫开"的险关。

武胜宝箴寨内院

寨内房屋大都为穿斗式木结构，只有厅堂、寨墙顶部通道等为抬梁式结构。寨内建筑的平面布局，采用传统的四合院形式，院间用廊房或过道相连，院中为天井。组成四合院的房屋，可分为三大类型：一是厢房、厨房等生活用房；二是祖堂、经堂、戏楼等文化用房；三是通道、仓储等战备用房。总计大小房屋120余间，形成八院落八天井。天井大小各异，各具特色：最大的是正塞天井，约60平方米，最小的居然只有5平方米，其形状有矩形、菱形、圆形、三角形等，是根据寨内的八卦方位来设置的，井井相连，道道相通。正寨与尾塞间，左右各建有厨房、自然泉水井、消防水池、仓储、厕所等，都带有长期备战的理念。

寨外的段家院子，是宝箴寨的重要组成部分，除有天井、水井、仓储、回廊之外，还有枪械工作坊和碉楼，与宝箴寨形成掎角之势，相互呼应，互相依存。

清朝末年，武胜县境内建筑要塞共有243个，但如今保存完好的，就只有宝箴寨一个了。寨内通道、仓储、井池等战备设施，部署整齐、设施完善。厅堂、厢房等居住建筑，古朴典雅，气势恢宏。军事设施与民居协调自然，浑然一体。其设计独具匠心，俨然一大杰作，具有较高的历史、科学、艺术价值，

---

① 四川省勘察设计协会编：《四川民居》，四川人民出版社2010年版，第139页。国家文物局编：《中国文物地图集》（四川分册），文物出版社2009年版，下册第829页。

被古建筑专家罗哲文称为"国内罕有,蜀中一绝之军防要塞、住宅"的宝寨。

五、忠县石宝寨

忠县石宝寨位于重庆市忠县东郊长江北岸石宝镇玉印山。长江北岸,孤峰拔地,四壁如削,形似玉印,故以名山。山有古镇,玉为人宝,故以名镇。据现存的清道光二十七年(1847)石碑记载,石宝寨始建于康熙年间,后毁圮。"嘉庆二十四年,吴君世元、孙君倬重修,迄今二十余年,殿宇颓败,楼阁就圮",

忠县石宝寨

邓君得意,捐资以募化数百万金钱,历数年之辛苦而其事始成。故现在见到的建筑,为清代晚期的实物①。

石宝寨由石牌坊、寨门、寨身层楼、奎星亭、天子殿等建筑组成,总建筑面积约1050平方米。

石牌坊为三间四柱牌楼,浑厚朴实,起前导作用。坊额题"必自卑",意谓登高自此始,登高必自卑。一入此境,使人感到景物非凡,别有天地。位置适中,效果良好。入得坊门,拾级而上,美景入目,亲切宜人。步完石级,登上台阶,即入寨门。大门面阔三间,砖木构成。中间开门,门高10余米。门额题"梯云直上"。上为牌楼形,饰蟠龙、双狮等。华丽多姿,雄伟壮观。

主体建筑为楼阁式,依临高崖绝壁而造,与山崖相依为命。全用木头建造,一面附崖,三面临空。从底层到顶点,共十二层,高约56米。其下九层,崖面凿孔,木石相衔,倚崖建造;内部以井架柱作主要支柱,用梁枋穿连、结构而成。其上三层,已到寨顶,为后来所增构的魁星亭,但上下两组连接紧

---

① 四川省地方志编纂委员会编纂:《四川省志·建筑志》,四川科学技术出版社1996年版,第48页。四川百科全书编纂委员会编:《四川百科全书》,四川辞书出版社1997年版,第723页。中共重庆市委办公室编:《走进重庆》,重庆出版集团2009年版,第241、242页。

密,结构手法、建筑风格完全一致,形成一个整体建筑。以外观看,从底层到最高层,每上一层都比下一层小,逐层收缩减小,形成多层木构,构造简洁,受力明确;外檐穿枋出挑承檐檩,下设撑拱。朱柱雕窗,飞檐翘角。俨然一座方形楼阁。内部每层设木梯,辗转而上,从江岸可通寨顶。整座楼阁,形象高大,气势磅礴,蔚为壮观。

山顶最高处为平坦的石坝,宽敞如平地,其面积约1200平方米。中有古刹天子殿,建于清康熙、乾隆年间。主要建筑有山门殿、前殿、正殿、后殿。山门上题"绀宇凌霄",更显出它的巍峨壮丽。对于它的壮丽景色和光荣的历史,清代冯誉骢有《石宝寨》诗云:"破碎河山独力撑,隐然西蜀一长城。""白杆森严万帐兵","图麟先记美人名"。长城,比喻壮丽的河山,像长城一样坚固。白杆即白杆兵,是女英雄梁红玉部队的名称。图,是画;麟,是麟烟阁,指古代专列英雄画像以为纪念的建筑。美人即指梁红玉。

山顶石坝最高处海拔230米,置身其上,浩瀚大江、青翠远山,尽收眼底;石宝美景、飞阁流丹,历历在目,不愧长江上游明珠的称号。

2001年被国务院列为第五批全国重点文物保护单位。

第八节 牌坊、桥梁

一、隆昌牌坊群

隆昌牌坊群分布于隆昌县城西北至东南长约3公里的成渝古道上。13座石牌坊均坐落于街尾,各坊遥相对应,其形制为四柱三门五楼牌楼,造型美观,雕刻精细,坊上题名及楹联,多为当时职官及本地名家所撰。坊通高11米上下,宽9米左右,建于清道光十八年(1838)至光绪十三年(1887)的50年间[1]。

郭陈氏节孝坊,坐落于油坊街,建于道光十八年(1838),保存完好。

禹王宫山门坊,坐落于今隆昌第二中学内,建于道光年间(1821~1850),保存完好。

邑侯牛树梅德政坊,坐落于道观坪街,建于道光二十四年(1844)。

---

[1] 四川省建设委员会主编:《四川古建筑》,四川科学技术出版社1992年版,第258页。四川省地方志编纂委员会编纂:《四川省志·文物志》,四川人民出版社1999年版,第395页。

邑侯刘光第德政坊，坐落于道观坪街，建于道光二十五年（1845）。

孝子总坊，坐落于道观坪街，建于咸丰六年（1856）。

邑侯肃庆德政坊，坐落于道观坪街，建于咸丰六年（1856）。

诰封中议大夫敕授修职郎郭玉峦之坊，坐落于牛春坪街，建于光绪十三年（1887）。

百岁老人舒承湜之坊，坐落于牛春坪街，建于光绪六年（1880）。

节孝总坊，坐落于牛春坪街，建于咸丰五年（1855）。

节孝总坊，坐落于牛春坪街，建于光绪四年（1878）。

邑侯李吉寿德政坊，坐落于牛春坪街，建于咸丰五年（1855）。

邑侯觉罗国欢德政坊，坐落于牛春坪街，建于同治十年（1871）。

诰封中议大夫遂宁县教谕郭人镛之妻诰封淑人郭王氏坊，坐落于飞泉乡上丰村，建于光绪十三年（1887），除北面缺抱鼓石一对外，其余皆保存完好。

"文化大革命"期间，第三至第十二号牌坊的坊顶、大吻、脊饰、抱鼓石及大部分雕刻，均有不同程度损坏。

隆昌牌坊群

隆昌节孝坊

隆昌德政坊

牌坊群中，建造年代较早、雕刻甚美者为郭陈氏节孝坊。因初建时，飞檐上悬有铜铃，俗称"铃铃儿牌坊"。坊为四柱三门五檐牌楼式。通高14.7米，面阔9.5米，西北向，占地面积34.7平方米。坊翼角起翘较高，屋面刻瓦垅，脊中置火焰宝珠顶，两端刻鱼龙形大吻。檐下斗拱承托，下嵌五龙环绕"圣旨"牌。上横梁浮雕《丹凤朝阳》图，下嵌"节孝"横匾，中横梁上刻"邑监生郭世藩之妻陈氏节孝坊"13字，再下嵌匾，刻建坊事由及年款"大清道光十八年孟冬月朔二日建立"。门楣上浮雕戏剧故事图像。门柱两面刻褒颂"节孝"的楹联四副。第二、三级楼盖左右对称雕饰与第一级相同，第三级楼盖大额枋上刻麒麟、朱雀，左右两端出头处刻神怪4尊。4对抱鼓石首刻圆雕狮像4对。全坊刻人物75个，故事14则。此坊用青砂石垒砌，各部件皆整石雕琢，镶嵌成形，造型美观，雄伟庄重。

隆昌和睦坊

2001年被国务院列为第五批全国重点文物保护单位。

二、雅安上里石牌坊

雅安市雨城区上里古镇石牌坊现有两座，一为双节孝坊，一为九世同居坊。

（一）双节孝坊

韩氏双节孝坊，位于上里古镇南约一里处的农田中，右旁清溪，坐北朝南。为褒扬武举韩腾蛟祖母杨氏和庠生韩廷儒母范氏姑媳守节而敕建的旌表牌坊。因坊系旌表两代节孝，故名双节孝坊，建于清道光十九年（1839）。

牌坊系四柱三间五檐多脊石牌坊，通高11.25米、面宽6.4米、深3米。基座长8

雅安上里双节孝坊

米、宽4.5米。出檐1.1米。全坊镂空石雕，浓施彩绘，图案纹样，生动别致。顶梁上下刻有戏曲人物24组，人像200个，衣饰古朴，表情自然。正中镂空，刻《二龙戏珠》与《双凤朝阳》，雕刻精细，形象生动。基座础石刻青狮、白象，造型逼真，灵巧活泼。石坊构成后，施石青、石绿和石红彩绘，经历百年风雨，霜雪侵蚀，至今依然清晰可辨。

坊前17.2米处，竖立一对高12米的八角双斗石桅杆，烘托出牌坊的恢宏雄伟。

现牌坊占地499平方米，并构有栅栏卫护。前后均筑宽3米的观光大道，前段长145米，后段长76米。两旁莳植花草①。

鉴于石牌坊尺度完美，刻工精巧，具有较高的历史和建筑艺术价值，故1956年被公布为四川省第一批文物保护单位。

（二）九世同居坊

陈氏九世同居石牌坊，位于上里古镇东北的陈家山犀牛望月处。始建于清嘉庆六年（1801）。

陈氏始祖兴崇，由楚入川，历经唐宋元明，九世同居。至陈竟时，人丁逾千，共聚一堂，未分财产，恪守家训"忍则无嫌心，公则无私意，能忍而能公，治家之良法备矣"（《陈世家训》）。因备受历朝朝廷嘉奖，故为立家谱牌坊，名九世同居坊②。

雅安上里九世同居坊

该牌坊坐西向东，用当地红砂构筑，六柱五间，三阶五檐，仿木结构，歇山式屋顶，通高7.5米，面阔16米，厚0.4米。坊上正反面刻有文字，额枋、绦环，皆有镂空雕刻或浮雕人物、花鸟、鱼虫、飞龙、走兽以及多种几何图案等纹饰，雕刻精细，栩栩如生。与一般牌坊不同之处是，柱间均填有挡板，前后不能通行。坊前列石狮、石象各一对。附近尚有陈家节孝坊一座，系建于同居

---

① 四川省地方志编纂委员会编纂：《四川省志·建筑志》，四川科学技术出版社1996年版。第45页。国家文物局编：《中国文物地图集》（四川分册），文物出版社2009年版，下册第994页。

② 国家文物局编：《中国文物地图集》（四川分册），文物出版社2009年版，下册第995页。

坊后期的仿木结构石牌坊。两座牌坊和一对桅杆，至今保存完好，对于研究建筑艺术和人文历史均具有很高的价值。

三、都江堰安澜索桥

安澜索桥，中国最古老的索桥，位于都江堰二王庙前之岷江上近"鱼嘴"处。宋以前叫珠浦桥，后改为评事桥。清称安澜桥，又称夫妻桥。澜，指大波澜；安澜，指水波平静；索，指大链条、粗绳子。古人用藤条、竹篾制索，称竹索；用铁制链，称铁索。近人用钢丝绳制成索，叫钢索。竹索桥、钢索桥又省称索桥或绳桥。索桥是把桥面吊起悬空，故称吊桥或悬桥。吊桥用索，现代称悬索。吊桥即现代结构学中称悬索桥。索桥，又称笮桥，是跨越高山深谷，或江河两岸间的重要交通设施①。它是西南少数民族地区的最显著的文化特征之一。《元和郡县志》卷三二载："凡言笮者，夷人于大江水上置藤为桥，谓之笮。其定笮、大笮皆是近水置笮桥处。"又《广韵》载："笮，竹索，西南夷寻之以渡水。"

都江堰安澜索桥

川西地区山高谷深，河流湍急，交通十分不便，当地多梓柏大竹，当地人就地取材，利用竹藤，制作大江两岸的津梁。安澜索桥历史悠久，宋以前叫珠浦桥，但缺乏具体记载。宋淳化元年（990）大理评事梁楚知永康军，对该桥重建，桥以官名，称评事桥。

宋代索桥建筑之法是：先立两木于水中作桥柱，夹岸以木为栈，绳索松缓，则转动木转机收之。十数根竹索平列，上铺木板桥面。人行其上，胆战魂慄。北宋范成大《吴船录》云："桥长百二十丈，分为五架；桥之广，十二绳

---

① 四川省地方志编纂委员会编纂：《四川省志·建筑志》，四川科学技术出版社1996年版，第43页。
四川百科全书编纂委员会编：《四川百科全书》，四川辞书出版社1997年版，第90页。

排连之，上布竹笆；攒立大木数十丈于江沙中，辇石固其根。"此为记桥的做法，即在江沙中坚立成捆大木为柱，在柱上连一排竹索，索上布竹笆。大风吹过，好像晒渔网一样翻动。

《吴船录》虽然介绍了桥长和桥的大体结构，但并未涉及两旁护栏等问题。索桥经历宋、元、明三代，至明末索桥焚于战火，岁久无修，只设义渡，以济行人。每遇夏秋水涨，江流湍急，时有船覆人溺之患。故有"走尽天下路，难过伏龙渡"之说。清嘉庆间（1796~1820），贵州毕节人何先德率妻避乱，流寓灌县河街子，以教私塾谋生。嘉庆八年（1803）五月十五日，他目睹渡船覆没，淹死数十人的惨状，愤而发愿重修索桥。其修桥义举，得到钱塘人吴令的支持，也得到百姓和邻近少数民族的支持。他们夫妻历经千辛万苦，终于将索桥建成。

新桥两端置大木碾，转动木碾，拉紧竹索，使桥面平直，减少震荡。木碾置于木笼中，木笼固定于岩岸石室。竹索十根平列，上铺木板桥面，两旁各有较细竹索六根作护栏。由于桥底竹索太长，下面用木排架八座及石墩一座承托，将桥分为九孔，全长共320米，其中最大跨度达61米。每座木排架用大木五根打入江底，中用横木连接，下有五块砌堆。其两边木桩较长，形成斜柱。石墩一座位于"鱼嘴"上，内有石室，亦有大木碾，可以拉紧竹索。因过桥安全平稳，故名安澜桥。为纪念何氏夫妻，故又称夫妻桥。

现在的索桥，是1974年因建外江水闸而下移100米新址重建的。新桥采用钢筋混凝土作梁架，以钢索代替竹索架桥面，护栏密加夹耳。桥头堡雄伟壮丽，中设八角亭供行人休息。整个结构，古朴大方，既保持了古桥风貌，又体现了时代精神。

安澜索桥系1982年国务院公布的第二批全国重点文物保护单位。在桥上可以领略"乘风时上下，带雨亦飘摇"的风趣，又可饱览两岸壮丽河山，缅怀先人创造都江堰水利工程的光辉业绩。它吸引着古今成千上万的游人和文人墨客，留下了许多动人的篇章。

第九节　园林建筑

一、新繁东湖

新繁东湖又称卫公东湖，位于成都市北郊23公里处的新都区新繁镇。始凿于唐朝李德裕。占地面积27亩，其中水面面积7.5亩，建筑面积1700平方米[①]。

李德裕（787～849），字文饶，赵郡（今赵州）人，唐武宗宰相。早年为新繁令时凿东湖，因湖在县署东故名东湖；又因封卫公，故又称卫公东湖。卫公除才堪宰相外，尚精通园林建筑，除东湖外，另在长安构起草院、精思亭；在洛阳置平泉庄，为一杰出历史名园。今长安、洛阳名园无存，唯新繁东湖尚留旧址，留存唐代风貌。

新繁东湖古柏亭

东湖掘池叠山，栽花植树，建造了楼、台、亭、阁、轩、堂、桥、榭等建构筑物二十余处。古柏贞楠，苍松翠竹，掩映其间；清溪流水，荷池菱沼，环护其下。碧瓦雕甍，飞檐翘角，气象宏深，瑰丽迷人。

来到东湖大门前，可见一副石刻对联："大启文明，藉兹观感；拓张胜迹，景仰前贤。"据此可知近代维修古园的目的与意义。及至二门，迎面原有"唐贤胜迹"匾额，则知此处为卫公留下的胜迹。进门右侧，为三贤堂，北宋称文饶堂，后称卫公堂，南宋后称三贤堂。三贤即卫公和宋贤王益（993～1039）、梅挚（994～1059）。清初重修，后几度维修。20世纪50年代因堂宇垮塌，辟为露天茶园。顺三贤堂遗址过石桥，有凉亭曰"古柏"。因其附近有四株高大苍劲的古柏，传为卫公亲手栽种，故名其亭。惜年代久远，相继枯死，最后一株在1929年焚毁，今亭空有其名。从古柏亭过三弯九拐石桥，便是城霞阁，阁周一水叫勾氏盘溪。阁后隔水相望的墙上，有"眠琴石"三字，字体古朴秀美，系清同治二年（1863）所刻。相传此地原有一平整大石，文人们爱坐石弹琴，倦极抱琴而卧；又说若贴耳静听，可以听到琴声。今石虽不存，却留下美妙的传说。

[①] 四川省地方志编纂委员会编纂：《四川省志·建筑志》，四川科学技术出版社1996年版，第343页。成都市园林志编纂委员会编：《成都市园林志》，四川人民出版社1998年版，第34～37页。

由城霞阁过石桥，沿勾氏盘溪北行，左边为度鹨桥。鹨即山鸡。园有山林之胜，为山鸡所栖。山鸡渡桥，故名度鹨。与此毗连，有阁曰瑞莲。它是为纪念北宋新繁知县王益所作《东湖瑞莲歌》而建的，飞檐翘角，结构精美，是东湖的主要景点，也是月波廊的起点。月波廊全长百余米，形如折屏，从瑞莲阁接篁溪小榭、怀李堂、冰玉轩和珍珠船。篁溪小榭架于溪上，隐于幽篁，南北临水，有美人靠，东西接岸，有长廊相通。怀李堂即李卫公纪念堂，20世纪80年代重建，为清式建筑，木构五楹，灰瓦屋面，古朴亲人。门柱满挂近代名家楹联，赞美卫公治国治蜀业绩，赞美东湖秀丽风光。堂后为花南砚北之轩，轩后临万花湖。月波廊由西向南转角处为冰玉轩，系1929年添建。珍珠船系舫居，经多次维修，原貌失真。周围水面填塞，水景亦不复见。其内存古碑二十余通，颇具历史和艺术价值。

由珍珠船北行，经晚香斋、光霁堂、过石拱桥，沿伴梅亭外石梯，可上遍植梅花之古城墙。再西行数十步，便是观稼亭。放眼北望，江流似带，庄稼如茵。再上重修之望雪楼，若时值冬春，雪山历历在目。

出望雪楼，越花圃，经耸翠亭，折回珍珠船，南行，便是纪念明清著名学者费密等人的四费祠。原祠系清道光八年（1828）知县马裕霖建于城东南，名费公祠。1922年知事刘咸煊将祠扩大移于此，易名四费祠。20世纪80年代重建。费密一家，祖父子孙四代，出六位诗人，故大门上楹联云："问十字千秋，父子孙曾几诗客；羡一门四世，文章忠孝六乡贤。"

再南行，是清白江楼，为纪念北宋"铁面御史"赵抃而建。有一次赵抃在过江船上，见江水清沏若镜，就对随行官员说，当官的就要像此江水一样清白，以后人们便叫此江为清白江，楼也因此得名。楼东接蝠崖，系掘湖取土垒成，形状如蝙蝠故名。其东有草亭，为湖最高处，登亭可望见湖外群山，故曰见山亭。过了清白江楼，又回到了三贤堂

卫公东湖清白江楼

遗址。

西蜀名园东湖，秀丽的水光山色，典雅的园林艺术，古朴的川西建筑，丰富的文物遗存，无不给游人留下难忘的印象和美好的回忆，激发游人对先贤的尊敬和祖国的热爱。

二、广汉房湖

房湖，原名城湖，今为广汉市公园，位于广汉城西南，距成都市42公里。占地面积约90亩，其中水面为六分之一，故园以湖名。原系唐代名相房琯谪居时所建的私园，故湖以房名①。

房琯（697~763）字次律，河南人，曾任吏部尚书、同平章事。唐肃宗至德元年（756）为兵部尚书，因讨伐安史乱军失利，被贬为汉州（今广汉）刺史。广德元年（763）奉诏回京，途经阆中时病故。房湖是他任汉州刺史时所建，距今已1200多年。

房琯为官颇有政绩，史赞其有"王佐才"。在汉州时，他以"尔奉尔禄，民脂民膏。下民易虐，上天难欺"的警语自律，故深得民心。房琯在广汉开凿有两湖：一为城外的西湖，一为城内的城湖。据《广汉县志》载："房公西湖，虽不及镜湖之胜，然创自房公，而少陵诸公一觞一咏，亦即一时之胜也。" 房琯是杜甫至交，故杜甫常来西湖与房琯饮酒赋诗。宋代的陆游、魏了翁、文同等，也常来西湖凭吊和游览，留下许多诗篇。至近代，西湖废，辟为农田。

今房湖，即原城湖，据《广汉地理舆图考》载，城湖宽约五六亩，在城内西南侧，近文庙，曾是房琯闲暇憩息之地。园中原有建筑均已荒废，至民国时期始对房湖进行扩建，并改为公园。新中国成立后，又重修亭台、楼阁、曲廊、堆石、鱼池、瀑布、盆景、兰花，湖景玲珑别致，别具地方风韵。

今房湖园内有始建于南宋的文庙，庙中棂星门，五间、三门两屏，全部红石构筑，雕琢精美，雄伟壮观，有石刻浮雕200余幅。建筑完好，为一难得的古建精品。

今园中尚有圣谕碑，为张献忠于清顺治元年至三年（1644~1646）在成都建立大西国，改元大顺后所建。碑首阴刻"圣谕"二字，四周绕以石刻彩绘的二龙戏珠图。碑身刻有"天有万物与人，人无一物与天""鬼神明之，自思自

---

① 四川百科全书编纂委员会编：《四川百科全书》，四川辞书出版社1997年版，第365页。

量"。后南明平寇将军杨展命人在碑阴另刻"万人坟碑记"。碑高2.1米、宽1米,上建亭覆盖。

园中还有广汉抗战阵亡将士纪念碑,1941年7月7日建。原立于体育场东北角2米多高的土台上,高大雄伟。新中国成立后整修体育场,移于园内西侧。碑身呈方形,通体石质,三面阴刻行书"抗战阵亡将士纪念碑",一面落款为"中华民国三十年七月七日公建"。碑座四边刻抗日浮雕图案,下为方形须弥座,通高5.5米。

新中国成立后,园中新建了纪念房琯的仿古式建筑"琯园",由留琴馆、怀清轩、信可居、冰光阁等组成。园中新建琯园山门,面阔三门,卷棚式屋顶,灰色筒瓦屋面,明间门楣悬"琯园"匾额。园中小筑,悉仿古制,清幽近人。

房湖肇建于唐。今日湖中山水、房公巨石,自是唐代遗物。园景布局,山水构成,应存唐代遗制。它如宋之文庙棂星门、明末圣谕碑刻、等均为古迹。更有园中字库、园门旁之城楼、城门等,亦为一地之胜景。这座传承1000多年的园林建筑,是一份十分珍贵的历史文化和建筑学科遗产,值得珍惜,值得保护。

三、成都望江楼薛涛园

薛涛园,即望江公园,为一处纪念唐代女诗人薛涛的园林,位于成都东门外锦江南岸,九眼桥东约1公里处的江岸上。它以拥有晚清建筑群和"竹的公园"而驰名中外①。

薛涛园主要由古建筑、古井、仿古建筑、竹林等景区(物)组成,占地面积约177亩。园林平面成新月形,圆弓濒临江岸,楼台亭榭,掩映在翠竹绿树之中。

民国时期成都第一郊外公园——薛涛园

---

① 四川百科全书编纂委员会编:《四川百科全书》,四川辞书出版社1997年版,第990页。成都市园林志编纂委员会编:《成都市园林志》,四川人民出版社1998年版,第25~30页。

园中古典建筑,均系晚清旧物,计有崇丽阁、濯锦楼、浣笺亭、五云仙馆、泉香榭、流杯池、清婉室等。崇丽阁为公园主体建筑,也是成都的标志性建筑之一。风格秀丽典雅,气势挺拔雄伟,既崇且丽,独冠群芳。濯锦楼位于崇丽阁北,模仿船舫,典雅朴素。吟诗楼位于崇丽阁南,结构独特,宛若亭榭。浣笺亭小巧玲珑,为纪念诗人浣笺而建。五云仙馆,正面为五开间,外廊为红色圆柱,后面是红豆树环绕。泉香榭系小亭,位于假山之上,立柱仿竹,顶盖树皮,自然得体。流杯池弯曲自然,颇为别致,周围石栏,有《流杯池》石碑,小溪上建有三座小石桥,溪边植迎春花、梨花、海棠花、罗汉松,绿映清溪,黄花缀萃。清婉室三面空透,红墙嵌碑,碑刻诗人道装像。

古建群布局自由,无对称,无中轴,无妨游览,不挡视线,不杂乱,不堆砌,条理井然,自然得体;竹木蔽空,繁花铺地。曲径通幽,清逸典雅。

古井名薛涛井。莲边台座,直径5米、口径0.75米,呈八角形。井边围石柱木栏,井口已换成石花盖。清康熙年间成都知府冀应熊书"薛涛井"三字刻于石上。乾隆时,翰林编修江西周厚辕书王建诗一首,末附己诗一首,乾隆四十七年(1705)立此两诗石刻于井口左右两旁。照壁后为1997年补栽皂角树二株,形成背景。

成都望江公园薛涛井

仿古建筑有望月台、茗婉楼、锦竹轩、修竹餐厅、茶社等。望月台位于吟诗楼南河堤边,台高1.7米,堤壁镌"锦波丽瞩"四字,1979年建。茗婉楼,位于锦江畔,建筑面积820平方米,曲槛回廊,雕梁画栋,飞檐翘角,翠竹掩映。

"晚岁君能赏,苍苍劲节奇。"诗人爱竹的清高。清代吴升《薛涛井》诗曰:"我昔寻此井,一径入深竹。潇然半弓地,围以万竿绿。"这说明在清朝,薛涛井附近,已是竹林万竿,一片深绿。

1953年,被定为"竹的公园"。1989年清理登记,尚有110

余个品种，分为三大区，即丛生竹、散生竹、观赏竹，总计面积达15亩。有人面竹、花楠竹、佛肚竹、方竹等观赏竹，也有慈竹、楠竹、苦竹、邛竹等实用竹。

1953年，公园扩大面积，维修园内设施，对外开放。1983年，设立"薛涛资料陈列室"，展出有关资料60多种。此后，建茗婉楼等仿古建筑，并进一步扩大园林面积，使之日臻完美。

望江公园，水木清华，鸟飞鱼跃。单体建筑寓意深厚，绚丽多彩，个性突出，各具特色；群体建筑布局自由，浑成整体，变化统一，多样而协调。望江公园以薛涛为历史背景，集四川清代古建筑之大成，堪称四川古典建筑的标志，是以竹类造园为特色的纪念性园林，川西传统园林的经典。

四、崇州罨画池

崇州罨画池与陆游祠和文庙组成一组合式大型园林。三部分相互连接，又各成一体。园林位于崇州市崇阳镇中心，距成都43公里，总占地面积64.95亩，其中罨画池占地约为39.0亩[①]。

罨画池原为州判官署后园，始建于唐，兴盛于宋。北宋景祐年间（1034~1037），赵抃（1008~1084）任江源县（今崇州市）令时，写有《蜀倅杨瑜邀游罨画池》诗："占胜芳菲地，标名罨画池。"可见其时已成胜景。南宋诗人陆游（1125~1210）为蜀州通判，曾住此一年，并作诗数十首，编入《剑南诗稿》。此时的罨画池，更是烟柳芳菲，水光菱花为胜。明洪武元年（1368）于池南建文庙。正德年间（1506~1521），蜀人为了纪念赵抃与陆游，于池东南侧建赵、陆公祠，额曰"琴鹤梅花"。明末战乱时，祠庙均毁。清代多次重修扩建。康熙九年（1670）建尊经阁于文庙之后的小山上，此山系当年掘湖所堆。道光年间（1821~1850），州牧李象昺于池中建湖心亭，与岸上尊经阁相呼应。光绪元年（1875），知州孙开嘉在池东南重修园林，将池东小沟渠扩大为一水面，并以桥廊与大池分隔，建鹤琴堂、问梅山馆、水榭、飞虹桥、望月楼、草亭等园林设施。新建设施都集中在东南一隅，形成东南、西北疏密悬殊的布局。格调清旷，是当时此园的一大特色。1916年，辟为公

---

① 四川百科全书编纂委员会编：《四川百科全书》，四川辞书出版社1997年版，第1064页。
成都市园林志编纂委员会编：《成都市园林志》，四川人民出版社1998年版，第37~41页。

园。1929年，定名为中城公园。当时，文庙内长期驻军，建筑局部损坏，一些古树、古藤亦遭砍伐。赵、陆公祠亦破败不堪，遂移建于尊经阁侧，名曰二贤祠，后来亦废。20世纪50年代初期，曾多次维修。1955年定名为崇庆县人民公园。1960年拆除文庙中石牌坊，填平庙前月池。"文化大革命"期间，庙内匾额、牌位、神龛等，俱被捣毁，幸整体建筑尚保存完好。1974年在池东岸新建一组仿古浮雕装饰邛窑碎片嵌镶的廊、亭、轩。1981年10月更名为罨画池公园。1982年在水院东南方重修陆游祠。1985年于陆游祠中建大门、过厅、放翁堂、同心亭等建筑。

罨画池部分，水面所占成分很大，约为水园面积之半。其水面格局基本上是宋时形成的，故有南宋名园一说。全园布局以水面为中心，平地凿池，堆土叠石，因势就形，营建亭台楼榭、轩廊堂馆，布置自然，高低有致。造景不求对称均衡，但能相互依托照应，于闹市之中，造就酷似真山真水的境界，形成自然的整体，体现了川派园林运用建筑点景的特色。园中南部建筑景物密集，颇具曲院幽庭特色；北部水面宽阔，犹如静谧水乡。园中四季常绿，鲜花不断；建筑山林，倒映水中，俨然彩画，颇具诗情画意，被誉为川派园林的代表作。2001年被国务院公布为第五批全国重点文物保护单位。

五、新都桂湖

新都桂湖位于新都区城内，南距成都18公里。园区占地面积约80亩，其中湖面约占三分之一，是一座集桂花、荷花和纪念建筑的综合性园林。始建于隋唐之际，原名南亭。园中城墙建于隋开皇十八年（598），湖池为隋唐时取土筑城所形成，是现存罕见的隋唐湖池遗址。现古城墙已成绿树成荫的绵延山坡，这种早期的湖池园林结构，已成国家珍贵的园林文化实物标本。这座古园，当时是一个隶属于县署的驿站式官家私园。明正德、嘉靖年间，著名学者杨慎（1488~1559），字用修，号升庵，正德状元，授翰林院编修，在驿馆内沿湖广植桂树，并改名桂湖，因此桂湖又叫升庵园，也叫升庵桂湖。明末毁于火，清嘉庆、道光年间重修，1927年扩为公园[①]。

桂湖就整体而言，保存了隋唐园林的遗韵，又具清代园林建筑特色。就园

---

① 成都市园林志编纂委员会编：《成都市园林志》，四川人民出版社1998年版，第30~34页。
周沙尘主编：《中国旅游分类词典》，重庆出版社1997年版，第314、315页。

林单体景物而言，有许多特殊之处。有全国唯一的非对称的双亭交加亭、全国稀有的由三个建筑组合而成的殿式建筑升庵祠、全国唯一的重檐草亭、全国城市最大的一对紫藤、全国唯一的川派鹅卵石假山、全国五大桂花观赏地之一、全国荷花大型观赏地之一等。

桂湖景物在城、池、桂、荷之中，这排着升庵祠、杨柳楼、小锦江、湖心楼、沉霞榭等20多处建筑。

升庵祠，位于湖中心岛上，其地原为升庵故居，古朴宏敞，中为悬山大殿，两边各加一个三坡偏厅，屋檐中高两边低，造成昂扬低抑情调，极富创造性和地方风格。内奉杨升庵和黄娥塑像，陈列室收藏有杨氏大量手稿、实物和著作四百多卷。

杨柳楼，位于主湖之北，清咸丰十年（1860）始建，1981年重建。古人有折柳赠别之俗，后人因建楼以寄升庵、黄峨几经别离之情，故以杨柳名楼。楼高二层，卷棚歇山顶。

小锦江，临水楼阁，在杨柳楼前西侧，重建于1981年，仿成都锦江之滨的濯锦楼，亦含伤别之意。

湖心楼，位于西湖方岛上，仅一桥通西岸。清咸丰十年（1860）建，1927年改为图书馆。1984年重建，重檐卷棚顶，楼后两侧各有一亭相连。

沉霞榭，建于清道光十九年（1839），原名谢公祠。1949年后，更名沉霞榭、黄娥馆，为黄娥著作陈列馆。

杭秋，位于升庵祠南，建

新都桂湖升庵祠

新都桂湖交加亭

于清道光十九年（1839）。横跨湖上，形似游舫、木廊桥，小青瓦卷棚顶，名出《诗经·河广》："一苇杭之。"

亭亭，位于祠东南湖滨，1913年，系下为八角、上为四角的重檐草亭。

交加亭，原称水心亭，位于大门入口处之右方。两亭相依，有二柱共用，一亭在岸，一亭跨水，高低错落，独具匠心。

香世界，位于主湖南岸，系清道光十九年（1839）所建轩堂。相传近有升庵所植老桂一株，人称桂花大王。每到中秋，群桂争妍，老桂犹芳，馨香馥郁，故名。

枕碧亭，建于清道光十二年（1832），系四角重檐攒尖，三面临水，玲珑剔透，依枕碧波，故名。

翠屏山，建于清道光十九年（1839），系清式川派鹅卵石假山，面积370平方米，高3.85米。采取中国山水画形式，从低到高，四五个层次，与近城相应，与西岭雪山气脉相通，在园林结构上起到不可替代的屏障审美作用，使大小高低体量不同的景物，互相陪衬，相辅相成。

翠屏亭亭、荷塘月色等八景，点缀湖光山色，美不胜收；匾联碑刻，图书字画，充满堂馆，书香浓郁，不愧为一座十分难得的传统文人园林，1995年被国务院公布为第四批全国重点文物保护单位。

六、重庆鹅岭公园

重庆鹅岭公园，亦称宜园、鹅岭礼园。地处半岛状的重庆山城尾部，位于鹅岭山脊，海拔340～380米，占地约98亩。鹅岭东临市区，西接佛图关，南望长江，北濒嘉陵江，地势雄伟峻峭。鹅岭因地形似鹅冠而得名，著名书法家赵熙书"鹅岭"，刻石碑于山顶。1958年7月1日该园正式对市民开放，命名为鹅岭公园[①]。

该园始建于清宣统元年（1909），由当时四川省劝业道重庆府劝业员李和阳筹银10万两，置地30余亩修建，称为礼园。整个设计布局由李氏精心筹划，曾派人赴苏州、杭州参观，尽仿江南园林，安排了不少景点。开凿榕湖，湖上建一石拱桥，长12.5米、宽1.8米，并利用石拱圈两侧的不等距，加上侧墙的悬

---

① 四川百科全书编纂委员会编：《四川百科全书》，四川辞书出版社1997年版，第356页。重庆市城乡建设管理委员会等编：《重庆建筑志》，重庆大学出版社1997年版，第121～122页。

臂砌筑成石拱桥上独特的S形桥面。绳状石栏杆高0.73米、长1米，桥下有倒嵌的溶岩石，看来就像一座涟漪翻滚的绳桥。宅院中心建筑宜春楼，一楼一底，歇山环廊一字式，向右铺开在平坦的中心地带。楼大厅内挂有清末协理大臣徐世昌匾额和孙中山书赠的绢纸条幅。园中尚建有日本式茅屋璇碧轩、罗马式全石料建筑桐轩、中国传统式前水后山的绿天仙馆、方壶榭以及别具特色的鹅冠亭、孔雀亭、松鹤亭、两仙洞、乳石洞、第一江山台等。整个公园布局精巧，富有苏州庭园风格。园中景点还有盆景园、古桩园、莲池观鱼、长廊、爬山廊等，另有苏军烈士墓及辛亥革命烈士墓园。从清末到民初，一度为军阀所占。抗日战争时期，英国、澳大利亚使馆驻于此。新中国成立后西南军政机关和贺龙等亦曾驻园。

两江亭在鹅岭公园后山制高点上，1954年修建的一座古典式观景亭，1980年倒塌，1982年采用新方案建设新楼。主体建筑为现浇砼框架结构，外装修为黄色玻璃马赛克，每层飞檐四周均有霓虹灯，楼顶部装有绿宝石灯一组，入夜后绚丽的灯光勾勒出该楼的轮廓。主楼四周建有高差错落的平台6个，楼正面的平台上建有一座55平方米的观赏水池，池中设有彩色水下灯，池后为幅面34×6米的人造塑石，正面利用落差采取循环水的办法，构成壮观的小瀑布。平台外装修为玻璃马赛克，正面平台的石级两侧，有人造塑石，上刻诗句。全楼高41.1米，占地面积1.29亩，建筑面积1911平方米，1984年竣工，由前重庆市长任白戈命名为瞰胜楼。白日登楼远眺，两江风光尽收眼底；夜晚登楼俯瞰，万家灯火闪烁辉煌，景色异常壮丽。巴蜀乡贤宋育仁《题礼园亭馆》有诗句云："散花围竹万松关，便作嘉陵画里看"，道出了鹅岭风光之美。

七、成都少城公园

成都少城公园即今成都人民公园，位于城区中心祠堂街，占地面积144亩。清宣统三年（1911），成都驻防将军玉昆与四川省劝业道道台周善培，于祠堂街兴建公园，将关帝庙后侧的水田、荒地、正蓝旗箭厅、马厩、仓房、柴薪库以及附近旗人居住的三条胡同拆房迁户后的空地，用半年时间栽花植树，修建迎禧楼、观稼楼、松韵楼、藤花榭、湖心亭等，面积50余亩，命名为少城公园。1913年4月至1914年，在园内建辛亥秋保路死事纪念碑。1914年，扩建公园，拆除园南之永济仓房，又自通顺桥凿渠引金河水入园，东流入半边桥。1924年，卢作孚在公园西侧建通俗教育馆，并从小南街引金河水汇合于半边桥。西南隅建荷花池,并塑手握净瓶喷泉之石观音。池南北两岸有两座石拱桥,池周遍植桃、柳。浓荫茶楼北有古树十株,广荫数十亩。对岸有荷花池,中建一亭,与亭正对为市图书馆,从半边桥后门溯金河而上,过小桥,有荷沼广数十亩,沼中叠石为岛,上植花木多种。南侧为楠木林。至1925年卢作孚去职后,渐趋荒废。1938年在园东建抗日殉国将领王铭章纪念铜像一座,于1952年拆除。1941年7月,园内金石陈列馆等处遭日本飞机轰炸受损,园内市民死伤多人。1946年公园、图书馆改为中正公园及中正图书馆,拨款维修,稍改旧观。1949年,胡宗南驻军园内,公园遭到破损[①]。

1950年改名为人民公园。1951~1953年,私营商贩等迁出,疏淘水流,建鱼园、亭台、假山等景点。1952年10月开放,同时征收园西毗连的王家、李家私人花园,公园面积扩大达183亩。1965年第一期人防工程,将入园金河渠道改为人防通道。1982年扩建西干道,将公园侧河道扩为街面,公园面积减为144亩。

人工湖位于园东侧,1965年挖四季花木林成人工湖,面积19.5亩,金鱼岛位于湖中,沿岸植柳、芙蓉、桃花等。

东假山在人工湖南侧,由1913年和1924年凿渠之土堆成,1965年和1978年垒土增高。山高30米、长130米、宽48米,上栽植女贞、银木等,登山顶可瞰全园景色。

西假山位于公园西北隅,原为草坪、花圃,由1971年修地下医院时的废土堆积而成。山上建长廊、楼、亭、喷水池、盘山小道、人造石林。山前为人工湖,面积2亩。假山由湖边伸入湖底,又从湖面突出2米多高,湖上建码头、水榭、亭、桥。

兰园于1986年建,位于公园办公室左侧,面积880平方米。有筒瓦灰墙,漏空花窗,仿树形四方亭,亭下水池环绕,亭西、亭南为花架。1963年,朱德委员长赠送的福建、浙江兰花,亦植于园。

大门景区,从祠堂街公园大门进入,过拱桥,主干道两侧为1951年栽种的悬铃木,直达中心花坛。沿干道两侧,为1985年新建的海棠园、蜡梅园。进大门右侧为1952年建的舞场,场周为1965年所植银杏林。

---

① 四川百科全书编纂委员会编:《四川百科全书》,四川辞书出版社1997年版,第695页。成都市园林志编纂委员会编:《成都市园林志》,四川人民出版社1998年版,第72~76页。古元忠:《成都公园史话》,《四川文物》1989年第2期。

第六章 近现代建筑

清道光二十年（1840）的鸦片战争，揭开了中国近代史的序幕。中国从此进入了半殖民地半封建社会，巴蜀建筑自然也随着中国建筑一同走向了近代，传统的民族风格和地方特色，也同样步上了近代化的进程[①]。

巴蜀建筑步入近代后，近代化的进程是自东向西、自城市向农村展开的。明末清初巴蜀经济受战乱的影响，经济停滞，到清代中叶经济曾一度恢复，直到清末民初，自然经济开始解体，近代工商业逐渐出现。重庆、万县辟为商埠，成渝、川陕、川鄂、川黔、川湘、川康等公路干线相继修通或部分修通；抗日战争时期，国民政府及沿海工商、企业、学校和中国营造学社、同济大学等以及伴之而来的居民内迁，促进了建筑业的发展。

进入近代后，一方面是固有的民族建筑，仍然走在传统的道路上。如刘致平《四川住宅建筑·调查实例》中，列举了许多传统建筑：成都文庙后街颜宅、灌县城内某宅、南溪板栗坳字库等均系清中叶的建筑风格。广汉营口路张宅（祖堂），建于咸丰年间（1851~1861）。自贡双牌坊李宅，建于同治九年（1870）。南溪板栗坳新房子，建于同治末年。自贡板仓坝王宅，建于光绪十八年（1892）。乐山月咡塘宅甲，建于光绪三十一年（1905）；月咡塘宅乙，建于光绪年间（1875~1908）。南溪月亮田刘宅和羊街刘宅，均建于清末。宜宾城内刘宅，建于清末或民初。1994年版《成都市建筑志》表1—1列市级以上文物建筑71项，其中清代52项，占总数的73.2%。邓平等《重庆指南》列有市级文物建筑28处，其中清代22处，占总数的78.6%。这些建筑，大多是晚清重修、重建、新建的，例如：成都草堂万佛楼，重建于同治年间（1862~1874）。蒲江县文峰塔，建于道光二十一年（1841）。达川县龙爪塔，补修于光绪十四年（1888）。仁寿县奎星阁，重建于同治二年（1863）。南部县神坝砖塔，建于同治三年（1864）。重庆罗汉寺，光绪十一年（1885）

[①] 国家文物局编：《中国文物地图集》（四川分册），文物出版社2009年版，上册第21~23页。四川省地方志编纂委员会编纂：《四川省志·建筑志》，四川科学技术出版社1996年版，第3、4页。刘致平著，王其明增补：《中国住宅建筑简史·四川住宅建筑》，中国建筑工业出版社1990年版，第130~132、195~198页。

维修，后被日机炸毁，1945年修复。慈云寺，重修于民国16年（1927）。合川县古圣寺，重建于咸丰五年（1855）。酉阳县无钉木桥，建于同治十年（1871），等等。

进入近代后，另一方面是各色各样的西洋建筑，从无到有，从小到大，从点到面地在巴蜀大地逐渐发展和扩大。天主教在明崇祯十三年（1640）传入成都，但是在川西大量地兴建教堂是清咸丰十年（1860）以后。自19世纪末到20世纪初，西洋宗教性建筑，遍及四川129个府、州、县，居全国第三位。教会在川拥有地产17000余亩，教堂、医院、学校846所。英、法、美先后在重庆设领事，光绪二十一年（1895）建起欧式领事馆，在重庆等地大办洋行和商业机构。光绪十六年（1890），英人开设立德洋行，兴办猪鬃加工厂，修建起别致的办公楼和住宅。同年，美孚洋行在重庆苏家坝建立桶装煤油货栈，供应范围扩大到内江、自贡等地。光绪十七年（1891）英国亚细亚石油公司在重庆唐家沱购地40亩，建造了哥特式经理房，次年建成容量2830立方米和5800立方米的油罐，成为当时重庆最大的储油设备。光绪三十一年（1905），重庆建立了铜元局造币厂，为最早使用钢筋混凝土的建筑。1935年，重庆丰美银行落成，是杨廷宝设计、上海馥记营造厂施工的钢筋混凝土框架建筑。

进入20世纪后，西洋建筑技术和人才随着西洋文化而传入，产生了中西结合和中西合璧的建筑，但仍然是传统建筑的天下。虽20世纪20~30年代，成渝等城市修马路、扩街道，拆除了部分街道建筑，但其对传统建筑的影响也很有限。抗日战争爆发后，全面内迁，四川成为国内外营造企业、建筑学家、建筑设计师云集之地，留下一批近代建筑的范例，促进了四川建筑的发展。中华人民共和国成立后，四川成为"大三线"，兴建了大量的工业建筑。改革开放以后，建筑业进入了一个全面大发展的新时代，重庆城市"三个月一改地图"，成都城市"三年之内不留片瓦"，巴蜀建筑进入一个一体化、现代化、城市化的新时代。

第一节　文教、医卫建筑

一、四川大学

四川大学的前身为清光绪三十一年（1905）成立的四川法政学堂、四川通省优级师范学堂，校址位于成都市中区皇城坝。1927年，合并一些学校，成为公立四川大学。1931年，刘文辉任省主席时，又将三所大学合并，由国民政府教育部定名为国立四川大学。1939年迁至峨眉山，1943年返迁回成都，以与望江公园为邻的四川大学农学院为新校址[①]。

四川大学办公楼

望江公园旁老校址即今四川大学望江校区的东区部分，占地面积约900亩，校内现代、当代建筑屡有兴建，风格各异。建校初期的大型工程，称"三馆一舍"，由图书馆、化学馆、数理馆及学生宿舍组成。1938年，由基泰工程公司建筑师杨廷宝、张镈设计，成都华西实业公司施工。

图书馆位于今望江校区东大门内，坐北朝南。东临玉章北路，西隔马路连大操场，南隔马路接荷花池，北靠文理图书馆。建筑平面呈丁字形，丁字翼缘面对荷花池，建筑面积约3800平方米。砖木混合结构，筒瓦屋面，歇山屋顶，门厅部分高出其他屋顶，作重檐歇山顶。一楼一底，门厅局部三层，底层为办公、管理、采编等业务用房。二楼分东西两大阅览厅，借书处、目录厅设在中央。书库为馆的核心，居中后部，珍本善本藏于三层书库。建筑功能区分明确，建筑手法简洁。馆基址原系水田，采用木桩基础，门窗、地板，均用楠木，至今保存良好。因大屋顶被白蚁所蛀，1964年拆除，增加一层，改为钢筋混凝土平屋顶。

与图书馆同时设计建造的还有化学馆，该馆位于荷花池北，以玉章北路为轴，与图书馆东西对称。丁字形平面，一楼一底，砖木结构，筒瓦屋面，建筑面积约3700平方米，现已增加一层，仍为筒瓦坡顶。

数理馆，建筑面积4020多平方米。原馆位于荷花池南，现已迁建于更南的

[①] 四川省地方志编纂委员会编纂：《四川省志·建筑志》，四川科学技术出版社1996年版，第68、69页。成都市建筑志编纂委员会编：《成都市建筑志》，中国建筑工业出版社1994年版，第44~46页。

第三教学楼附近。

学生宿舍楼,建筑面积2000多平方米。

三馆一舍,建筑形式统一,富有民族传统特色,为当时的主要建筑。现在图书馆已改为校史博物馆,化学馆名一仍其旧。其他馆舍,已旧迹难觅。

1959年新建理化楼,1962年竣工。主楼高六层,两翼高五层,全长150米,宽50米。砖混结构,混凝土基础,现浇梁板,砂浆抹面。平屋顶,沥青油毡防水屋面。楼内设物理、化学实验室数十个,功能多样,管道复杂,装修朴实,具有庄重典雅的学府风貌。

还有博物馆,亦为传统建筑形式,是全国高等学校中唯一的一所博物馆。可惜已于1984年拆除,新建成为六个陈列室、一个接待室。

1973~1978年新建成的720工程,位于校区东南角,总建筑面积为9160平方米。三座楼平面呈品字形,中央隔以绿化带,四周绕围墙。三座楼为:回旋加速器楼,建筑面积4060平方米;静电加速器楼,建筑面为2063平方米;高压加速器楼,建筑面积为1880平方米。主厅、实验厅、测量室均有空调、专用高压电源,供水分直流、冷却、循环系统。设有双层金属屏蔽,砖墙防护,墙厚分别为2、2.2、2.4米;楼板厚0.8米,屋面板厚1.55米。工艺设计为二机部401所,土建设计为四川省建筑设计院,施工单位为四川省第六建筑工程公司。

四川大学是一所综合性的全国性的重点大学,规模宏大①。1994年与成都科技大学合并,名为四川联合大学;2000年与华西医科大学合并,复名四川大学。现有望江、华西、江安三大校区,占地面积7050余亩,校舍建筑面积235万平方米。环境优雅,花木繁茂,碧草如茵,景色宜人。

二、华西协合大学

华西协合大学,位于成都华西坝,地处成都南门外二里许、锦江之滨与南台寺之西。其址据传为古代"中园"旧址的风景清幽之地,现为四川大学华西校区。清光绪三十一年(1905),由美国、英国、加拿大的美以美会、

华西协合大学教学楼

---

① 四川百科全书编纂委员会编:《四川百科全书》,四川辞书出版社1997年版,第779页。

英美会、公谊会、浸礼会、圣公会五个差会筹建，目的是"教育中国学生不但在精神上、道德上、宗教上信从，而且要通过信从使他们要变成为在上帝手里为维护真理的有效代理人"（见《华西医科大学校史》第4页）。在该校建设中，五差会利用教案赔款、购田租地、购房收租及四川军、政界知名人士捐赠等作为办学基金。建校初期，为使"这个大学要发展为一个最完备的高等学府"，特聘请英国名建筑师弗烈特·荣杜易，前来对校舍的规划设计、建筑结构及造型等进行帮助指导。该校从1905年至1949年的44年间，校区占地面积由300亩扩展到1000余亩，共建成大、小楼房39幢，形成了成都著名的"华西文化特区"①。

建于1915年的华西协合大学事务所

华西协合大学钟楼

1914年至1927年为该校扩建时期，建成的主要工程项目有华美学舍（贾会督纪念楼及亚克门纪念堂）、华英学舍、事务所（怀德堂）、明德学舍（万德堂）、赫斐院（合德堂）、体育馆、生物楼（嘉德堂）、广益学舍（稚德堂）、钟塔、图书馆及博物馆（懋德堂）等17项工程。上述建筑由苏继贤和石享德等多名建筑师参与设计。

1928年至1949年底，修建的主要工程项目有牙科大楼、育德学舍、教育学

---

① 四川省地方志编纂委员会编纂：《四川省志·建筑志》，四川科学技术出版社1996年版，第67、68页。

院、麻风病院、肺病疗养院、化学楼、药学楼、新医院、新礼堂等。

现怀德堂（办公楼）、懋德堂、图书馆、钟塔等13幢原建筑尚存，总建筑面积约3.38万平方米。所建楼堂，多为二层、三层砖木结构。平面布局、立面造型、建筑装修多采用近代中西结合的设计手法。屋顶全采用中式大屋顶，有两坡、歇山、攒尖等不同形式。华西协合大学的建筑反映了当年设计人员在建造上力求中西结合的新风格，创造出了中西合璧的建筑群体，成了20世纪30年代中国官式建筑的范例、沟通中西文化的象征。

校内钟塔系一中西结合式建筑，砖木结构，二层，通高24米，第一层为单檐歇山式，第二层为四方攒尖顶，塔顶嵌巨钟，四面可见。底层为南北走向券拱通道。钟塔顶部于1953年由四川省设计院古平南建筑师重新设计改建①。

1949年，人民政府接管了华西协合大学，后易名四川医学院，校园面积和建筑均有所增加。改革开放后，又更名为华西医科大学。2000年与四川大学合并，现为四川大学华西医学院，校址成为四川大学华西校区②。2001年，校区内20世纪二三十年代的建筑已被列为市级文物保护单位。

三、成都石室中学

成都石室中学内原周公礼殿

石室之名源于汉代之文翁石室③。清代锦江书院于光绪二十八年（1902）改为成都府师范学堂，三十一年（1905）又改为成都府中学堂④。1913年废府，该校改为成都联合县立中学，继又改为成属共

---

① 成都市建筑志编纂委员会编：《成都市建筑志》，中国建筑工业出版社1994年版，第42~44页。
② 四川百科全书编纂委员会编：《四川百科全书》，四川辞书出版社1997年版，第452页。
③ （汉）班固撰，（唐）颜师古注：《汉书·文翁传》，中华书局1962年版，第3625页。
④ 四川省文史研究馆：《成都城坊古迹考》，成都时代出版社2006年版，第282页。

立中学、成属联立中学、石室中学。1931年，文庙前半部并入学校。1949年后，初名川西石室中学，后改名成都市第四中学，1983年更名四川省成都市石室中学。

石室中学位于成都市文庙前街，为文翁石室故址。文翁石室之为学府，系汉景帝年间（前156~前141），文翁为蜀郡守，创建周公礼殿，为保护书籍，用石料建筑，号称"石室"①。礼殿历两汉、三国、两晋各代，东晋桓温伐蜀时，还亲自见过。此街原名文翁坊，因街口原有纪念文翁的牌楼而得名。后经战乱，殿毁坊圮，唐人于其故址建孔庙，兴学宫。学宫各代相承，清为锦江书院，现为石室中学②。

石室中学校园由清末锦江书院、府学、文庙合并而成，房屋建筑总面积19173平方米，大部分建筑为1950年以后修建。清代遗存的大成殿，即成都府文庙大成殿，后作为学校库房之用。1920年修建的图书室，为砖木平房，经维修后改作接待、陈列室。其正面为郭沫若题匾"求实务虚"，撰联为："爱祖国，爱人民，为建设社会主义而学习；求真理，求技艺，愿增进文翁石室之光荣。"中外知名校友，多于此出席校庆聚会。1955年建成教学楼一幢，砖木结构，3层，建筑面积2640平方米。20世纪80年代初，学校进行了总体规划，于1983年建成办公及图书实验楼一幢，"L"字形平面，砖混结构，3层，建筑面积5869平方米。该楼平面布局合理，立面为不对称造型，朴素大方，为当时学校的主体建筑，由市教育局基建设备处设计与施工。与此同时，还建设了面阔五间、歇山式筒瓦顶的仿木结构校门，并在校园内修建小游园，整理扩大绿化园地达21.2亩，校园内树木常青，花香四季。

清代府学和文庙，文献所记较为详细。清顺治十八年（1661），四川巡抚佟凤彩到成都府学寻先师庙，已"火而为墟"，于是"斩荆驱石"，在原地重建学府，至康熙二年（1663）完工，大成殿重建于原台基上。康熙、乾隆、光绪三代，均先后维修。歇山式屋顶，覆以黄色琉璃瓦。大成殿上悬康熙、雍正、乾隆、光绪分别御题"万世师表""生民未有""与天地参""德集大成"匾。1951年，成都市政府拨款对学校房屋进行整修，并对文庙及两庑按原

---

① （明）杨慎编，刘琳、王晓波点校：《全蜀艺文志》上，线装书局2003年版，第253页。
② 黄剑华：《成都最早的学堂》，《四川文物》1984年第1期。李仲玙：《周公礼殿·大成殿》，《成都文物》1986年第3期。

有建筑风貌加以维修。因为屋顶琉璃瓦过重，故维修时易以青瓦，取下清代全部匾额，改作大礼堂。当时成都全市教师集会多在此举行，1956年6月2100周年校庆，亦于此举行。后改作图书馆，又改作校办工厂，以后改作材料、器材储藏库[①]。

现在石室中学，除陈列室和大门外，所有砖木、砖混结构的仿木、仿古建筑，均已全部拆除，新建成现代建筑的教学用房。

四、重庆大学

重庆大学办公楼

重庆大学，位于重庆市沙坪坝区沙坪北街两侧。校区由老区和新区共同组成。老区在沙坪北街，其中A区居东，为老重庆大学；B区居西，为重庆建筑大学；C区居南偏西，为重庆建筑高等专科学校。A、B、C三区大体构成东、西、南三足鼎立形势。新区居沙坪坝区虎溪镇大学城中，叫虎溪小区。校区占地总面积3669.3亩，其中东区（A）为2627亩。总建筑面积为72万平方米[②]。

重庆大学，始建于1929年，原址位于重庆菜园坝杨家花园，1933年迁入沙坪坝新址。新址校区占地900多亩，校舍483间，即现存的校门、理学院、工学院、办公楼、礼堂、理化实验室及宿舍等部分建筑。

重庆大学校门，1930年设计建造，砖石结构，系"四立柱式"的折中主义建筑。由当时国民政府主席林森书校名。

理学院教学楼，1929年由沈懋德教授设计，仿成都华西协合大学万德门的设计，砖木结构，平面呈工字形，中轴对称，主体两层结构，房顶开老虎窗，

---

① 陶亮生：《成都街名琐记》（一），《成都风物》第二辑，成都市群众文艺馆1981年。
② 四川省地方志编纂委员会编纂：《四川省志·建筑志》，四川科学技术出版社1996年版，第69页。

中脊设八角亭楼，屋角起翘。

工学院大楼，1935年由英商隆茂洋行的建筑师莫利生设计。模仿西方古典风格，主体三层，局部四层。木质楼顶、屋盖，全用条石砌筑墙体，开创山城全石墙体建筑的先例。

图书馆，设计建造于1930~1935年，最早的校舍之一。十字形平面，中轴对称。砖木结构，主体一层，中部二层。中部高起，作攒尖顶，周边为歇山顶。

原中央大学礼堂，位于校区松林坡，建于1943年。砖柱砖墙，木构瓦顶，建筑面积1036平方米。当年算比较像样的建筑，今仍为礼堂。

建工学院办公楼，唐璞设计，1951~1954年建，砖木结构，中轴对称。横间五段式布局，立面竖向划分，中部三层，侧面二层，歇山式顶，为简洁大方的实用性建筑。

建工学院实验大楼，叶仲玑主持设计，1955~1956年建。砖木结构，主体三层，非对称布局，歇山式屋顶。体形变化丰富，造型大方[1]。

1950年以后，陆续扩建教学大楼、实验室、礼堂、宿舍等，均系砖木或砖混结构，由重庆市设计院设计，市建筑公司施工。1982年新建具有现代气息的实验大楼，钢筋混凝土结构，高七层，建筑面积26100平方米，包括电算中心、学术报告厅、无线电系、自动控制系、冶金系等的实验室、办公室。由中国建筑西南设计研究院设计，市第二建筑工程公司施工，1985年竣工[2]。

重庆大学A区内还有较大的水面，人称民主湖。区内还有钟楼、寅初亭、中央大学迁渝纪念亭等景观。A区是传统建筑最多的一个区，C区则是老区中美化得最好的一个区。各区传统和现代建筑、人工景观、山水风光，构成风景优美的校园[3]。

五、重庆南开中学

重庆南开中学初名南渝中学，1938年更名南开中学，位于重庆市沙坪坝区沙坪坝北街西侧。全校有一个教学区和两个职工宿舍村，形成完整的校园，总

---

[1] 重庆市城乡建设管理委员会等编：《重庆建筑志》，重庆大学出版社1997年版，第114页。
[2] 重庆市城乡建设管理委员会等编：《重庆建筑志》，重庆大学出版社1997年版，第115页。
[3] 四川百科全书编纂委员会编：《四川百科全书》，四川辞书出版社1997年版，第245页。

建筑面积达24万平方米①。

爱国教育家张伯苓派遣喻传鉴于1936年2月到重庆沙坪坝创建南渝（南开）中学，购荒地800亩兴建校舍。8月建成第一批校舍，招收200名学生，9月正式开课。

学校规模不断扩大与完善，1938年建成教学楼3幢，图书馆1幢，男生宿舍3幢，女生宿舍1幢，食堂、浴室、校医室、理发室、大礼堂，以及音乐、美术、劳作等专用教室，津南村、柏树村等职工宿舍。建筑都是灰砖墙面，红色画砖缝，平屋顶，显得清新、简洁、安静。校园内有1个400米的环形跑道大操场，有7个池塘，遍植桃柳、蜡梅和茉莉。还有1个小型水电站和水塔。教学用房齐备，生活设施完善。

范荪楼，1936年8月新建成的教学楼，由新华兴业公司建筑部设计并施工。建筑长68.3米，宽18.3米，建筑面积2500平方米。砖木结构，一楼一底，歇山顶，用女儿墙封闭，立面为当时流行的三段式。中间有主入口，两端有次入口，共有大教室（110平方米）4间，小教室（65平方米）19间，另有两间16平方米小房间。走廊净宽1.9米，底层层高3.8米，二层净高3.6米，坐北朝南，东西两侧无窗。外墙用青砖，涂上黑色，砖缝勾红色，开窗面积较大，南北两面采光，光线良好。相邻的教学楼之间相距80米，上课时互不干扰。1953年大修，1979年维修。1990年拆除改建为新的教学楼。

图书馆，建于1936年，为该校最早的校舍之一。原为砖木结构，小青瓦双坡顶，后改为砖混结构，钢筋混凝土板平屋顶。主体二层，矩形平面，但前后、左右对称作局部凸出，最大长度50米，最大宽度20米，建筑面积1640平方米。立面为横三段式，中轴对称布局。全楼满覆绿藤，密不见墙体。现系学校办公楼。

津南村，学校职工住宅区，建于1936年，为该校最早的校舍之一。全村为16个四合院组成，方格网式平面布局，一至二层。砖木结构，清水墙，四坡或双坡顶，小青瓦屋面。具乡村风韵，亲切宜居。柏树村，亦是学校最早的校舍之一，为土木结构，已不复存在。基地已改建为多层楼房。

现在该校已建成一所现代化的新型学校，除作为校办公室用的原图书馆

---

① 重庆市城乡建设管理委员会等编：《重庆建筑志》，重庆大学出版社1997年版，第114页。重庆市沙坪坝区志编纂委员会编纂：《沙坪坝区志·教育》，四川人民出版社1995年版，第191～193页。

外，原教学用房和其他公共设施都改建成了新房或新设施，唯有津南村住宅区尚存十来幢单层校舍和四合院可见当年风貌。

六、华西口腔医院

华西口腔医院，位于成都市人民南路三段西侧14号，坐西向东，面向人民南路林荫大道，前置小广场，广场东即大道。1964年春正式开工，1965年初建成。当时是华西坝的大型公用建筑，也是成都的大型医疗建筑[①]。

新楼由口腔医院王翰章院长负责筹建，西南建筑设计院杨光珠副总工程师规划设计。在地盘中拆掉了五座很有特色的楼房和花园，占用两所教师所住庭院，其中还有三座中式楼房，并砍伐15棵属保护性的楠木，消除了幽静的校北路。

医院的平面呈T形，T形的翼板平行于人民南路，宽86米、厚16米，南端局部加厚；腹板东西向布置，垂直于人民南路，长58米、厚13米，西部作局部加厚和缩短。正门设门厅，宽14.5米、深8.5米。大楼内设T形内走廊，宽2.75米，连通T形翼板和腹板，直达南、北、西三尽头；T形平面中心设置电梯，南、北、西三尽头均设踏步楼梯。T形腹板部分为五层，翼板部分为六层。大楼有7000多平方米的业务用房，总建筑面积约1.2万平方米。大楼采用砖石与钢筋混凝土混合结构，砖墙、柱竖向承重，钢筋混凝土梁板横向承重。楼盖、屋盖均用钢筋混凝土梁板结构。楼地面多用水磨石面，屋顶为卷材屋面。木制门窗，石灰粉刷墙面。整个大楼素洁朴实，矗立于林荫大道旁，显得雄伟气派。

随着时间的推移，转瞬40多年过去，在飞速发展的城市现代化进程中，大楼似乎显得简陋、陈旧、衰老，于是对墙、柱、门、窗、地坪进行了再装修。但是，仍然感到容量太小、内部设施陈旧、空间狭窄……于是进行了拆迁。现拆除了T形翼板北部，并建成了一座高十六层的现代化大厦。

医院后西北角二三十步远处，现存原华西协合大学办公楼。该楼建于1925年，是一座中西合璧的公用建筑。平面略呈矩形，面阔10柱23.1米，进深8柱带两间25.5米。共三层，底层正面和左右两侧大半部分绕柱廊，共九间并带厕厨；二层无柱廊，大小十三间；三层为阁楼，大小三间。建筑面积约960平方

[①] 四川百科全书编纂委员会编：《四川百科全书》，四川辞书出版社1997年版，第453页。王翰章主编、张举之等副主编：《华西口腔·百年史话》，人民卫生出版社2007年版，第130～133页。

米。砖木混合结构,基础顶铺红色条石三层,上作青灰色砖墙柱面,白色砖缝;砖柱、墙竖向承重,木梁、板楼盖,木梁枋屋盖;青瓦屋面。屋顶为四个半尖顶、两个悬山的组合:正面一对四方攒尖屋顶,后面正脊为悬山顶;背面为一对庑殿顶与正脊组成歇山顶;歇山顶前为悬山,其下方附半个庑殿。正脊前右边有一老虎窗,左右一对壁炉烟囱;中有宝顶,两端置鸱尾。变化统一,多样协调。木制门窗,上作圆弧形拱券。附设厨房、卫生设施、壁炉取暖等。整座小楼比例匀称,体量适中;线脚严整,井然有序;做工精细,色调和谐。为现代化高楼大院内的一大景点,已列为市级文物保护单位。

第二节 商业、金融、邮政建筑

一、成都劝业场和悦来茶园

成都劝业场

劝业场,后更名商业场,位于成都市春熙路与东风路(总府街)交汇处之北、华兴街以南的地段。其地原为准善堂之一部及称为九道门槛之大民房基址。清光绪三十四年(1908),由四川省劝业道周善培与成都总商会倡建。商人集股为建场资金,成都总商会樊起鸿负责筹建,成都著名工匠江建廷担任设计与施工。于是年(1908)七月开工,次年三月建成①。

---

① 王泽华等:《乡土的娱乐》,《老成都》,四川文艺出版社1999年版,第127~132页;海粟:《茶铺众生相》,冯至诚编:《市民记忆中的老成都》,四川文艺出版社1999年版,第139~146页。

劝业场南北总长170米，建有店铺150余家，为当时成都最大的商场。场分前场、后场，前场口南向总府街，后场口北向华兴街，中设东西支路。场内除百货店外，还有餐馆、小食店、川剧院。场外建有旅舍，场口辟有车马场地。场内还备装电气锅炉，可自行发电。场内店房为一楼一底式通楼，砖木结构。前后设走廊，俗称走马转角楼。此等大型商场，为当时效仿国外商场之产物。

1917年，该场毁于火灾，旋即重建，仍由江建廷主其事。此次重建，使悦来商场、新集商场、商业场东西支路连接，三场呈"川"字形。其中悦来商场，系原来悦来旅馆部分改建；新集商场系于场西所新增辟。楼上有天桥可通，所设店铺扩大到300家，盛况胜昔。新建店铺，每间工料费250银圆。三个商场均设走马转角楼。店房的第一、二、三桩柱用楠木，四、五柱为香樟。其时工人说"工坚料实，接头逗榫处灰尘不进"，可见制作之精工。

1933年，商场又遭火灾，后来房主各自因陋就简修建，旧貌全非。1985年商场全部拆除，并重建新场，于1986年竣工。新场建筑面积12100平方米，框架组合结构，保留了店铺连排的格局，又借鉴了院落布局的风格，即分前、中、后三进，间以牌楼、梯桥、街楼分隔，街场结合，串通联络。新商场由中国建筑西南设计研究院设计，成都市第六建筑工程公司施工，成为现代化的大型商场。

悦来茶园是一座茶园型的剧场，位于劝业场北偏东的华兴街北老郎庙旧址。老郎系戏班艺人奉祀的戏神，庙为清乾隆年间金堂籍名震京师的艺人魏长生筹资兴建。在劝业场建设的同时，周善培为力促劝业场的繁荣，力主樊孔周在其附近创办戏园，成立戏曲改革促进会，改革戏曲艺术。樊乃筹资2万两白银，创立悦来公司，购得老郎庙地址，开创悦来茶园，延班演戏。先后接纳川戏、京戏、改良川戏各色戏班，成立三庆会，八大戏班轮流演出，名角云集，好戏连台，丝管纷纷，令人流连忘返。这里不仅是改良川戏的大本营，也是全国闻名的"戏窝子"。

20世纪50年代初，占地面积6亩的悦来茶园重建为锦江剧场。1984年锦江剧场改建，增设悦来茶园。2001年，投资6000万元，重建锦江剧场，改名川剧艺术中心。其场址包括华兴正街和梓潼桥西街之间的地盘，剧场、茶园、车场、餐馆等占地面积约9.6亩。2005年，锦江剧场重新挂牌，锦江剧场、川剧艺术博物馆、悦来茶园共同组建成都川剧艺术中心，成为戏迷们饮茶看戏、怀古思旧的新天地。

二、成都春熙路商业街

春熙路原名森威路，后改为春熙路。始建于1924年，建成于1925年。是沟通当年的东大街和劝业场之间的一条南北大街。整个春熙路由四大段组成。春熙南路：南起走马街北口，北至春熙西路东口与春熙东路西口，长160米。原名南春熙路，后改名春熙南路。春熙西路：东起春熙南路北口，西接荔枝巷东口，长180米。西段旧为新街后巷子南段，东段为后来新扩建马路时接通。春熙北路：南接春熙南路，北抵总府街，街对面即劝业场，长300米。原为北春熙路，后改名春熙北路。春熙东路：东接大科甲巷西口，西抵春熙北路，长115米。四段路总长755米[①]。

1924年5月，川军20军军长杨森进驻成都，提出"建设新四川"的口号，于是修通连接东大街和劝业场间的南北大街。1年之后，春熙南、北、东路新街落成，请双流籍前清举人江子渔命名，因杨森有"森威将军"之称，故命名为森威路。但不久，刘湘统一了四川，江子渔又建议改名春熙路，并引《老子》说："众人熙熙，如享太牢，如登春台。"隐指此处为商业繁荣，百姓熙来攘往，一派盛世升平景象[②]。

春熙路分东、西、南、北四段，在中心十字交叉处辟一个街心花园。这是当时杨森采纳毕业于牛津大学戴顾问的"新潮设计"。1927年，四川"易帜"，脱离北洋政府，拥护国民政府，在花园中塑孙中山总理铜质立像，铜材由川军24军、28军军长刘文辉、邓锡侯捐赠，由成都造币厂铸塑。1928年年初落成，并树碑，刻《总理遗嘱》和"大道之行，天下为公"。1943年，余中英任市长，以塑像形象失真，请刘开渠重塑手持书卷的孙中山坐像，至今立于新的广场，供人们瞻仰。

原春熙路街道宽敞，阔约22米，路面平坦，店面整齐。店铺多为双层，砖木结构或木构架结构，竹编或木板隔墙、白色粉壁、青瓦屋面。黄金通道接通后，中外商家云集，店铺鳞次栉比，招幌飘摇耀目，招牌光怪陆离，繁荣昌盛，热闹非凡。

[①] 四川省文史研究馆：《成都城坊古迹考》，成都时代出版社2006年版，第168~170页。
[②] 郑光路：《春熙路沧桑录》，蒲秀政编：《走近老成都》，四川人民出版社2002年版，第50~56页。

春熙南路有益智茶楼、中秋味小吃店、花柳科诊所、正则会计学校、江宝成银楼、德仁堂药店、卡尔登大烟馆、春熙大舞台等。春熙西路有豫康银行、上海商业银行分行、撷英餐厅、耀华茶点等。春熙北路有匹头（绸、呢、布匹等）、百货商店、来鹤茶楼、漱泉茶楼、基督教青年会、重庆银行分行、亨得利钟表行、及时钟表、测字看相、亚新地（理）学社、春熙大旅馆、中央日报社、商务印书馆分馆、达仁堂药店等。春熙东路有四川省财政厅、田赋粮食管理处等机关。总之，这个大型的商业区，使古老的成都"摩登"起来。

20世纪30年代建设起来的春熙路，在50年代虽然修过街道路面，也修过个别的店铺，但其建筑旧貌一直保持着。改革开放后，随着城市的改造，街心花园扩大了，街道路面铺上了花岗石，店铺也多改建成了高楼房，并且建筑还在升高，昔日的面貌正在与时俱进地更新。

三、成都川康藏邮政管理局大楼

川康藏邮政管理局大楼，又叫西川邮务管理局大楼，习称邮政总局大楼、成都市邮电管理局大楼等，现名成都市邮政大楼。大楼位于成都市暑袜北一街与兴隆街十字交叉路口西北角上，始创于清光绪二十七年（1901）。今楼始建于1932年，1937年建成。由加拿大建筑师莫里逊、叶音清设计、监造。占地5.05亩，总建筑面积3000平方米。这是一座设计优秀、质量上乘、规划周详、设施完善、放射出时代光芒的建筑①。

主楼平面呈L形，正门在L的两肢交角上，面向两街交叉路口东南角。正门处立一间塔楼，为三层楼，其他北、西边均为二层楼。塔楼高21.35米，两侧高9.46米。建筑面积2616平方米。砖木结构，钢制门窗，

原川康藏邮政管理局大楼

---

① 四川省地方志编纂委员会编纂：《四川省志·建筑志》，四川科学技术出版社1996年版，第123页。成都市建筑志编纂委员会编：《成都市建筑志》，中国建筑工业出版社1994年版，第48、49页。四川省文史研究馆：《成都城坊古迹考》，成都时代出版社2006年版，第166页。

木质楼盖、地板。楼上为办公用房，内设壁炉。楼下为营业大厅，设邮件分拣、投递二房。楼后连接一层平房，为包裹仓库，建筑面积为129平方米。功能明确，使用布局合理，营业管理方便，平面布置紧凑。两侧立面竖向分隔三段，上层的窗、下层的门窗，向两侧排开，整齐划一，既显得宽大，又富有节奏和韵律感。整个建筑中，所用木材均系楠木，并经蒸煮，作防腐处理，经70余年至今，没有虫蛀腐蚀。所有墙砖，全部打磨，糯米砂浆胶结，精工砌筑，砖缝横平竖直，均匀整齐。屋上瓦片，每片都经钻孔，以铜丝缀连，铺后无须检修。地下室地板之下，满铺木炭，以防潮湿，效果极佳。厅内台前铜制栏杆，至今明亮如新。顶棚上悬挂的德国西门子公司制造的木叶吊扇，迄今运转自如。如此精心施工，以致花费5年工期，真是百年大计、样板工程。

大楼旁另有两层楼房1座，建筑面积264平方米，上层为医务室，下层为库房。后院内另设公共厕所1座，内设抽水马桶，为20世纪30年代成都的稀罕之物。后院内还有460平方米的场地，为邮车装卸、停放之处。

遥想当年，这座规模宏大的建筑，犹如城市的中枢神经，所有西川的信息——书信、邮件都汇集于此，经过整理，然后再飞向四面八方。如今有了新的通信工具、新的交通方式、新的建筑，旧的面貌已经大为改观。经2006年以来的大修，旧主楼的进深只剩下5.4米，总的建筑面积还剩约1300平方米，其他的旧建筑、旧场地、旧设施通通换成新的二十多层的现代化大楼。

四、成都励志社

成都励志社

成都励志社是抗日战争期间成都唯一的一家大型豪华宾馆，为当时的大型商业旅游建筑，位于成都市西区，西对实业街东口，东接东城根中街南口之商业街，始建于1937年[①]。励志社成立于1939年，由蒋介石任社长，总干事朱懋澄，后为黄仁霖，抗战期间，组织战地服务团，在有美空军的地方设立美

---

① 成都市建筑志编纂委员会编：《成都市建筑志》，中国建筑工业出版社1994年版，第50页。

空军招待所[①]。

励志社大楼建筑平面为矩形，长46.6米、宽17.4米；第三层局部缩小，长44.7米、宽12.5米。建筑面积2170平方米。大楼主体建筑为两楼一底。砖墙，钢筋混凝土梁、柱，木结构楼地面，木屋架，为砖、木、钢筋混凝土三大材料的混合结构。

大楼屋盖为仿清官式歇山顶，素色筒瓦屋面。第二层、第三层顶设挑檐，飞檐翘角，犹如重檐模样。外墙面作洗石子装修。楼上客房内设楠木墙裙，嵌花木地板。卫生间墙、地面，施马赛克、瓷砖面。室内装自来水，卫生间装抽水马桶。底层设有宴会厅、舞厅、餐厅、客厅等。整个大楼，设备齐全，建筑严谨，装饰华丽，由基泰工程公司著名建筑师杨廷宝设计，余鸿记营造厂施工。

励志社所在街道旧称副都统胡同。民国初年在副都统衙门旧址创办商业专门学校，因改名商业街。1931年后，商业专门学校校址改为励志社，1937年建设为高级招待所。抗日战争后期，成为美国空军在成都休假娱乐场所。四川解放后，成为中国共产党四川省委办公楼。

五、成都锦江饭店

锦江饭店，又名锦江宾馆，位于成都市人民南路2段36号。始建于1959年10月，1961年3月建成，并开始营业，系20世纪60年代成都市较高、较豪华的建筑[②]。改革开放以后，进行了较大规模的改造，已成为五星级宾馆。

成都锦江饭店

---

① 国家文物局编：《中国文物地图集》（四川分册），文物出版社2009年版，中册第14页。
② 四川省地方志编纂委员会编纂：《四川省志·建筑志》，四川科学技术出版社1996年版，第61页。成都市建筑志编纂委员会编：《成都市建筑志》，中国建筑工业出版社1994年版，第87页。

宾馆正面向东，面临人民南路大道，南临锦江，北接锦江礼堂，占地面积约122.7亩。主楼平面为L形，按东楼、南楼、西楼布置。楼高9层，地下室1层。设有客房500间，并配有中西餐厅、娱乐、保健、中小型宴会厅、商店、邮政、银行、通信等各项设施。建筑面积38550平方米，工程投资1500万元。由中国建筑西南设计研究院徐尚志、吴德富、霍梓辉、丁泽龙等人设计，四川省第三建筑工程公司施工，雷祖德任施工技术负责人。

宾馆主体为砖、钢筋混凝土混合结构。门厅部分为框架结构，高10层，地下1层。底层砖墙厚720毫米，上铺钢筋混凝土空心楼板，楼板面层为嵌花硬木地板。门厅柱和地坪以汉白玉、大理石、花岗岩饰面。西楼为接待外宾用房，设有宴会厅，厅内铺彩色石子水磨石地坪。整个建筑立面简洁，色彩淡雅，清幽素朴。行人南来，高楼耸立，虹桥飞架，绿树掩映，江面如镜，水影相衬，与建筑环境融为一体。

从1984年起，先后投资3349余万元，分四期工程，对客房、大堂、餐厅等进行了大规模的改造，并设置了宾馆的商场，增建了顶房（第九层），辟为娱乐部和西餐厅。1989年投资600多万元，新建"花园商场"。

经过几次扩建、改建，现在建筑面积已增加到44663平方米。现有标准、豪华客房共523套（间），其中单人79间、标准314间、双套房46套、三套房5套、四套房3套、五套房1套、总统套房1套，多功能厅8个，大小餐厅、宴会厅、咖啡厅、酒吧20多个，舞场、KTV包间、台球、桑拿、按摩、保龄球、网球、游泳、健身等场所和设施齐全。

锦江宾馆地理位置优越，环境良好，现在是西南地区规模最大、设施完善、装修豪华、久负盛名的综合性商务、旅游宾馆，是年接待旅客在6万人次以上的五星级酒店。

六、九寨沟宾馆

九寨沟宾馆位于阿坝藏族羌族自治州九寨沟县（原南坪县）城西，距离县城约41公里处的漳扎镇北面，现为九寨沟旅游镇，原塔藏森林经营所旧址，距直升机机场6公里、九寨沟沟口5公里。九寨沟被誉为"人间仙境"和"童话世界"，被列入《世界自然遗产名录》。九寨沟宾馆是九寨沟旅游镇的主体工程，1984年被列为国家旅游建设项目，由国家旅游局、州政府投资和省政府贷款，解决资金700多万元①。

宾馆按三星级宾馆标准设计，占地面积40亩，建筑面积8773平方米。有客房114间、床位208个。宾馆外观为藏式造型，白墙红瓦，依山临水。整个建筑造型，体现了地方及少数民族特色。各建筑物高低错落，参差有致，布局合理，功能区分明确，与环境景观和谐协调。工程结构部分为框架结构，主体结构为砖混结构，按7度抗震标准设计。

宾馆室内工程按现代观念进行设计，室内设备较先进，设有邮电、通讯和卫星地面接收电视传输等现代化通信设备和传输系统。此外，为全面体现宾馆功能，在建筑布局中，设有酒吧间、咖啡厅、理发室、化妆间及大小餐厅等用房，以及游廊、亭台、池馆、路桥、车场等建筑物，成为一个综合性的、比较完善的现代旅游宾馆②。

1985年由中国西南建筑设计院设计。1986年上半年与四川省建筑工程第一公司签订施工合同，同年5月1日动工，1987年底建筑工程及内部装修工程完工。1988年上半年宾馆一部分投入使用。

七、重庆四川商业银行大楼

重庆四川商业银行大楼，位于重庆市渝中区打铜街14号。1934年由加拿大建筑师倍克设计，汉口迁渝的洪发利营造厂施工，1935年年底建成，是一座具有欧洲复古风格的五层大楼。

大楼为钢筋混凝土与砖木混合结构，有地下室，地上建五层楼房，总建筑面积约2800平方米。第一层平面为矩形，正面宽约22.0米，深约27.5米。室内立4根合抱大柱，构成三间营业大厅。厅后设小间、楼梯间、电梯间。两侧亦隔小间，为管理用房。第二层及其以上各层均为"匚"字形平面。左边为一宽约2米的钢制室外消防梯，右边、后边为单面走廊，直与前面双面走廊相连。"匚"字形走廊水平联系三面办公用房。

大楼第一层层高4.8米，营业大厅显得宽敞气派。第二层及其以上各层，层高均为4米，小间办公室亦是相得益彰。在立面上，第一层做成三开间拱券门廊，第二、三、四层立面设计为4根硕大的奥爱尼柱，顶层正面三间做成阳台。

---

① 四川省地方志编纂委员会编纂：《四川省志·建筑志》，四川科学技术出版社1996年版，第62页。
② 张普云、黄天鹗修纂：《九寨沟志》，四川民族出版社1990年版，第127页。

内外装饰,精工华丽。保护、维修、使用都比较恰当,原来面貌基本未变。布局合理,比例适度,拱券形门窗,简洁窗棂,雕花栏杆,罗马式立柱,米黄色墙面,匀称精巧的线脚,完全对称的立面,显得十分典雅和气派。虽然经过70多年的风吹雨打,但是迄今屹立于现代的建筑群落中,依然洋气豪华①。

重庆四川商业银行和重庆平民银行,于1937年并入重庆川康平民商业银行,即川康商业银行。1938年交通银行由沪迁渝,大楼第一至二层改为交通银行办公营业用房,第三层以上安排57间客房作为四川饭店。20世纪50年代中期交通银行停止使用,曾经作为市冶金工业局办公用房,后转拨给建设银行重庆分行,现为其下属支行的办公和营业处。1993年被列入重庆市文物保护单位。

第三节　纪念、博览及观演建筑

一、成都辛亥秋保路死事纪念碑

辛亥秋保路死事纪念碑

辛亥秋保路死事纪念碑,为纪念四川保路运动死难烈士而兴建。位于成都市少城公园(今人民公园)内。民国2年(1913)由川路总公司以川汉铁路公司路款修建②。

纪念碑为方锥体,碑体用砖石构筑,由碑座、碑身、碑顶三部分组成,通高31.86米。碑座基础为木质"梅花桩"。碑座呈方锥形,用红砂石条石砌筑,第一级周长47.40米,沿南面上10级踏道可登碑座平台。平台四周绕红砂石栏。平台以上再作第二、三、四、五级,逐级内缩,均以砖砌,总共五级台基。碑座总高10米,碑座上部四面,置路轨、火车头、信号灯、传撤器、自动联结器等浮雕图案。平台上第二级正面,镌刻"中

---

① 重庆市城乡建设管理委员会等编:《重庆建筑志》,重庆大学出版社1997年版,第111、112页。
② 四川省地方志编纂委员会编纂:《四川省志·建筑志》,四川科学技术出版社1996年版,第27页。

华民国二年川路总公司建"。碑身为方柱形,每边宽2米,以砖砌筑,四方嵌长条形青石板,高约15米。每面镌刻"辛亥秋保路死事纪念碑",分别由著名书法家赵熙、颜楷、吴之英、张夔阶手书。字大1米,遒劲有力;同文异书,交相生辉。碑顶高6米,为四坡攒尖式。四面均设天窗样式,上覆黄色琉璃瓦。五座宝顶,四小一大,串珠相连,四低一高,耸入蓝天。

纪念碑由留日学习土木工程的归国人员——双流大铁路公司股东代表王楠及黎治平、杨剑潭、李雨苍等设计,胡炳森监工。设计和造型,继承了我国传统的碑塔一体的建筑风格,既参考了北京白云寺塔和山西凌云寺塔的造型,也参考了国外碑塔的建筑手法,构图庄严简洁,气势巍峨,具有强烈的时代特征。

清宣统三年(1911),清政府出卖民办的川汉、粤汉铁路筑路权,以抵押英、德、法、美等国银团借款,激起川、鄂、湘、粤四省人民的强烈反对。成都等地组织保路同志会,川督赵尔丰屠杀请愿群众,死伤数百人,致使川中各地组织保路同志军,纷纷起义。清军入川镇压,湖北防务空虚,遂为武昌起义创造了有利条件。1913年兴建此保路死事纪念碑,以示缅怀,作永久纪念[①]。

1923年,川西叠溪大地震,碑身摇动而未损。1941年日机轰炸,多人伤亡,血溅碑体,碑顶局部受损。1952年、1954年、1981年,成都市人民政府曾三次拨款加以修缮。1988年被国务院公布为第三批全国重点文物保护单位。

二、重庆抗战胜利纪功碑

重庆抗战胜利纪功碑,现名人民解放纪念碑,简称解放碑。坐落在重庆市渝中区民族路、民权路与邹容路交叉的十字路口中心,原"精神堡垒"的旧址上。"精神堡垒"始建于1940年,1946年10月拆除,是一座方形锥体炮楼式木结构建筑,通高七丈七尺,它象征中国人民抗战到底的决心和保家卫国的伟大爱国精神[②]。

抗战胜利纪功碑,是民国时期实施《陪都十年建设计划》的项目之一,专门设立了筹备委员会,由黄宝勋、刘达仁主持策划工作,由陪都建设委员会黎伦杰等主持设计并监造,天府营造厂施工。1946年10月31日,由张笃伦市长主

---

① 成都市建筑志编纂委员会编:《成都市建筑志》,中国建筑工业出版社1994年版,第54页。
国家文物局编:《中国文物地图集》(四川分册),文物出版社2009年版,中册第14页。
② 四川省地方志编纂委员会编纂:《四川省志·建筑志》,四川科学技术出版社1996年版,第28页。
重庆市城乡建设管理委员会等编:《重庆建筑志》,重庆大学出版社1997年版,第310、311页。

重庆抗战胜利纪功碑（人民解放纪念碑）

持奠基动工兴建。工程建设以募捐方式集资筹款。表达了民众欢庆胜利的喜悦和团结一致恢复家园的决心。

整个纪功碑位于民权路都邮街广场。构成纪念碑的内容有：（1）碑台：半径10米圆形青石台（高1.6米），周边部分做青石踏步8级，台阶留有8处栽植花木的花圃。（2）碑座：有石碑8面，采用北碚出产的上等峡石，以8根青石砌结护柱组成碑柱，石碑嵌于碑座外面，铭刻碑文五则。（3）碑身：高度为24米，由4米直径的圆筒构成，内部圆形，外为八角形，每角边线条以米黄色釉面砖铺砌，内部有悬臂旋梯140级，盘旋而上至瞭望台，沿着旋梯设胜利走廊，廊上挂抗战英雄伟大战绩及日本投降签字等油画，下边嵌藏各省、市赠送的纪念物品及社会名流题赠的碑石。（4）瞭望台：直径为4.5米，较碑身宽些，可容20人登临游览。（5）瞭望台下碑身正对马路的四面可见报时的标准时钟，钟面之间分别是四幅抗战有功的陆海空军将士及后方生产的工人、农民的浮雕。（6）瞭望台顶上设风向仪、风速器、指北针及有关测候仪器。①

纪功碑占地296平方米，总投资2.17亿元。通高27.5米，钢筋混凝土结构，包括地下室共8层。碑台基直径28.6米，青石砌筑，高1.5米。共用钢筋25吨、水泥950桶（每桶170公斤）。设钢筋混凝土花窗和楠木大门。正面碑名由市长张笃伦书。碑座八面刻有五种碑文。碑内还藏有纪念钢管，管内藏有设计文件、有关的文化名作、报刊、邮票、钞票、照片等。

1949年重庆解放后，将抗战胜利纪功碑略加改造而成为"人民解放纪念碑"。1950年10月1日西南军政委员会主席刘伯承在碑台上检阅了游行队伍，当时亲笔书写了"人民解放纪念碑"七个大字，署"一九五〇年十月一日国庆节 刘伯承题"。自此以后此碑发生了两大变化：一方面覆盖了原有的碑名；另一方面消除了原有的碑文。改革开放后，四川省人民政府于1991年4月批准此碑为

---

① 参见《重庆市建筑志·论文专记》，重庆大学出版社1997年版。

省级文物保护单位，名称定为："人民解放纪念碑（原抗战胜利纪功碑）"。

三、刘湘墓园

刘湘墓园，位于成都市区西南郊、武侯祠之惠陵西侧，与祠园隔垣为邻。1953年改名为南郊公园，改革开放后由武侯博物馆管理，今属武侯祠[①]。

刘湘（1890~1938），字甫澄，又名元勋。1934年任四川省主席。后率川军出川抗战，1938年1月下旬不幸病逝于

刘湘墓园纪念堂

武汉抗日军营，终年48岁。鉴于刘将军功勋卓著，当时政府特颁嘉奖令，追赠一级上将，在家乡建墓园，于逝后次年"九一八"纪念日举行国葬[②]。

墓园工程由著名建筑师杨廷宝任总工程师，华西兴业公司承建。1939年1月开工，1941年冬落成，耗资140余万元。

墓园坐北朝南偏西，占地130亩，现有建筑总面积960平方米。墓园建筑模仿明清帝王陵寝形制，采用中轴对称布局，单体建筑均用大式做法，朱垣碧瓦，雕柱飞甍，古朴典雅，气象恢宏，颇具纪念性园林的严谨庄重气氛。

墓园中轴线长达400米，自南至北沿轴布置的建筑依次为：石桥、神道碑、牌坊、旌忠门、碑亭、铜像、表忠亭、多角亭、东西配堂、荐馨堂、陵台等。

牌坊四柱三间，红砂石构筑，面阔13.4米，坐落在约宽1.25米、高2.4米的四方形基座上，正中二柱通高10米，旁边二柱通高9米。梁与柱采用仿木穿斗式连接。方形柱顶作圆形云头，浅浮雕纹饰。正中门楣有川军二十三军军长潘文华题"刘故主席墓园"横额，高大雄壮，气势雄伟。

旌忠门形制似阙，故叫三阙，又叫三洞门，通面阔18.51米，通进深6.5米，

[①] 成都市建筑志编纂委员会编：《成都市建筑志》，中国建筑工业出版社1994年版，第55、56页。
[②] 成都市园林志编纂委员会编：《成都市园林志》，四川人民出版社1998年版，第78页。国家文物局编：《中国文物地图集》（四川分册），文物出版社2009年版，中册第35页。

建筑面积120平方米。门洞上屋顶分两个层次，中间高，为歇山式顶，两边低，为半个歇山式顶，相差约2米。中脊高约10米。四周墙面均微自下而上内敛，宛若城垣，给人以沉重敦实感。洞门上正（南）面是林森题词"永念忠勋"，后（北）面是蒋介石题词"英姿飒爽"。

碑亭四柱重檐攒尖顶，台基高0.6米，面阔、进深各9米，建筑面积83平方米，通高13.5米。上层构架及屋顶的承重采用抹角梁法。四面设石阶，可循阶入亭。亭中原有峡石墓碑。

多角亭又名荐馨阁。重檐屋顶，上部突出，四角攒尖。其下四方各循面阔伸出4米开门，门上各覆歇山式屋顶，每两面又自门后退后2米，亮一檐柱，柱上又覆顶。如此下檐翘角已多至12个，故称多角亭。造型别致，结构精美，颇受国内外建筑界所注目。这座精致的建筑，占地面积约300平方米，在"文革"初期，以"危险建筑"名义而拆除，今多角形花台即其遗址。

东西配堂为享殿的一对配殿。东西相向，相距66.6米。面阔五间，通面阔21.5米；进深一间6米，带前廊1.9米；建筑面积185平方米。砖木结构，歇山式屋顶。坐落在高0.45米、长23.1米、宽9.5米的台基上。本殿为奉祀川籍其他将士，以及陈列川军文物之用。

荐馨堂又称享殿、贡殿。面阔五间，通面阔27米；进深三间，通进深16.5米，建筑面积468平方米。坐落在长30米、宽19.5米、高0.9米的台基上。砖木混合结构，大式重檐庑殿屋顶，甍飞鸱吻，脊塑走兽，珠柱彩梁，雕窗粉壁，俨然宝殿。

陵台为石砌平台，宽45米、深18米、高1.5米，下为墓室。台面原以石板铺成，中有黄土一坯。现台面正中立有高近3米的墓碑一通，碑文左款书"抗日战争时期第七战区司令长官陆军一级上将"，正中书"刘湘之墓"，右款书"公元一九八五年立"。

甬道宽20米，两旁系由张群、邓锡侯、潘文华等名人手植塔柏。全园广种花木。三洞门东开清水一泓，点缀以水榭、池岛，环境幽雅，景色宜人。

刘将军逝去，各地各界为之哀悼[①]。毛泽东发唁电，电曰："国家失一栋梁，川军失一主帅。"蒋介石的挽联是："板荡识坚贞，心力竭时期瘁尽；鼓鼙思良帅，封疆危日见才难。"冯玉祥的挽联是："倭寇未灭，心伤良将；抗

---

① 郑光路：《川人大抗战》，四川人民出版社2005年版，第231～238页。

战必胜，足慰英灵。"白崇禧的挽联是："出师未捷，遽赴泉台，无命惜英雄，又何怪杜宇声哀，巫猿泪急；荡寇方殷，忽闻噩耗，片言慰良友，□可将倭氛扫尽，汉土重光。"宋子文的挽联是："玉垒浮云霄，一代忠魂光上国；勋名炳河岳，千秋遗爱在西川。"

如此巨大、完善、尚不多见的近代墓园，可惜在20世纪，屡遭劫难：建筑上的文字，一笔不存；铜像、表忠亭、多角亭、碑铭等文物性建构筑物，早已湮灭，墓室曾遭洗劫一空。可幸者，园中大多数建构筑物依然屹立，园之规模依稀尚存。更可喜者，1985年已重立墓碑，并且亭池如旧，树木丛生，花草盛茂，仍具陵园气息，吊者、游者络绎不绝。

四、西南军政大礼堂

西南军政大礼堂，现名重庆人民大礼堂。曾为重庆大礼堂、西南行政委员会大会堂、人民宾馆，是新中国第一座具有浓郁民族风格的大型公共建筑，重庆市标志性建筑之一，位于渝中区学田湾①。

大礼堂于1951年4月开始筹建，征集到五个设计方案，后选定张家德建筑师的初步设计，并成立西南军政委员会工程处，开始组织设计和施工筹备工作。1952年4月正式开工，1954年4月全面竣工，并投入使用②。

重庆市人民大礼堂

大礼堂占地面积86.6亩，总建筑面积1.74万平方米，总高65米。设座位4503座。礼堂南北两翼连接两栋4层配楼，为采用多种材料的混合结构。大厅屋盖造型仿北京天坛祈年殿，作三重檐圆顶，用角钢网壳，外边附加木屋架，上覆绿色琉璃瓦面。结构上采用大跨度直径46.33米的钢结构穹隆顶，置于高度55米的现浇钢筋混凝土支柱上。配楼的两对塔式四角

---

① 中共重庆市委办公室编：《走进重庆》，重庆出版集团2009年版，第234、235页。
② 重庆市城乡建设管理委员会等编：《重庆建筑志》，重庆大学出版社1997年版，第311、312页。

亭、八角亭也采用钢筋混凝土结构，其他附属部分采用砖木结构。配楼、角亭和大厅入口的仿天安门城楼造型，均用绿色琉璃瓦顶。仿天坛顶下的36根红柱和配楼以及仿天安门城楼造型的红柱，均用板条包成。整座建筑规模宏大，金碧辉煌，气宇恢宏。大礼堂坐落在山坡上，沿128级台阶拾级而上，更显得雄伟壮观。

整个建筑施工工期为两年，处理土石方30余万立方米，消耗钢材500多吨、砖450多万匹、竹木3.5多根。大礼堂的设计图纸，曾于1956年借给印度新德里大剧场作设计参考。

配楼曾做市政府第一招待所，于1979年改名人民宾馆。1984年采取中外合资形式，安排1100万美元，一是对其内部进行改造，对其外部进行复原性修复，二是在大厅背后空地建造新楼。新楼即东楼，占地面积3.82亩，建筑面积13925平方米。1985年开始设计，1988年市建三公司完成施工，1989年投入使用。新楼与大厅共中轴线，严格对称，维持了大厅的平面格局；在高度和形体上，遵从大厅的主导地位和中心作用；在形式和风格上追随大厅，不标新立异，与原有建筑保持和谐、协调，新老建筑相互融洽浑然一体。新楼反映了时代进步的"时空差异"，满足了现代化宾馆的严格要求，并体现了山地建筑的特色。

五、成都锦江大礼堂

成都锦江大礼堂位于成都市人民南路西侧，南与锦江宾馆为邻，礼堂与宾馆相互匹配，为当年成都具有代表性的现代建筑，也是成都的一个体量最大、容量最多、设备最齐全的大型礼堂建筑[①]。

大礼堂平面基本作矩形，坐西向东，正面前为广场，场西有台阶30级，高3米多，阶后接连礼堂主体。台阶上门廊宽45米、深6米，并立8根高达15米的八角形大石柱。门廊西为前厅，南北两边和西边为柱廊，空间宽度为32米、深18米，十分宽敞明亮。前厅西紧接观众厅，其宽为45米、深达50米，容量为3500座，分上下二层，楼下约2000座。具有良好的音质及视线设计，视、听、坐方便舒适。厅前为舞台，宽42米、深24米，灯光、音响、布景、化妆等设施齐

---

① 四川省地方志编纂委员会编纂：《四川省志·建筑志》，四川科学技术出版社1996年版，第61页。成都市建筑志编纂委员会编：《成都市建筑志》，中国建筑工业出版社1994年版，第99、100页。

全。观众厅两旁，设有观众休息厅，其东有卫生间，再东有楼梯间，均宽敞明亮，方便舒适。前厅后有电梯间，其上部设有500座的多功能会议厅。另外，还有一般会议、化妆、服务等用房。整座建筑面积为2.6万平方米。钢筋混凝土框架结构，大厅顶部为钢屋架覆盖。门廊、前厅大柱，均系大理石贴面，各部地面作水磨石、大理石、瓷砖地坪。廊檐上饰花纹，立面朴素简洁，高大雄伟，融东西方建筑风格为一体。

成都锦江大礼堂

礼堂建成以后，省市许多大型会议和重要演出多在此举行。改革开放以来，经过一些局部修缮和改造，现在更能适应于当代的会议、演出、娱乐、休闲、旅游事业的需要。虽然位处高楼大厦群落中，但是由于本身体形庞大，再加上前面的广场、绿化、大道，依然是一座引人注目的重要建筑。

本工程由中国建筑西南设计研究院胡德祥、张善榕、霍梓辉等人设计，四川省第三建筑工程公司、四川省工业设备安装公司施工，施工技术负责人为谢守模、黄智民，工程投资1100万元。

六、自贡恐龙博物馆

自贡恐龙博物馆，是在恐龙化石群遗址上建设的中国第一座专业性的恐龙田野博物馆，位于距自贡市市中心11公里的大山铺恐龙遗址发掘现场，占地面积101亩，总建筑面积8500平方米[①]。

博物馆工程分两期建成。第一期工程于1982年12月立项。1984年4月，主

---

① 四川省地方志编纂委员会编纂：《四川省志·建筑志》，四川科学技术出版社1996年版，第72页。黄大喜：《自贡恐龙博物馆简况》，《成都文物》1987年第1期。

体工程破土动工，1985年底，主体工程竣工，工期1年零8个月。占地面积37.5亩，建筑面积6000平方米。由中国建筑西南设计研究院吴德富、高士策、尹元良等中标并设计，自贡市第二建筑工程公司施工。

第二期工程于2002年3月起实施，主馆闭馆，进行改造、扩建，至同年9月基本结束。占地面积由原来37.5亩扩大到101亩，新建游客中心2500平方米，并建10000平方米的游客中心广场、3600平方米的生态停车场以及符合国际标准的公厕，对整个园区进行了绿化和美化。设计仍然通过招标方式确定，设计单位、设计人、施工单位基本未变。

整个建筑以"洪荒时代，一堆化石"为立意，以巨石形体为造型，远视如同巨型岩窟，俯视犹如巨形恐龙。以一堆天然乱石作为设计构思为出发点，以引发人们对"洪荒时代"恐龙生存环境的联想。主体建筑为框架结构，三角形空间桁架。由装架陈列馆、报告厅、化石埋藏场三大部分组成。陈列馆跨度21.6米，外露桁架。埋藏场保持自然地貌，可见散乱的多种恐龙化石，外墙砌以混凝土块，形似不同形状的乱石。中央大厅有一大坑，坑内是挤压成团的恐龙化石，设想为恐龙灭绝时的情景。后厅是1700平方米的发掘现场，还有知识厅、标本厅。馆中陈列各类化石数百件，包括3纲、11目、15科的18个种属，既有陆生、水生、两栖类，又有空中飞行的古脊椎动物。其中有长达20米的食草长颈蜥脚龙，凶猛的肉食恐龙，数量较多的短颈蜥脚龙，躯干较小、仅1.4米的鸟脚龙，目前世界上发现年代最早、保存完整的剑龙等，长达1.5米的鳞齿鱼和较多的龟化石，等等。恐龙埋藏遗址，可以从埋藏厅内俯视，可见恐龙骨骼交织错落，呈现于水平状延伸的砂岩中，蔚为壮观。

恐龙遗址和博物馆，得到了广大科技、文化界人士和旅游界的高度关注和重视。张爱萍将军于1982年题词"恐龙群窟，世界奇观"，镌于公园门口石屏上，屏高2米，长12米，犹如建筑物上匾额。

博物馆的设计，立意新颖，造型独特，设计能引起人们对远古时代恐龙化石群埋藏环境的联想；总平面布局紧凑，室内外恐龙展厅的组织与地形结合好，并考虑了远期发展的要求，与总体建筑协调；平面功能组织灵活，陈列展出方便，参观流线通畅，与地质剖面有密切联系；造型简练别致，具有粗犷、朴实、浑厚的风格；整体建筑完整统一表现出恐龙群窟的独特气氛，是一个成功的设计。该设计两次获得国家级设计金奖。本工程已成为首批国家地质公园之一，为4A级旅游景区。

七、三星堆博物馆

三星堆博物馆位于1988年国务院公布的第三批全国重点文物保护单位三星堆遗址东北角，地处历史文化名城广汉城西鸭子河畔，南距成都35公里，北距德阳26公里，是我国一座现代化的专题性遗址博物馆。博物馆于1992年8月奠基，1997年10

三星堆博物馆

月开放。馆区占地面积300亩，馆园坐北朝南，园中主要馆宇建筑由主馆、青铜馆、游客接待中心等组成[①]。

三星堆文物是宝贵的人类文化遗产，在中国浩如烟海蔚为壮观的文物群体中，属最具历史科学文化艺术价值和最富观赏性的文物群体之一。在这批"古蜀密室"中，有许多光怪陆离奇异诡谲的青铜造型：有高2.62米的青铜大立人，有宽1.38米的青铜面具，更有高达3.95米的青铜神树等，均堪称独一无二的旷世极品，而以流光溢彩的金杖为代表的金器，以满饰图案的边璋为代表的玉石器，亦多属前所未见的稀世珍宝。

三星堆博物馆集文物收藏保护、学术研究和社会教育多种功能为一体，采用现代科学手段实施管理，集中收藏和展示三星堆遗址和遗址内一、二号商代祭祀坑出土的青铜器、玉石器、金器以及陶器、骨器等数千件珍贵文物。

三星堆展馆中的建筑布局，采用园林式的总体布局方法，打破了一般的展览建筑布置格局。馆外环境布局巧妙，匠心独运。园中以草坪绿地、竹林树木、花卉灌木等绿色植物为主，点缀以小河、沟渠、池塘水景及桥、亭、馆、榭小型建筑，连接以大道、小径交通。绿茵满园，湖光岛影，八方景物不同，

---

① 四川省地方志编纂委员会编纂：《四川省志·建筑志》，四川科学技术出版社1996年版，第14页。

四时光景各异，充分体现出展馆与环境结合的特色。

主馆坐北朝南，接近园门，占据园的主要位置。东边近水渠，渠堤竹木丛中，隐现假山、池水。假山之西接连绿茵青翠的大土山——这就是"伪装"的主馆——主馆的南立面。人工构筑，宛似天成，无斧凿痕迹。平面似船形。钢筋混凝土砖石混合结构。室内空间长约130米，宽约28～36米，展馆面积达4000多平方米。依据"古城古国古蜀文化陈列"的内容，馆内通过适当的分隔和精心设计的空间组合，分类陈列文物，实现了陈列内容科普化与陈列形式的艺术化完美结合。主馆两端设有卫生间，北面是一条布置了配电、空调、工房等次要房间，出入由北面。平面布局合理，人员流向有序，文物陈列得当，建筑布局得体。置身其间，感到幽静、典雅、安闲、舒适，知识美感并增，愉悦享受频添。

青铜馆位于馆园之北部，进门大道直达馆前，绿水环绕，竹木丛中，塔楼高耸。馆厅由一个圆柱体和环绕的多个圆锥台体组成，用钢筋混凝土构筑。圆柱线条垂直，通向塔顶，有高耸入云之感。多个圆锥台体，相互簇拥圆柱体，下大上小，丛丛直线倾向虚拟的天空交点，陪衬着中心高耸的塔楼——直圆柱，产生通天入神之感。整体为一不规则的圆形组合，周长约300步。平面内部，分成各种环形的层馆，共有六馆：面具厅、群像厅、祭祀厅、立人厅、神器厅、互动厅。厅馆多为部分环形，大小、高低、宽窄，以及地面的平坦或斜坡、灯光的明暗变化等，各有不同。沿着坡道或梯级环绕上下，甚至楼层都难以分清，比馆外更具有通天神秘之感。馆厅内部，为了整体地展示3.95米高的通天神树，建立了一座五层高的塔楼，这就是前述的圆柱体。空心薄壁圆柱塔楼环梯而上，楼外环坡而下。柱体外壁环墙，每层向内为挑楼，挑楼周环以栏杆，便于层层观览。神树脚立于台上，树顶"圆柱"覆以半圆形玻璃罩，引入天光，使人感到妙景连绵，神秘难测，通天之感，油然而生。

馆园中有6800平方米的旅客接待中心，以及餐馆、小卖店、购物、管理等建筑，均依园林法式布局，点缀园景。

总之，三星堆博物馆以其文物、建筑、陈列、园林之精美奇妙为四大特点，已经成为享誉中外的文化旅游胜地，成为四川向世界推出的三大国际旅游精品之一，是首批国家"4A"级旅游景区。

八、金沙遗址博物馆

金沙遗址博物馆位于成都市青羊大道227号的金沙遗址上。自2001年春遗址被发现以来，现已建成了由遗迹馆、陈列馆和文保中心三大部分建筑组成的博物馆，是占地约550亩的国内一流的大型遗址博物馆①。

遗迹馆位于本馆的中心部位，建于祭祀区原址之上，面积7588平方米，为一半圆形建筑，跨度63米的钢结构覆盖于上，象征古代天圆地方的宇宙观，最大限度地保证了遗址的完整性。里面设有弧形步道，长约100米、宽5米，象征王权金色冠带的展开，从遗迹馆中穿过，以便参观者走进考古现场。

金沙遗址博物馆

祭祀区遗址是目前发现的3000年前中国最大的祭祀区遗址，约长150米、宽100米，面积约15000平方米。祭祀区遗存堆积厚达4米，延续时间长达600余年。在此已出土6000件金、玉、铜、石等珍贵文物，以及数百根象牙、数千颗野猪獠牙、数千只鹿角。考古工作者认为还有大量珍贵文物埋在泥土之下。它是中国发现的延续时间最长、保存最好、埋藏最丰富的古代遗存之一，观众在此可以感受古蜀国祭祀活动的频繁和宏大气派。

陈列馆位于本馆东偏北的摸底河北岸，为一座呈斜坡状的方形全钢结构建筑，面积约16200平方米。馆内主要陈列本馆发掘出的重要遗迹和遗物，利用现代科技手段，以科学、通俗、生动、活泼的方式，从金沙王国的生态环境、建筑形态、生产生活、葬俗习惯、宗教祭祀、文化背景等多角度，全面展示了金沙文明的辉煌与灿烂。

---

① 四川省文史研究馆：《成都城坊古迹考》，成都时代出版社2006年版，第266页。

陈列馆共分五个展厅。第一厅，远古家园，置于二层西厅，面积约900平方米。此厅以大型半景画与原状考古遗迹为主，展示出金沙时期的生态环境和生活场景。第二厅，王都剪影，设置于二层东厅，面积约900平方米。此厅将考古成果、复原场景，与多媒体展示相结合，从居所、工具、陶冶、琢玉、墓葬等方面，勾勒出一幅充满生机与活力的古蜀王都社会生活图景。第三厅，天地不绝，设于一层东厅，面积约1000平方米。此厅集中展示祭祀区出土的金、铜、玉、石、象牙、卜甲等精美文物，显现出金沙先民的精神世界与宗教活动。第四厅，千载遗珍，设于一层西厅，面积900平方米。此厅荟萃遗址中最富神秘色彩的30余件精品，其中以被作为中国文化遗产标志的"太阳神鸟"金饰最令人瞩目。第五厅，解读金沙，设于底层西厅，面积830平方米。此厅分背景、溯源、遗韵、谜雾等内容，对金沙文明的辉煌灿烂和历史背景进行纵横阐述。

文保中心，即该馆文物保护中心。位于该馆西北角，建筑面积约8000平方米。目前展出文物最多的祭祀区，实际发掘只进行了十分之一。

第四节　天主教、耶稣教教堂

一、成都平安桥天主堂

平安桥天主堂，即圣母无染原罪堂，现为成都教区主教堂，也是成都教区主教府所在地，位于成都市中心西华门街25号。筹建于清光绪二十年（1894），历时约10年，耗银20万两，于光绪三十年（1904）竣工投入使用。由川西教区法籍主教杜昂指派法籍神父路书雅设计、监造。从事施工的泥木工匠，多为应召的川西农村天主教徒。占地总面积31.3亩，建筑面积10343平方米，为成都地区规模最大、当前保存最完好的一处天主教建筑[①]。

教堂总平面呈"悚"字形，但从空中俯视，则大、小教堂均各呈"十"字形造型，具有显著的天主教特色。悚字竖心旁"忄"为主教座堂；另一半"束"为主教公署。其本义是"魂悚悚其惊斯"，体现了对上帝天主的敬畏之情。此种布局，为成都教会建筑之孤例。建筑木结构的木材，选自天全、邛崃所产楠木。整个建筑周边都以外廊相连接，高大宽敞。此建筑靠近皇城，无塔

---

① 四川省地方志编纂委员会编纂：《四川省志·建筑志》，四川科学技术出版社1996年版，第45页。

楼，全部建筑以单层展开，其外观与中国传统建筑风貌相似①。

主教座堂亦称大教堂，建筑面积3378平方米，可容教徒500名。平面呈"十"字形，面阔三间，两侧带廊；进深九间，前带门厅，后带檐廊；在第七进处，左右

成都平安桥天主堂

各出两间一进；最后两间（西端）作半圆形，构成"十"字形。堂内四列赭红楠木柱，柱径35厘米，柱高5~6米，将空间分成三大部分，中间高9米，侧间略低，均作拱形天棚。堂内木柱顶着一对卷涡组合式柱帽，柱础由白石凿成。西端半圆形神坛亦由群柱支承拱顶。正立面山墙采用科林斯柱式和半圆形拱券构图，系仿古罗马教堂格调。两侧檐廊，以磨砖砌成圆柱支撑，外面抹灰，形制简朴。木架屋顶，上覆青瓦屋面，亦见古朴。

主教公署为教区主教、副主教、当家神父平日事务治所。设计为中国传统风格，青砖青瓦，三合四合庭院，柱廊回环。大门入口有"八"字短墙，三个圆门与照壁对应，俨然中国府第。步入大门，就是两条高轩敞亮廊道，中夹长方形天井，廊道左右对称布置四合庭院式署舍。二道门内，以一宽大的四排柱敞廊将主教公署一分为二，形成两个内庭。整个公署犹如公馆，共有房舍百余间，108根圆柱立于檐下，四周步廊宽敞明亮。园内有百岁伊拉克枣树和多种名贵花木，环境幽雅。敞廊尽端过垂花门，为主教私人小教堂，平面呈"十"字形，内有小祈祷室四间，装饰具西洋风格。

该教堂平面布局，大、小教堂采用拜占庭式的造型，主教公署为中式庭院造型，二者中西合璧，独具特色。建造百余年来，除大门前八字短墙、照壁等在马路扩建中被拆除，以及个别建筑部件有所变更，如大教堂的楠木柱已换成非金属柱，柱径68厘米等之外，其他均未受到大的破坏，基本保存了原貌，已于1979年圣诞重新开放。现为省级重点文物保护单位。

---

① 成都市建筑志编纂委员会编：《成都市建筑志》，中国建筑工业出版社1994年版，第39、40页。

二、成都张家巷天主堂

张家巷天主堂,位于成都市外北张家巷大街北侧35号,沿小巷北去约40米远的院内。张家巷大街所在小区,街道两边原为法国领事馆区。20世纪初,法国在此设领事馆,建了一大片房屋,形成了近百年来的建筑格局。领事馆早已迁入城内铁脚巷(即上翔街),在原址处留下天主堂。现在的张家巷已在城市改造中形成了大街,街道两旁全是新楼,唯有西侧小巷内的天主堂,依稀照映出那个时代的影子[①]。

天主堂现坐落在多层建筑中间的小院中,小院占地面积1020平方米。堂屋坐西朝东,面阔三间四柱,通面阔12.5米,纵向完全是对称的;进深八间,半间前廊(门廊),半间后堂,通进深合九间36.5米。虽然前廊为矩形,后堂为半圆(直径4米),但以间数论,横向亦是对称的,显出平衡统一,略具变化的美感。后堂右(南)侧,缀连5.2×4米两间耳室,共21平方米,更使统一中增添了变化。大堂加小耳室的总建筑面积为477.3平方米。

天主堂的立面及内外装修,均十分简朴。正门西洋式砖混结构的六柱五空门廊,廊深2米,净空高3米,上作多重横线脚,其上再置非金属葫芦栏杆。廊柱中最简单的一对边柱为多棱形:断面上有阳角11个、阴角7个,极砖造花样之能事。门廊往里,为堂屋入口,对称布置两小一大的三樘门。这面开门的墙是中式房屋的山墙,在南方祠庙建筑中,常装饰为牌楼,但此处只加大了墙宽,每边宽出外柱1.5米,并在山墙中部画一巨形圆轮图案,左右各画"十"字。山顶立一矩形墙,墙上作尖顶,墙面画"十"字,除此之外,别无其他雕饰。再往里就是一个普通的木架双坡小青瓦屋顶。侧立面亦十分简洁,板壁墙中露出竖向的立柱,柱间置一小窗,窗台高1.5米、宽1.0米、高2.4米,下方上尖,密布棂条花心。柱径0.3米,外柱作很低的石柱础,内柱作方形木质柱脚,高1.2米。室内原为木天花板和木地板,现地板已换成瓷砖。由于采光面积少,室内光线暗淡。大红的窗棂和立柱、洁白的天花板和墙壁、高大宽敞的空间,更显其幽静肃穆。中西结合的造型,朴实自然的色彩和粉饰,夹杂在现代建筑中,更显出几分神秘的宗教意味。

[①] 四川省文史研究馆:《成都城坊古迹考》,成都时代出版社2006年版,第232页。

三、成都四圣祠福音堂

四圣祠福音堂位于成都市东城四圣祠北街17号。初名英美会福音堂，1933年改名四圣祠福音堂，现门楼上书"基督教恩光堂"。2003年3月8日，被列为成都市重点文物保护单位①。

四圣祠北街原有一座祠堂，奉祀孔子四位弟子曾参、颜回、子路、子由，故称四圣祠。19世纪末西方宗教进入中国，毁祠建教堂、医院。清光绪二十一年（1895）端午节东较场举行"撒李子"活动，一些妇女争相抢食。忽传洋人拉走了中国娃娃，于是激起公愤，齐奔教堂，索要小孩，发生纠纷，捣毁教堂、医院，酿成了"成都教案"。总督参官赔巨款，道歉再三，另兴土木，规模胜前。今已沧桑巨变，但人们仍以四圣祠呼街名。

成都四圣祠福音堂

光绪十七年（1891），加拿大基督教监理宗卫斯理会所派美国传教士赫斐秋和加拿大传教士何忠义等一行九人来成都，初在棉花街设教堂。十九年（1893）又在四圣祠街设教堂，两年后，毁于成都教案。二十二年（1896）又重建；二十六年（1900），发生义和团运动，再次遭毁。现福音堂建筑于1920年，由加拿大基督教海外布道会集资重建，该会牧师兼建筑师苏继贤设计监造，雇用成都工匠百余人施工，历时1年零3个月，方告竣工。

福音堂坐北朝南，平面呈矩形，中轴对称布局。面阔四柱三间带两柱廊，通面阔23.24米；进深六间，除门厅间加深外，其余每间深4.0米，通进深24.89

---

① 成都市建筑志编纂委员会编：《成都市建筑志》，中国建筑工业出版社1994年版，第41页。
四川百科全书编纂委员会编：《四川百科全书》，四川辞书出版社1997年版，第939页。

米。门厅三层,其他均为两层,占地面积约3000平方米,建筑面积1320平方米。能容千人聚会,享有当时成都"第一堂"之誉。通高18米。室内布置是:一层为小间、柱廊、小厅;二层为小间、柱廊、大厅、舞台、看台;三层为小间。一层平面中,前面有三个入口,两旁各开两门,均与一层厅、廊相通。两旁设有室外梯道,离墙0.9米、宽1.66米,分三段,直达二层大厅。堂室内外、楼层上下,畅通无阻。

整个建筑为砖木混合结构,结构和建筑形成一个有机的整体,其设计思想十分完善。屋盖净跨13.2米,为方木桁架式无铰拱。这种拱对支座沉降、位移的要求很高,故大厅两侧布置1.02米宽的柱廊和3.03米宽的小室,形成一个刚度很大的组合拱趾。如果不作柱廊,那就是一实心砖柱,则臃肿不堪。若不作如此大柱,又无法支承拱架。门、窗、柱廊、7.74米宽的舞台,都是用砖拱,形成节奏、韵律,表现出结构美。外部无华丽的装饰,但许多部位均用砖作线脚,规则工整,显得峻峭和清冷。屋顶原盖铁皮瓦,后改为石棉瓦。屋坡陡峻,向四周展开,呈"十"字形。青砖砌成墙柱,用砖量达100万匹,故有"百万砖教堂"之说。

该建筑具有德国巴伐利亚式建筑风格,融入了中国建筑的工艺技术,是中西技艺互通的产物。重建以来,历经90余个春秋,历经风雨、地震、战火等种种自然和人为因素的摧残,至今地基不沉,墙柱不裂,巍然屹立于古城,足见当年设计之完善,施工质量之优良,作为文物保护单位,是当之无愧的。

四、成都陕西街福音堂

陕西街福音堂位于今成都市天府广场南面,沿人民南路向南的第一个街口,往西即陕西街,再往西到28~30号即其遗址。原名美以美会福音堂,始建于清光绪六年(1880),系基督教新教会所建。1925年改名中华基督教社,继而又更名为卫理公会恩溢堂,与存仁医院即教会所设五官科医院共在一处。1952年,改名卫理公会陕西街福音堂。街南有教会设立之华美女子中学,抗日战争中燕京大学尝寄设于此。又东头有启化小学及幼幼幼稚园。均为美以美会所设[①]。

考察福音堂所在的陕西街,其位置在清末至今尚变化不大。按2006年版《成都城坊古迹考》中光绪五年(1879)图,陕西街起于三桥正街之西,其东为梨花街,陕西、梨花二街与三桥正街十字交叉。又查前书《新订成都街

---

① 四川省文史研究馆:《成都城坊古迹考》,成都时代出版社2006年版,第211页。

道二十七区图》,其街依旧,仅是现在所见的陕西街28~32号处,添绘了福音堂,街名更为陕西下街而已。

原陕西街福音堂与存仁医院共在一处,即今陕西街28~32号以西的地盘。26号在东,为四川省教育厅。向西为六层住宅,住宅的临街面为3.3米宽的开间,共14间,总长49.8米。门牌号为26附1~10、28附1~10。宅西为小巷,巷口宽18米,其门牌号为32号,巷深约100米。这个巷子深度和临街面长度即福音堂遗址范围,计其占地面积约为7.5亩。

福音堂内,原有教堂及其教学和生活用房,有存仁医院及医院附属用房。此外,尚有庭院花木,并有华西坝华西大学内现在尚存的那座高大钟楼一座。现在除32号巷内,西南尚余新旧不等的围墙一堵共22间(每段3.6米为一间)外,其他一切建构筑物均已于1988年前后拆迁,并建成了新的七层住宅。

在32号巷内,最北面的一座楼,现在尚住着原福音堂的职工、基督教徒,也就是原住福音堂的拆迁户。前述巷西围墙尚有一间保存较好的全旧的墙,其砖全非标准红砖,而是旧式青砖。其砌法也很讲究,中央用方形地砖做花样,青色方砖也是现在不生产的。这些都与当地居民的说法相符,原福音堂就位于这里。

五、重庆仁爱堂

仁爱堂原为二仙庵,现为重庆天主教仁爱敬老院,位于渝中区山城(山坡)巷80号、82号。总建筑面积3000余平方米[①]。

法国曾于清光绪二十二年(1896)三月,在重庆设立领事馆,开始举办慈善事业,实行怀柔政策,设立医院、教堂、学校等福利文化事业。光绪二十六年(1900),在中区山城巷建设医院和神父住房,以及修女用的修道院等,光绪二十八年(1902)竣工投入使用。1947年为方便附近中外教徒过宗教生活,对外开放。抗日战争期间,日军不断轰炸,此处成为救死扶伤的避难所。

仁爱堂大院坐落于山城巷南侧,坐南偏东向,坡下为滨江路,远对长江。院门一间,外墙满贴白色瓷砖,额上横书简体"仁爱堂",进入大门,是一个约7米见方的小庭院。庭院的西(右)面,有两间中式平房,现作门卫用房,房屋简陋,也非当年旧房。庭院东(左)面,有一破烂得全貌难辨的旧房,这就是一些资料上说的小塔楼。庭院的正(南)面有一座三层大楼,门厅正对大

---

① 黄波、田飞等:《寻城记·重庆》,四川文艺出版社2007年版,第80~84页。

门,这大概就是当年的住院大楼或办公楼。大楼后面(南边)约2.5米处,还有四间两层砖木结构的小楼。以上是仁爱堂现存的全部建筑。

小塔楼,紧靠墙边。楼体呈圆柱形,它的蓝灰色墙面上,装饰着象牙白色的罗马柱,尚显得出几分雅致。拱券形窗洞上的欧式栏杆,更能显出小楼的精致。可惜小楼已被破坏不堪,楼上屋顶盖已无踪影,唯有那柱头、窗沿、小窗栏等涂饰的象牙白色与塔楼墙面的蓝灰色相互映衬,依旧显现出几分幽雅与浪漫,整整一个世纪的风吹雨打,调和的色泽依旧新鲜。

住院大楼平面是L形,长肢沿东西向多达21间;短肢沿南北向,只有1间。单面走廊,宽约2.8米,柱廊上为拱形,下设靠栏,宽敞向南。这是一座三层高的欧式房屋,样子虽然破旧,但它那别致的罗马柱、精雕细琢的装饰花卉纹样、窗户精工造型的拱券,依旧放射出昔日的光彩。

1951年4月,西南军政委员会卫生部接管了仁爱堂,接办了仁爱堂医院、仁爱高级护士职业学校。改革开放后,经重庆市天主教爱国会要求,市政府于2001年2月决定将教堂、神父住房、修道院共3000余平方米划拨给天主教会,经初步维修后,于2002年6月11日正式开放。同时重庆市天主教会为"荣主益人",服务人群,于2001年12月创办了重庆天主教仁爱敬老院。

第五节　中西合璧的新型住宅

一、成都旧军人公馆

民国前期,四川省内军政官宦,多在成都修建公馆。公馆造型讲究,形式各异,设计手法多以传统组合式四合院较多,细部装饰,局部作法,亦多融合西洋建筑风格。公馆平面,多按中轴对称布局,设前庭、中庭、后庭。也有作园林式布局,或作西洋式布局,或作传统院落与西洋式混合布局,形成中西合璧的别墅。

(一)刘湘公馆

刘湘公馆位于成都惜字宫南街,建于20世纪20年代。占地面积4.95亩,建筑面积900平方米。四周均不临街,为民居所包围。西部开通道,通向惜字宫南街。因地形南高北低,故主要建筑皆坐南朝北。平面布局严谨而特别,大不同于一般民居。其四周绕以高约4米围墙,墙厚0.4米。围墙转角,不论阴角、阳角，均为半径1.5米的拐角，并把墙厚增加0.2米。主要建筑距围墙4～8米，分南北两部分，北面为独立四合院，南面三幢纵向排列。四合院由前堂、后堂和两厢组成，后堂和两厢，仅以围墙相接，前堂面阔五间，前后带廊。建石质素面台级，施垂带踏道三级。木结构穿斗屋架，三穿用五柱，柱下施覆盆柱础，鼓形木质，单檐悬山式屋顶，叠瓦素脊，小青瓦屋面。山墙加披檐，檐口与前后坡檐齐平，四角起翘，犹如歇山屋顶。挑檐枋前施瓜形垂莲柱，枋下作撑拱，拱面刻花卉图案。梁、柱、门、窗、隔断、地板、天棚等均用高级楠木，散水、室外地坪均铺青石。

刘湘公馆

后堂设计标准悉仿前堂。南面纵向排列的三幢建筑，其做法、风格亦与前堂一致，但装修档次稍低。公馆建成至今已历近100年，但保存非常完整：地面、基础无下沉，柱子无位移，梁枋无拔榫，连接无松动，门窗开关灵活，墙板平整光滑等，工程质量，可称上乘。整个公馆的设计显示出很高水平，真正地体现了服务于业主的思想，建造了一个安全、宁静、舒适的居住环境[①]。

（二）李家钰公馆

李家钰公馆位于成都市城西南文庙后街92号。为一楼一底砖木结构建筑，回廊环绕，青砖墙面，朱红窗台，深红栏杆。北端另有一凸边形建筑，三面均有朱红窗台、深色木格窗。深院清幽，古意甚浓，保存较好，现为居民住处。

（三）李家钰兄弟公馆

李家钰兄弟公馆位于成都市城西方池街22号。为一楼一底的小洋楼，砖墙，木结构屋顶。前有半圆形露台，台上栏杆简洁精致。朱红大门和窗扇，彩色压花玻璃，门窗上均作圆弧形拱，四周饰浅红线脚，显得豪华新奇。该建筑是一所西化程度较高的公馆，较完美的中西合璧建筑，保存较好。

---

① 朱绍文：《刘湘公馆建筑的时代特征》，《四川文物》1999年第6期。

（四）王泽浚公馆

王泽浚公馆

王泽浚公馆又名柿子巷砖楼，因其处为柿子巷口而得名。位于成都市城西金河街63号。建于1931年。初为日本国违约在成都修建的领事馆，后为当时四川省主席、川军师长王缵绪之子王泽浚公馆。坐西朝东，仿欧式建筑，三楼一底，附地下室，二楼设平台，面阔22.2米，进深18.7米，建筑面积415平方米。砖木结构，尖顶青色板瓦屋面，通高20.98米。保存基本完好，现为成都军区后勤部幼儿园驻地，成都市重点文物保护单位。

（五）田颂尧唯仁山庄

田颂尧唯仁山庄

田颂尧唯仁山庄位于龙泉山长松寺遗址旁。庄园依山就势布局，总面积达8.9亩。宅宇建筑面积500多平方米。主体建筑为楼宇，一楼一底，砖木结构，青砖墙体，白灰勾缝。单檐布瓦歇山式顶。室内设西式壁炉，并设卫生间。庄名源自田颂尧的著作《唯仁论》。

（六）石肇武第（肇第）

石肇武第（肇第）位于成都市城中鼓楼南街东侧。临街向西有青砖构筑的大门楼一座。牌楼砖饰讲究，富有西式风格，匾额"肇第"，现仅存大门楼。

（七）刘存厚公馆

刘存厚公馆位于成都市城北原西珠市街42号，在爱道堂和金沙庵附近，曾为青年旅社。

现存的旧军人公馆，远非上述数处，仅举例说明而已。因为它们正在随城市的现代化而陆续消失，有的仅存地名，有的仅存旧址，有的正在拆迁之中，只有个别尚保存在现代化的高楼大厦间。

二、重庆孙科住宅——圆庐

在重庆市渝中区鹅岭公园以北、嘉陵江南岸的佛图关下，有一座嘉陵新村，新村的190号是一座设计别致，风格独特的老房子。因为它的外形是圆的，故称为圆庐。圆庐最初的主人是抗战期间国民政府立法院院长孙科。圆庐建筑面积485平方米，由杨廷宝建筑师设计，馥记营造厂施工，1939年建成①。

佛图关下的地形陡峻，高低错落极大，没有一块较为平整的地盘。环山围绕着三层公路，划破一层层绿色的岩壁。在众多高矮、新旧、大小不同的方盒子房屋中，绿荫丛里隐现出一座圆形的大建筑，显得特别突出，加之最初主人的显赫身份，为这座建筑更增添了几分神秘色彩。

圆庐坐落在上层傍山公路下，离路边约40米。据当地故老说：原来圆庐四周有小院墙，公路边院门内搭有小岗亭。圆庐下层还有地道与山坡下约100米处的孔令仪圆庐相通。今孔庐已拆除，重建新楼。

圆庐的平面为勺形，勺本部分为圆庐主体，系由两个同心圆组成：外圆直径17米，内圆直径7米。砖石墙壁，木架楼盖，青瓦屋顶。地上两层，内圆圈高出外圆圈大半层，圆形攒尖成坡顶。四面设有小方窗，屋顶设气楼一圈，以便采光、通风。底层天花板亦设6个通风口，经由上层管道抽风换气。客厅、舞厅、卧室等用房的布置已不可考。勺柄部分系圆庐的附属体，长10米、宽3.2米，在圆庐东边，沿东西向布置，原系厨房、盥洗间之类的其他设施。这圆形宅第，门外四周，满布浓绿，与周围环境配合协调，更显出它的人工意匠，格外新清。

这圆庐不是孙科的真正住处，而是以一个社交、娱乐为主的礼仪场所——一个圆形舞厅。这个现在看来的大杂院，曾经还是绅士淑女们翩翩起舞的舞厅。

现存圆庐室内，外圈已是被隔成扇面形的一间间房间，分别住着十一户人家；里圈满置各式灶台、抽油烟机、水槽之类，成了一个公用大厨房。圆弧形的粉壁，被油烟熏得斑驳不堪，置身其间，犹如掉进了一座阴暗杂乱的深井中。

岁月流逝，圆庐的现状，已经远非原来面貌，曾被列入危房，并进行拆迁。当拆除屋顶后，拆至楼盖时，被有关部门阻止，并指令恢复原貌。从第一层可以看出，在第十三层高250毫米的条石之上，筑有一道砖砌圈梁，以上为红

---

① 重庆市城乡建设管理委员会等编：《重庆建筑志》，重庆大学出版社1997年版，第137页。

砖墙，即复原新墙体。楼盖、屋盖都是钢筋混凝土结构。青瓦屋面铺的木基层等，全都是新的。

三、抗战时期重庆的名人住宅

抗战时期，重庆成为陪都，是抗日战争的大后方，是国民政府的驻地，同时也是世界反法西斯战线的阵地之一。据统计，此时期在重庆的历史名人旧居就多达92处[①]。今谨摘举数处于后。

（一）曾家岩德安里官邸

曾家岩德安里官邸位于今重庆市委大院内。德安里101号系蒋介石官邸及委员长侍从室，坐落于今中山四路36号大院，为半中半西式砖木结构，一楼一底，面阔22.4米，进深21.9米，通高10米，建筑面积1180平方米，曾是1945年9月国共谈判地点之一。

重庆名建筑——宋美龄旧居

德安里103号系宋美龄旧居，原是1936年华西兴业公司建筑部受富商丁次鹤委托设计建造的一所花园别墅，抗战初期让给宋美龄使用。别墅坐南朝北，半中半西式砖木结构，一楼一底，面阔25.1米，进深19.4米，通高11米，大小厅室12间，建筑面积994平方米。

（二）宋子文住宅怡园

宋子文住宅怡园坐落于牛角沱四新路19号（旧地名四维路），原是华西兴业公司总工程师胡光标1936年委托基泰工程公司设计，并由华西兴业公司建筑部施工，1937年春季建成的西式洋房别墅。平面布局以中央为过道和楼梯间，把居室分开，建筑用材和设备质量较高，青条石和砖木结构严密组合，一楼一底，附有地下室，共计大小厅室16间，建筑面积376平方米，

重庆名建筑——冯玉祥旧居

---

① 重庆市城乡建设管理委员会等编：《重庆建筑志》，重庆大学出版社1997年版，第137、138页。

全部地板采用楠木镶嵌花边，抗战期间由宋子文使用。1945年9~10月间曾是国共谈判地点之一。

（三）黄山别墅

黄山别墅位于重庆南岸区的黄山。黄山坐落在南山风景区内，面积约1500亩，海拔500多米，比市中区最高处高出200多米。此地奇峰幽谷，松柏簇拥。1913年，有一姓黄的富商从夏某手中购得此山，遂修建别墅，培植花园，其儿子黄云陔是英商白理洋行买办，抗战前在原有基础上建成较为高级的招待所、餐厅、弹子房、网球场等设施，形成中西相结合的亭台楼阁，接待上山避暑消夏、登高览胜的游客。抗战初期，蒋介石（1887~1975）为防空、避暑，由国民政府军委委员长侍从室从黄云陔手中购来，为蒋介石营建别墅。

云岫楼，坐落于黄山主峰山顶，地势居其他别墅之上，砖木结构，两楼一底，青瓦盖顶，青砖墙壁，面阔16.1米，进深12.5米，通高9.5米，总建筑面积430平方米。蒋的卧室在二楼，三面都是大玻璃窗，视野开阔，可以远眺山城全景，顶层设的岗楼12平方米。楼的后面50米处开凿有防空洞，为躲避日机轰炸之处。楼的一侧，另有一小平房，为基督教礼拜堂。

松厅，位于云岫楼北侧100米处山坡上，1939年建，为中西合璧的平房建筑，立柱撑檐，三面回廊，长24米、宽13.4米、高3.2米，面积321平方米。蒋介石题写的"松厅"二字匾额悬于门上。当时宋美龄常邀其大姐霭龄、二姐庆龄来此消夏。

草亭，坐落于云岫楼西南100米处斜坡上，背山面壑，是一栋中西合璧的木结构茅草顶建筑，用10根直径0.4米朱红油漆的木柱支撑檐廊顶盖，茅草经过精选，长短整齐不乱，保温隔热，冬暖夏凉。1945年12月曾作为美国总统特使马歇尔专用住房。

莲青楼，坐落于云岫楼西南浅谷平地，一楼一底一顶阁，砖木结构，面积706平方米。抗日战争时期为美军顾问团居住。

（四）林园官邸

林园官邸位于重庆西郊歌乐山南麓，占地面积约100亩。曾为林森的官园，故称林园。

林森（1867~1943），福建闽侯人，国民党元老，民国初孙中山任临时总统时，他为临时参议院议长，后为国民政府主席。抗战期间，林园是他的官邸，住现林园4号楼。1938年12月，蒋介石选定歌乐山南麓的山洞双河桥，前后

10年期间陆续修建23幢房屋，其中的林园是蒋介石在渝居住时间较多之地。最初由军政部营建司设计，并由华西兴业公司王壮飞负责，于1939年夏天建成4号楼。混合结构，宏伟宽敞，长廊环绕，乳白色墙壁红色屋檐。主持设计者为兵工署刘宝廉工程师。先后由蒋介石及林森使用。

1939年秋林森入住4号楼之后，为表示对蒋介石的感激之情，泼墨挥毫，在一块一米见方的大青石上写下了斗大的"寸心"二字，落款"民国二十九年冬，青芝老人"（民国29年，即1940年，青芝老人是孙中山先生生前对林森的称呼，因林森喜爱青山绿水），然后让石匠嵌刻其上。这两个颜体大字，刻琢细巧，遒劲雄朴，潇洒自如，至今仍保持完好。

（五）南温泉地区的官邸

抗日战争初期，为防御敌机空袭，市政府划定南温泉地区为迁建区，国民党上层高级官员，陆续安排营建别墅形式的官邸建筑，这个地区不仅是地形环境适宜防空，而且花溪河泻入溪谷，水帘高悬10余米，银珠飞溅，水沫如雾，呈现出优美的景观。

林森公馆，坐落在虎啸口，坐西朝东，砖木结构，一楼一底，建筑面积580平方米，大小厅室15间，地基用条石砌成，主要厅室内均有壁炉，门窗呈"寿"字格，青砖青瓦单檐歇山式屋顶，底楼下面用大砂石筑成地下室，砌有半人高的低矮拱券连成的石墙，墙内曲折回环，层层叠叠，自然形成一座石壁地堡。竣工后取名"听泉楼"。1938年夏季，林森给施工企业馥记营造厂经理陶桂林，亲笔书赠条幅："精勤敏慎"。

校长官邸，建于1939年，是设在小泉中央政治大学供兼任该校校长蒋介石使用的建筑，砖石结构，单檐歇山式加攒尖式混合屋顶。坐南朝北，一楼一底，建筑面积272平方米，大小厅室17间，附近还建有第三侍从室用房及防空洞设施。1985年修复。

（六）戴笠别墅

戴笠别墅位于歌乐山松林坡中美合作所内，1943年建造，砖石结构，占地面积450平方米，檐高3.7米，整幢建筑建于一高大堡坎上，门厅前有一敞廊。4扇摇头门，门厅两侧各有一间带卫生间的卧室，左侧的卫生间设两道门，窗的形式带有中国式木格小窗的特点。从其"十"字形平面、设套间、设壁炉，可看出欧美建筑的影响，但有中国传统民居通过廊道连接各房间的形式。门厅后封闭的外廊右边通向佣人用房，左廊通向书房卧室。

（七）张治中桂园

张治中桂园位于重庆市中区中山四路65号。院内植有两株桂花树，因名桂园。张治中（1890～1969）曾居于此，故俗称张公馆。它是一个小巧玲珑的街坊院落，为砖木结构建筑的宅院。小小的宅院式官邸，却很有名气，曾是抗战后期国共和谈的策源地，也叫"和谈名寓"。

桂园原是孔祥熙的部下后来为国民政府财政部部长关吉玉的产业。1938年，国民政府由南京迁来重庆，陈诚租来作为官邸。1939年，张治中调任蒋介石的侍卫室主任，桂园恰好邻近蒋的侍卫室，故张治中和陈诚商量，又转租过来，张在此园一直住到抗战胜利。1945年，毛泽东从延安来重庆进行谈判，也是长住桂园。

桂园主楼为砖木结构，是一楼一底的房屋。楼下是会客室、餐厅、备餐间、秘书室、副官室、盥洗室。楼上是卧室，张治中一家长居。

主楼南面是个小院子，院子东面是大门出入口，门口有传达室、汽车库各一间。小场地和道路边，满植花木。院子的西面是警卫员室，常驻一个手枪班。主楼北面，建有一排平房，是厨师和其他工作人员的住房。小院落的四周，是竹编篱笆围墙，虽然很不严实，但在花木的衬托下，却有几分幽雅。

主楼中的会客厅，在楼下的左侧，面积20多平方米，客厅的陈设简单朴实。墙边一排沙发，十分朴素，只能坐十来个人。墙角摆两三盆花草，没有其他古董摆饰。南墙悬挂着孙中山先生手书横幅"天下为公"。东墙挂蒋介石手书的戚继光语录："若谓战不胜，固属欺人之谈，然劲敌从来未尝不败……"西墙悬挂的是一幅花卉图。北墙悬挂一幅《秦淮夜泊图》。这间普通的会客厅，是中共代表毛泽东和周恩来同国民党代表进行谈判和签订《政府与中共代表会谈纪要》（即《双十协定》）的地方。

主楼中的餐厅，在楼下的右侧，是毛泽东和周恩来曾经在此宴请各国驻华使团负责人和中外各界友好人士的场所[①]。

张治中桂园于2001年被国务院公布为全国第五批重点文物保护单位。

（八）鲜英特园

鲜英特园位于重庆市中区上清寺，坐落在嘉陵江南岸的小山上。鲜英

---

① 黄秉洲主编：《民国旅游地图》，中央编译出版社2005年版，第71页。中共重庆市委办公室编：《走进重庆》，重庆出版集团2009年版，第249页。

重庆名建筑——鲜英特园

（1885~1968），字特生，20世纪20年代担任川军总司令部行营参谋长，特园是他的夫人金竹生亲自设计的宅园建筑群，占地3亩多，因字特生，故号"特园"。

特园大约始建于1929年。1930年主楼"达观楼"落成。两楼一底，青砖墙体，木结构楼顶、屋盖，前后均为花园。鲜英的书斋、卧室在楼上，客厅、饭堂在楼下，两翼有楼房十数间，另有一暗楼，叫"亭子间"。门楣上，有水泥铸成的"鲜宅"二字。现尚存嘉陵江桥东村的康庄4幢3层小楼，荷兰、意大利使馆都曾借用过。其中3号、4号楼曾被敌机炸毁，后修复。此外，有一幢5号楼称为"平楼"，是一楼一底砖木结构建筑。1939年以后，鲜英常年居家特园，对来渝各界社会进步人士热情接待，致使特园获得"民主之家"的光荣称号[①]。

1945年8月30日、9月2日、9月15日，毛泽东"三顾特园"，会晤张澜、鲜英。

由于鲜英大量接纳各方民主人士，获得了许多名家题赠：旧政协会议期间，冯玉祥曾书赠"民主之家"匾额。

远近闻名的"民主之家"的特园，焚毁于1968年3月。园虽已毁，但它的光荣历史，将永留史册！

（九）范庄

范庄位于重庆市中区人民路北侧254号、256号，系范绍曾宅第，亦称范绍曾公馆。范绍曾（1895~1977），大竹县人。1915年护国军兴，即随袍哥首领率众起义。后在川军中任师长、军长、副总司令等职。民国36年（1947）在上海成立袍哥组织"益社"，保护过张澜、李济深等人。1949年在渠县率部队起义[②]。

范庄系1930年范绍曾委托三益建筑师事务所罗竞忠建筑师设计建造，为庄园式建筑，坐北朝南，院门正对现在的人民路，原来是一处相对偏僻的园地。占地36亩，耗资35万银圆，建造房屋15幢共98间。其中1932年建成使用的中西式楼房为砖木结构，粉墙瓦顶，雕槛镂窗，木质天棚、地板。二楼一底，底层

---

① 鲜述秀、庄燕和：《鲜英和他的特园——民主之家》，《四川文物》1987年第2期。
② 四川百科全书编纂委员会编：《四川百科全书》，四川辞书出版社1997年版，第363页。

设有地下室，抗战初期以为防空之用。该楼面宽20.8米，进深17.4米，通高14米，室内装饰比较豪华。庄园内庭院深深，水木清华，花香四季，清雅宜人。抗战期间，孔祥熙曾寓于此。1950年被改为重庆市交际处第二招待所。

四、大邑安仁刘氏庄园公馆群

刘氏庄园公馆群是刘文彩及其兄弟五人的公馆及祖居组成的大型建筑群，主体是公馆，故称公馆群，位于大邑县城东约14公里处的安仁镇。始建于清代中叶，20世纪20~40年代，刘氏兄弟在其祖居周围大兴土木，进行扩建，遂形成规模巨大的公馆群[①]。

刘氏庄园的占地总面积约90亩，由新老两大部分公馆组成，两大部分南北相望，由一条长300多米的公路连接。南部建筑由刘文彩及其大哥刘文渊、三哥刘文昭、四哥刘文承四座公馆组成，俗称老公馆。北部建筑是刘文彩六弟刘文辉公馆，俗称新公馆。

刘文彩公馆，占地面积约18.5亩。总建筑面积6940平方米。建于1931~1942年，耗资880万银圆。平面无总体设计，因其为逐步扩建，分多次建造，故形成蜂窝状的不规则多边形。公馆内主要建筑有中西客厅、内院、佛堂、逍遥宫、小姐楼、勤杂院等。建筑类型

安仁镇刘文彩庄园

有庭院式、花园式、阁楼式等。全馆有天井27个，房180间，花园3处，正门1道，东、西、南、侧门6道。

大门为"八"字形花墙，门额"受福宜年"，门旁设石狮。

内院祖堂为四合院，由正房、厢房组成，建筑面积500平方米。室内上设天棚，下装铺楠木地板。迎面隔扇棂窗，四周回廊相通。

逍遥宫位于馆舍中部，为一坐西向东的长方形建筑，约建于1932年，建筑

[①] 四川省地方志编纂委员会编纂：《四川省志·建筑志》，四川科学技术出版社1996年版，第53页。
成都市建筑志编纂委员会编：《成都市建筑志》，中国建筑工业出版社1994年版，第52、53页。

面积150平方米，独立成院。

小姐楼位于馆舍东部，约建于1937年。主楼两层，采用中西结合形式。楼西作一六角形三层小楼，造型别致，与主楼高低错落，合为一体。

刘文辉公馆，占地面积40亩，建筑面积8640平方米。1938年。平面为正方形，坐西向东，由面积相等、布局大体一致的两大院落沛远堂和延辉堂组成。两院花墙相隔，各有前、中、后三个四合院，内有房161间、花园4处、池塘2个。

沛远堂正门为"八"字形，高2丈余，满施彩塑。两侧沟渠相连，各有荷池一个。前院为长方形四合院，院内有正房5间、左右厢房3间、门房5间。正中有大厅3间，厅房深11米，长42米，檐高7米，柱间"万"字窗格相连，建筑面积970平方米。中院为正方形四合院，房13间，左右设厢房，天井正中为花园，布局紧凑，建筑面积760平方米。后院为凹形三合院，正房5间、左右厢房各2间，建筑面积560平方米，内设秘密金库一处，容积达570立方米。

延辉堂建筑布局与沛远堂相同，大门采用特制异形砖修建，形似教堂。

刘氏庄园采用传统的院落形式布局，东西向纵轴线上主要是住房、客房，沿轴线两侧北向布局，便于采光、通风、散潮，体现居室朝明的川西特色和民居风格。砖木结构，青砖白线墙柱。构架以穿斗为主，堂屋明间则用抬梁式。屋顶多用硬山式封火山墙，小青瓦屋面。封火山墙多造为猫拱形、驼峰形、三角形等，大方、气派，技艺高超。装修工艺精湛，手法多样，雕、刻、镂、镶和描绘、涂刷，均具有深厚的传统美和地方特色。中西手法结合，时代感强烈[①]。

五、乐山五通桥的盐商住宅

五通桥曾是一个盐业繁盛的水码头，聚集了许多的盐业商贩，在古老的五通、竹根、青龙三镇上建立了许多盐商宅第，张庭轩、贺宗弟宅即是其例。

（一）张庭轩宅

张庭轩宅位于乐山市五通桥区竹根镇工农街，房屋坐西朝东，大门偏向南方。建于民国初年，占地面积1.28亩，建筑面积390平方米，系穿斗木结构平房。

张宅为典型的川南四合院式天井建筑，大门外有道扦子门，右侧是外客厅，依次有正房3间、书房、厨房、仓库、内客厅和用人住房，共计20间。最具

---

① 国家文物局编：《中国文物地图集》（四川分册），文物出版社2009年版，中册第144、145页。彭晓刚：《大邑地主庄园建筑特点试析》，《成都文物》1994年第1期。

特色的是，张宅天井四周的屋檐尺度较大，最宽的三面均达3.2米，形成了宽阔的室外活动空间。院中有80平方米天井，青石板铺地，内堆假山，砌水缸，种有黄桷兰树，栽有忍冬藤等，绿意盎然，光亮清幽。此外，石础木柱，隔板木壁，雕饰门窗，装饰古朴典雅。

该宅北面靠山，四周是高2.8米的片砖空斗墙。东北角上的山边围墙内是张家的私人花园，兰菊芬芳，争奇斗艳，花草树木繁多，环境极其幽雅，颇具乡村别墅特色。

（二）贺宗弟宅

贺宗弟宅位于五通桥区竹根镇涌斯河畔，系清光绪初年建筑，坐西北向东南。该宅系由多个四合院组合的大型宅第，计有天井24个，占地面积9.8亩。据《犍为县志》载："我县五通桥贺道台的'大和全'，可容数千人，建筑精奇，邃径幽深，乔木参天。宅内引注涌斯河水，凉亭水阁，奇花异草。在全县境内，是绝无仅有的。"

"大和全"主人贺宗弟，系清朝五通桥一大盐商，"大和全"是他集官（道台）、商于一体的鼎盛时期所建。"大和全"建筑规模宏大，造型丰富多彩，花园鱼池、楼台亭阁俱全。上堂面阔五间，通面阔24米，进深七架带前廊一架，通进深12米。下堂面阔五间，通面阔24米，进深三间，通进深8.2米。上下堂均为穿斗式梁架，悬山式屋顶，高8.2米。左右厢房面阔各三间，通面阔13米，进深4.7米，前后带廊。正房面阔三间，通面阔9.1米，进深五架，4.9米。高二层，穿斗式梁架，歇山式屋顶。左右厢房各面阔三间8.7米，进深5.2米。

"大和全"所有厅、堂、楼、阁、池、榭、亭、廊布局严谨，结构精奇，均系木结构承重。各主要门、亭、台有题名和匾联，大门曰"四明世第"，会客厅曰"燕喜堂"，休息室曰"退省庐"，池上亭曰"沁亭""菱亭"。在"燕喜堂"前还设有戏台，供家庭演出。

在大门外的涌斯河边，建有贺家的办公楼"饮河楼"，楼的一侧是贺家专用码头"大和全码头"，设有渡口、游船，码头下凿一通道，引注河水流入后花园的荷花池内，池中垒假山，建亭榭、船房、月桥等，沿岸植桃柳，可荡舟戏水，赏荷观鱼，布局精巧。后花园占地面积1.8亩[①]。

---

① 四川省勘察设计协会编：《四川民居》，四川人民出版社1996年版，第70、130页。国家文物局编：《中国文物地图集》（四川分册），文物出版社2009年版，中册第539、541页。

六、乐山沙湾郭沫若故居

沙湾郭沫若故居书房

沙湾郭沫若故居天井

沙湾郭沫若故居位于乐山市沙湾区沫水街中段44号。郭沫若（1892～1978）原名郭开贞，号尚武，1892年出生于乐山沙湾，曾在此接受启蒙教育。故居临街而建，坐西向东，背靠绥山，面临沫水。始建于清咸丰初年，后由其父亲扩建。故居由铺面、卧室、书房、杂屋、绥山馆、后花园、凉厅等组成，形成三进四合院落，占地面积3.2亩，建筑面积1108平方米，共计36间，均为木结构穿斗梁架，单檐悬山式屋盖，小青瓦屋面[①]。

故居门面较窄，但整体布局灵活，空间层次丰富，庭院结合较好，环境优美，古朴典雅，俨然川西民居。临街正房，面阔三间，通面阔12.37米，进深四间，通进深7.8米，高4.7米。左右厢房长度对称，长43米，宽4.75米，高4.7米。花厅长26.7米，宽5.15米。绥山馆面阔三间，通面阔13.25米，进深四间，通进深6.9米，高5.3米。馆前为后花园，面积为400平方米[②]。

郭沫若是现代文化名人，他的故居充满着文化气息。其二门上悬"贞寿之门"匾额。其曾祖母邱妙恩寿高百岁，五世同堂，故清光绪时地方官府按制赠此匾赞誉。其门联云："传家有道惟存厚；处事无奇但率真。"

三门上亦有一匾称"汾阳世第"。唐朝大将郭子仪，被封为汾阳王，世称

[①] 四川省地方志编纂委员会编纂：《四川省志·建筑志》，四川科学技术出版社1996年版，第27页。
四川省勘察设计协会编：《四川民居》，四川人民出版社2010年版，第102、103页。

[②] 国家文物局编：《中国文物地图集》（四川分册），文物出版社2009年版，中册第544页。
高发成主编：《乐山旅游文化》，成都科技大学出版社1993年版，第227～230页。

郭汾阳。此为显示名门望族，表明郭家为汾阳世家。其门联云："事以利人皆德业；言堪持赠即文章。"

后园有家塾，题为"绥山馆"，因遥对峨眉绥山而得名。其门联云："雨余竹窗图书润；风过瓶梅笔砚香。"

后园凉厅亦有门联，皆咏其环境美景，其中一联云："好山无面不当窗；佳木随时皆入画。"

七、南充张澜故居与旧居

南充张澜故居位于南充市莲池乡观音堂村北1公里处。张澜于1872年诞生于此，并在此度过童年时代。

张澜（1872~1955），字表方，四川南充人。1911年为四川保路同志会领导人之一。1939年在重庆发起成立"统一建国同志会"。1941年成立"中国民主政团同盟"，任主席，1944年改为"中国民主同盟"，继续担任主席。1949年后历任中华人民共和国中央人民政府副主席、全国人民代表大会副委员长、全国政协副主席等职。

故居坐北向南，建筑面积89平方米。穿斗式梁架，悬山式屋顶。面阔八间，通面阔11.05米，进深五间4.55米。分心柱高6.5米，台基高1.2米。为一普通民居，系南充市文物保护单位。

另有张澜旧居，位于南充市顺庆区玉带南路，别名建华中学。旧址原系三圣宫，1940年张澜在此创办建华中学，自任校长，办公室和宿舍均在其内。三圣宫坐北向南，占地面积约0.65亩。四合院式庭院，由前殿、厢房组成，建筑面积397平方米。均为穿斗式构架，单檐歇山式屋顶。现有张澜纪念室及建华园[1]。

张澜故居与旧居，既是近代重要史迹，又是一组古建筑，当作为珍贵的固定文物加以保护。

八、成都尹昌衡故居

位于成都市的尹昌衡故居有多处，但多湮没无存[2]，现略考于下。尹昌

---

[1] 国家文物局编：《中国文物地图集》（四川分册），文物出版社2009年版，中册第638、707页。
四川省勘察设计协会编：《四川民居》，四川人民出版社1996年版，第96页。
[2] 袁庭栋著：《成都街巷志》，四川教育出版社2010年版，第1023页。

成都尹昌衡故居

衡（1884～1953），字硕权，号太昭，别号止园，四川彭县人。四川武备学堂毕业，光绪十三年（1904）被选送赴日留学，宣统元年（1909）回国。宣统三年（1911），任四川军政府都督，处决原都督赵尔丰。对成都兵变的平叛，对川西骚乱的平定，皆深得民心。后被袁世凯召去北京，以"亏空公款"为由下狱。1916年被黎元洪特赦后返回四川，归成都止园，读书、作诗、研究佛学①。1932年隐居崇庆（今崇州市）光严古寺，题联（现悬大雄宝殿）云②："不从者里来，焉知自在光明路；更于何从去，染着拖泥带水心。"

尹昌衡被成都人尊为社会贤达，为"五老七贤"的社会活动家之一，著有《止园丛书》十三册留于世。

尹昌衡故居不止一处，最重要的一处在忠烈祠南街。忠烈祠南街，因有徐姓大院，院中有两株大桂花树，故又被称为双桂堂街。尹昌衡在成都的主要居宅"止园"就在这条街上，"止园"大门上曾悬袁世凯赠金匾一块，可惜未保留下来③。

另一处故居，位于王家坝街与铜井巷街9号交叉口。16号系四川省民政厅所属职工住宅区。其东南方有一条长约23.5米的棚屋小菜摊区，沿宽约4米的铜井巷街向东北方向延伸。从王家坝街口向东北方向约10米处，有一拆余下的四间砖木混合结构二层小楼，这就是故居的"小姐楼"。棚屋及其以西的王家坝16号，即是故居原址。

王家坝街16号内拆余下的小楼④，向南稍偏西，平面为"T"字形，"T"

---

① 四川百科全书编纂委员会编：《四川百科全书》，四川辞书出版社1997年版，第1086、1087页。
② 释永一著：《光严古寺》，交流资料2006年版，第59～61页。
③ 袁庭栋著：《成都街巷志》，四川教育出版社2010年版，第691页。
④ 袁庭栋著：《成都街巷志》，四川教育出版社2010年版，第1022页。

字字翼缘向铜井巷，其四角截去成八角形。面阔四间，通面阔16米，进深一大间，五柱九架7.2米。内为穿斗木构架，青瓦屋面。外包青砖清水墙。室内竹编柴泥隔断，外加白灰粉刷。出檐很深，南向为2米，下为宽2米石阶。木质槅门，玻璃平推窗。外形装修具中式而带西洋气派，颇具近代气息。简洁朴实，典雅凝重。

第三处故居，位于红星路二段85号四川省文学艺术界联合会、四川省作家协会大楼处。原在布后街中，因修红星路，布后街分为二段，其故居分到红星路一边，因修大楼，全部拆除，旧址不存[①]。

九、成都李劼人故居——菱窠

现代作家李劼人的故居菱窠位于成都市外东沙河堡，因附近有堰塘名菱角故名。系当时为躲避日机轰炸而在郊区建立的"疏散房子"，现在菱窠占地约3亩。1938年，李劼人从他的朋友川大教授谢苍璃那里购买的2亩多地，于1939年开始建设，经过几次修整和扩建，形成了现在规模。

李劼人（1891～1962），作家、翻译家。原名李家祥，笔名老懒、菱窠、懒心、抄公、乐菱、云云等。李劼人出生于成都[②]，1939年建设菱窠之前，奠定作家在中国文学史上地位的几部重要作品《死水微澜》《暴风雨前》《大波》等都已完成。但是作为一个作家，依然惦念着创作。而创作需要安定的环境和比较固定的住处，这在抗日艰难的岁月里，能够得到菱窠，已经是一种很高的享受了。在他的自传里曾写到这么一段文字，其大意是：我在成都已经有了一个固定的、自己的住处，这就是成都外东沙河堡菱角堰的"茅草房菱窠"。这是1939年春，日本开始轰炸成都时赶修的"疏散房子"。开始时，几间茅草房比较简陋，但在李家人来说，却是破天荒的一件事。因为自我八世祖入川定居以来，从未有过自己的房子，搬一次家，东西失散不少，特别是书籍。我有房子以后，可以不再担心我在数十年置备的几千本中国书籍和积存的报纸、杂志散失了。沙河堡的房子就是面临菱角堰空军基地的窠巢。

在这段简短明白的"自传"中对于菱窠建筑的目的、意义、时间、地址、规模、形制以及居住的满意度都说得一清二楚。

[①] 据省作家协会老作家、诗人何玉白提供信息。
[②] 四川百科全书编纂委员会编：《四川百科全书》，四川辞书出版社1997年版，第538页。

李劼人故居——菱窠

作家大半生过着不稳定的生活，渴望有一个自己的住处是很自然的。菱窠是茅屋，是陋室，但是作家却感到满足。菱窠离市区很远，现在乘车也得半小时，但是那里是"疏散"地，安全！菱窠离开了城市，同时也远离喧嚣和嘈杂，得到了幽雅、安闲、舒适！所以作家从1939年起到1962年仙逝，整整24个年头，都住在这里，并且起了一个笔名叫乐菱，可见他是十分喜爱这个乡居的。

菱窠的院门，是"八"字形的大门。砖墙，硬山屋顶，青瓦屋面，酱色大板门，门楣上悬挂黄雅荃书的"菱窠"横匾，颇具川西民居风味。据说原来的大门两边不是砖围墙，而是竹篱笆墙，门边的竖匾是自题的。

菱窠院内的主楼，位于院中央偏北，离院门约30~40米。主楼是一楼一底的中式建筑，硬山式屋顶、砖墙、青瓦屋面、木制门窗，显得朴实敦厚，是1959年作家用稿费在原来房址上重新建筑的。此时，作家已是成都市的副市长，家居如此俭朴是令人敬仰的。清风明月，稻花飘香，不需半文钱，菱角舞风，蛙鼓虫鸣，不取自得。茅屋秋风，品格自高。花园富贵，岂有茅屋农居之乐？

主楼左侧，有一排川西式的平房，原来叫西厢房，现在叫浓春阁。浓春阁以南的东南角，是一座六角凉亭。亭东还有碧桃轩，其名取自作家联语："历劫易翻沧海水，浓香难谢碧桃花。"

沿着东侧院墙曲折地向南延伸的是游廊和敞轩，环绕一座假山和一方清水。

菱窠本是作家的私宅，一座私人小花园。后来园中塑了作家的汉白玉雕像，主楼中藏有500多件珍贵的字画文物，添建了亭阁山池，成了一座川西特定纪念性园林。宅园充满着恬静优雅的乡村趣味和浓郁的书卷气息[1]。张秀熟[2]题了赞诗："山何巍巍，日何烨烨。缅怀斯人，高风亮节。"

---

[1] 徐联：《李劼人故居——菱窠》，《逍遥游》1988年第3期。
[2] 张秀熟（1895~1994），四川平武县人，著有《二声集》《畅言诗录》，生平简介见《四川百科全书》第1118页。

第七章 少数民族建筑

巴蜀地区是一个多民族地区，除汉族外，尚有彝、藏、土家、苗、羌、回、傈僳、满、纳西、布衣、白、傣、壮等50多个少数民族，在此繁衍生息，共同创造璀璨的文明和丰富多彩的巴蜀建筑。各少数民族主要聚居在川西北、西南和东南山区。分布在凉山、甘孜、阿坝3个自治州和乐山地区的自治县、民族县以及上百个民族乡镇中。地域面积达32万平方公里，占全区域的57%以上。1993年人口495万，约占全区域人口的4.5%。据1990年统计，人口在10万以上的少数民族是：彝族178.42万人、藏族108.75万人、土家族107.59万人、苗族53.59万人、羌族19.62万人、回族10.9万人，其他人口均在5万以下。

由于巴蜀各少数民族居住地的地域、地形、气候、民族、宗教、经济、文化等自然条件和历史条件的千差万别，各民族依照自己的历史条件、地理环境，在建筑方面创造了多种多样、各具特色的择地规划、平面布置、立面造型和独特的建筑技术。从历史角度来看这些宝贵的建筑遗产，可以追溯到4500年前的三星堆遗址建筑和成都十二桥出土的商代木构建筑遗存，以及《后汉书》中的邛笼和《北史》中的干栏式建筑，这些都是巴蜀建筑发展史中的重要组成部分，也是中华传统建筑不可缺少的一部分[①]。

巴蜀少数民族建筑具有极强的自然环境适应能力。不管是民居村寨、土司官寨，还是宗教寺院、防卫碉楼，都能在山顶、河谷、山脊、平地、高原、山区等复杂地形和高寒、炎热等不同气候环境中适应，被因地制宜、依山就势地建设起来。各地区各具地域特色，各民族各显民族风格。建筑技术各显其能，建筑功能各适其用，建筑艺术各擅其美。建筑与地域各相适应，居民与自然各相和谐，利用自然，达到天人合一的美好境界。

巴蜀少数民族建筑在建筑技术上具有很高的灵活性和创造性。在规划选址、平面布局、竖向布置上，能生产生活、社会自然和谐、因地制宜，全面兼

---

① 四川省地方志编纂委员会编纂：《四川省志·建筑志》，四川科学技术出版社1996年版，第93、94页。四川省建设委员会主编：《四川古建筑》，四川科学技术出版社1992年版，第305页。

顾；在结构造型、建筑构造、建筑材料上，能就地取材，因材构筑。土家族的平面布局，灵活多样，千变万化，高度地体现功能要求和场地的适应性。羌族民居的乱石墙，砌筑高度很大，又坚固耐久，表现出高超的施工技艺。彝族民居的木排架，室内起拱，获得大的空间，坚固耐久，经济实用，室内分隔灵活，整齐美观，不愧为大跨度木结构的优秀创作。羌族、藏族的碉楼，结构合理，坚固实用，是一种富有创造性的建筑。

巴蜀少数民族建筑具有很强的防卫性。规划、选址都考虑能防守，又能撤退。民居建筑的平面布局，门窗位置、大小、数量，墙体厚度，都从安全方面考虑，各有民族特色，又都符合安全的要求。碉楼是一种专用于防卫的建筑，历史悠久，已有1000多年的历史记载，坚固耐久，可以使用几百年乃至上千年，数量众多，如丹巴境内，至今尚存者多达562座。

巴蜀少数民族建筑具有很强的地域性。建筑受其地区之气候、特产、材料、民族风俗、政治思想之影响，民族建筑是民族地域的产物。土家族地区天气炎热，建筑风格表现出轻盈明快；藏族地区气候严寒，建筑风格则厚重密实。藏族笃信佛教，不仅正屋中设佛堂，而且有较多的专门寺院。其他少数民族因为历史环境、地域环境的不同，其宗教信仰各有不同，但总的说来宗教信仰较淡，多数无专门宗教场所，只是正屋中设神龛，在建筑装饰中反映出风俗习尚。

巴蜀少数民族建筑具有较强的科学性。藏族建筑的厚墙、厚屋盖、小门窗，封闭严密，因为气候寒冷。土家族建筑的木构架、青瓦顶、木板墙、竹编墙，则开放空旷，因其地区炎热。羌族、藏族、彝族地区为多地震区，其建筑平面、构造、结构等都具有较好的耐震性能。其平面为方形、矩形，墙面少开门窗洞，木结构、穿斗木结构等，都很符合现代的抗震构造要求。平面小而紧凑，既有利抗寒冷，也有利抗地震。特别是碉楼，平面为方形，面积集中，双向对称，墙面少孔洞，平面、立面没有较大的突变，立面上质量分布对称、均匀等结构特性，加之施工质量良好，故绝大多数经过多次大地震，逾数百年仍保存至今。

巴蜀少数民族建筑具有很高的史学、科学、经济、政治、文学、艺术和民族文化价值，其中马尔康卓克基土司官寨、珙县僰人悬棺葬、德格印经院、马尔康直波碉楼、松潘古城墙、壤塘棒托寺、丹巴古碉群等已成国家重点文物保护单位。它们都是民族地域建筑文化的产物，是地理环境的产物，也是民族风俗的产物。它们是巴蜀建筑的一个重要的组成部分，是中华民族文化的宝贵财富，也是中国传统建筑的珍贵遗产。

第一节 彝族建筑

彝族是我国一个人口较多，历史悠久的少数民族，是巴蜀地区少数民族人口最多的少数民族。巴蜀彝族分布在川西南凉山州和马边、峨边、米易、盐边、九龙、泸定、汉源等17个市县，其中以凉山州、马边、峨边最为集中，具有本民族语言文字，部分通汉语文，农牧兼营，生产力低下，解放前尚处在奴隶制阶段[①]。

彝族选点居住的地域多在海拔2000～3000米的山区或高山半坡区，亦有部分居于地势较低的盆地、河谷地带。其地气温、地势均相差悬殊。居处选点必须是："前面有坝可种稻，后面有山好放牧。"地势险要，水源充足，又能有高可望，"有险可守，有路可走"之河谷、山坡向阳之地。村寨规模大小不等，形成大分散小聚居的特点。住房多沿等高线平行布置，以减少土石方量，便于修建。村寨内部道路，大多在修建中自然形成，故不太完善。

建筑平面形式有矩形、曲尺形、"门"字形、"口"字形、"回"字形等，其中以单一的矩形较为常见。除建筑外墙之外，内部一般不再有承重墙分隔。室内的划分一般采用灵活的分隔来完成。传统的正房，由三部分组成：正中为起居活动空间——中厅，右边是卧室，左边是堆放杂物、粮食的贮藏空间。中厅是一个较大的空间，白天是一家活动的场所，也是客来人往的社交场所，又是一个烧火煮饭的灶屋，是个多种功能的厅堂。各种平面形式的组成，基本如此，只是有的将子女卧室分隔，有的将粮食柴草分隔，也有的将牛羊马圈分隔，无论平面分隔变化如何，中厅总是居处的中心。

彝族民居一般都是单层建筑，所以对室内空间的利用比较注重。除中厅以外的室内两端，一般都设置一个不大的阁楼，用于贮存粮食、柴草、杂物，亦用于客人的临时住处。少数人家亦有在室外柱廊上加木板，形成小走廊。也有的利用结构构件，从纵墙挑出形成挑廊，其所产生的空间，一般作贮物之用。垂直交通使用活动木爬梯。

彝族民居的承重体系是形式多样的穿斗木构架体系，在同一建筑中，随平面要求和位置的不同，构架做成多种不同的形式：有三柱落地、四柱落地、多

---

① 四川省地方志编纂委员会编纂：《四川省志·建筑志》，四川科学技术出版社1996年版，第94、95页。

彝族建筑丰富多彩的撑弓

彝族民居示意图

彝族民居室内拱架示意图

柱落地等不同构架，变化十分灵活，这是彝族民居所特有的承重结构形式。一榀横向构架，是三个（前面两个，后面一个或前面一个，后面两个）立柱的叫三柱落地，是四个立柱的叫四柱落地等。为了扩大空间将中间的柱去掉，将外边的柱多层挑出逐层抬高的做法叫内拱，也叫正规架空、圆挑起拱。这是构架的横向内挑，也可以每榀构架都向外挑，层层挑出，构成纵向拱架。挑枋内外都挑出，内外负重平衡，自是更为合理。以上为经济条件较好，木材资源丰富地区的构架法，经济条件较差的，构架方法则比较简单：在中柱、土桩外墙上置穿枋，形成房屋的承重骨架。

彝族民居的外墙有土墙和木板墙两种。土墙即土夯版筑，常见于高寒地区。墙厚约45厘米，高约1.8~2.6米。一般不另作基础，只在地坪上作高30厘米的卵石或条石墙脚。墙上无窗，仅在山墙上留小孔以通风，采光则靠大门。之所以形成这种形式，是为了保暖和防卫。海拔较低的彝汉杂居区，多以土墙代木板墙。墙体较高，甚至建筑正规楼房，墙面开窗、屋顶安亮瓦。木板外墙，多见于气候温和、木材资源丰富和经济条件较好的地区。木板墙是把板镶嵌于木柱间的构架上，板厚12~15毫米，多用杉木，板墙上作窗。也有仅在正面中部几个开间用木板，其余墙体用土墙的做法。

屋盖为檩椽构造，通用悬山顶，上面用木板、瓦、草、石做屋面。木板称板瓦，常用杉木锯成1~1.5米长，用斧劈成板，盖于檩上，上面以石块镇压，便于搬迁。其他青瓦、燕麦草、石板屋面，无特殊做法。

彝族建筑多用单坡顶，外部装修做法重点在屋脊和檐部。屋脊正中，常用一个或多个球形饰物，象征幸福吉祥。在檐部挑枋端面及垂柱上，常雕各种精美图案，如圆桃、南瓜、花叶、牛角、羊头以及日月星辰等，并施彩绘。黑、黄、红三种颜色，是彝族最喜爱的颜色，常在建筑中使用。室内木隔为装饰重点，做工精细，彩绘华丽，颇具彝族风情[1]。

一、凉山大石墓群

凉山大石墓群，即德昌王所大石墓群、喜德伍合大石墓群。二墓群虽各有特点，但又都是大石墓，地域、时代、形制、特征又相近，故合为一个文物保护单位。

王所大石墓群，位于德昌王所乡、六所乡。系战国至西汉遗存遗迹，处于安宁河流域中段。墓群面积约2万平方米，发现有大石墓40余座，保存较完整的有16座。有的墓室在地表以下，地面上几块盖顶巨石整齐排放。有的墓室露出地表，高近2米。

王所大石墓有3座，呈三角形分布。墓1长7.4米、宽3.5米，地表以上高1.4米，墓室盖顶不全。墓2墓门上有一盖顶石离位，落在墓门前，墓室长9米、宽2.8米，地表以上高1.2米，现有盖顶石9块。墓3墓室长10.8米，宽3米，地表以上高1米，有盖顶石6块[2]。

伍合大石墓群，位于喜德冕山镇伍合村西北650米处。系战国至西汉遗存遗迹。处于孙水河南岸。墓群面积约520平方米，现存大石墓8座，大石墓长4~5米，与安宁河流域的其他大石墓相比，墓室较短，是大石墓中的一种特殊类型，是安宁河流域最为集中的一处墓群[3]。

---

[1] 四川省勘察设计协会编：《四川民居》，四川人民出版社1996年版，第170、171页。
[2] 国家文物局：《中国文物地图集》（四川分册），文物出版社2009年版，下册第1126页。
[3] 国家文物局编：《中国文物地图集》（四川分册），文物出版社2009年版，下册第1147页。

二、马边靖氛碉

马边靖氛碉位于马边县建设乡光明村北950米处。系清代建筑，正方形平面，坐西向东，泥木石三材混合结构，五层碉楼，通高15米[①]。

下三层正方形，边宽7.7米，墙厚0.79米，下部石砌部分高3.2米，上部泥坯墙高1.8米。底层东向辟拱形门，额刻"靖氛碉"三字。门楣上浮雕二龙戏珠、戏曲人物、花卉图案。石门枋上刻联"凿石凌云成拓宝，登楼玩月熄烽烟"。上联说用石头建筑凌云的楼阁，成为开拓边地之宝物；下联说登高玩月，为了得到和平而防止战争。碉身上部为方形木结构二层楼阁，面阔三间5.5米，进深三间5.5米，穿斗式梁架，重檐歇山顶。

土石而承木构，粗犷而轻盈；泥土而雕饰，节俭而美观。边地风光，和平愿望，匠师丽构，文人佳联，展现华夏文明之精深。

三、喜德登相营古驿站

喜德登相营古驿站位于冕山镇小相岭南麓，是历史悠久的"南丝绸之路"凉山境内灵关道段至今保存较为完整的重要古驿站。始建于明代初期，明清至民国时期又为屯兵之地，当地地名登相，故称登相营。同时为了方便驻军和来往的马帮客商之所需，先后有近百户汉、彝、回百姓移居此地经营骡马客栈、日杂百货、山货与商品串换等营业活动[②]。

从明初至20世纪50年代末，登相营一直是南方丝绸之路上的一个重要驿站和较为繁华的山区物资集散地。驿站东临深沟河，西靠马鞍山，灵关古道穿中而过。

驿站平面呈鲫鱼状。南门至北门长265米，东门至西门宽170米，总占地面积约68亩。四周筑有周长670米用条石嵌砌的城墙，北门建有瓮城。驿站内有炮台4座、寺庙1座、戏院1间及客栈、店铺、驻军游击署衙等建筑遗址。街市布局基本保持了明清时期原貌，是一座不可多得的交通、商贸、边关建筑。

喜德登相营古驿站于1999年被四川省公布为第六批文物保护单位。

[①] 国家文物局编：《中国文物地图集》（四川分册），文物出版社2009年版，中册第578页。
[②] 国家文物局编：《中国文物地图集》（四川分册），文物出版社2009年版，中册第578页。

第二节 藏族建筑

在巴蜀地区，藏族主要分布在甘孜藏族自治州、阿坝藏族羌族自治州和凉山彝族自治州的木里藏族自治县，冕宁、盐源、甘洛、宝兴、石棉、平武等县也有少量居住。所居地区地域辽阔，海拔高度在3000～4000米，气温低，霜雪多，雨量少，日照长，人烟稀少。有本民族语言文字，从事农牧业，多信仰藏传佛教。由于地域广阔，地理条件差别很大，大部分为牧区，少数为农区，所以产生了多种类型的建筑①。

藏民根据生活、生产的需要和自卫条件，结合自然地形，选择河谷两旁的山坡和高山台地为聚居点，形成许多自然村寨。村寨大小不等，少者数户，多者数十户，多依山傍水，向阳避风，耕地集中，视野开阔。在缓坡和半山坡地，多平行于等高线布局，依山就势，高低错落，建立层次丰富的建筑群落。在陡峻的山地，垂直于等高线布局，由低向高，垂直分布，利用地形，节约土石方，争取底层的吊脚空间。大村寨建大型寺庙为朝拜中心，周围建住宅；中小村寨建白塔、转轮经房、嘛哩堆、小型庙宇。各户均有空旷场地，院落间均有小道相连，旗杆高耸，经幡招展。官寨之外，还有防卫石碉。

牧民逐水草而居，搭帐篷和夏房，随牧地搬迁。冬房成为聚居的固定点，常选择傍山、向阳、避风、水源充足的地段。聚居点常大过农区，数十户、百户一起形成部落。建筑体量较小，亦有寺庙、白塔、转轮经房、经幡之设。

碉房是藏民的传统住宅，马尔康、金川、壤塘、黑水、阿坝等地，普遍存在。平面呈方形或矩形，乱石砌筑或土筑夯墙，外墙实多虚少，屋面平整，形如碉堡，故名碉房。一般三至四层，官寨高达五至六层，个别高达八九层。壤塘县石坡寨有一明代九层官寨，总高25米，逐层上收成阶梯，至今依然完好。又如清代黑水沙盘沟土司纳日管官邸，建筑面积2067平方米。底层为奴隶住房，二层为厨房和厨师卧室，三层为土司和管家居室，四层为经堂和土司卧室，五层为议事厅。功能齐全，装饰考究，雕刻精细，富丽堂皇。

传统藏居一般包括茶（灶）房、经堂、卧室、客厅、贮藏室和外廊、阳台、厕所等，共同组成功能齐全的独户院落。茶房，藏语称嘉康，是全家生活

---

① 四川省地方志编纂委员会编纂：《四川省志·建筑志》，四川科学技术出版社1996年版，第96～99页。四川省勘察设计协会编：《四川民居》，四川人民出版社1996年版，第225～229页。

中心，是煮茶、炊事、用膳、休息和招待的场所。房中置1.5米见方火塘，上设1米见方的斗形天窗。经堂，藏语称曲康，为宗教活动用房，大小仅次于茶房，位置常处于茶房之上或顶层，内设神龛、壁画、法器，为全家最尊贵、最神圣之处。卧室，藏语称莲康，每户二三小间，陈设简朴。客厅，藏语称卓康，常布置在近入口处，内设炕台一座，面积约占全厅的四分之三，上置炕桌、火盆，旁铺地毯。贮藏室，藏语称聂尔康，常布置在茶房、经堂两侧。厕所，藏语称孝康，常挑出外墙，置于院落下风向一侧。楼梯，藏语称格弯，多数在入口处的一侧，一般为单跑木楼梯。阳台，藏语称要尕，是全家晒太阳和室外活动场所，常设在底层屋面向阳的一角。大门，藏语称戈泰，一般设在底层的正中。宅周设围墙，再设双扇外门，宽1.5～2米，青瓦垂柱，檐角、垂柱雕饰，门扇、门楣亦饰吉祥物。

传统藏居主要是就地取材，由木、石、土构筑。底层采用小柱网抬梁承重，柱网2～2.5米方格。柱径大于0.3米，上加抬梁，梁上满布0.2米直径的原木，上铺箭竹，竹上铺0.3～0.6米厚干黏土，夯实后，再铺楞木、楼板。二层以上，用穿斗房架，立于底层抬梁上，组成承重构架体系。内墙装榫接短板，外墙里面装板，外面筑0.5～0.8米厚土、石墙。

藏族建筑还受汉、羌民居的影响。阿坝州的松潘、南坪（今九寨沟县）藏汉杂居区，木材丰富，多建穿斗式木构架人字形双坡房屋，屋面用杉木板、石板、小青瓦。平面作"一"字形、"凹"字形，也有三合、四合院，具有较浓厚的汉族民居色彩。

藏族建筑根据本民族的需要，保持其宗教习俗、防卫安全、生产生活等需求，因地制宜，就地取材，创造了丰富多彩的藏族建筑类型。

一、德格印经院

德格印经院位于德格县更庆镇文化街中段，是一座珍藏和出版藏族典籍的文化宝库[①]。经院全名"扎西果芒大法库印经院"，又称"德格吉祥聚慧经院"，系德格第十二代土司登巴泽仁于清雍正七年（1729）创建。

经院坐北向南，占地面积约2.5亩，建筑面积共5450平方米。平面形式为"口"字形内天井式三层封闭建筑，形成整体性四合院。印经院结构独特，靠

[①] 四川省地方志编纂委员会编纂：《四川省志·建筑志》，四川科学技术出版社1996年版，第97页。

大门南侧为二层，东、西侧三层，北侧三层、四层，参差不齐。周围土墙，内部系梁柱承重木结构。其楼面、屋面为藏式密梁平顶土木结构。

进大门后，首先是印经院早期建筑——经堂，它因地制宜建在高2.68米的土台上，扶梯而上即进入经堂。经堂面阔14.6米，进深8.75米，共有木柱24根。经堂内西南侧墙上绘有十二世德格土司登巴泽仁传略壁画。经堂右侧是比经堂矮的土台佛殿，佛殿面阔22.1米，进深8.75米，殿内有木柱32根，殿内供奉有释迦牟尼和各教派祖师、十二世德格土司登巴泽仁泥塑像，四壁则绘佛传故事壁画。经堂、佛殿前有天井，长32.6米，宽7.6米，设廊柱12根。二层、三层为经版库、晒书楼、印刷室、裁纸齐书室、洗版平台、院长室、管理人员工作室等。经版库有大小6间，约占整个建筑面积一半多，版架上分门别类插满经版。印刷室即在库房之中，印刷内容除涉及藏族文化大小"五明学"各学科外，还有藏传佛教各教派典籍，在我国藏族地区三大印经院（另两个为拉萨布达拉宫印经院和日喀则印经院）中首屈一指。

1995年被国务院公布为第四批全国重点文物保护单位。

二、新龙嘎绒寺

新龙嘎绒寺位于新龙县茹龙镇西北雄龙西乡押俄村东北15公里处。始建于元至元二十五年（1288），清咸丰十年（1860）重建，1986年维修。寺院坐北向南，占地面积约480亩，总建筑面积约20000平方米[①]。

新龙嘎绒寺

正殿为汉藏结合式土木结构建筑，面阔30米、进深52米，共30柱，高三层，重檐四角攒尖鎏金顶。经堂设于楼上，面阔三间，通面阔9.1米，进深四间，通进深11.6米。中有天井，四周设廊，廊宽深为2.45～2.55米。偏殿为藏式

---

① 国家文物局编：《中国文物地图集》（四川分册），文物出版社2009年版，下册第1109页。

土木结构建筑，土盖平顶面阔100米，进深30米。中央有喜足（六欲王之一），重叠祥瑞胜利光华殿，东南边为大日如琰转轮具德殿，西南边为金网珍宝伞盖圣者殿，西北边为纯净安神真圣菩萨殿，东北边为降魔摧毁疑惑殿。

寺内雕塑甚丰，有塑像和铜铸佛像300多尊。

三、壤塘棒托寺

壤塘棒托寺位于壤塘县茸木达乡茸木达村东北1公里处。又名棒托夏周罗尔吾寺。始建于元代，明清时重修，是一座藏传佛教宁玛派寺院[①]。

寺院占地面积约16亩。在寺中部长46.5米、宽25米的范围内，有喇嘛塔32座，多为明、清、民国时期建筑，还有石刻经文或佛像10万余片。

喇嘛塔群，塔均为窣堵坡式。方形塔基，瓶肚形塔身，十三法轮塔刹。塔基中空，供奉千手千眼佛、释迦牟尼佛、无量寿佛、莲花光、佛母、绿度母、白度母塑像及大量彩色佛经变壁画。其中以吉祥门塔、降妖塔、神变塔为代表。吉祥门塔，建于明万历四十六年（1618），占地面积约90平方米，塔基边长9.25米，高32米，内存少许明代壁画。降妖塔建于清康熙十七年（1678），大小形制与吉祥门塔相同，塔内有大量清初壁画。神变塔建于清宣统二年（1910），占地面积484平方米，塔基边长21.5米，高42米，塔内有大量经变故事壁画。棒托寺喇嘛塔，与西藏降扎寺、甘孜色达寺塔被誉为藏区三大塔群。

四、甘孜白利寺

甘孜白利寺位于甘孜县城西生康乡白日村雅砻江北岸山腰。白利寺于清康熙元年（1662）由五世达赖派其弟子霍·曲吉·昂翁彭措始建。因寺址在青岗山而得名，即"白日"藏语为"青岗山"之意。系藏传佛教格鲁派寺院，霍尔十三寺之一[②]。

白利寺背靠青岗山，面向雅砻江，依山面水而建，坐北向南。平面呈长方形，土木结构密梁藏式三层整体楼阁式建筑。面阔34米，进深51.3米，高三层20.8米。第一层为佛殿建筑，分大殿和东西殿，右为弥勒殿，左为大雄宝殿。殿内檐柱、雀替、椽头均施以彩画。殿壁绘有壁画，西殿还有贴金佛像三尊，

[①] 国家文物局编：《中国文物地图集》（四川分册），文物出版社2009年版，下册第1092页。
[②] 国家文物局编：《中国文物地图集》（四川分册），文物出版社2009年版，下册第1108页。

高达3米。

白利寺因五世格达活佛而驰名。现存为1936年到1950年的建筑。其平面布局为非"伽蓝五堂"庭院式，而是采用整体楼阁式，是其最突出的特色。它对红军长征和西藏解放做出了贡献，故成名寺。

甘孜白利寺山门

五、马尔康卓克基土司官寨

马尔康卓克基土司官寨位于马尔康县卓克基镇西索村东50米处，是典型的嘉绒藏族建筑。卓克基土司系清乾隆十三年（1748）第一次"大小金川之役"随征有功受封的，次年清廷颁给"长官司"印信，是川西著名的嘉绒十八土司之一。卓克基土司官寨系乾隆年间（1736~1795）（一说清末）始建，后数次重建扩建①。

马尔康卓克基土司官寨修复外观

官寨坐西北向东南，平面呈方形，是由四组楼房组合成封闭式的四合院建筑，土石木混合结构，平顶式屋顶，院内中心部分为天井。正面边长37.8米，侧面长37.2米，高19.5米。建筑面积约3400平方米，占地面积约2.1亩。

整座官寨用天然石块和片石砌堆成墙体，墙厚1米左右，四周壁上均开内大外小的小窗数个。寨门在西南方的正面，正面为面阔七间，进深二间，高二层。进门即入门厅，门厅为二层，二楼为会客厅。官寨内左右两面为四层楼

---

① 国家文物局编：《中国文物地图集》（四川分册），文物出版社2009年版，下册第1189页。

房，后面为五层楼房，中间为天井，三面房靠天井一侧建一周回廊。三面楼房多在底层设马圈。其余各层分别是家人和用人住房、士兵住房和厨房、库房。大经堂设于正房中间大屋，其上层为管家和土司及其家眷住房，再上层为喇嘛、僧人住房和1个小经堂。官寨内有大小房屋共63间、经堂2间、大客厅1间、厨房3间。

官寨右外侧建四角碉楼1座，碉楼用片石堆砌，高约19米。

1988年被国务院公布为第三批全国重点文物保护单位。

第三节 羌族建筑

羌族主要居住在岷江上游阿坝藏族羌族自治州境内的茂县、汶川、理县、黑水、松潘和绵阳市所辖的北川等地。地处青藏高原的东北边缘，平均海拔在1300～1500米之间。羌族是我国少数民族中最古老的民族之一，有本民族语言，多通汉语言文字，以农业为主，兼营畜牧。羌族具有独特的民族特性，建筑业的发展也比其他少数民族较早，民居建筑自成体系，独具一格，具有独特的建筑技术传统，善于以乱石和土砌筑墙体，能最大限度地因地制宜，就地取材，创造出了丰富多彩的民居和聚居寨子。住宅的布局、层高和使用功能上都比较合理，以致不少藏族建筑受其影响[①]。

羌族住宅多建于高山或半山腰，多坐北向南或坐西北向东南。善于利用地形，采用错落、叠落手法，构筑三层住房，平面多作矩形。底层为圈畜、贮藏等生产用房。二层为正房、灶房、卧室或书房（卧室别称）等生活用房。正房高大明朗，层高达4～5米，房中常以石块砌一火塘，用以做饭、取暖，塘上设铁三角架，塘火不灭，称"万年火"。后墙作木雕神龛，供奉天地君亲师牌位。崇信万物有灵和祖先崇拜的原始宗教，诸神均以白石为象征。周围上部常作阁楼，为贮藏间。顶层靠后墙处突起一排敞廊，称为照楼，它与前面的平屋顶一起构成农业生产活动的晾晒操作场地。

羌族村寨规模大小不等，小的只十多二十户，大的三五十至近百户。其规模大小和分布情况随耕地而定，耕地集中则村寨规模大而密集；耕地分散则村

---

① 四川省地方志编纂委员会编纂：《四川省志·建筑志》，四川科学技术出版社1996年版，第94、95页。

寨小而稀疏。也有少数村寨，是由长期集市形成，如茂县沟口寨，自古为集市所在，底层商店，上层住宅，栉比连成街道。一般寨居都顺等高线布局，但跨越山脊的村寨，布局则较为零散疏落，变化多端，有的顺等高线，有的垂直等高线，都以结合地形，满足生活、生产、节约土石方为准，是山地住宅建筑的良好范例。有少数村寨，由于地形复杂，逐年自发建设，形成建筑密度过大的现象。

羌族住宅还吸收了汉、藏民居的优良传统，因地制宜地利用地形修建挑廊吊楼，分层进出，组织不同功能的院落，扩大居住空间，改善卫生条件，创造出了多种多样的住宅。如沟口后寨住宅，附岩爬坡修建，将猪圈移出，各层都设室内楼梯，平面紧凑，联系方便。有的正面挑出外廊，在各层室外标高上组成屋前院坝和屋侧菜园；有的在附岩住宅中，挖出联系上下坠道，利用地形，争取空间，形成罕见的楼梯间。在平缓地段，也有建一二层的，类似汉族的四合院；有的将正房加高，成为四层。绵虒一带因近汉族地区，顶层照楼多用穿斗构架，用双坡石板瓦或小青瓦，人畜分道明确，卫生条件较好。少数住宅还附碉楼，形成一种别致风格。

羌族碉楼有悠久的历史。《后汉书·南蛮西南夷》："依山居止，累石为室，高者至十余丈，为邛笼。"邛笼，羌语呼为碉。碉楼的平面多方形，亦作六角、八角形。低者六七层，高者达十三四层。每层面积20～36平方米，层高3米左右。墙厚一般为33～66厘米。室内垂直，室外收分。一层不开窗，二层以上适当开些条形小孔，供换气、瞭望、射击之用。三层总高可超过10米，四层以上做得较轻巧，有的挑出台面，有的作回廊。屋顶作悬山或歇山，构造较复杂华丽，雕饰彩绘，鸟革翚飞。碉楼建于险要地段或村寨中心，为防卫建筑。

羌族建房，动工竣工，安门上梁，均择吉日良辰，并举行典礼，有供奉羊神，堆放白云石，张贴门神等习俗。施工时，不绘图、不吊线，全凭目测和经验，习惯以丈、尺、寸为长度单位。片石房屋，类似现代内框架结构。承重方式为四根直径为30～35厘米的柱，顶着纵向设置的直径为40～45厘米的梁，梁的一头搭在横墙上，形成内骨架。外墙仅作维护墙，厚50～60厘米。外墙用80～100厘米宽、100～120厘米深的块石黏土基础。柱用长宽深均为100厘米的块石黏土基础，上铺石磉，磉顶凿齿槽，以便承柱。羌族称屋盖为屋背，做法是先架檩子，直径10～15厘米、间距15～26厘米，再铺椽子，直径4～6厘米，椽子上用材花子、油竹竿、黄刺满铺，其上铺40～60厘米厚黄土，再擀平、夯实，压光。向后起坡，坡度1%。土墙为版筑，一般厚度为60厘米。

羌族住房质朴雅致，碉楼雄伟壮观，村寨宛如古城堡，可谓制度得宜，创造尽善，梯田群山相互辉映，构成一幅幅壮丽的图画，体现出羌族建筑的自然美[①]。

一、直波碉楼

直波碉楼为2001年国务院公布的第五批全国重点文物保护单位，包括马尔康的直波碉楼、理县桃坪羌寨、茂县鹰嘴河寨碉群、汶川布瓦黄土碉群四处[②]。

直波碉楼，位于马尔康松岗镇直波村北，碉楼2座，依山势南北分布，北碉位于山腰，南碉在寨内，相距50米，南俯梭磨河，西临莫斯多沟，是松岗土司官寨碉，建于清乾隆年间（1736~1795）。

羌族直波碉楼

直波碉楼外貌均为八角形，片石砌墙，内用独木楼梯，平面呈八角形，内为圆形，整体自下而上内收成台锥体。南碉内径8米，外部每角间边长2.05米，墙体下部厚0.95米，顶部厚0.5米，高29米，共七层。底部在东墙开门，门高1.8米，宽0.8米。东南墙每层均开1~2个竖长方形瞭望孔。北碉内径8.5米，外部每角间边长2.15米，墙体下部厚0.9米，顶部厚0.45米，高24.7米，共六层，门开于第二层及第四层，门的尺寸、瞭望孔尺寸及方向均与南碉相近。

---

① 四川省勘察设计协会编：《四川民居》，四川人民出版社1996年版，第221~224、230~232页。庄学本著：《羌戎考察记》，四川民族出版社2001年版，第19、21、22、30、31、46、62页。
② 国家文物局编：《中国文物地图集》（四川分册），文物出版社2009年版，下册第1049、1055、1061、1069页。

桃坪羌寨，位于理县桃坪乡桃坪村，系清代建筑。羌寨是相对独立的城堡式建筑，其中碉楼与民居全为石木结构，寨内碉楼与民居融为一体。民居的村落布局是家家相连，寨内的巷道宽窄并存，蜿蜒曲折，地下水网四通八达，功能繁多。寨内民居高大、宽敞，层次分明。是四川省内乃至全国罕见的城堡式羌寨，也是独特的人文景观。

鹰嘴河寨碉群，位于茂县黑虎乡街区东南300米处，地处黑虎乡东南山脊上，建在长约280米、宽约20~60米的寨内山脊地域内，始建于清代的羌族碉楼5座，东边的缓坡地带有同期碉楼2座。这7座碉楼中有四、六、八角形的碉楼各2座，十二角形碉楼1座。

1号六角碉楼坐南向北，石木结构，平面六边形，自下向上渐收，高17.5米。底的周长27.8米，正面开门三道，墙体中部以上有三排共6个小窗，左右侧壁上各开6个小窗，小窗高约0.3米，宽约0.6米，内大外小。十二角碉，坐南向北，石木结构，外为十二边形，内为圆形，自下向上渐收，呈台锥状，高约18米。碉底边长约24米，碉各面壁上共开24个内大外小的小窗（即射击孔）。在碉群的附近周边还有羌族民居和废弃的建筑遗址。山脊尽头有羌族祭塔，塔为三层石砌，高2.5米，底边长1.5米、宽2.1米，顶为一圆雕石柱，上刻花卉图案，塔身镶白石，体现羌族特有的白石崇拜习俗。雕群、民居、建筑遗址和祭塔融为一体，构成别具民族风格的古老羌寨景象。

布瓦黄土碉群，位于汶川县威州镇布瓦村，碉群分布在东西长约4000米、南北宽约3000米、面积约1200万平方米的范围内，原有碉楼49座，现存黄土碉3座，石碉3座，均为明清所建。

碉楼均坐西向东，为四角碉的变体，平面呈方形，基础为片石砌成，碉墙均用黄色黏土夯筑而成，整体下大上小略带收分，内设木质楼架并以独木梯上下。碉门开于东墙底部或靠东北角或在墙中部，门高2.1米、宽1.64米。碉身布满边长0.15米的"T"字形射击孔，二层至六层四边各横排3个。碉高18~20米不等，底边长4.5米，墙厚0.74米。碉顶为平顶，顶上南半部分修建高2.5米楼状墙。

布瓦黄土碉是稀世的黄土建筑奇观，历经千百年来的沧桑岁月，饱受风雨霜雪的侵蚀、地震兵燹的劫难，现已破损。

二、茂县叠溪古城遗址

茂县叠溪古城遗址位于县城北部岷江东岸较场乡叠溪坝村北1.5公里处。叠溪，汉蜀郡蚕陵县，为羌族聚居之地。唐置翼州，明置叠溪右千户所，清改为叠溪营①。

据《茂县志》记载："叠溪城，唐贞观时筑，明洪武十一年（1378）重建"，位于叠溪坝村岷江东岸二级台地上，东依师家山。平面呈长方形，长约550米，宽约400米，占地面积约330亩。

整座古城池，于1933年为大地震所毁，现仅存城门和城墙的一段。城墙为块石砌成，残长40米、高6.4米。城门为砖砌拱券顶，高2.1米、宽4.28米、厚5.25米。城内残存柱基6个，石狮、石碾、香炉、香案各1只，石碑1通，上有"正德十四年"题记。城西有地震后在岷江上形成的叠溪海子②。

叠溪古城遗址、叠溪海子已成名迹，成为地震科学研究、考古、考察和旅游的胜地。

第四节　土家族建筑

土家族主要居住在山岭连绵的川东南，与湘、鄂、黔相邻的黔江地区，即酉阳、秀山、黔江、彭水、石柱等五个土家族或土家族苗族自治县。有本民族语言，大多数人使用汉语，通用汉文，信仰多神的原始宗教。由于历史的原因，迁入此山区。土家人与当地土著居民、其他少数民族一道，披荆斩棘，共同开发，建设这个美丽富饶的山乡。主要从事农业，兼营林牧业。唐宋时改寨为州，元明时加强了土司制度，形成了川东南地区的封建领主农奴经济③。

土家族建筑走过其他民族建筑发展的共同道路，即从十分简陋的洞居、树居、棚居，到土司制度时的木、石、土结构房屋。特别是清代雍正的"改土归流"后，土家族有了自己的建筑业。他们因地制宜，自己设计，自己施工，建造出近代独具特色的土家族建筑。

土家族依据本民族的历史条件、民族习俗、自然环境、地理环境，择险而居。依山筑寨，既利耕作，又利防守。依山傍水，居舍多坐北朝南，但不强求一律。面对清溪，远景雄伟秀丽；背靠青山，形如太师靠椅。基本上一姓一

---

① 《辞源》（三），商务印书馆1984年版，第2127页。
② 国家文物局：《中国文物地图集》（四川分册），文物出版社2009年版，下册第1064页。
③ 四川省地方志编纂委员会编纂：《四川省志·建筑志》，四川科学技术出版社1996年版，第99页。四川省勘察设计协会编：《四川民居》，四川人民出版社1996年版，第233~236页。

寨，一山一寨。近水，避风，视野开阔，阳光充足，植被良好，基岩稳固，居处长久。

土家族房屋，依富裕程度不同，有三间、五间以至九间不等。平面以三间为基础，其四方可变化伸展，以达到多间多用，平面布局变化无穷的妙境。三间成"一"字形，在左或在右边加一步水，形成曲尺形，则叫一转头、马屁股。如转两头，则叫两转头，也叫明三暗五。若在已转头的前面，再增加一列，则叫一面转厢房，若左右各增一列，则叫两面转厢房，因形如撮箕，故又叫撮箕口。在此撮箕口外再增加一个明三暗五，则叫四合院，也叫四角天井或一颗印。一横三间，中间叫中堂。此中堂退后一步，形如小撮箕口，叫吞口木房。若退两步、三步，则叫吞口虎座。一横三间，后面拖出三小间，叫拖步木房。若前面檐柱露出一列，

土家族民居示意图

土家族建筑的典型形式示意图

则叫亮柱房屋。此外，四合院也可以二个、三个、四个连成一串，形成一个大型的组合建筑。

土家族房屋，一般是正屋平房三间，正屋旁建厢房。正屋中间是中堂，即堂屋，设神龛，供奉天地、祖宗、财神、灶神等。堂屋两侧，一侧为灶房，中央设火塘，以便取暖、做饭，四周设木板通铺，俗称火铺，上面可休息、用餐。另一侧则为卧室。若是平房，则后面拖步房作为杂用房。若为吊脚楼，则

土家族倚崖出挑的吊脚楼

土家族台阶式出挑的吊脚楼

下层为杂用房，上层设敞厅，设围柱，并事雕饰。

土家族建筑，从结构和竖向看，多为吊脚楼。吊脚楼用穿斗木构架，类似傣族的干栏式建筑。采用块石砌筑基础、台阶，木板或竹编粉泥墙，小青瓦屋面。门、窗、吊柱，局部雕刻简单图纹。楼房的装饰，重点在中层。中层中间为堂屋，两旁为卧室。大门、吊柱都作雕饰。屋顶青瓦堆脊，雕塑飞燕、鱼龙。

土家族建筑，还有转角楼，系全木结构建筑，分上、中、下三层。其转角走廊宽约2.5～3尺，四面周匝。廊上栏杆，有万字、人字等多种装饰。上层为观景娱乐场所，中层为绣楼，下层为卧室、客房。香火堂设于中堂，其大门一般为四开，雕刻图案丰富，工艺精湛。

土家族民居，表现出很强的山地适应性。在缓坡地段，平面前移，扩展地层空间。在陡坡地段，或平面前移，省料又便于施工；或平面不移，前部筑台；或平面前移加层分移筑台，争取更大空间。在峭壁岩坎地段，或附岩跌落，吊脚数层；或半跨岩顶，吊悬半楼，均是灵活适用。

土家族民居，以木结构为主，四季干燥，通风、采光良好，冬暖夏凉，防塌、防病性能良好，居住安全舒适。青山绿水，相互掩映，自然与人工有机融合，纯朴粗放，山乡风味浓厚，清新典雅，亲切而近人。

一、酉阳龚滩古镇

酉阳龚滩古镇位于酉阳县阿蓬江与乌江交汇处的凤凰山麓，乌江东岸。因山洪暴发，岩石填塞乌江而成滩，又因其居民龚姓众多，故名龚滩①。

古镇隔江西岸是贵州，为黔渝交界之地，是乌江连接重庆的黄金口岸。乌江两岸，峰峦叠嶂，山清水秀，号称乌江百里画廊。

从1700余年的风雨沧桑中走来的龚滩古镇，建筑格调独具魅力，民族文化源远流长，展示出璀璨夺目的历史画卷。古街巷、古民居、古庙宇、古商铺、古巴人文化遗迹、古老的民间故事、古典的民俗风情，应有尽有，蕴含在古镇之中。

走进两公里长的古街巷，石板街道，青幽如玉，起伏不平，蜿蜒崎岖，盘亘在乌江东岸；石板街两边的土家吊脚楼群，独具魅力。吊脚楼或凿石为基，或垒石为础，长长的柱头或撑乱石，或绕古树，高低错落。吊脚楼柱间板壁可开门，可成窗，既可观景，又可晾晒纳凉。古色古香的大业盐号、三教寺、川主庙、杨家行等古建筑，宛如艺术群雕，堪称古建筑中的珍品。

数不清游不厌的名胜古迹，遍布古镇内外，静谧幽雅。古代巴人文化遗址蛮王洞、东汉僰人悬棺、乌江纤道、南宋金头和尚起义的铁围城遗址、太平天国军队为当地孤寡老人背水送水的"四方井"、笔落惊天的"惊涛拍岸"摩崖石刻、罕见的间歇喷泉，多姿多彩的土家民族风情伴着许多优美的民间故事，使龚滩古镇凸显出迷人的光环。

二、酉阳龙潭古镇

酉阳龙潭古镇位于酉阳县东南部，龙潭河东岸，距酉阳县城30公里处。因伏龙山下两个状如龙眼常积水成潭的佘水洞，古镇自"龙眼"之间穿过，形如龙鼻，故名龙潭②。

古镇已有1700余年历史。自宋迄清600余年的"蛮不出洞，汉不入境"土司统治政策，造就了龙潭这一千年古镇独有的建筑艺术和神奇的民族文化。

---

① 中共重庆市委办公室编：《走进重庆》，重庆出版集团2009年版，第261页。
② 中共重庆市委办公室编：《走进重庆》，重庆出版集团2009年版，第258、259页。

古镇顺湄舒河而建，规模庞大，保存完好。古镇内3公里长的石板街、1.5平方公里的古民居建筑群、150多列风火墙、200多个四合院及"七宫八庙"等传统建筑，粉墙黛瓦，浑然一体，颇具特色。砖木结构的民居房屋鳞次栉比，一般人家是"三柱四骑""三柱六骑"，大户人家则是"四合天井"大院。

湄舒河自古以来就是连接酉水汇入沅江、通往江浙的大通道，自雍正末年废除土司制度，取消"蛮不出洞，汉不入境"的禁令后，江浙、湖广、重庆等地客商纷纷云集龙潭古镇，运来大宗食盐、布匹等日用百货，运出桐油、茶、漆、朱砂、水银等特产。古镇上盐号、商行、店铺林立，有"货龙潭"之称。江西商人会馆万寿宫、湖南商人会馆禹王宫等相继建立，促进了当地少数民族与汉族的融合。

抗日战争时期，龙潭古镇成为沦陷区群众避战的大后方，1.5平方公里的小镇上聚集了8万人，商贾云集，人烟阜盛，使龙潭一时蜚声全国，被誉为"小南京"。

三、石柱西沱古镇

石柱西沱古镇位于重庆市东南部、长江南岸的石柱土家族自治县，与长江明珠忠县石宝寨隔江互相辉映。西沱是长江东流至此转头西向而形成的一个巨大回水沱。西沱镇在商周以前属巴郡西界，古称西界沱，有观音寺、沙湾两处遗址。地处湖北、重庆附近山区的要冲，各种物资土特产以此为集散地，自古以来就是重要的水码头。早在新石器时代，就有人类在此繁衍生息。商周时期是川盐销楚的盐市，秦汉时期形成粗具规模的商镇，唐宋时期是"施州湾以栗易盐"的口岸、"川盐销楚"大道的起点，成为川东要镇。明清时期成为长江上游的重要中枢要镇，进入西沱镇发展的高潮①。

西沱作为江边的山城，它的街道布局，异于一般山城的沿等高线布置法，而是采用垂直于等高线的布局，以有一条青石云梯街闻名于世。街道重重叠叠，鳞次栉比，沿山而上，垂直于长江，直冲山脊，远处眺望，宛如一道彩色云梯。入夜，店肆灯火，明珠串串，宛若金光灿烂的升龙，数十里可见，蔚为壮观，在长江古镇中独树一帜。

古镇云梯式街道，长约2.3公里，占地面积约562亩，从江边到街顶高差160

---

① 四川省建设委员会主编：《四川古建筑》，四川科学技术出版社1992年版，第306页。

米。石步梯沿山势曲折而上，中间设有两个大的转折平台、80多个小的休息平台、1112个石踏步。大小平台是街道的转折点，也是两旁进入建筑物的入口处，又是上下坡行人和居民的休息场地。街道两旁分布的明清建筑，在利用自然方面，变不利为有利，灵活巧妙地结合利用地形，布置建筑，改善环境，组织空间等方面，创造了许多成功的经验，如附岩建筑、各式吊脚楼、多种依山就势的四合院等都是成功的①。

交通促进商业，商业造就云梯街，使西沱镇成为长江水道的驿站、民族文化的舞台、商贾云集的商埠。《石柱厅志》记载："忠、万交邻为西界沱，水陆贸易、烟火繁盛，俨然一郡邑也。置塘讯且设巡检驻之。"西沱镇居民以土家族为主，至今还保留着许多明清时期的土家古民居和浓郁的土家族民风民俗。

第五节　盐源泸沽湖摩梭人建筑

盐源县属凉山彝族自治州。泸沽湖属盐源县，与云南省毗邻，为巴蜀最大的湖泊，也是川滇界湖，面积51.8平方公里②。湖水清澈透明，四周森林葱翠，怪石奇峰耸立，熔岩灵泉遍布，风景如画。这里住着一支保留母系社会家庭结构的摩梭人。他们自称纳日，古人称摩梭。在云南属于纳西族的一部分，在四川则归到蒙古族中。居住在盐源县的前所、左所、博瓦、大咀等地。

泸沽湖地处山地，系高烈度地震区，人口稀少，交通不便。当地民居建筑，多为就地取材，用原木做井干式房屋，被称为"木罗子"。因民族习俗不同，按使用的功能和审美观点的要求，木罗子房屋的平面布局和立面装饰各有差异。摩梭人建筑有两个最大的特点：一是体现其文化习俗。受藏族的影响，信仰红教或黄教，认为"万物有灵"，反映出人与自然的和谐关系。二是体现母系家庭为主导的建筑格局，也包含对与母系氏族相适应的外来文化的借鉴，反映摩梭人的吸纳性文化的特点，强调建筑的功能性与实用性。摩梭人建筑，从自身的特定环境、已有的条件、固有的习俗、使用的要求出发，充分地使用本地材料，利用当地的自然环境来建筑。

---

① 中共重庆市委办公室编：《走进重庆》，重庆出版集团2009年版，第257页。
② 四川百科全书编纂委员会编：《四川百科全书》，四川辞书出版社1997年版，第569页。四川省勘察设计协会编：《四川民居》，四川人民出版社1996年版，第197页。

摩梭人居住湖边、山脚，聚落成村。村庄大小不等，一般以数十户为一居住点。村中自由布置房屋，并无统一规则。每户占地较宽，房舍周围以土筑围墙围成小菜园。村中房舍疏落，由大小道路连通各户。大的村庄还建有喇嘛庙。摩梭人建筑单体的平面布置，以一个井圈为单位，面积一般为1.5~2.1丈见方，小房子不仅以一个木罗子房为中心，左、右、后三边离开木罗子房8尺许，用土筑墙围起来，叫精房。前面为廊子，内为厅堂，设火塘、神龛及储柜。木地板上睡人。精房为仓房，或藏物或作其他用途。大房子常是两个木罗子房的组合，两个木罗子房并在一起为两间，如两个分开，中间隔出一间，即变成三间，再加上筑墙围合的精房，即变成四间至五间组成一幢。更大的组合单元，可将三幢或四幢组合成三合、四合院。合院中心为院坝，其中有一幢为正房，其朝向必须是向东南方，因以此方为吉祥。正房厅堂高大，设火塘，其他几幢，一般作两层楼，二楼做经堂或住人，楼下牲畜或储物。

木罗子房，为井干式结构。井干置于平整的地基上，四角放一大石，若地基较软，则四周满铺石基，基宽1.5尺，埋深2尺上下。工匠修建井干墙时，只用一把斧头，将原木现砍现垒，把圆断面砍成木槽，上凹下凸相扣，圆木两头砍成卡口咬合，拉结成整体，垒木20~28层，即达到檐口高度。若作二层楼，檐口高1.5丈。门很低，一般仅7根干木高度，高4.5尺，出进要低头弯腰。因为砍断太多，影响坚固性。门外挂羊头或风干的小鸡等吉祥物。

井干式房屋顶仍用大悬山人字坡顶。木罗子房中间设两根大木柱，两根大木柱必须来自同一棵树，树根部分放正中，树梢部分放门边，金、檐二柱与井干墙共同支承屋顶梁架。坡度随屋面盖材而异，木杉板（黄板）屋面用三分水，瓦面用四分水。出檐长度为3尺左右，并常作双檐以为装饰。屋盖构造是在梁架上放檩条，檩上置扒杆（椽子），扒杆上放横条（挂瓦条），间距2尺左右，上铺杉板。杉板长2.3尺、厚6分，宽随圆木直径，用无节圆木劈成，搭接相错，石头镇压，以防风吹。所有房屋，不用铁钉，拆卸、搬运方便。

摩梭人建筑，大板瓦悬山屋顶，配以横线井干，轻快古朴，独具一格；经济实用，避害防震，拆迁方便，亲切宜居；依山傍水，绿荫掩映，颇具民族地区特色。

第六节　德昌傈僳族建筑

　　巴蜀地区的傈僳族分布在巴蜀地区的西南部与云南交界的地区，即在德昌、盐边、米易三县呈小聚居分布；在会理、会东、木里、攀枝花市郊与汉、彝等族交错杂居。该民族自16世纪到19世纪数百年间频繁迁徙，住在德昌的多是陆续从云南丽江、禄丰等地逃荒、避难迁入的。据1990年对德昌县的金沙、南山两个傈僳族乡统计，该地共居住傈僳族4800多人，居住在二半山区（海拔1500～2000米）。傈僳族有本民族语言，社会基本构成单位为一夫一妻制家庭，一般为父母亲和未婚子女同住一起，子女婚后，都要另建房屋居住，以家族为主居住，逐步形成村寨①。

　　初迁入时期，多以棚子为居。棚子屋系以两竹或木，上端以篾或藤绑扎成叉，下扒开成"八"字形，另用一原木或较粗的竹子搭到叉上，构成三脚落地的骨架。再在第三根原木上斜搭竹木条，其上再斜铺茅草、树皮之类，形成窝棚。无窗户，无门扇，从"八"字叉下出入。这是一种十分简陋的临时居处。后来棚居逐渐为檩木房、千柱落地房、简易穿斗房代替。

　　檩木房四角用原木横顺叠堆，门开一方，用两根原木为柱与后方檩木形成一定坡度，屋面盖茅草或木板。此种建筑，后来多用作畜圈。

　　千脚落地房为简易木骨架，周围用树枝或劈柴块插入土中，用篾或藤绑扎，屋面盖茅草或树皮、木板。

　　简易穿斗房用四角立柱，柱高约2米，山墙两端立中柱，高约3.5米，四周上下各用一原木拉纤穿榫连接，外用木板维护，屋面两坡落水，多以茅草覆盖。

　　居住云南境内时，曾住竹楼。地盘选高山、坡地。竹楼构作时，先立木柱桩，选用长木架于桩中部，铺板作楼。桩顶横木，架最长的条木为脊，上面盖草或板为屋面。墙用木板、竹笆，面糊柴泥。室内房中设火塘，塘边设炕，全家围火睡觉。客人来时，让客人近塘睡。楼上分小间，两间之间放火塘，并在此煮饭。上层住人，底层做圈，畜养牛羊。施工方法是集体搭构，材料一次备齐，选好日子，全村都来帮忙，一天搭建成功。晚上庆功，主人以好菜美酒招待乡亲大众。

---

① 四川省地方志编纂委员会编纂：《四川省志·建筑志》，四川科学技术出版社1996年版，第100、101页。

入川后住棚户、平房时，择地多选避风处，多以户为单位建设，地盘多选斜坡，雨水、粪便排泄方便。室外圈养牲畜，房屋四周种植蔬果林木。户与户之间，小道相连。

随着经济的发展，傈僳族住房条件亦逐步得以改善。1983年，国家拨专款，帮助傈僳族进行住房改造。在当地建设局的指导下，进行住房改造，实行分户住房，厨房、厕所、畜圈分设，因地制宜，保存原有布局特色，采用土木结构、土墙木架、小青瓦屋面，门窗齐备。室外发展绿化，形成古朴的新兴山寨。

结　语

一、巴蜀建筑的主要成就

巴蜀建筑历史悠久，从四川境内出土的东汉时期画像砖和"冥器"可见，干栏式结构形态、木骨泥墙的围护构造和瓦屋顶，至迟在汉代已经基本形成。岁月更替，沧海桑田。由于木结构为主的巴蜀建筑生存年代有限，兼之历史上东晋、元初和明末清初的兵燹，城乡建筑大部被毁。清朝康熙年间的"湖广填四川"，数以百万计的湖南、湖北、广东、江西、福建等省的居民，大规模地迁到四川，导致不少从中原迁至东南沿海的"客家人"二次西移。在素有"天府之国"美誉的巴蜀大地上，外来移民和本土居民交流、融合、发展，逐步形成了"川派文化"。因为川派文化是来自不同地区的居民兼收并蓄交流创造的结果，因此它不排外，具有包容性。四川话属北方语系，只要慢慢说，全国大部分地区的人基本听得懂。四川人的生活习俗是"川西近秦俗，川东有楚风"。川西地区的县级以上城市，主要道路大都承袭方格网布局，特别是成都古城为三城相套、宫城（蜀王府）居中的城市格局，在史学界评论中有"小北京"之说。

川派园林走的是自然山水园林的道路。它不像北京官式园林讲求布局对称、规整，也不像江南园林追求精雕细作、色彩斑斓。川派园林讲究与环境结合相得益彰，主张天人合一，因地制宜。四川不产太湖石，四川的假山、水岸多用鹅卵石黏结，创造了川派园林的特有风格。川派园林重视人文景观的塑造，因此保存的名人纪念园很多：具有唐代遗风的新繁东湖，广汉的唐代宰相房琯的房湖，始建于北宋的眉山三苏祠，南宋时蜀州通判衙门的罨画池，明代状元杨升庵读书地的新都桂湖，等等，形成了巴蜀园林独有的文化风格。

川派建筑不追求北方官式建筑的雍容华贵、用色大胆，也不仿效江南建筑雕刻细腻、屋顶坡度大翼角飞檐临空的建筑造型，而是受道家学说"追求自然、返璞归真"的潜移默化，逐步形成了以黑、白、灰为主色调，屋顶坡度平缓、飘逸自然的建筑风貌。川派建筑已和北方官式建筑、江南建筑、东南沿海的岭南建筑并称为全国著名的几大派系。重庆成为直辖市后，重庆所辖的沿江城市人民，仍多以"川东人"自诩。川派文化作为巴蜀文化的代称，事实上已得到学界认可。《中国建筑报》主编杨永生编审主编的《建筑百家谈古论今——地域篇》一书，邀请各地建筑界学术带头人撰稿论述各地建筑的地域特色，庄裕光所作《飘逸、淡雅——巴蜀地域的建筑特征》被选入文集，客观上证明以川派为显著特征的巴蜀建筑，已成为中华民族大家庭展现地域文化的一束奇葩。

二、城乡建设中应加强对历史建筑的保护

巴蜀地域山川秀丽、人文荟萃，兼之"自古诗人皆入蜀"，为巴蜀留下了数之不尽充满诗意的自然景观和人文景观。截至本书杀青之时，巴蜀地域计有世界文化遗产7项、国家级历史文化名城8座、省市级历史文化名城69座、历史文化名镇数十座。

国务院布置全国开展第六次文物普查后，又有许多珍贵的遗产被发掘出来，而且其中有不少文物价值很高，有可能进入省级以上的文物保护单位的名单。20世纪初"现代建筑运动"和中国"五四运动"，对传统建筑文化带来了极大冲击。在一些激进分子眼中，传统建筑文化被斥为"落后"的象征，那些不反映地域特征的"国际式建筑"在欧美风靡一时，被视为引领时代潮流的时尚。二次世界大战结束后，主张建筑必须反映地域和民族文化的"后现代建筑思潮"，愈来愈受到有识之士的关注，并积极为之宣传推动。国际建筑协会邀请各国建筑师和建筑理论家共商建筑发展策略，先后发表了《威尼斯宪章》《华盛顿宪章》《华沙宣言》《马丘比丘宪章》和《北京宣言》等重要文件。每一个都各有侧重，但其基本精神是捍卫和传承民族和地域文化。联合国教科文组织建立了"联合国世界文化遗产委员会"，设立了关于"自然遗产""文化遗产"和"非物质文化遗产"三个分支机构，对那些具有人类共有价值的遗

迹和传承优秀历史文化的传统工艺、口播文学实施登记。经所在国申请，国际专家委员会审查同意，教科文组织可将其纳入《世界文化遗产名录》，成为人类共同的财富，呼吁各所在国政府加强保护。我国设立"历史文化名城""文物保护单位""非物质文化遗产"名录登记制度，都是符合世界文化发展进程的实际行动。保护传统文化，不仅是对自己优秀历史文化的尊重，也有利于国际文化的交流。海外来的旅游者到中国要看的是具有中国优秀历史文化特色的宫殿、寺院和民居，没有一个旅行团是到中国来参观现代建筑的。试想，如果我们的传统建筑文化被破坏，不仅"千城一面"的现象要泛滥，外国旅游者也不再对中国的建筑文化有兴趣，那将是多大的损失！

三、多元并存必须保持地域特色

科技日新月异，城市化进程在加速。伴随人类生活品质的提高，现代科技融入建筑，特别是保温节能技术在建筑上的推广应用，对传统建筑风貌总会产生一定的影响。再说，新的功能性建筑，不一定都适于采用传统形式，正如现代化的轿车如果采用古代轿子的外形来装饰，人们会感到怪异一样。我们主张要坚持民族建筑文化的传承，但不是每一座建筑都要贴上民族文化的标签，要展示巴蜀建筑的形象。

新时代的功能性建筑不断涌现，地区和国际交流会与日俱增，不同的建筑宜于采用什么样的造型，是由它的功能确定的。建筑界有一句名言："形式来源于功能"。也就是说，不同功能的建筑应该选择不同的建筑形式。而有的建筑，譬如大跨度的工业建筑、特殊的科研建筑等，都不宜采用传统形式。而库房和公共住宅区内的辅助用房，从节约投资的角度考虑，也没有必要在建筑的外观造型上花太多的功夫。社会是丰富的，由无数建筑组成的聚落、村镇、城市，应该是高低错落、进退有序，像优美的乐章一样有着动人的音韵和旋律，这就是文学家描述的"建筑是凝固的音乐"。21世纪是充满新奇生活的时代，未来的城市是什么样子，没人能够预测。但是，单一文化主导社会的时代，已适应不了科技日新月异发展的要求。中国古代建筑由于使用功能比较单一，个体建筑采用矩形平面大都可以解决功能问题，或通过群体组合予以补充。现代建筑因功能日益复杂，简单的矩形平面有可能带来使用功能的不合理或造成较大的浪费。因此，功能复杂的新建筑，必须采用现代建筑设计理念，注重实用功能的合理布局、空间形态的灵活流动，不可为硬凑传统造型而牺牲功能，导致巨大的浪费。建筑造型应从功能出发，该新则新，宜古须古，多元并存，不拘一格，这才是巴蜀建筑发展的必由之路。

附录一
巴蜀建筑诗文集萃

名城风韵

重庆市

峨眉山月歌　　（唐）李白
峨眉山月半轮秋，影入平羌江水流。
夜发清溪向三峡，思君不见下渝州。

渝州候严六侍御不到先下峡　　（唐）杜甫
闻道乘骢发，沙边待至今。
不知云雨散，虚费短长吟。
山带乌蛮阔，江连白帝深。
船经一柱观，留眼共登临。

重庆府（六首选三）　　（清）张之洞
重庆北会西汉入，壮盛灏溔遂无涯。
楚加不羹陵中国，秦并六王成一家。

名城危踞层崖上，鹰瞵鹗视雄三巴。

巴人能文兼好武，深山今已无长蛇。

橘官盐井并充埠，万机织锦翻朝霞。
请歌巴曲教渝舞，夜夜醉看巴江花。

渝州舟次作（二首） （清）贝青乔
石城如白屹江隈，登陟须凭健步来。
百级千层升不尽，朝天门在半天开。
初来秋汛正汪洋，落去洪涛百丈强。
沙碛忽成新井里，赉乡一岁一沧桑。

渝州晚望 （清）朱樟
高城遥望彩云间，粉堞参差护市阛。
带火帆樯斜背部，上灯楼阁半衔山。

登涂山 （清）何彤云
昌意居若水，爱娶涂山女。
是生帝颛顼，实维姒氏祖。
再传及崇伯，广柔诞神禹。
桑梓联婚姻，涂山匪遐阻。
繄昔勤王功，三过不入户。
呱呱四日孩，未尝一抚摩。
伟者涂后贤，教诲为立辅。
遂乃继明德，衍至四百绪。
至今考遗迹，一一略可数。
滩犹号遮夫，石尚存启母。
岂惟猗南歌，远肇风诗谱。
夙闻斯山上，峨峨有祠宇。
岁时荐馨香，奔走陈鼎俎。
爰有毡裘像，传是后之父。
年久归沉湮，荆秦没殿庑。

礼失渐难求，数典罕稽古。
庙圮久不修，凭吊心为怃。

渝州夜望　　（近代）赵熙

万家灯火气如虹，水势西退折复东。
重镇天开巴子国，大城山压禹王宫。
楼台市气笙歌外，朝暮江声鼓角中。
自古全川财富地，津亭红烛醉春风。

怀巴曼将军（二首选一）　　（近代）朱子镛

降旗不竖蜀山头，荆楚雄兵百万收。
取信偏从失信处，迄今大节已千秋。

渝州杂诗　　（近代）刘冰研

隔江残笛雨萧萧，一路垂杨斗舞腰。
记取酒帘歌板地，更无人在亦魂销。

成都市

蜀都赋（摘句）　　（汉）扬雄

蜀都之地，古曰梁州。禹治其江，渟皋弥望，郁乎青葱，沃野千里。上稽乾度，则井络储精；下按地纪，则坤宫奠位。……尔乃其都门二九，四百余间。两江珥其市，九桥带其流。武儋镇都，刻削成菽。王基既夷，蜀侯尚丛。……置酒乎荣川之闲宅，设坐乎华都之高堂。

蜀都赋（摘句）　　（晋）左思

夫蜀都者，盖兆基于上世，开国于中古。廓灵关以为门，包玉垒而为宇。带二江之双流，抗峨眉之重阻。水陆所凑，兼六合而交会焉；丰蔚所盛，茂八区而庵蔼焉。……于是乎金城石郭，兼匝中区。既崇且丽，实号成都。辟二九之通门，画方轨之广涂。营新宫于爽垲，拟承明而起庐。结阳城之延阁，飞观榭乎云中。开高轩以临山，列绮窗而瞰江。内则议殿爵堂，武义虎威。宣化之阓，崇礼之闱。华阙双邈，重门洞开。金铺交映，玉题相晖。外则轨躅八达，里闬对出。比屋联甍，千庑万室。亦有甲第，当衢向术。坛宇显敞，高门纳驷。庭扣钟磬，堂抚琴瑟。匪葛匪姜，畴能是恤？亚以少城，接乎其西。市廛所会，万商之渊。列隧百重，罗肆巨千。……阛阓之里，伎巧之家。百室离房，机杼相和。

草堂村寻人不遇　　（唐）岑参

数株垂柳色依依，深巷斜阳暮鸟飞。
门前雪满无人迹，应是先生出未归。

上皇西巡南京歌（十首选二）　　（唐）李白

九天开出一成都，万户千门入画图。
草树云山如锦绣，秦川得及此间无？

濯锦清江万里流，云帆龙舸下扬州。
北地虽夸上林苑，南京还有散花楼。

绝　句　　（唐）杜甫

两个黄鹂鸣翠柳，一行白鹭上青天。
窗含西岭千秋雪，门泊东吴万里船。

成都府　　（唐）杜甫

翳翳桑榆日，照我征衣裳。
我行山川异，忽在天一方。
但逢新人民，未卜见故乡。
大江东流去，游子日月长。
曾城填华屋，季冬树木苍。
喧然名都会，吹箫间笙簧。
信美无与适，侧身望川梁。
鸟雀夜各归，中原杳茫茫。
初月出不高，众星尚争光。

自古有羁旅，我何苦哀伤。

怀锦水居止（二首选一） （唐）杜甫
万里桥西宅，百花潭北庄。
层轩皆面水，老树饱经霜。
雪岭界天白，锦城曛日黄。
惜哉形胜地，回首一茫茫。

杜工部蜀中离席 （唐）李商隐
人生何处不离群？世路干戈惜暂分。
雪岭未归天外使，松州犹驻殿前军。
座中醉客延醒客，江上晴云杂雨云。
美酒成都堪送老，当垆还是卓文君。

锦城曲 （唐）温庭筠
蜀中攒黛留晴雪，簝笋蕨芽萦九折。
江风吹巧剪霞绡，花上千枝杜鹃血。
杜鹃飞入岩下丛，夜叫思归山月中。
巴水漾情情不尽，文君织得春机红。
怨魄未归芳草死，江头学种相思子。
树成寄与望乡人，白帝荒城五千里。

锦城写望 （唐）高骈
蜀江波影碧悠悠，四望烟花匝郡楼。
不会人家多少锦，春来尽挂树梢头。

寄蜀中薛涛校书 （唐）王建
万里桥边女校书，枇杷花里闭门居。
扫眉才子知多少，管领春风总不如。

览蜀宫故城有作 （宋）宋祁
国破江山老，人亡岸谷摧。

鸳飞今日瓦，鹿聚向时台。
故苑犹霏雪，荒池但劫灰。
赪遗糊处壤，阖记数残枚。
恨月窥林下，悲风觅陇来。
依城狐独速，失厦燕徘徊。
废社才存树，阴垣自上苔。
有情唯杜宇，长为故王哀。

成都书事（二首） （宋）陆游

剑南山水尽清晖，濯锦江边天下稀。
烟柳不遮楼角断，风花时傍马头飞。
苇羹笋似稽山美，斫脍鱼如笠泽肥。
客报城西有园卖，老夫白首欲忘归。

大城少城柳已青，东台西台雪正晴。
莺花又作新年梦，丝竹常闻静夜声。
废苑烟芜迎马动，清江春涨折堤平。
樽中酒满自强健，未恨飘零过此身。

锦津舟中对酒别刘善充 （明）杨升庵

锦江烟水星桥渡，惜别愁攀江上树。
青青杨柳故乡遥，渺渺征人大荒去。
苏武匈奴十九年，谁传书札上林边？
北风胡马南枝鸟，肠断当筵蜀国弦。

竹枝歌（一三首选一） （清）杨燮

一扬二益古名都，禁得车尘半点无。
四十里城花作郭，芙蓉围绕几千株。

锦城竹枝歌（二首） （清）彭懋琪

百花潭对百花庄，小小朱楼隐绿杨。

听得门前花担过，隔帘呼买夜来香。
长槐疏柳一家家，竹院柴扉取径斜。
门前草深多不薙，墙头时见牵牛花。

竹 枝　（清）王再咸

昭烈祠前栋宇新，校书坟畔碧桃春。
江上莫谓全无主，半属英雄半美人。

竹枝·送杨使君之蜀（十四首选二）　（近代）赵熙

行尽春山见锦城，菊花天气雨初晴。
马头树色殊秦栈，大野青浮一掌平。

少城花木称公园，冬日红梅夏日莲。
莫向武担寻石镜，摩诃池水亦桑田。

阆中市

阆山歌　（唐）杜甫

阆州城东灵山白，阆州城北玉台碧。
松浮欲尽不尽云，江动将崩未崩石。
那知根无鬼神会，已觉气与嵩华敌。
中原格斗且未归，应结茅斋看青壁。

阆水歌　（唐）杜甫

嘉陵江色何所似？石黛碧玉相因依。
正怜日破浪花出，更复春从沙际归。
巴童荡桨歌侧过，水鸡衔鱼来去飞。
阆中胜事可肠断，阆中城南天下稀。

宿锦屏山暮景　（宋）喻汝砺

暝色轻烟罩郡城，渔舟灯火倒观星。
寒山远水江村暮，自在妆成水墨屏。

泸州市

病中秋怀（八首选一） （明）杨慎

迢递城西百尺楼，登兹销暑亦销忧。
江山平远难为画，云物高寒易得秋。
吉甫清风来玉尘，涪翁妙墨换银钩。
余甘渡口斜阳外，欸乃渔歌杂棹讴。

宜宾市

天池晚棹 （唐）韦皋

雨霁池塘生意足，花间谁咏采莲曲。
舟浮十里菱荷香，歌发一声山水绿。
春暖鱼抛水面纶，晚晴鹭立波心玉。
扣船归载月黄昏，直至更深不假烛。

叙 州 （宋）陆游

画船冲雨入戎州，缥缈山横杜若洲。
须信时平边堠静，传烽夜夜到西楼。

宿真溪驿书怀 （明）曹学佺

月波来夜宿，月色似波明。
遇景一相凑，观空聊复情。
寒蝉吟似懒，水鸟去何轻。
借问渝州路，还家近几程。

乐山市

游嘉州龙岩 （宋）苏洵

系舟长堤下，日夕事南征。
往意纷何速，空岩幽自明。

使君怜远客,高会有余情。
酌酒何能饮,去乡怀独惊。
山川随望阔,气候带霜清。
佳境日已去,何时休远行。

凌云记游　　（宋）黄庭坚

凌云一笑见桃花,三十年来始到家。
从此春风春雨后,乱随流水到天涯。

谒凌云大像　　（宋）陆游

出郭寻幽一笑新,径呼艇子截烟津。
不辞疾步登高阁,却欲今生识伟人。
泉镜正涵螺髻绿,浪花不犯宝趺尘。
始知神力无穷尽,丈六黄金果小身。

都江堰市

野望因过常少仙　　（唐）杜甫

野桥齐度马,秋望转悠哉。
竹覆青城合,江从灌口来。
入村樵径引,尝果栗皱开。
落尽高天日,幽人未遣回。

丈人山　　（唐）杜甫

自为青城客,不唾青城地。
为爱丈人山,丹梯近幽意。
丈人祠西佳气浓,缘云拟住最高峰。
扫除白发黄精在,君看他时冰雪容。

最高峰望雪山　　（宋）范成大

大面风头六月寒,神灯妆罢晓云斑。

浮空忽涌三银阙，云是西天云岭山。

送福上人还青城　　（明）杨慎

青城三十六高峰，寺在青峰第几重。
飞锡曾闻经雪岭，结茅常爱住云松。
花飘香界诸天雨，金吼霜林半夜钟。
传语禅关休上锁，虎溪他日会相从。

屋宇特色

登成都白菟楼　　（晋）张载

重城结曲阿，飞宇起层楼。
累栋出云表，峣櫱临太墟。
高轩起朱扉，回望畅八隅。
西瞻岷山岭，嵯峨似荆巫。
蹲鸱蔽地生，原隰植嘉蔬。
虽遇尧汤世，民食恒有余。
郁郁小城中，岌岌百族居。
街术分绮错，高甍夹长衢。
借问扬子舍，想见长卿庐。
程卓累千金，骄侈拟王侯。
门有连骑客，翠带腰吴钩。
鼎食随时进，百和妙且殊。
披林采秋橘，临江钓春鱼。
黑子过龙醢，果馔逾蟹蝑。
芳茶冠六清，溢味播九区。
人生苟安乐，兹土聊可娱。

送周使君罢渝州归郢州别墅　　（唐）刘禹锡

君思郢上吟归去，故自渝南掷郡章。
野戍岸边留画舸，绿萝阴下到山庄。

池荷雨后衣香起，庭草春深绶带长。
只恐鸣驺催上道，不容待得晚菘尝。

缙云寺　（宋）冯时行
借问禅林景若何，半天楼殿冠嵯峨。
莫言暑气此中少，自是清风高处多。
岌岌九峰晴有雾，弥弥一水远无波。
我来游览便归去，不必吟成证道歌。

禹　庙　（明）傅光宅
披云载酒碧山头，俯仰江天散旅愁。
一水西来分瀚海，万峰东去绕神州。
樽前雨色笼神院，树外晴光射郡楼。
终古平成思禹绩，乾坤谁信等浮讴。

晚登渝故城　（近代）杨庶堪
巴曼古城头，雄关据上游。
兵车四国会，日夜大江流。
锦水思诸将，青门隐故侯。
黄昏望烽火，愁说海风秋。

万里桥（成都）　（唐）岑参
成都与维扬，相去万里地。
沧江东流疾，帆去如鸟翅。
楚客过此桥，东看尽垂泪。

琴　台　（唐）杜甫
茂陵多病后，尚爱卓文君。
酒肆人间世，琴台日暮云。
野花留宝靥，蔓草见罗裙。

归凤求凰意，寥寥不复闻。

茅屋为秋风所破歌　　（唐）杜甫

八月秋高风怒号，卷我屋上三重茅。
茅飞渡江洒江郊，高者挂罥长林梢，下者飘转沉塘坳。
南村群童欺我老无力，忍能对面为盗贼。
公然抱茅入竹去，唇焦口燥呼不得，归来倚杖自叹息。
俄顷风定云墨色，秋天漠漠向昏黑。
布衾多年冷似铁，娇儿恶卧踏里裂。
床头屋漏无干处，雨脚如麻未断绝。
自经丧乱少睡眠，长夜沾湿何由彻。
安得广厦千万间，大庇天下寒士俱欢颜，
风雨不动安如山。
呜呼！何时眼前突兀见此屋，吾庐独破受冻死亦足！

题武担寺西台　　（唐）段文昌

秋天如镜空，楼阁尽玲珑。
水暗余霞外，山明落照中。
雁行看渐远，松韵听难穷。
今日登临意，多欢笑语同。

晚夏登张仪楼呈院中诸公　　（唐）段文昌

重楼窗户开，四望敛烟埃。
远岫林端出，清波城下回。
乍疑蝉韵促，稍觉雪风来。
并起乡关思，销忧在酒杯。

散花楼　　（唐）张祜

锦江城外锦江头，回望秦川上转忧。
正值血魂来梦里，杜鹃声在散花楼。

筹边楼 （唐）薛涛

平临云鸟八窗秋，壮压西川四十州。
诸将莫贪羌族马，最高层处见边头。

经杜甫旧宅 （唐）雍陶

浣花溪里花多处，为忆先生在蜀时。
万古只应留旧宅，千金无复换新诗。
沙崩水槛鸥飞尽，树压村桥马过迟。
山月不知人事变，夜来江上与谁期。

西楼夕坐 （宋）宋祁

炎气随日入，岑寂坐遥帷。
倦鹜昏投浦，惊蝉夜去枝。
桂华兼月破，槎影带星移。
珍重窗风好，羲人即此时。

北楼 （宋）宋祁

少城西北之高楼，此地苍茫天意秋。
惊风白日忽已晚，落叶长年相与愁。
极塞云物自惨澹，趋林乌雀时啁啾。
缨上朔尘久不洗，安得手弄沧江流？

驷马桥 （清）张翾骞

献赋何人气蠹霄，高车盛事说前朝。
而今裘敝金兼尽，惭上相如驷马桥。

武侯庙（奉节） （唐）杜甫

遗庙丹青落，空山草木长。
犹闻辞后主，不复卧南阳。

巫山庙　　（唐）王周

庙前溪水流潺潺，庙中修竹声珊珊。
襄王一梦杳难问，晚晴天气归云闲。

白帝城楼　　（唐）杜甫

江度寒山阁，城高绝塞楼。
翠屏宜晚对，白谷会深游。
急急能鸣雁，轻轻不下鸥。
彝陵春色起，渐拟放扁舟。

制胜楼　　（宋）李焘

画省容台记并游，相思相望几登楼。
路长久叹音尘绝，事变还惊岁月流。
合侍钧天终雅奏，却穿巴峡看横舟。
欲酬嘉惠须新语，老觉肠枯不奈搜。

张桓侯庙联（云阳）　　佚名

春雨楼桑，无限落花悲帝子。
秋风剑阁，有人洒泪吊将军。

寄题杨万州四望楼　　（唐）白居易

江上新楼名四望，东西南北水茫茫。
无由得与君携手，同凭栏干一望乡。

答杨使君登楼见忆　　（唐）白居易

忠万楼中南北望，南州烟水北州云。
两州何事偏相忆，各是笼禽作使君。

禹　庙（忠县）　　（唐）杜甫

禹庙空山里，秋风落日斜。
荒庭垂橘柚，古屋画龙蛇。

云气生虚壁，江声走白沙。
早知乘四载，疏凿控三巴。

题忠州龙兴寺所居院壁　　（唐）杜甫
忠州三峡内，井邑聚云根。
小市常争米，孤城早闭门。
空看过客泪，莫觅主人恩。
淹泊仍愁虎，深居赖独园。

题天子殿堂联　　丰都知事　王璋
在人间做鬼事，丰都岂但川中有。
居暗室诵佛经，福地谁云天下无。

合州望黔楼　　（宋）义光
江上望黔楼，望中烟霭浮。
微凉生户牖，新雨过汀州。
远岫千重叠，清波万里流。
此时何限兴，回首寄众鸥。

忠义祠联（钓鱼城）　　（清）华国英
持竿以钓中原，二三人尽瘁鞠躬，直拼得蒙哥一命。
把盏而浇故垒，十万众披肝沥胆，竟不图王立二心。

题扪参阁（大足）　　（宋）张唐民
讼简民淳美小州，两衙才退似归休。
一怀山果三胜酒，暮掩青峰即下楼。

天河阁即事（广元）　　（唐）顾非熊
万壑褒中路，何层不架虚。
径云和栈起，樵径带畲余。
岩狖牵垂果，湍禽接跃鱼。

相逢维艇处，坞里有人居。

滕王亭子（阆中）　　（唐）杜甫
君王台榭枕巴山，万丈丹梯尚可攀。
春日莺啼修竹里，仙家犬吠白云间。
清江锦石伤心丽，嫩蕊浓花满目斑。
人到于今歌出牧，来游此地不知还。

登阆苑第一楼　　（清）杨锐
跨江南面起高楼，飞阁危亭掌上收。
城影下环西汉水，山形北枕旧梁州。
滕王祠宇荒丘老，房相池台古木秋。
万劫苍茫感何恨，乱峰高插暮云愁。

宿嘉陵馆楼（南充）　　（唐）陆龟蒙
离思茫茫偏值秋，每因风景却生愁。
今宵难作刀州梦，月色江声共一楼。

南定楼遇急雨（泸州）　　（宋）陆游
行遍梁州到益州，今年又作度泸游。
江山重复争供眼，风雨纵横乱入楼。
人语朱离逢峒獠，桌歌欸乃下吴舟。
天涯住稳归心懒，登览茫然却欲愁。

龙腾山别业（宜宾）　　（唐）岑参
结屋依山嶂，开轩对翠畴。
树成花两色，溪合水重流。
竹径春来扫，兰樽夜不收。
逍遥自得意，鼓腹醉中游。

锁江亭酌酒　　（宋）黄庭坚

山绕楼台钟鼓晚，江触石矶砧杵鸣。
锁江主人能致酒，愿渠久住莫终更。

题味谏轩　　（宋）黄庭坚

方怀味谏堂中果，忽见金盘橄榄来。
想共余甘有瓜葛，苦中真味晚方回。

题蟠龙书院　　（明）樊曙

程氏田庐今已荒，尚留书院越溪旁。
一时登进家风远，续古文章姓字香。
野径寻幽先辟路，残碑索读久登堂。
何人更起龙图业，山自高兮水自长。

题凌云寺（乐山）　　（唐）司空曙

春山古寺绕沧波，石磴盘空鸟道过。
百丈金身开翠壁，万龛神灯隔烟萝。
云生客到侵衣湿，花落僧禅覆地多。
不与方袍同结社，下归尘世竟如何？

游大佛寺　　（近代）赵熙

巴江落日水溶溶，古寺梅花已仲冬。
一座几人三亩宅，八年重听数钟声。
上书谁引王安石，入海难师郦曼容。
试望青天呼杞子，巉巉娲石在高峰。

卧云庵　　（明）杨升庵

峰顶散朝阳，凭高眺渺茫。
山岚银色界，宝气白毫光。
天阙尘氛净，烟霄草木香。
不知西极外，何处有空王。

送鲜于都曹归灌口旧居　　（宋）苏轼

策尽霜须照碧铜，依然春雪在长松。
朝行犀浦催收芋，夜渡绳桥看伏龙。
莫叹倦游无驷马，要将老健敌千钟。
子云三世惟身在，为向西南说病容。

福感塔（新都）　　（清）笑宗

宝塔凌空利似枪，几经鏖战辅周唐。
清平天下无能及，留与蚕丛作栋梁。

上牛头寺（三台）　　（唐）杜甫

青山意不尽，衮衮上牛头。
无复能拘碍，真成浪出游。
花浓春寺静，竹细野池幽。
何处莺啼切，移时独未休。

上兜率寺　　（唐）杜甫

兜率知名寺，真如会法堂。
江山有巴蜀，栋宇自齐梁。
庾信哀虽久，周颙好不忘。
白牛车远近，且欲上慈航。

春日梓州登楼（二首选一）　　（唐）杜甫

天畔登楼眼，随春入故园。
战场今始定，移柳更能存。
厌蜀交游冷，思吴胜事繁。
应须理舟楫，长啸下荆门。

越王楼歌（绵阳）　　（唐）杜甫

绵州州府何磊落，显庆年中越王作。
孤城西北起高楼，碧瓦朱甍照城郭。

楼下长江百丈清，山头落日半轮明。
君王旧迹今人赏，转见千秋万古情。

涪城县香积寺官阁　　（唐）杜甫

寺下春江深不流，山腰官阁迥添愁。
含风翠碧孤云细，背日丹枫万木稠。
小院回廊春寂寂，浴凫飞鹭晚悠悠。
诸天合在藤萝外，昏黑应须到上头。

越王楼　　（宋）王珪

跨险盘危压古州，至今传号越王楼。
山分冷翠侵檐滴，水擘寒声绕槛流。

军城早秋（松潘）　　唐·严武

昨夜秋风入汉关，朔风边月满西山。
更催飞将追骄虏，莫遣沙场匹马还。

环境园林

登　楼（成都）　　（唐）杜甫

花近高楼伤客心，万方多难此登临。
锦江春色来天地，玉垒浮云变古今。
北极朝廷终不改，西山寇盗莫相侵。
可怜后主还祠庙，日暮聊为梁父吟。

水槛遣心　　（唐）杜甫

去廓轩楹敞，无村眺望赊。
澄江平少岸，幽树晚多花。
细雨鱼儿出，微风燕子斜。
城中十万户，此地两三家。

成都曲　　（唐）张籍

锦江近西烟水绿，新雨山头荔枝熟。
万里桥边多酒家，游人爱向谁家宿。

潭畔芙蓉　　（宋）浣花女

芙蓉花发满江红，尽道芙蓉胜妾容。
昨日妾从堤上过，如何人不看芙蓉。

一落索　　（宋）陈凤仪

蜀江春色浓如雾。拥双旌归去。
海棠也似别君难，一点点、啼红雨。
此去马蹄何处。沙堤新路。
禁林赐宴赏花时，还忆著、西楼否。

江楼醉中作　　（宋）陆游

淋漓百榼宴江楼，秉烛挥毫气尚遒。
天好但闻星主酒，人间宁有地埋忧。
生希李广名飞将，死慕刘伶赠醉侯。
戏语佳人频一笑，锦城已是六年留。

游昭觉寺　　（宋）范镇

炎蒸无处避，此地忽知寒。
松砌行无际，石房禅自安。
鸳鸯秋沼涨，蝙蝠晚庭宽。
登眺见田舍，衡茅半不完。

人日游草堂寺　　（清）张之洞

人日残梅作雪飘，出城携酒碧溪遥。
无端杜老同心事，四海风尘万里桥。

题桂湖联（新都） （清）曾国藩

一万里秦树蜀山，我原过客。
三百顷荷花秋水，中有诗人。

东湖耸翠亭 （清）汤建业

翠柏老千古，新亭敞复幽。
水深鱼暗度，风静雀还啁。
星汉当窗列，芙蕖隔槛浮。
此中有真趣，何必羡瀛洲。

和汤莳芥《耸翠亭》韵 （清）李调

元卫公遗迹处，亭阁发其幽。
大雅一龙啸，巴歌尽鸟啁。
荷翻鱼暗戏，萍动鸭初浮。
窈窕人何处，关雎第一洲。

三贤堂 （清）李应观

乡贤名宦共依依，异代联芳世所稀。
功德在民虔祷祀，只愁无术绍余辉。

怀李堂 （清）李应观

奇花多吐四时芳，万绿千红次第香。
莫道琼枝不解意，参差环向卫公堂。

古柏亭 （清）李应观

锦城老柏比甘棠，又见名园喷古香。
黛色霜皮人爱惜，非徒丞相有祠堂。

瑞莲阁 （清）李应观

芙蕖出水映朝霞，纪瑞曾开并蒂花。
士女如云游赏去，散将和气满家家。

送杜少府之任蜀州　　（唐）王勃

城阙辅三秦，风烟望五津。
与君离别意，同是宦游人。
海内存知己，天涯若比邻。
无为在歧路，儿女共沾巾。

冠鳌亭（绵州）　　（宋）周敦颐

紫霄峰上读书堂，深锁云中久不开。
为爱此山真酷似，冠鳌他日我重来。

简州东溪碧波亭　　（宋）姚孳

赖简池台两蜀夸，东溪别是一仙家。
令人却忆康王谷，坐看珠帘溅雨花。

宿玉蟾寺（泸州）　　（明）吴廷举

川北湖南一水通，生涯半寄祝融峰。
此身尚逐云来往，又挂玉蟾山上松。

涂山寺独游（重庆）　　（唐）白居易

野径行无伴，僧房宿有期。
涂山来去熟，唯是马蹄知。

巫山高　　（南朝齐）虞羲

南国多奇山，荆巫独灵异。
云雨丽以佳，阳台重怨思。
勿言再可得，特美君王意。
高唐一断绝，光阴不可迟。

巫山高　　（南朝梁）王泰

迢递巫山好，远天新霁时。
树交凉去远，草合影开迟。

谷深流响咽，峡近猿声悲。
只言云雨状，自有神仙期。

峡　口　（宋）宋肇

万里西南路，瞿唐据上游。
峡分山对立，江合水争流。
蛟鳄从来患，风波自古愁。
几时飞两桨，归去幔帆秋。

瞿唐峡　（宋）李石

我行江南上峡来，系舟夜泊云雨台。
行到西川一万里，杜鹃声急桃花开。
花开归去客在船，人道云安有杜鹃。
峡山无路续百丈，胡狲上树捌连天。

下　岩　（宋）黄庭坚

（一）

空岩静发钟磬响，古木倒挂藤萝昏。
莫道苍崖锁灵骨，时应持钵到诸村。

（二）

寺古松楠老，岩虚塔庙开。
僧缘蚕麦去，官数荔支来。
石室无心骨，金铺称意苔。
若为刘道者，拽得鼻头回。

水　帘　（宋）虞大博

疏水成帘造化功，冷光千丈半岩风。
层霄蟠蛛正铺地，沧海珠玑却堕空。
天下奇观更何处，骚人幽咏未全工。
要知出壑争流意，不向三巴直向东。

早发白帝城　　唐·李白

朝辞白帝彩云间，千里江陵一日还。
两岸猿声啼不住，轻舟已过万重山。

控巴台　　（宋）何异

阅武弓刀劲利，留宾歌舞清妍。
红映连樯灯火，翠浮隔岸人烟。
台上小留归客，台前稳系扁舟。
三宿翠微阁上，一程白帝城头。

小品建筑

灶屋铭　　（晋）挚虞

大孝养志，厥次养形。
事亲以敬，美过三牲。

野　井　　（唐）陆龟蒙

朱阁前头露井多，碧梧桐下美人过。
寒泉未必能如此，奈有银瓶素绠何。

连昌宫词二首·阶（二首选一）　　（唐）陆龟蒙

草没苔封叠翠斜，坠红千叶拥残霞。
年年直为秋霖苦，滴陷青珉隐起花。

月　台　　（唐）韩愈

南馆城阴阔，东湖水气多。
直须台上看，始奈月明何。

方　桥　　（唐）韩愈

非阁复非船，可居兼可过。
君欲问方桥，方桥如此作。

梯　桥　（唐）韩愈

乍似上青冥，初疑蹑菡萏。
自无非仙骨，欲度何由敢。

咏双阙　（南朝陈）江总

象阙连驰道，天宇照方疏。
刻凤栖清汉，图龙入紫虚。
屡逢膏露洒，几遇祥烟初。
竞言百尺丽，宁方万丈余。

蕃臣恋魏阙　（唐）蒋防

剖竹随皇命，分忧镇大蕃。
恩波怀魏阙，献纳望天阍。
政奉南风顺，心依北极尊。
梦魂通玉陛，动息寄朱轩。
直以蒸黎念，思陈政化源。
如何子牟意，今古道斯存。

题王稚子石阙　（清）王懿荣

宝光寺内离筵晚，稚子碑前客意闲。
今日忆君在何处，斜风细雨鹿头关。

帘　（唐）陆龟蒙

枕映疏容晚向欹，秋烟脉脉雨微微。
逆风障燕寻常事，不学前人当妓衣。

咏帘　（唐）徐寅

素节轻盈珠影匀，何人巧思间成文。
闲垂别殿风应度，半掩行宫麝欲薰。
绣户远笼寒焰重，玉楼高挂曙光分。
无情几恨黄昏月，才到如钩便堕云。

咏画屏风诗 （北朝周）庾信

（一）

高阁千寻跨，重檐百丈齐。
云度三分近，花飞一倍低。
吹箫迎白鹤，照镜舞山鸡。
何劳愁日暮，未有夜乌啼。

（二）

三危上凤翼，九坂度龙鳞。
路高山里树，云低马上人。
悬岩泉溜响，深谷鸟声春。
住马来相问，应知有姓秦。

黄筌画屏 （宋）李石

阿筌千顷本胸中，学道分明画手同。
笔削来追麟获后，丹青为洗马群空。
登堂欲与修遗履，空户何由返大弓。
尚有沧溟垂素壁，且防蝇误污屏风。

明造宝光寺尊胜幢联 （清）何鼎元

莲开净域，尊胜宝幢呈瑞彩。
月照禅天，无垢佛塔放光明。

明造宝光寺尊胜幢诗偈 佚名

西域尊者往东来，却被文殊引化开。
东土若无尊胜咒，众生难以胜尘埃。

营造法式

将作大匠箴 （汉）扬雄

侃侃将作，经构宫室。墙以御风，宇以蔽日。寒暑攸除，鸟鼠攸去。王有宫殿，民有宅居。昔在帝世，茅茨土阶。夏卑宫观，在彼沟池。桀作瑶台，纣为璇室。人力不堪，而帝业不卒。诗咏宣王，由俭改奢。观丰上六，大屋小家。春秋讥刺，书彼泉台。两观雉门，而鲁以不恢。或作长府，而闵子以仁。秦筑骊阿，嬴姓以颠。故人君无云我贵，榱题是遂。毋云我富，淫作极游。在彼墙屋，而忘其国戮。作臣司匠，敢去执猷。

灶　铭　（东汉）李尤

燧人造火，灶能以分。
五行接备，阴阳相乘。

门　铭　（东汉）李尤

门之设张，为宅表会。
纳善闭邪，击柝防害。

阙　铭　（东汉）李尤

皇上尊严，万姓载依。
国都攸处，建设端闱。
表树两观，双阙巍巍。

屏风铭　（东汉）李尤

舍则潜避，用则设张。
立必端正，处必廉方。
雍阏风邪，雾露是抗。
奉上蔽下，不失其常。

堂　铭　（东汉）李尤

因邑制宅，爰兴殿堂。
夏屋渠渠，高敞清凉。
家以师礼，羞奉蒸尝。
延宾西阶，主近东厢。
宴乐佳客，吹笙鼓簧。

附录二
建筑术语选释

建筑术语与某些专业术语相比较，具有许多特点：历史悠久，数量巨大，系统性强，科学性高，阐释的典籍也较完备。现代有些人认为难学，事实并非如此。

自从所谓盘古开天地以后，人们从穴居野处，到构木为巢，以至上栋下宇，构筑宫室，这些悠久的历史，都有文字的记载。由于我国幅员辽阔，东西南北地理环境有较大的差异，多民族长期共处，人口众多，居住习俗有差异，因此形成千姿百态的建筑，产生千差万别的建筑词汇。

然而不管历史有多久，建筑形态和居住习俗的差别有多大，却都记录于卓越的汉语言文字和光辉灿烂的文化典籍之中，体现出建筑和建筑术语的系统性和科学性，也是并不难学的根本原因。

建筑术语的数量确实很大，专业的基本词汇约在两千条以上，引申、派生和组合的词汇，那就更多了。比如《清式营造则例》所附的《辞解》，有词汇505条；《骈字类编·居处门》所列宫字构成的建筑词汇，如宫殿、宫阙、宫室、宫禁、宫省等多达60条。

术语多并不可怕，因为有完备的典籍可查，在汉朝就有《尔雅》《释名》《说文》《方言》。其中《尔雅》《释名》均有专门的《释宫》章节。当代建筑术书《华夏意匠》，说建筑的分类要按《艺文类聚》。《艺文类聚》是唐代欧阳询主编的，不及汉代《尔雅》《释名》早。

古建筑术语，应从古代典籍中求解。上海辞书出版社于1984年出版了刘正琰著《汉语外来词词典》，其中第158页说"建筑　[源]日"。有的建筑杂志说它是由日文引入的，更有甚者说是20世纪60年代引进的。实际上，"建筑"一词在宋代及其以后的典籍中，多有出现，其意义与《辞海》的解释一样，怎么会是引进的呢？详见《萤窗偶笔·"建筑"渊源考》。

古建筑术语，应从《说文》"六书"来理解。"六书"是构字的基础，也是理解、掌握汉字的途径。《广雅·释宫》："埤堄、堞，女墙也。"王念孙《疏证》："埤堄，字或作俾倪，或作睥睨，或作僻倪。"这些字左边是形符，右边是音符。因女墙为土石材料所筑，故作土旁；因是观察非常用的，故作人旁；观察用眼，故作目旁。又因辟、卑同音，所以又可作僻倪。又"斗拱"一词，本来足以表达其意义，后来斗加木旁，拱改为木旁。今人对此很欣赏，也大做文章。从文字本身看，"斗"本来就是象形字（《中华大字典》），木制的方形上大下小的量具，何必再加木？拱，敛手，形声相益。改手为木，不能改变字义，还是敛手的形象。何不知石拱桥的拱又怎样改？现在作砼、钢拱桥，拱字又作何旁？不从六书认字，多此一举！

古建筑术语，应从语法角度去理解。如城：城市、城镇、城郭、城邑、城堡、城墙、城阙、城楼等以及金城、石城、江城、都城、芜城、荒城、丽城、京城等，城均是名词。而城城，即筑城，城则是动词。诸如此类名词与动词间的转变，应该注意。当代建筑名家著书，常把宋《法式》中的"副阶周匝"和"副阶"作为两条术语进行解释。这实际只是一条术语，即"副阶"，"副阶周匝"是句子。因为副阶可以是三方、一方有，照此则还应有"副阶三匝""副阶一匝"。还有的专家们所列的苏州地区名词术语有："似耳房""似山雾云""似云头""似搭角梁""似穿带""似贴梁"，等等，确实有点费解！作句子可以，作词语似觉欠妥。

古建筑术语，方言的影响不会造成很大困难。一是古代有关典籍多是用通用语写的。二是古代典籍已有像《尔雅》《释名》等书一样，对建筑术语列出了专门章节如《释宫》，并形成了系列，便于查找。三是有关方言的书，汉代就有专著《方言》。后代用方言的著作，也多作通用语解释，如《营造法原》《四川住宅建筑》等，分别对苏州、四川的建筑方言做了通用语解释。四是任何方言都无民族语言以外的文字和语法，因此数量不会很大，写下来大都看得懂。"天井"一词，有说是四川方言，有说是江浙方言，但是它又出现在《曾国藩家书》和云南《昭通方言》中，故宜称南方方言。

古建术语、古建技术，应以科学发展观去理解。秦砖汉瓦，是言古老；肥梁胖柱，则形容落后。人们有个说法：到西方去展览，还不是展云南白药和大屋顶。究竟怎么看待大屋顶？看来还得用科学发展观。大屋顶这个2000年的旧形制，究竟是怎么一个样子呢？若干年前，上海市政府发了一个"平改坡"的基建文件，就是说要求全市把平顶房改为坡顶房。现在有许多旧平顶，已改了坡顶房。这项改革是否科学，可以暂且不论，但是兑现了。坡顶属大屋顶之类，说明它有价值。事实上坡顶的防水、隔热、保暖、隔声、经济、美观等效果均胜过平顶。

古人说坡顶叫"葺屋参分，瓦屋四分"。语出《周礼·冬官·考工记》，《考工记》相当于后代的工程规范，这是一条关于屋顶做法的法规条文，即俗语"三分水""四分水"。屋顶面上覆草、盖瓦，叫作草屋、瓦屋。屋顶的骨架叫屋架。屋架是用木制的架子，它的轴线是个等腰三角形。三角形底边的长是房屋的深度，即南北墙之间的距离，工程上叫作屋架的跨度。三角形的高即屋顶坡起的高度。这一条文用现代语解释：草屋的高跨比为一比三，瓦屋的高跨比一比四。草屋坡度大于瓦屋，便于流水。瓦屋的坡度比为一比二，角度（三角形的底与腰的夹角）为26°34′。现在如盖青瓦屋面，还是用这个坡度。当代在制定建筑工程荷载规范时，拿这个坡度做成模型，像飞机、航天器一样进行风洞（根据流体动力学原理制造的专用于航海、航空实验的设备）实验，结果是坡度增大时，风压力增大，坡度减小时，风吸力增大，并与流体动力学的计算结果一致，证明了这个坡度为最优值。

一、建筑类型

宫 古代房屋之泛称，秦以后为帝王、鬼神、释道用房之专称。《释名·释宫室》："宫，穹也，屋见于垣上，穹隆然也。"《尔雅·释宫》："宫谓之室，室谓之宫。"郭注："皆所以通古今之异语，明同实而两名。"《释文》："古者贵贱同称宫，秦汉以来惟王者所居称宫焉。"

室 房屋之泛称。《释名·释宫室》："室，实也，人物实满其中也。"《易·系辞》："上古穴居而野处，后世圣人易之以宫室。"参见"宫"。

宅 居处、墓地、选择。《释名·释宫室》："宅，择也，择吉处而营之也。"《尔雅·释言》："宅，居也。"《孟子·梁惠王上》："五亩之宅，树之以桑。"

舍 止、息、住处。《释名·释宫室》："舍，于中舍息也。"《说文》："舍，市居曰舍。"《说文释例》："宫室为止息之处。"《广韵》："止、息""屋也"。

屋 居处、房间、覆盖。《释名·释宫室》："屋亦奥也，其中温奥也。"《说文》："屋，居也。从尸，尸所主也。一曰尸象屋形。从至，至所至止。室屋皆从至。"

庙 祀先贤、祖宗之处。《释名·释宫室》："庙，貌也，先祖形貌所在也。"《诗·思齐》："雍雍在宫，肃肃在庙。"元代马祖常《州判张君去思记》："庙以祀先圣先贤，堂以厚有德，学校以育人才。"

寝 卧室、后殿、王陵。《释名·释宫室》："寝，寝也，所寝息也。"《诗·斯干》："乃寝乃兴，乃占我梦。"《汉书·韦玄成传》："园中各有寝、便殿。"注："寝者，陵上正殿。"

城 大墙、盛民、卫都。《释名·释宫室》："城，盛也，盛受国都也。"《古今注·都邑》："城者，盛也，所以盛受民物也。"《说文》："城，以盛民也。"《淮南·说林》："城成于土，木直于下。"

郭 大城、外城。字又作廓。《释名·释宫室》："郭，廓也，廓落在城外也。"《方言》卷三："张小使大谓之廓。"

寺 司、止、法度、古官署、佛地。《释名·释宫室》："寺，嗣也，治事者嗣续于其内也。"《说文》："寺，廷也。"《广韵》："寺者，司也。官之所止，有九寺。""又汉西域白马驮经来，初止于鸿胪寺，遂取寺名置白马寺。"

廷 庭、朝廷。《释名·释宫室》："廷，停也，人所集之处也。"《庄子·渔父》："廷无忠臣，国家皆乱。"《墨子·号令》："符传疑，若无符，皆诣县廷言，请问其所使。"

狱 监牢。《释名·释宫室》："狱，确也，实确人之情伪也。又谓之牢，言所在坚固也。又谓之圜土，筑其表墙，其形圜也。又谓之囹圄。囹，领也；圄，御也，领录囚徒禁御之也。"《广雅·释宫》："狱，犴也。夏曰夏台，殷曰羑里，周曰囹圄。"《疏证》："诸书所记三代狱名，皆传闻异辞，无正文也。"

亭 亭传、亭集，邮传暂停之处。《释名·释宫室》："亭，停也，亦人所停集也。"《说文》："亭，民所安定也。亭有楼，从高省丁声。"《说文释例》卷一〇："高部亳下云，京兆杜陵亭也。亭名乃与高字形意有合，顾商时无所谓亭，而有三亳。将何所从哉？此古义失传，而许君迁就其说耳。"

传 驿站或车马、邮路亭馆。《释名·释宫室》："传，传也，人所止息而去，后人复来，转相传，无常主也。"《左传·成公五年》："侯以传召伯宗。"

《后汉书·陈宠传附陈忠传》："发人修道，缮理亭传。"

墙 围护结构。在建筑内或檐下称壁、墙壁；在建筑周围称垣、墙垣、围墙；围绕市场、城市称墉、城、城墙。《释名·释宫室》："墙，障也，所以自障蔽也。"《释名·释宫室》："壁，辟也，辟御风寒也。"《释名·释宫室》："垣，援也，人所依阻，以为援卫也。"《释名·释宫室》："墉，容也，所以蔽隐形容也。"

篱 植物生成或竹木编成的围栏。《释名·释宫室》："篱，离也，以柴竹作之，疏离离也。青徐曰椐，椐，居也，居于中也。"

栅 竹木制作的围栏。《释名·释宫室》："栅，迹也，以木作之，上平迹然也。又谓之撤，撤，紧也，诜诜然紧也。"

殿 大堂。《释名·释宫室》："殿，有殿鄂也。陛，卑也，有高卑也。天子殿谓之纳陛，言所以纳人言之阶陛也。"《说文》："堂，殿也。"段《注》："许以殿释堂者，以今释古也。古曰堂，汉以后曰殿。古上下皆称殿，至唐以后，人臣无有称殿者矣。"《初学记》卷二四："《苍颉篇》曰：'殿，大堂也。'商周以前，其名不载。按《史记·秦始皇本纪》'始曰作前殿'。"《石林燕语》卷二："其制设吻者为殿，无吻者不为殿矣。"

堂 正室。《释名·释宫室》："堂犹堂堂，高显貌也。"《急就篇·堂》有颜师古注："凡正堂之有基者则谓之堂。"基，即台基。以显高也。《说文》："堂、殿也。"《韵会》："堂，正寝也。""殿，正寝皆正室内之义。"

房 旁室。《释名·释宫室》："房，旁也，在堂两旁也。"《广雅·释宫》："房、舍也。"《说文》："房，室在旁也。"段注："凡堂之内，中为正室，左右为房，所谓东房、西房也。"

阙 门观。又叫观、象魏。有门阙、宫阙、庙阙、墓阙等类。《释名·释宫室》："阙，在门两旁，中央阙然为道也。"

罘罳 宫阙疏屏。亦作罦思、浮思、桴思、覆思。《释名·释宫室》："罘罳，在门外。罘，复也；罳，思也。臣将入请事，于此复重思之也。"《汉书·文帝纪》："未央宫东阙罘罳灾。"注："罘罳，屏也，谓连阙曲阁也，以覆重刻垣墉之处，其形罘罳然。"

观 阙类、观望之台形构筑。平声为视，即游观、观阙、观台；去声为道宫、寺观。《释名·释宫室》："观，观也，于上观望也。"《尔雅·释宫》："观谓之阙。"孙炎注："宫门双阙，旧章悬焉，使民观之，因谓之观。"《左传·哀公元年》："宫室不观。"注："台榭也。"《魏书·释老志》："何必纵其盗窃，资营寺观。"观即道宫。

楼 重屋。《释名·释宫室》："楼，谓牖户之间有射孔，楼楼然也。"《说文》："楼，重屋也。"宋代欧阳修《詹泉州北楼记》："楼，睒也，谓其高明觌远，睒睒然也。"《尔雅·释宫》："陕而修束曰楼。"

台 垒土高而顶平。《释名·释宫室》："台，持也，筑土坚高，能自胜持也。"《尔雅·释宫》："四方而高曰台。"《书·泰誓上》："惟宫室台榭陂池侈服。"蔡沈《书集传》："土高曰台，有木曰榭。"

庐 临时居处、野外之寄居。《释名·释宫室》："寄上曰庐。庐，虑也，取自覆虑也。"《说文》："庐，寄也。春夏居，秋冬去。"《广韵》："庐，寄也。"

蒲 小舍、庵。蒲或作庯。庵又作菴。《释名·释宫室》："草圆屋曰蒲。蒲，敷也，总其上而敷下也。又谓之'庵'，庵，奄也，所以自覆奄也。"庵，小佛舍。

庑 大屋、堂下周屋。《释名·释宫室》：大屋曰"庑"。庑，幠也；幠，覆也。并冀人谓之庌，庌，正也，屋之正大者也。《说文》："庑，堂下周屋也。"《礼·檀弓上》："见若覆夏屋者矣。"陈浩注："若覆夏屋者，旁广而卑之也。"

井 今人谓地下水之人工露头，泉是地下水的自然露头，故井意味着人居之处。《释名·释宫室》："井，清也，泉之清洁者也。井一有水无水曰'罽汋'。罽，竭也；汋，有水声汋汋也。"《说文》："八家一井，象构韩形。"《孟子·滕文公上》："方里而井，井九百亩。其中为公田，八家皆私百亩，同养公田。公事毕然后敢治私事，所以别野人也。"

灶 造熟食处。《释名·释宫室》："灶，造也，造创食物也。爨，铨也，铨度甘辛调和之处也。"《说文》："灶，炊灶也。"段注："炊者爨也，灶者炊爨之处也。"

仓 谷物藏处。《释名·释宫室》："仓，藏也，藏谷物也。"《说文》："谷藏也。仓黄取而藏之故谓之仓。"参见"廪"。

库 兵器藏处、藏物舍。《释名·释宫室》："库，舍也，物所在之舍也，故齐鲁谓库曰舍也。"《说文》："库，兵车藏也。"《广韵》："库，贮物舍也。"

庑 牛马舍。《释名·释宫室》:"庑,勾也,勾,聚也,牛马之所聚也。"《论语·乡党》:"庑焚,子退朝,曰伤人乎,不问马。"《左传·庄公二十九年》:"春,新作延庑,书不时也。"

廪 贮存室。《释名·释宫室》:"廪,矜也,宝物可矜惜者投之其中也。"《说文》:"廪之言敛也。"《广韵》:"仓有屋曰廪。"《礼·月令》疏:"谷藏曰仓,米藏曰廪。"

囷 圆廪。《释名·释宫室》:"囷,绻也,藏物缱绻束缚之也。"《说文》:"囷,廪之圆者,从禾在囗中,圜谓之囷,方谓之京。"

庾 露天藏处。《释名·释宫室》:"庾,裕也,言盈裕也,露积之言也。盈裕不可称受,所以露积之也。"《说文》:"庾,水漕仓也。""一曰仓无屋者。"《玉篇》:"大曰仓,小曰庾。"《说文句读》卷一八:"仓无屋之义,既见于经,然云无屋仍于从广不合,故但以为别义。"

囤 藏谷器。《释名·释宫室》:"囤,屯也,屯聚之也。"《六书故》:"囷类,织竹规以贮谷也。"

厕 大小便处。古称圂、溷、溷轩、圊、圊厕、圊圂、行清等,方言称毛司、毛房、茅厕、茅房等,佛家称起止处等。《释名·释宫室》:"厕,言人杂(厕)在上非一也。或曰'溷',言溷浊也。或曰'圊',至秽之处,宜常修治,使洁清也。或曰轩,前有伏,似殿轩也。"

二、开间、进深、平面、立面、剖面

开间 间的左右长度,亦称面阔。《营造法原·地面总论》:"间之阔称开间。"《清式营造则例·平面》:"间之宽(在建筑物长面之长度)称为面阔。"

进深 房间的前后长度,亦称进步。《清式营造则例·平面》:"间之深(在建筑短面之长度)称为进深。"《闲情偶寄·居室部》:"凡置此窗之屋,进步宜深,使坐客观山之窗去客稍远。"建筑物的前后层次,一排房屋叫一进。《履园丛话·营造》:"基既平,当酌量该造屋几间、堂几进、弄几条、廊庑几处。"建筑物前后的总长度,叫共进深、通进深。《清式营造则例·平面》:"若干间合起来的长(深)度称通进深。"《营造法原·地面总论》:"数间之深度称共进深。"

平面 平面或称平面图,包括底层、楼层、屋面等的水平面图形。绘制方法是用直接正投影法。一般建筑物的平面图是在建筑物的门窗洞口处用假想平面水平剖切俯视(屋顶平面则从屋面以上俯视),图内应包括剖切面及投影方向可见的建筑构造以及必要的尺寸、标高等,剖到的部分画粗实线,未剖到而可视到的画细实线。如表示高窗、通气孔、槽、地沟及升降机等不可见的部分,则用虚线表示。

立面 建筑的竖面图形,又称图样,故立面图又叫立样。立有建立、画的意义,故制作立面、立面图,亦称立样。《北史·黄亘传》:"凡有所为,何稠先令亘、衮立样,当时工人莫所损益。"立面有正立面、背立面、侧立面之分。立面应绘出建筑地面以上投影方向可见的建筑外轮廓和建筑构造、建筑配件、墙面做法及必要的尺寸和标高,以表达建筑的立面形象。绘制的方法用直接正投影法,线条粗细虚实,参见平面。梁思成《中国建筑史·绪论》:"史籍记宫苑寺观亦皆详其平面部署制度,而略其立面形状及结构。"

剖面 用假想平面将建筑切断开后的表面。断面上的外表轮廓线形成图形,故又叫剖面图。建筑从剖面断开,故剖面又叫断面。切断面在建筑的纵方向的叫纵剖面,沿着横方向的叫横剖面,断面同样有纵横之别。其绘制方法是用直接正投影法,线条的粗细虚实,参见平面。《清式营造则例·图版玖》为《庑殿歇山横断面比较》;《清式营造则例·图版拾》为《庑殿歇山纵断面比较》。

三、基础、墙、柱、柱础、台明、踏步、御路、坡道

基础 建筑物的下分,即地面以下的部分。亦称础,如墙础、柱础等,亦称堂、阶基、基筑、地脚、台基,即建筑的上分、中分通过下分传压到岩土上。《说文》:"基,墙始也。"《说文句读》:"今之垒墙者,必埋石地中以为基。"《尔雅·释诂》郝疏云:"基者筑墙之始也。"《水经注·溠水》:故城西隅,"其间相去六百里,北面虽无基筑,皆连山相接,而汉水流其南。"清代李光庭《乡言解颐·造室十事》:打夯,"四人一手握柱,一手提绳,以筑地脚"。又云:"初基期巩固,大力筑坚平。"参见"堂""台基"等条。

墙 亦称墉、院、壁、垣(见《广雅·释宫室》),系维护构件之通称。其作用在于隔断、障蔽、卫护。故《释名·释宫》云:"墙,障也,所以自障蔽也。""壁,辟也,辟御风寒也。""垣,援也,人所依阻以为援卫也。"汉代扬雄《将作大匠箴》:"墙以御风,宇以蔽日。"其种类,按材料有土墙、石墙、砖墙、木板墙、土坯墙等;按位置有檐墙、外墙、内墙、纵墙、横墙等;按装饰有粉墙、素墙、画墙、雕墙等;按作用有隔墙、院墙、照墙、城墙等;按尺寸有大墙、小墙、高墙、矮墙、女墙等。

柱 亦曰楹,直立承重的构件。按位置有檐柱、金柱、中柱、山柱、童柱等;

按材料有石柱、砖柱、木柱等；按形状有方柱、圆柱、梭柱等；按装饰有雕柱、素柱等。楹，独立柱。《释名·释宫》："楹，亭也，亭亭然孤立，旁无所依也。"《广雅·释宫》："楹谓之柱。"

柱础 亦称础、石材、石承、磉墩等，即柱基础。以石承柱压，或露地起鼓覆盆，或埋入台基以扩大底面。《淮南子·说林训》："山云蒸，柱础润。"《法式》卷三："柱础之制，其方倍柱之径（谓柱径二尺，即础方四尺之类），方一尺四寸以下者，每一尺厚八寸；方三尺以上者，厚减方之半；方四尺以上者，以厚三尺为率。"参见"基础"条。

台明 台基露出地面部分。此从立面角度看。如从平面角度看，则为台基的室外部分，即阶沿部分，因台基的顶面室内部分为地坪，故室外部分为台明。详见杜仙洲主编《中国古代建筑修缮技术·台基》。梁思成《营造算例·大式瓦作做法》和《小式瓦作做法》"台明"节："台明高，按柱高每尺得一寸五分即是。"台明部分与室内地坪有很大区别，主要是石件或砖砌件类型多一些，如槛垫石、埋头石、阶条石、檐拦土（石）、金拦土（石）、包砌（石）、押面（石）、拦土（石）等项。室内地坪，除柱脚、墙边外，其余部分都是平铺块材。

踏步 亦名阶陛、陔、除、阼、砌、台阶、台级、阶级、阶梯、阶次、踏道、阶砌。阶为古称，为室外登升室内之梯道。《释名·释宫》："阶，梯也。如梯之等差也。"《玉篇》："登堂道也，上也，进也，梯也，级也。"

御路 宫殿前台基上帝王专用路。《清式营造则例·辞解》："宫殿台基之前，踏跺之中，不作级式而雕龙凤等花纹之部分。"

坡道 连接室内外的倾斜路面，是一种上面无阶级的升降道。一般用石和砖砌成，或用三合土筑成。《法式》：称慢道，是坡度较小的坡道。《法式》规定堂前道、慢道坡度比为一比四，城门处慢道坡度比为一比五。坡度即斜坡起止点的高度差与水平距离的比值。坡道与踏步的做法基本上是相同的，只是上面不做阶级，而做成斜面。

四、梁架、檩条、椽子、苫背

梁架 柁梁层叠所形成的屋顶构架，即《法式》卷五中之梁栿。《康熙字典·栿》引《正字通》："以小木附大木上为栿。"其说深得《法式》梁栿之义。《清式营造则例·构架》："主要的梁两端放在前后两金柱上，若没有廊就放在檐柱上，梁的长短随进深定。由这根梁上用两短柱或两短墩又支一根较短的梁，或更再上再支，成为梁架。最下一层最长的梁称大柁，次级较短的一根称二柁。有三层时最上最短的一根称三柁。各柁也可按本身所负的桁或檩子的总数目，称为'几架梁'。"每层柁之缩短量则以每次两端均减少一步架为准则。

檩条 即檩，桁别之称。支承椽桷的横材。依位置的不同有脊檩、金檩、檐檩等今称，并有栋、楣、庪等古称。《清式营造则例·辞解》：小式大木之桁，"或同檐柱径"。

桷子 即桷。齐鲁称榱，或榱之方形者。《释名·释宫室》："桷，确也，其形细而疏桷也。"《穀梁传·庄公二十四年》："刻桓公桷。"注："桷，榱也。方曰桷，圆曰椽。"

苫背 屋面在覆瓦前，于基层上所铺盖的一层找平、防水、保温、隔热、隔声、防尘用的垫层。苫，即盖之意。背即底背，如彩画、油漆之打底子，故称背。其所用材料和做法有古今、地域习俗之别，防水层古用铅板（锡板）叫锡背，今用油毡。找平今用炉渣石灰，古用大麻刀白灰，叫灰背。又有用黄泥加滑秸（麦秆），叫泥背等，其具体做法和名称亦很多。这层做法可增加琉璃瓦顶的囊度，便于形成柔和美观的曲面；在南方地区则少用或不用。梁思成《营造算例·大式瓦作做法》："正身盖顶"，苫背、垫囊、铺瓦，排山勾滴。又《小式瓦作做法》："盖顶"，亦有苫背、垫囊、歇山铺瓦、八角斜陇、硬山等做法。

五、外檐斗拱、内檐斗拱

外檐斗拱 位于室外檐下的斗拱。按其分布的位置可分为三种：位于柱头上，向外挑出屋檐的，叫柱头科；位于额枋上，协同柱头科传递屋顶荷重的叫平身科；位于房屋四周转角柱头上的叫角科。罗哲文《中国古代建筑》第三章第三节说："斗拱的分类：对于单层建筑，依用在檐下还是用在室内，可分做外檐斗拱和内檐斗拱两大类。"

内檐斗拱 位于室内的斗拱。藻井上的斗拱，属于这一类型。罗哲文《中国古代建筑》第三章第三节："内檐梁枋之间常用若干攒不出踩的斗拱，如一斗三升，下加荷叶墩，上加雀替，把梁枋上下联系在一起叫隔架科。"因在"内檐梁枋之间"，当属内檐斗拱。外檐斗拱之柱头科等，其在室内部分也当属内檐斗拱。故《清式营造则例》等，均无此内外之分类法。

六、平棋、藻井、露明造

平棋 天花。《中国建筑艺术图集·藻井·天花》："要之均为木板及支条合成。"其造作今昔颇有异同。宋式犹如门窗格扇，四周安楹，楹上钉背板，楹内背板面上用贴及难子画作正方或长方格子。清式较简单，支条大小相同，不分楹贴，均似宋之平暗，唯其方格较大而已。

藻井 着意装饰之天井。藻，水生植物；修饰。藻井即藻饰之井。东汉张衡《西京赋》："结琴橑以相接，蒂倒茄于藻井，披红葩之狎猎。"薛综注："茄，藕茎也。以其茎倒植于藻井，其华向下。""藻井当栋中，交木方为之，如井干也。"

露明造 建筑物室内没有平棋或平暗，即无天棚吊顶之类梁架完全暴露的做法。也叫彻上明造、彻上露明造，为宋式做法之一种。《法式》卷四《飞昂》："若屋内彻上明造，即用挑斡或只挑一斗，或挑一材两栔。"梁思成《中国建筑史》第六章第六节：广济寺三大士殿，"殿内彻上露明造，各层梁架均以斗拱承托，各缝梁架间以襻间牵引联络，条理井然"。

七、挑枋、撑弓、吊瓜、驼峰

挑枋 悬臂梁之成都称呼。四川李庄称穿挑，昆明称大插梁栋子。详参《四川住宅建筑·建筑名词》，并参考"撑弓"条。

撑弓 挑梁下的斜撑杆件的成都称呼，又叫撑拱。《四川古建筑·寺庙·宫观》："为了伸长屋檐防止飘雨，多采用撑弓支承挑檐部分的水平挑梁，梁端再竖立短柱，檩上端置檩条。"撑有板状和柱状两种形式，并常作雕镂纹饰。

吊瓜 挑枋挑头上坐墩下垂的部件之四川称呼，又叫吊墩。《四川住宅建筑·出檐及屋顶》："挑头上面坐个瓜童的叫坐墩，挑头上面的瓜童包过挑头而下垂的叫吊墩，吊墩头上刻花篮等物，很像北京的垂花门。"《四川古建筑·寺庙·宫观》："瓜柱下的吊瓜（相当于北方垂花门的莲头）形式丰富：或瓜果、或动物，个个多彩多姿。"

驼峰 梁额间彼此托垫的木墩子。通常做成骆驼背峰的形式故名。《法式》卷五：阑额，"凡屋内额，广一材三分至一材一栔，厚取广三分之一，长随间广，两头至柱心或驼峰心"。

八、屋顶形式

庑殿 亦称四溜、四注、四下、四阿、吴殿、五脊殿，四坡五脊之曲檐殿屋。梁思成《中国建筑史》第七章第五节："屋顶等第制度，明、清仍沿前朝之制，以四阿（庑殿）为最尊，九脊（歇山）次之，挑山又次之，硬山为最下。"

歇山 亦称九脊，系悬山与庑殿屋面相交所成之屋顶，因无山故名。《明史·舆服》："官员营造房屋，不许歇山转角，重檐重拱及绘藻井。"

挑山 亦称悬山、两下、不厦两头，屋面伸出山墙之两坡顶。梁思成《中国建筑史》第六章第七节："不厦两头，在清代称悬山或挑山。"

硬山 山墙直上至屋面之上的两坡顶。梁思成《中国建筑史》第三章第三节："四阿不厦两头、硬山见于画像石及明器者甚多。"

攒尖 正多边形平面之屋面汇聚于中心之屋顶。《宸垣识略》卷六："辟雍殿四面各显三间。"注："四脊攒尖，安铜宝顶，重檐成造。"

九、梁枋、雀替、照面枋、围台板、花牙子、落地罩

梁枋 两种位置和作用不同的横向承重构件的并称。梁枋两种构件都是柱间或柱顶的横向承重构件，它们所处的高度也大致差不多，横断面也多是圆形或矩形的。但是它们走向上的差别却较大，大多数梁与建筑的横断面方向一致，而枋主要与建筑的纵立面方向一致。梁有三架、四架、五架、六架、七架、单步、双步、抱头、抹角、顺排、挑尖等名称，而枋亦有额枋、金枋、脊枋等之别。

雀替 梁头紧贴梁下与梁端共同传递荷重的分件，又名角替，宋《法式》名绰幕。其形式多样，并具装饰作用，雕饰各种纹样，分类名称亦有多种。如宋代雕成蝉肚状，叫蝉肚绰幕；小开间中，两雀替中间相连接，叫骑马雀替；在雀替上加装饰性附件如云墩、三福云、麻叶头等，叫龙门雀替；用棂条拼成为装饰性构件，叫花牙子雀替，省称花牙子等。《清式营造则例·辞解》："额枋与柱相交处，自柱内伸出，承托额枋下之分件，俗书雀替。"

照面枋 檐枋之成都称呼，又叫额枋、檐枋、额、阑额、上落檐、引檐、间枋、廊枋等。为联络两檐柱间的横木。因为是方形，故叫枋。因为在上面，如人之眉目在上，故称照面、额、阑额。《清式营造则例·构架》："在每个柱头与另一个柱头之间，有连贯两柱间的横木叫额枋或檐枋。在较大的建筑物上，有用上下两层额枋的，叫做大额枋及小额枋。"此处大额枋即照面枋。同时窗框有上下槛，上

槛亦称照面枋。详参《四川住宅建筑·建筑名词》。

围台板 平坐四周外围之木板的成都称呼。四川李庄称围板，昆明称花板。《工程做法则例》称挂檐板。《法式》称雁翅板。详参《四川住宅建筑·建筑名词》。

花牙子 拼成或雕成之雀替形饰物。《中国建筑艺术图集·雀替》："常用在廊子的花楣下，附着廊柱旁。其形式及用意完全模仿雀替。"

落地罩 两端落地之飞罩。《营造法原·辞解》："与飞罩同，惟两端下垂及地。"

十、和玺彩画、旋子彩画、苏式彩画

和玺彩画 高等级的彩画，因颜色比例不同，每种可分若干等级。如有大小点金之分；有金线墨线之别。《清式营造则例·辞解》："以W形线画分部分，内绘金龙之彩画。"等级较高，多用于主要殿堂。

旋子彩画 藻头上常见的有规则的几何图形，又称学子，亦叫蜈蚣圈。其点金有大小之分，线有金墨之别。《清式营造则例·辞解》："梁枋上以切线圆形为主要母题之彩画。"等级较高，多用于次要宫殿、配殿上。

苏式彩画 起源于苏州的清式彩画。《清式营造则例·辞解》："画法写生，画题用花鸟人物山水器皿等日常所见物品之彩画。" 主要有：金琢墨苏画、金线苏画、黄线苏画、海漫苏画、和玺苏画、金线大点金苏画等品种。等级较低，多用于园林建筑。

十一、板门、隔扇、六合门

板门 犹今之拼板、镶板等门。《法式》卷六：板门由肘板、副肘板、身口板、幅、额等构成。《儒林外史》第十九回："巷内一带青墙，两扇半截板门。"

隔扇 槛框形的板状构件，又称槅扇、格扇、阖扇、格子门。用作门扇、窗扇、隔断。《清式营造则例·装修》："格扇的部分也是一个架子，两旁立边梃。边梃之间，横安抹头。每扇格扇可用抹头分作上中下三段：格心、绦环板和裙板。"在应用中，三段不必全备。

六合门 门制之一种，又叫三开六扇门、三洞六扇门、三开六合门。多用于殿堂明间。做法是用立柱将一间分开为三段，每段安两门扇。中间两扇多作板门常开关，为出入口。两边四扇多作槅门不常开关，只作采光用。

十二、直棂窗、格子窗、菱花窗、支摘窗、固定窗

直棂窗 用直的棂条竖向排列在窗框内的窗户。因其做法不同，又可分破子棂窗和马三箭窗等。它是最简单，也是最古老的一种窗型。《中国古代建筑史》第三章第七节：秦汉建筑，"窗户通常装直棂"。如四川内江崖墓即有此形制的窗。

格子窗 即格扇形的窗。格扇又称格子、槅子、阖扇、亮槅。宋代袁文《瓮牖闲评》："取明槅子，人多呼为亮槅。"又《蜀方言》卷上："门有疏目曰槅子。"

菱花窗 用菱花格心做的窗。菱，芰也，芰叶杂沓，荷叶博大，故代称雕成芰荷形花纹的窗棂。《中国建筑艺术图集·外檐装修》："菱花是雕成窗棂，等级算是比平棂高贵，常用在宫殿寺观等最主要的地方。"《营造录》有"三交灯球六碗菱花，三交六碗嵌橄榄菱花，（三交六碗嵌）艾叶菱花，又三交满天星六碗菱花，古老钱菱花，又双交四碗菱花"等记载。

支摘窗 支窗和摘窗之合称。《清式营造则例·辞解》："住宅所用，上部可以支起，下部可以摘下之窗。"

固定窗 窗扇不能推开或支摘的窗。如直棂窗、破子棂、马三箭窗等。

十三、华表、经幢、须弥座、桅杆、灯柱

华表 立于宫外、交衢的柱形标志物，又称桓表，古为诽谤木、交午柱，后演变成绰楔、牌坊之类。历史悠久，形制各异。详见《古今注·问答释义》。又乐嘉藻《中国建筑史·坊》："今之牌坊，其原有三"：其一为设于道周或桥头及陵墓前者为华表；其二为公府、坛庙前之乌头门；其三用于旌表者之绰契门。

经幢 中国佛教的一种最重要的刻石。凿石为圆柱或棱柱，一般为八角形，高度2米左右，上覆顶盖，下承台座。幢各面及底上部，多刻佛或佛龛，在周幢雕像下，遍刻经咒。经咒以《密经》和《尊胜陀罗足》为最多。其制式由印度的幢形变化而来，自唐永淳后盛行各地。参见《辞源》。

须弥座 一种有固定规式线条装饰的台座，又称金刚座、金刚宝座。佛教称须弥灯王的佛座，后来称佛座或佛寺，建筑中对具有这种装饰的台基也称须弥座。唐代王勃《梓州飞乌县白鹤寺碑》："上凭天旨，争开舍利之坛。府会众心，竟起须弥之座。"宋代文莹《玉壶清话》卷二："表述本国有金刚座，乃释迦成道时所踞之座，求立碑坐（座）侧。"《宸垣识略》卷一四："明永乐时，西域中印土僧板

的达来贡金佛五躯,多见宝座规式。"《清式营造则例·辞解》:"上下皆有枭混之台基或坛座。"

桅杆 杆件形的矗立高耸结构物,一是用于船舶挂帆,亦称桅樯。南朝梁何逊《初发新林》诗:"桅樯迥不进,沓浪高难拒。"一是用于建构物前,作标表之用。一般为方形或六棱、八棱形断面,高7米左右,石质。杆中带双斗或单斗,下有基座。基座、斗上雕刻纹饰。如蒲江县大塘镇五里村西500米处,立有陈氏双斗桅杆一对;雅安上里镇双节孝坊前,亦立单斗桅杆一对,旌表节孝。

灯柱 街头、港口等室外灯架。一般用石质,亦用木或铁制。中为柱,上顶做盘以承灯,下底做座以固定于地面。放大用于河岸、海港,成灯塔;缩小用到室内,则为灯檠。在室内为器物,在室外为建筑小品。

十四、叠山、理水、丁步、曲桥

叠山 积累土石以成堆。叠者,层、积、累也。将土石一层层累积成山,故又叫掇山、构山,为构园方法之一。《诗韵·合》:"叠,叠山。"《闲情偶寄·山石》:"其叠山磊石,不用文人韵士,而偏令此辈擅长者,共理亦若是也。"《园冶·掇山》:"园中掇山,非士大夫好事者不为也。"《分类辞源·苑囿》:"湘东王于子城中,造湘东苑,穿池构山,长数百丈。"

理水 穿峪悬瀑,导泉浚池,治乱变顺,以成水景。理水必治山,治山必理水。《园冶·掇山》:池山,"池上理山,园中第一胜也"。山石池,"山石理池,予始创者"。金鱼缸,"如理山石池法"。涧,"假山依水为妙,倘高阜处不能注水,理涧壑无水,似少深意"。曲水,"何不以理涧法,上理石泉,口如瀑布"。瀑布,"如峭壁山理也"。

丁步 水中布置露出水面的孤石,或为渡水,或为点景。丁或作汀。古称矼,又称步石,俗称跳石、跳墩。步石的顶部,为便于落步,故较平整,其形状多为方形。乐嘉藻《中国建筑史·桥》:"矼者,列石为步,未具桥形,今日南人谓之跳墩。"《园冶·掇山》:池山,"犹水点其步石,从巅架以飞梁"。陈植注:"步石,水面落脚的石块,亦称'踏步'。日本称为'泽飞'。"

曲桥 轴线呈折线或曲线形之桥。一是水平面呈折线,为园林建筑所用。《圆明园四十景图咏·上下天光·序》:"垂虹架湖,蜿蜒百尺。修栏夹翼,中为广亭。"广亭之两边的"百尺"为折线形平桥。二是垂直面呈曲线形的拱桥,又称虹桥。《夹镜鸣琴·序》:"取李青莲(白)两水夹明镜诗意,架虹桥一道。"三是水平面呈曲线形的虹桥。乐嘉藻《中国建筑史·桥》：浮桥在水力作用下，平面呈虹桥形。四是垂直面呈折线形之桥：河中立两墩，中为平桥，两端为斜桥，即乐嘉藻《中国建筑史·桥》"三架桥"，亦见《芥子园画传·人物屋宇》。此式结构最简单，桥上行人，桥下行舟，水乡今日尚有可见者。拱桥之称虹桥或虹梁者，因其形状像虹。宋代姜夔《惜红衣》词有"虹梁水陌，鱼浪吹香，红衣半狼藉"句。

十五、传统建筑中的色彩与等级

色彩在中国建筑上所占的位置，比在别式建筑中更重要，所以也成为中国建筑主要特征之一。油漆涂在木料上，本来为的是避免风日雨雪的侵蚀；因其色彩分配得当，所以又兼收实用与美观之长处。中国建筑上对色彩之分配，是非常慎重的。檐下阴影掩映部分，主要色彩多为"冷色"，如青蓝碧绿，略加金点。柱及墙壁则以丹赤为其主色，与檐下幽阴里冷色的彩画成相反格调。有时庙宇的柱廊竟以黑色为主，与阶陛的白色相映衬。这种色彩的操纵可谓轻重得当。琉璃于汉代自罽宾传入中国，用于屋顶当始于北魏，明清两代应用尤广，这个由外国传来的宝贵建筑材料，更使中国建筑大放异彩。本来轮廓已极优美的屋宇，再加以琉璃色彩的宏丽，使建筑更加富丽堂皇。在瓦色的分配上也是因为操纵得宜，尊重纯色的庄严，避免杂色的烦琐，才能如此成功。琉璃瓦也偶有用多色的例子，亦只限于庭园小建筑物上面。

五色又叫五彩，即青黄赤白黑五种颜色，亦泛指各种色彩。《书·益稷》："以五彩彰施于五色，作服，汝明。"蔡沈传："采者，青黄赤白黑也；色者，言施之于缯帛也。"

万事万物均系于阴阳，存在于五行相生相克的关系，是人类社会和自然界的普遍原理，色彩之饰于建筑亦然。青属木，为平静、清新、和平、庄重、自然性色彩；赤属火，为热情、希望、健康、华美性色彩；黄属土，为光明、温和、快活、高雅、华贵性色彩；白属金，为明亮、纯洁、清静、神圣性色彩；黑属水，为静寂、玄奥、幽眇、神秘性色彩。详《萤窗偶笔·建筑与易理·三才类比表》，摘引于下：

五色与自然界的关系简表

序号	名称	相互对照					所引书名
1	五色	青	赤	黄	白	黑	《左传·昭公十一年》
2	五方	东	南	中	西	北	《白虎通·五行》
3	五位	左	前	中	右	后	《春秋繁露·五行之义》
4	五行	木	火	土	金	水	《书·洪范》
5	五季	春	夏	长夏	秋	冬	《春秋繁露·五行对》
6	五化	生	长	养	收	藏	《春秋繁露·五行对》
7	天干	甲乙	丙丁	戊己	庚辛	壬癸	《淮南子·时则》
8	五兽	苍龙	朱雀	黄龙	白虎	玄武	《淮南子·天文训》
9	五神	句芒	祝融	后土	蓐收	玄冥	《独断》

从表中可以看出，黄色是最尊贵的色彩。琉璃瓦最主要的色彩是黄色和绿色。皇宫、寺观用黄色，王府用绿色。其他色用于离宫别馆。红色也是重要色彩，用于宫墙、殿柱、宫殿大门，即所谓朱门。王府的门、柱则只能用黑色，士大夫则只能用灰绿色，庶民不能施彩色。黄色为贵是出于自然之理，红色重要是与黄色相近，为之搭配。

主要参考文献

《十三经注疏》,(清)阮元校刻,全二册,中华书局1980年影印版。
《百子全书》,全二册,据扫叶山房1919年版缩印,浙江古籍出版社1998年版。
《战国策》,《万有文库》本,商务印书馆1939年版。
《二十四史》,校点本,中华书局1959年以后陆续版。
《清史稿》,校点本,中华书局1976年版。
(汉)扬雄撰,郭璞注、戴震疏证:《輶轩使者绝代语释别国方言》,省称《方言》,《丛书初成》本,商务印书馆1937年版。
(汉)佚名撰,浮梁邓傅安校:《三辅黄图》,《汉魏丛书九十六种》,上海大通书局发行。
(东汉)许慎撰,徐铉等校定:《说文解字》,省称《说文》,中华书局1963年版。
(东汉)刘熙撰,任继昉汇校:《释名》,齐鲁书社2006年版。
(三国魏)张揖撰,王念孙疏证:《广雅》,中华书局1983年版。
(晋)常璩撰,刘琳校注:《华阳国志》,巴蜀书社1985年版。
(后魏)郦道元撰,谭属春、陈爱平点校:《水经注》,岳麓书社1998年版。
(后魏)杨衒之撰,宁郡廖飞熊校:《洛阳伽蓝记》,《汉魏丛书九十六种》,上海大通书局发行。
(南朝梁)萧统撰,李善注:《文选》,大达图书供应社1935年刊行。
(南朝陈)徐陵撰,吴兆宜注:《玉台新咏》,成都古籍书店影印。

（宋）李诚：《营造法式》，省称《法式》，中国书店1989年版。

（宋）祝穆：《宋本方舆胜览》，上海古籍出版社1991年版。

（宋）沈括：《梦溪笔谈》，团结出版社1996年版。

（明）杨慎撰，刘琳、王晓波点校：《全蜀艺文志》，线装书局2003年版。

（明）傅振商：《蜀藻幽胜录》，巴蜀书社1985年版。

（明）计成：《园冶》，陈植注释，中国建筑工业出版社1988年版。

（明）曹学佺撰，刘知渐点校：《蜀中名胜记》，重庆出版社1984年版。

（清）李渔：《闲情偶寄》，上海古籍出版社2000年版。

（清）弘历：《圆明园四十景图咏》，中国建筑工业出版社。

（清）李斗：《扬州画舫录》，江苏广陵古籍刻印社1984年版。

（清）沈德潜等：《五诗别裁集》，中华书局1981年版。

（清）沈复：《浮生六记》，作家出版社1996年版。

（清）常明、杨芳灿等：《四川通志》，巴蜀书社1989年影印。

四川省地方志编纂委员会：《四川省志·建筑志》，四川科学技术出版社1996年版。

四川省地方志编纂委员会：《四川省志·文物志》，四川人民出版社1999年版。

重庆市城乡建设管理委员会等编：《重庆建筑志》，重庆大学出版社1997年版。

成都市建筑志编纂委员会：《成都市建筑志》，中国建筑工业出版社1994年版。

成都市园林志编纂委员会：《成都市园林志》，四川人民出版社1998年版。

成都市地方志编纂委员会：《成都市志·文物志》，四川辞书出版社2000年版。

重庆市沙坪坝区志编纂委员会：《沙坪坝区志》，四川人民出版社1995年版。

四川崇州市地方志编纂委员会：《崇州市志》，四川人民出版社2004年版。

《丹棱县志》编纂委员会：《丹棱县志》，方志出版社2006年版。

《绵阳市志》编纂委员会：《绵阳市志》，四川出版集团、四川人民出版社2009年版。

荣县地方志编纂委员会：《荣县志》，方志出版社2003年版。

自贡市地方志编纂委员会：《自贡市志》，方志出版社1997年版。

富顺县地方志编纂委员会：《富顺县志》，文物出版社2001年版。

理县县志编纂委员会：《理县志》，四川民族出版社1997年版。

盐边县志编纂委员会：《盐边县志》，方志出版社2005年。

《武隆县志》编委会：《武隆县志》，四川人民出版社1995年版。

《巫山县志》编纂委员会：《巫山县志》，四川人民出版社1991年版。

《石柱县志》编纂委员会：《石柱县志》，四川辞书出版社1994年版。

王文才：《成都城坊考》，巴蜀书社1986年版。

王文才：《青城山志》，四川人民出版社1982年版。

袁庭栋：《成都街巷志》，四川出版集团、四川教育出版社2010年版。

钟天康主笔：《都江堰文物志》，四川师范大学学报编辑部1986年版。

王纯五主编：《青城山志》，四川人民出版社1994年版。

许止净：《峨眉山志》，苏州弘化社1934年初版，广陵古籍刻印社1997年重版。

彭芸荪：《望江楼志》，四川人民出版社1980年版。

张普云、黄天鹗：《九寨沟志》，四川民族出版社1990年版。

乐嘉藻：《中国建筑史》，《民国珍本重刊》，团结出版社2005年版。

毛心一、王璧文：《中国建筑史》（由毛心一《中国建筑史》与王璧文《中国建筑》二书合编），东方出版社2008年版。

梁思成：《中国建筑史》，百花文艺出版社、中国建筑工业出版社等多种版本。

梁思成：《清式营造则例》，中国建筑工业出版社1981年版。

梁思成主编、刘致平编纂：《中国建筑艺术图集》上下集，百花文艺出版社2001年版。

刘敦桢：《中国古代建筑史》，中国建筑工业出版社1980年版。

刘敦桢：《中国住宅概说》，百花文艺出版社2004年版。

刘致平著，王其明增补：《中国住宅建筑简史》，中国建筑工业出版社1990年版。

四川省文史研究馆：《成都城坊古迹考》，成都时代出版社2006年版。

四川百科全书编纂委员会：《四川百科全书》，四川辞书出版社1997年版。

中共四川省委研究室：《四川省情》，四川人民出版社1984年版。

谭继和：《巴蜀文化辨思集》，四川人民出版社2004年版。

林向：《巴蜀考古论集》，四川人民出版社2004年版。

林向：《四川名塔》，四川人民出版社1986年版。

胡昭曦：《巴蜀历史考察研究》，四川出版集团、巴蜀书社2007年版。

胡昭曦：《四川书院史》，四川大学出版社2006年版。

唐璞：《山地住宅建筑》，科学出版社1994年版。

庄裕光：《中国古建筑文化之旅——四川·重庆》，知识产权出版社2003年版。

庄裕光：《古建春秋》，百花文艺出版社2007年版。

庄裕光主编：《中国门窗》，江苏美术出版社2009年版。

庄裕光主编：《古建筑三雕》，江苏美术出版社2007年版。

陈从周主编：《中国园林鉴赏辞典》，华东师范大学出版社2001年版。

张渝新等：《桂湖园林鉴赏》，巴蜀书社2006年版。

艾毓辉、马晋川、杨玉培等：《四川近代园林史简稿》，2005年园林史课题组初稿。

四川省建设委员会等：《四川古建筑》，四川科学技术出版社1992年版。

杨永生、王莉慧：《建筑百家谈古论今——地域编》，中国建筑工业出版社2007版。

洪铁城：《城市规划100问》，中国建筑工业出版社2003年版。

杨秉德：《中国近代城市与建筑》，中国建筑工业出版社1993年版。

四川省勘察设计协会：《四川民居》，四川人民出版社1996年版。

四川省勘察设计协会：《四川民居》，四川出版集团、四川人民出版社2010年版。

庄学本：《羌戎考察记》，四川出版集团、四川民族出版社2001年版。

国家文物局：《中国文物地图集》四川分册，上、中、下册，文物出版社2009年版。

国家文物局：《全国重点文物保护单位简介汇编》，内部资料，2002年编辑。

赖武、喻磊：《四川古镇》，四川出版集团、四川人民出版社2010年版。

清华大学土木系历史教研组：《建筑史论文集》，清华大学印刷厂1964年。

清华大学建筑系历史教研组：《建筑史论文集》（五），清华大学出版社1981年版。

中共重庆市委办公室：《走进重庆》，重庆出版集团2009年版。

何智亚：《重庆湖广会馆——历史与修复研究》，重庆出版集团、重庆出版社2006年版。

邹博爱：《萤窗偶笔》，中国物价出版社1996年版。

徐尚志、庄裕光、李先逵编：《意匠集——中国建筑家诗词选》，学苑出版社版。

释永一：《光严古寺》，交流资料，2006年印刷。

黎方银：《大足石刻艺术》，重庆出版社1989年版。

曾绍义等：《阆中天下稀》，四川大学出版社1991年版。

高发成主编：《乐山旅游文化》，成都科技大学出版社1993年版。

傅崇榘编：《成都通览》，成都时代出版社2005年版。

《四川文物》编辑部：《四川文物》。

《西南旅游》编辑部：《西南旅游》。

《成都文物》杂志编辑部：《成都文物》。

《建筑意匠》编辑部：《建筑意匠》。

后 记

  这是一部集体创作的著作，由庄裕光主要撰稿，邹博爱、杨桂茹、刘玉清、唐明媚等从事资料的整理和编写工作。邹博爱协助主编完成全书的编纂和校对。在撰写过程中，从目录的制定到章节的划分，得到《巴蜀文化通史》学术委员会诸位专家的热情支持，没有他们的耐心指导，我们没有能力完成这部书的撰写。为了使本书撰写的内容尽可能准确，我们到许多图书馆查阅资料时，得到管理人员的热情帮助。在此，对给予我们支持、帮助的先生们，一并致以衷心的感谢。

  这是一部内容跨越数千年历史的建筑文化著作。在撰写过程中，我们曾参考了许多文献资料，借此机会，我们谨向被参考过的文献资料的编著者们表示诚挚的谢意。

  本书的图片，除注明外，系成都方圆建筑及环境艺术研究院庄裕光工作室提供，这些摄影师的精心创作，对本卷增色不少，我们表示衷心感谢。

  鉴于作者知识有限，谬误难免，祈望方家指正。

庄裕光

2014年8月于锦江之滨雨鸣轩

图书在版编目（CIP）数据

巴蜀文化通史. 建筑文化卷 / 章玉钧，谭继和主编；庄裕光著. -- 成都：四川人民出版社，2021.12
ISBN 978-7-220-10354-4

Ⅰ.①巴… Ⅱ.①章… ②谭… ③庄… Ⅲ.①文化史—四川②建筑史—四川 Ⅳ.①K297.1

中国版本图书馆CIP数据核字（2017）第282173号

BASHU WENHUA TONGSHI
JIANZHU WENHUA JUAN

巴蜀文化通史 建筑文化卷

庄裕光 著

出 品 人	黄立新
项目统筹	谢 雪 董 玲 谢 寒
责任编辑	董 玲 周晓琴
特约编辑	孙 毅
封面设计	张 科
装帧设计	经典记忆 戴雨虹
责任校对	蓝 海
责任印制	祝 健
出版发行	四川人民出版社（成都三色路238号）
网　　址	http://www.scpph.com
E-mail	scrmcbs@sina.com
新浪微博	@四川人民出版社
微信公众号	四川人民出版社
发行部业务电话	（028）86361653　86361656
防盗版举报电话	（028）86361653
制　　版	四川省经典记忆文化传播有限公司
印　　刷	成都东江印务有限公司
成品尺寸	180mm×260mm
插　　页	14
印　　张	27.25
字　　数	485千
版　　次	2021年12月第1版
印　　次	2021年12月第1次印刷
书　　号	ISBN 978-7-220-10354-4
定　　价	125.00元

■版权所有·侵权必究

本书若出现印装质量问题，请与我社发行部联系调换
电话：（028）86361656